THÈSE POUR LE DOCTORAT.

LA LIGUE

EN

BRETAGNE

PAR

L. GRÉGOIRE,

Professeur agrégé d'Histoire au Lycée de Nantes, professeur d'Histoire, de Géographie et de Littérature à l'École préparatoire des Lettres et des Sciences de Nantes.

PARIS,
J.-B. DUMOULIN,
Libraire,
QUAI DES AUGUSTINS, 13.

NANTES,
And GUÉRAUD ET Cie,
Imprimerie-Librairie
DU PASSAGE BOUCHAUD

1856.

A MONSIEUR LE BARON DE GÉRANDO,

Procureur général à la Cour impériale de Metz.

Faible témoignage de reconnaissance et d'affection.

Louis GRÉGOIRE.

PRÉFACE.

Ce travail est une étude sur l'histoire de Bretagne, pendant la période de la Ligue. Deux raisons principales m'ont déterminé dans le choix de ce sujet, et paraissent, à mes yeux du moins, justifier mes recherches : la première, c'est qu'il n'a pas été traité jusqu'ici d'une manière assez complète ; la seconde, c'est que le mouvement de la Ligue en Bretagne n'a pas été toujours exactement compris ou dépeint, surtout dans ces dernières années.

La plupart des historiens de la Bretagne se sont arrêtés, dans leur récit, à l'époque célèbre de la réunion : depuis ce temps, répètent-ils, la province, attachée indissolublement à la couronne de France, a cessé d'avoir une histoire particulière ; car elle a vécu véritablement de la vie générale du royaume. Quelques-uns, comme Daru, ont cru devoir jeter un coup d'œil rapide sur les principaux événements dont la Bretagne fut encore le théâtre ; mais sans approfondir les questions, sans étudier sérieusement les faits.

D'un autre côté, les écrivains, même les plus consciencieux, qui ont essayé de raconter l'histoire si variée de la Ligue en France, n'ont point parlé de la Bretagne, ou se sont contentés de dire quelques mots sur la province; mais d'une manière tellement incidente, qu'il est impossible de connaître par eux les événements.

Cependant, deux historiens ont traité, au XVIIIe siècle, la période de la Ligue en Bretagne. En 1739, l'abbé Desfontaines a publié, en 6 volumes in-12, l'*Histoire des ducs de Bretagne :* les tomes III et IV renferment l'histoire particulière de la Ligue dans la province. L'auteur véritable de cet ouvrage est Christophe de Rosnyvinen de Piré, rejeton d'une illustre famille, dont le patriotisme breton fut plus d'une fois puni de l'exil par la cour de Louis XIV et du Régent, à laquelle il ne craignait pas de résister[1]. Les copies manuscrites de ce livre, qui sont assez nombreuses, nous prouvent que l'abbé Desfontaines n'a pas dû se donner beaucoup de mal pour la correction de l'ouvrage et la révision du style, comme il le dit dans la préface du tome Ier : car il s'est contenté de mutiler l'œuvre dont la publication lui était confiée, après la mort de l'auteur, et d'en donner une édition très-défectueuse. Le livre de M. de Piré valait mieux ; car il est composé avec intelligence, et c'est le fruit de consciencieuses recherches.

Le collaborateur et continuateur de dom Morice, dom Taillandier a poursuivi l'histoire de Bretagne jusqu'en 1598 ; mais, quoiqu'il ait à peine fait mention de l'ouvrage précédent, il y a fort peu ajouté. Il est exact et assez complet; mais c'est l'exactitude d'une compilation sèche et sans chaleur : les faits ne sont pas groupés de manière à s'ex-

---

[1] C'est le bisaïeul du brave général de Piré, mort en 1850, après une glorieuse carrière.

pliquer, à s'éclairer les uns par les autres, et la lecture de cet énorme in-folio est fatigante[1].

Je suis convaincu qu'après ces deux ouvrages estimables et utiles, il est encore permis de parler de la Ligue en Bretagne.

Cette époque, si agitée par les passions religieuses et politiques, aura le privilége d'intéresser encore longtemps les générations qui se succéderont. C'est un temps de luttes ardentes, de convictions exaltées; mais aussi de passions fougueuses et d'ambitions de toute nature : chacun combat pour sa cause ou pour son intérêt, de toutes les forces de son être, par la parole et par la plume comme par l'épée. Aussi jamais les mémoires et les pamphlets n'ont été aussi nombreux, même en Bretagne, dans cette province où l'on a toujours mieux aimé frapper qu'écrire.

Beaucoup des œuvres de cette époque ont été perdues, même des plus intéressantes : ainsi, l'on ne retrouvera probablement jamais les mémoires de l'habile royaliste Sourdéac, lieutenant-général, gouverneur de Brest, ni ceux de l'évêque de Vannes, Georges d'Aradon, l'un des chefs de la Ligue en Bretagne, etc., etc. Mais ce qui nous reste est bien suffisant pour nous faire connaître les sentiments, les espérances et les tentatives des différentes classes de la population.

Parmi les royalistes, nous rencontrons les mémoires du loyal capitaine huguenot Montmartin, l'ami du brave La Noue Bras-de-Fer, le serviteur dévoué de Henri IV; et le journal de maître Jean Pichart, bourgeois catholique, ennemi de la guerre et des exagérations des partisans du Lorrain Mercœur, comme de ceux *de la vache à Colas*.

[1] Il a été publié en 1756, à la suite de dom Morice.

Parmi les ligueurs, nous pouvons consulter avec fruit le journal du gouverneur d'Hennebont, Jérôme d'Aradon, sieur de Quinipily, soldat sans pitié, catholique sans tolérance, franchement et vigoureusement dévoué à sa cause, à son prince et surtout à ses intérêts.

Les vives peintures du chanoine Moreau, conseiller au présidial de Quimper, méritent assurément d'être connues au delà des limites de la Basse-Bretagne, dont il a raconté les misères avec tant d'énergie, dans un style si pittoresque.

Le bourgeois de la Landelle nous fait assister à tous les événements dramatiques dont Saint-Malo, la glorieuse république catholique et maritime, est alors le théâtre, etc.

Puis les panégyristes du duc de Mercœur préparent par leurs écrits la souveraineté indépendante de leur maître : P. Biré, Raoul Le Maistre, le vieux capitaine Gassion, etc., célèbrent à l'envi, dans des œuvres d'un intérêt bien plus politique qu'historique, l'illustration et la grandeur de la famille qui doit gouverner désormais la Bretagne, tandis que Julien Guesdon, Nicolas de Montreuil et vingt autres poètes chantent la cour de Nantes, ses princes et leurs amis, tandis que les prédicateurs, comme Jacques le Bossu, publient leurs sermons, qui soulevaient les populations contre l'hérétique maudit.

Les actes recueillis par les bénédictins pour servir de preuves à l'histoire de Bretagne; les pièces nombreuses, encore inédites, que renferment les archives des villes, Nantes, Rennes, Saint-Malo, Vannes, Morlaix, etc.; les registres de la Chambre des Comptes à Nantes, mais surtout les Registres des États de la province, les Actes du Parlement de Bretagne, précieusement conservés à Rennes, etc.; les travaux individuels d'archéologues bretons appartenant presque tous à l'Association bretonne.....; tous ces documents, difficiles à réunir et à consulter, pourront être utilisés avec fruit, et la Ligue en Bretagne aura son historien. Mes prétentions ne vont pas jusque-là : mon seul désir est de faire mieux connaître cette époque intéressante de notre histoire, et de fournir quelques indications à l'écrivain de conscience et de cœur qui aurait pour entreprendre cette œuvre le talent et les ressources qui me manquent également.

La Ligue en Bretagne a son caractère particulier : elle peut, elle doit même être racontée d'une manière distincte[1].

Plusieurs causes mirent alors les armes aux mains des populations bretonnes; il est nécessaire de les signaler, pour comprendre le caractère de la lutte à cette époque. Pour beaucoup sans doute dans la province, la Ligue fut une protestation, souvent passionnée, parfois même exagérée dans ses actes, mais assurément respectable, contre les doctrines d'une minorité turbulente et ambitieuse, qui réclama la tolérance le jour seulement où elle ne put espérer la domination. Autant et plus même qu'aucune province de France, la Bretagne était restée attachée au culte des ancêtres, à la religion catholique : située à l'extrémité occidentale de notre pays, condamnée pour ainsi dire à l'isolement par sa position, la grande presqu'île

---

[1] Voici cependant ce qu'écrivait, il y a quelques années à peine, un historien de Bretagne, Édouard Richer, bien plus littérateur qu'historien, sur cette période de notre histoire : « La Bretagne, à cette époque, a été « agitée d'un mouvement réel, mais communiqué ; c'est dans une atmos-« phère supérieure que se sont formés les orages, et c'est des régions « éloignées qu'est partie la foudre dont retentirent alors les échos de ses « campagnes. » *Œuvres d'Ed. Richer*, Nantes, 1838 : Introduction à l'histoire de Bretagne.

armoricaine n'est ni la route des peuples, ni la route des idées. Sur cette vieille terre de granit, l'antique race des Celtes est restée opiniâtre et persévérante dans ses habitudes et dans ses croyances. Aussi, comment des idées aussi nouvelles, aussi révolutionnaires que celles de Luther et de Calvin auraient-elles été facilement accueillies en Bretagne ? N'était-ce pas dans la même province que les mystères des druides s'étaient si longtemps conservés, malgré les édits des empereurs romains, et même malgré la divine supériorité du christianisme, malgré les efforts de ses ministres? Les protestants eux-mêmes avaient reconnu l'impuissance de leurs tentatives : lisez les aveux de l'historien de la Réforme en Bretagne, Philippe Le Noir, sieur de Crevain.

La province était aussi l'un des pays de l'Europe les plus étrangers au mouvement de la Renaissance, et les réformateurs, quelle que soit l'opinion que l'on ait de leurs doctrines, s'adressaient principalement à l'intelligence des savants : comment la plupart des Bretons, au XVIe siècle, auraient-ils pu s'intéresser aux subtilités théologiques des disciples de Calvin ? Puis, l'usage de la vieille langue celtique, entièrement inconnue du reste du continent, contribuait surtout à préserver les populations bretonnes des idées nouvelles, prêchées en langue française. Aussi, comme le dit dans son naïf langage le père Maunoir, *le Soleil n'a jamais éclairé canton où ait paru une plus constante et invariable fidélité dans la vraie foi. Il y a treize siècles qu'aucune infidélité n'a souillé la langue qui a servi d'organe pour prêcher Jésus-Christ, et il est à naître qui ait vu Breton bretonnant prêcher autre religion que la catholique.* Ces paroles ne sont pas, sans doute, absolument vraies ; puisque l'on pourrait citer les noms de plusieurs ministres calvinistes originaires de Bretagne, et prêchant en langage breton, principalement à Vannes, Hennebont, Pontivy, Morlaix, etc. : mais ces prédications furent rares, elles eurent peu de succès, et dans aucun endroit de la véritable Bretagne elles n'obtinrent un seul instant de popularité.

La Bretagne était encore rebelle à l'introduction de la Réforme, parce que, depuis des siècles, elle s'était habituée à repousser tout ce qui venait de la terre ennemie de France. Conserver fidèlement les vieilles traditions de leurs pères, c'était pour les Bretons, comme pour les Irlandais de tous les âges, faire acte d'indépendance ; c'était encore résister à cette puissance victorieuse que l'on subissait à regret : et quelle race eut à un plus haut degré que la race des Celtes le génie de la résistance? Le catholicisme devait rester cher aux hommes de l'Armorique, comme le symbole le plus pur et le plus précieux de leur nationalité.

Enfin, la Bretagne était, au XVIe siècle, l'un des pays les plus soumis à la papauté, que la Réforme attaquait principalement ; l'Église bretonne, après avoir soutenu une lutte de plusieurs siècles contre la cour de Rome, s'était placée sous la protection spéciale des papes, au moment même où l'influence française commençait à devenir menaçante pour les libertés du pays. Les pontifes romains avaient presque toujours défendu les ducs contre les prétentions de nos rois, et déclaraient avec eux que les principes de la pragmatique-sanction n'avaient aucune force en Bretagne. Cette situation n'avait pas changé même au XVIe siècle; et, malgré les efforts de Louis XII, de François Ier et de Henri II, la Bretagne était encore un *pays d'obédience*.

Aussi, comme l'écrivait Bertrand d'Argentré, en termi-

nant son œuvre remarquable, « la Bretagne est restée
« tranquille, pendant que le reste du royaume est déchiré
« par la guerre civile, grâce au peuple très-fidèle, lequel
« de son naturel est fort peu désireux des choses nouvelles,
« et observe entièrement la vraye religion de ses ancestres,
« n'estant sujet à embrasser les mauvaises opinions et
« s'amorcer de la poison de l'hérésie[1]. » En effet,
pendant toutes les guerres civiles, quelques parties de la
province, sur les frontières du Poitou, du Maine et de la
Normandie, avaient été agitées par les troubles de la Réforme ; mais la Bretagne n'avait été le théâtre d'aucune
lutte sérieuse. Au moment où les ligueurs couraient aux
armes (1585), les ministres peu nombreux se hâtaient de
prendre le chemin de l'exil : désormais, comme le dit
l'historien de la Réforme, Philippe Le Noir, on devait
avoir plus de peine à rencontrer les calvinistes qu'à les
combattre[2]. Aussi, faut-il attribuer à d'autres causes la
recrudescence de passions qui se manifesta dans la
province à cette époque malheureuse de notre histoire.
Déjà, depuis longtemps, les protestants étaient incapables
de se soutenir par leurs seules ressources, dans le reste
du royaume ; et d'ailleurs, si la Ligue avait été inspirée
par le seul intérêt de la religion menacée, toute la
Bretagne aurait été pour la Ligue, et ses chefs n'auraient
eu à combattre qu'au dehors de la province.

Mais les troubles de la fin du XVIe siècle doivent réveiller
en Bretagne le sentiment de l'indépendance nationale, que
la réunion n'avait pas fait disparaître des cœurs bretons[3].

---

1 *Histoire de Bretagne.*
2 Voir mon *Essai sur la Bretagne au XVIe siècle, après la réunion*,
Nantes, 1855.
3 Le mot *réunion* est généralement adopté, quoique les écrivains bretons

J'ai montré, dans un travail spécial, comment l'annexion de l'ancien duché à la France avait été lente, singulière et difficile, et comment, sous les Valois, s'étaient conservées, dans toutes les classes de la population, les défiances et même les antipathies séculaires. Pour amener une alliance intime entre les deux pays, depuis si longtemps ennemis, il aurait fallu une administration sage et ferme à la fois, une paix longue et fortunée. Tout au contraire, le gouvernement des fils de Henri II est faible et despotique, et les droits des Bretons, que les rois avaient solennellement juré de respecter, sont continuellement oubliés et violés. L'époque qui suit immédiatement l'union, est celle des plus grands déchirements politiques et religieux, des luttes les plus acharnées contre l'unité nationale et contre la royauté[1].

Aussi, les Bretons, à qui l'on ne sait pas faire comprendre les avantages de l'alliance, n'en voient que les dangers et les souffrances : ils sont mal disposés à l'égard d'un parlement français et défenseur de la puissance royale ; dans leurs États, ils s'opposent, avec persévérance, à toutes les prétentions qui leur semblent illégitimes. Les libertés municipales, qui auraient pu attacher la bourgeoisie à la royauté, ne servent, à cause du mauvais vouloir des officiers royaux, qu'à donner au peuple des villes des armes qu'il retournera contre la royauté elle-même : les

---

aient souvent répété, jusqu'à nos jours, que la Bretagne avait alors été *unie* pour la première fois à la France : n'avait-elle pas eu ses souverains indépendants, avant l'existence de la monarchie ?

> Conan Mériadec, que l'univers admire,
> Régna mêmes avant le fils de Marcomire.

Voir l'épître curieuse écrite à la gloire immortelle des Bretons, par le sieur Jouchault, en tête des œuvres de Du Paz.

1 *La Bretagne au XVIe siècle, depuis la réunion*, ch. 1 et 2.

temps de l'indépendance bretonne sont toujours regrettés ; l'espoir de les voir renaître ne s'éteint pas dans les cœurs mécontents et froissés.

Lorsque les guerres de la Ligue bouleversèrent le royaume et semblèrent sur le point d'en amener la ruine ou le démembrement, beaucoup de Bretons se laissèrent facilement entraîner, volontairement ou à leur insu, par le sentiment toujours énergique, toujours vivace de la vieille nationalité bretonne. La Ligue fut pour la Bretagne l'occasion de la dernière lutte vraiment sérieuse qu'elle ait soutenue contre les ennemis étrangers, contre la royauté française [1].

Mais ce sentiment se produisit sous différentes formes, et souvent accompagné d'autres sentiments moins élevés, d'autres passions moins nobles, qui devaient plus d'une fois l'obscurcir et le dénaturer.

Tandis qu'une grande partie du clergé parle et combat pour la sainte cause de la religion, qu'il croit menacée, les gentilshommes retrouvent l'esprit batailleur de leurs ancêtres : de bonne heure, par goût, par nécessité, les Bretons aimaient la guerre, et s'étaient placés au premier rang des braves aventuriers. L'exemple des du Guesclin et des Clisson ne devait-il pas exciter les espérances ambitieuses de beaucoup? N'était-ce pas Arthur de Richemont qui, au dire des Bretons de tous les âges, avait sauvé le

---

[1] Et cependant Sismondi avance que les Bretons n'avaient aucun désir de se séparer de la France, ce qui obligea Mercœur de leur cacher ses projets. T. XXI, p. 236.

« D'autres, disait récemment l'un des écrivains les plus estimés de la Bre-
« tagne, M. A. de Kerdrel, ont voulu voir dans cet entraînement le réveil
« de l'indépendance bretonne saisissant une occasion favorable pour secouer
« le joug de la France ; mais c'est là une pure hypothèse que rien ne jus-
« tifie. » *Bull. arch. de l'Association bretonne*, t. V, p. 118.

royaume, au temps de Charles VII, non moins que l'héroïque Jeanne d'Arc?¹ Au XVIᵉ siècle, une carrière nouvelle de gloire et de profit avait semblé s'ouvrir pour ceux qui voulaient suivre les drapeaux de nos rois en Italie. Mais ces expéditions lointaines, ces guerres régulières et disciplinées en quelque sorte, n'avaient pas été populaires en Bretagne. Ce qui faisait battre le cœur des nobles de Cornouailles, c'était le souvenir des luttes héroïques de Blois et de Montfort; c'étaient les longs et glorieux récits de ces mille combats sur le sol même de la province, dans ce pays si bien disposé pour la guerre de partisans. Aussi, quand la Ligue prit les armes, ce fut moins le fanatisme religieux, que ce besoin d'indépendance et d'action qui souleva beaucoup de gentilshommes bretons.

Les bourgeois des villes, qui ont eu souvent à se plaindre du gouvernement royal, de ses représentants dans la province, de ses exigences onéreuses, espèrent augmenter leurs priviléges et leurs franchises, et se montrent fiers du rôle politique, plein d'activité et d'émotions, qu'il leur est alors permis de jouer.

Les habitants des campagnes ont surtout conservé le vieil esprit celtique, les mœurs, les habitudes, les préjugés de la Bretagne : leurs antipathies sont d'autant plus énergiques, qu'aucun autre sentiment ne vient les atténuer. Aussi se laissent-ils entraîner aveuglément aux excès les plus tristes d'une brutalité sauvage et déréglée contre les royalistes, ennemis de leur religion, ennemis de leur pays.

---

1 Après l'éloge des illustres Bretons de tous les âges, le poète que nous avons cité plus haut, dit, en parlant de Richemont :

« Puisque tu es le seul de ce monde habitable
« Qui as exterminé l'Anglois épouvantable,
« Ce royaume mouroit, hélas ! Prince, sans toy,
« Sans toy qui l'as sauvé, et as gardé ton Roy. »

Mais tous ces mouvements sont confus, désordonnés, sans discipline, sans but bien déterminé, et le rôle des populations bretonnes pendant la Ligue est loin d'avoir ce caractère de noblesse et de dignité que l'on a trop souvent célébré. Cette époque n'est pas l'une des plus grandioses de notre histoire, comme on l'a répété : le dévouement, l'héroïsme, les convictions pures et désintéressées, sont rares et forment l'exception.

Tandis que, dans le reste de la France, l'ambitieuse maison des Guises, forte des services qu'elle a rendus, égarée par la popularité dont elle jouit, espère fonder une nouvelle dynastie ; tandis que les étrangers, et surtout Philippe II, s'efforcent de ruiner ou du moins de démembrer le glorieux et redoutable royaume de France : Mercœur, le cousin des princes lorrains, entraîné, lui aussi, par l'ambition, excité surtout par sa femme, la Bretonne, illustre rejeton des anciens ducs, croit longtemps que les circonstances lui laisseront la souveraineté de la Bretagne, de nouveau séparée du royaume.

Beaucoup de princes, au milieu de la désorganisation politique causée par les troubles de la Ligue, songeaient à reconstituer une véritable féodalité, sous la suzeraineté nominale du roi de France. Mercœur voulut et espéra plus encore : jusqu'au dernier jour, il prétendit faire revivre la la race des ducs indépendants de Bretagne. On a célébré l'héroïsme de ce *nouveau Godefroy de Bouillon*, de ce *guidon du crucifix* ; on a regretté qu'*aucun historien consciencieux n'ait encore su peindre la grande et noble figure de Mercœur, soutenant de sa forte main les derniers mouvements de la nationalité bretonne*; l'on a glorifié, sans restriction, le dévouement sans bornes des bourgeois de cette époque, la foi chevaleresque des gentilshommes bretons, la résistance admirable des paysans aux progrès de l'hérésie : d'autres, au contraire, n'ont vu dans cette lutte qu'une guerre malheureuse de religion, et dans Mercœur, qu'un fanatique égaré par de faux principes. Je crois qu'il y a erreur ou exagération dans ces jugements opposés.

Le politique prétendant à la couronne de Bretagne fut, avant tout, un ambitieux opiniâtre et faible : la défense de la religion fut toujours subordonnée, chez lui, à l'intérêt de sa grandeur personnelle. Le récit des événements nous prouvera qu'il n'a pas été simplement et noblement catholique; car il a résisté, sans motif honnête, à l'exemple et même aux ordres du chef du catholicisme: il n'a pas été non plus sincèrement patriote breton; car il n'a jamais osé déclarer et soutenir franchement ses prétentions, et donner aux sentiments et aux passions des populations bretonnes une direction qui aurait pu les rendre redoutables, un but qui aurait doublé leurs forces. Il n'a fait que du mal; et il est tombé sans gloire pour lui-même et sans profit pour la cause qu'il n'avait pas su défendre.

Cette appréciation est bien différente des éloges qu'a prodigués à Mercœur l'un des derniers historiens de la Bretagne. M. de Courson célèbre les croyances inébranlables et le dévouement antique du chef ligueur, en reprochant amèrement aux historiographes de cour leur sévérité envers Emmanuel de Lorraine; il ajoute : « Tout homme
« vraiment dévoué à la religion et à la liberté devrait bénir
« la mémoire de ces vaillants champions de l'Église catho-
« lique. Mais non : l'outrage leur a été prodigué et par l'école
« révolutionnaire, dont la haine contre le catholicisme l'em-
« porte sur celle même qu'elle professe contre les rois; et
« par l'école absolutiste, qui, à son insu, sacrifie trop sou-

« vent le principe religieux à ce qu'elle appelle, par un abus
« de mots, sa foi politique[1]. »

Je ne sais si l'historien de Piré, si le bénédictin dom Taillandier, pour ne citer que ces deux noms, doivent être rangés dans l'école révolutionnaire ou dans l'école absolutiste : mais ils ne paraissent pas être admirateurs passionnés de Mercœur et de son ambition ; et, sans être historiographe de cour, je crois que l'on peut se montrer sévère à l'égard du prétendant à la couronne ducale de Bretagne. L'exposition des faits fera voir de quel côté est la vérité.

[1] *Histoire des peuples bretons*, par M. Aurélien de Courson, 2 vol., 1846.

LA LIGUE EN BRETAGNE.

CHAPITRE Ier.

Le duc et la duchesse de Mercœur en Bretagne. — Commencements de la guerre de la Ligue dans la province.

La branche des Valois allait bientôt s'éteindre dans la personne de Henri III, prince d'une santé débile, sans enfants, et sans espoir d'en avoir jamais. Henri de Navarre, qui se présentait pour le remplacer sur le trône de France, était repoussé par la plus grande partie de la nation : la Bretagne, plus que toute autre province du royaume, devait protester contre les prétentions du chef des huguenots, et tenter un dernier effort, pour reconquérir, au milieu du bouleversement général, son indépendance perdue, mais toujours si chère, toujours si regrettée.

Henri IV ne descendait pas, en effet, des princes du pays : les Bretons se croyaient-ils obligés de renouveler en faveur d'un étranger les concessions pénibles qu'ils avaient faites aux petits-fils de leur duchesse Anne ? Le traité de 1532, qu'ils avaient souffert, parce qu'il semblait ne devoir rien changer à leur situation, et que les rois eux-mêmes n'avaient pas osé, par une sorte de pudeur, exécuter dans toute son étendue, pouvait-il enchaîner irrévocablement les destinées du pays? L'occasion, si désirée, n'était-elle pas venue pour les Bretons, de rompre cette union avec la France, que beaucoup, au fond de leurs cœurs, n'avaient acceptée qu'avec restriction?

Si la Bretagne repoussait Henri IV, quels étaient ceux qui pouvaient élever sur le duché des prétentions plus ou moins légitimes? Vers qui devaient se tourner les regards et les espérances des Bretons, cherchant des chefs pour diriger leur résistance, des représentants pour défendre leur indépendance nationale?

Les prétendants étaient d'abord les trois filles de Henri II, sœurs du dernier roi-duc de Bretagne : les femmes avaient souvent possédé le duché; leur sexe n'était donc pas un motif d'exclusion, si le traité de 1532 était abrogé. A la fin du XV° siècle, pendant le règne du dernier duc, François II, le parti français dans la province s'était vainement efforcé de persuader aux Bretons que les principes de la loi salique formaient aussi chez eux la règle de la succession au trône. Ce fut pour combattre cette doctrine erronée que le vieil historien Le Baud écrivit un petit livre, adressé à la duchesse Marguerite de Foix, afin, dit-il, de montrer que, « *entre ceulx de ladite grant Bretaigne, dont nous avons prins nom et loys, fut jadis cette coustume gardée, que toutes fois et quantes il y eust deffault de hoir masle en leur lignaige royal, les femmes succedèrent en celluy royaulme* [1]. » Les filles de Henri II étaient :

1° Isabelle, qui avait épousé Philippe II : en mourant, elle avait laissé les droits qu'elle pouvait avoir, d'abord à sa fille aînée, Isabelle-Claire-Eugénie, qui n'était pas encore mariée; ensuite à la cadette, Catherine, qui avait épousé Charles-Emmanuel I°", duc de Savoie, lui-même petit-fils de François I°" et de Claude de Bretagne par sa mère.

2° Claude, seconde fille de Henri II, mariée à Charles II, duc de Lorraine.

3° Marguerite, femme de Henri IV, qui revendiquait la Bretagne, comme roi de France.

La sœur de la reine Claude, Renée, duchesse de Ferrare, avait, à l'époque de son mariage, renoncé à tous ses droits éventuels.

---

[1] Cet opuscule, encore inédit, a été retrouvé par M. A. de la Borderie, en 1850.

Cependant, en 1568, elle avait réclamé le duché, en se fondant sur le contrat de mariage d'Anne et de Louis XII, qui le réservait au *puîné de leurs enfants, mâle ou femelle*[1]; mais, par une transaction, datée du 23 décembre 1570, elle se désista de toutes ses prétentions, moyennant quelques domaines que lui céda Charles IX; elle était morte en 1575[2].

Henri, héritier des vicomtes de Rohan et des comtes de Porhoët, descendait de Marie de Bretagne, fille du duc François Ier. Le contrat de mariage d'Anne et de Louis XII réservait les droits de cette branche indirecte; mais la famille des Rohan était attachée au protestantisme, et à la fortune de Henri de Navarre: tout l'éloignait donc des sympathies de la population bretonne.

Le duc de Lorraine, et surtout le roi d'Espagne, au nom de sa fille, devaient élever des prétentions sur la province; mais ils étaient étrangers à la Bretagne, et même au royaume. Or, la province prendra les armes, non pas pour soutenir les droits d'un prétendant, mais pour reconquérir son indépendance: les Bretons voulaient un chef qui leur appartînt. Ils le trouvèrent dans un prince que les circonstances les plus heureuses mettaient naturellement à la tête du mouvement et semblaient destiner à faire revivre la nationalité bretonne.

Philippe-Emmanuel de Lorraine, duc de Mercœur, fut le chef de la Ligue en Bretagne: il était fils de Nicolas de Lorraine, comte de Vaudemont, et, par conséquent, petit-fils du duc de Lorraine, Antoine. Charles IX avait érigé, en faveur de Nicolas, la principauté de Mercœur (Auvergne) en duché-pairie (déc. 1569). Ce prince mourut en 1577, laissant plusieurs enfants: de sa première femme, Marguerite d'Egmont, Louise de Lorraine, mariée le 15 février 1575 avec Henri III; de sa deuxième femme, Jeanne de Savoie, Philippe-Emmanuel de Lorraine, duc de Mercœur, né en 1558; Charles de Lorraine, cardinal de Vaudemont, qui mourut en 1587; François de Lorraine, marquis de Chausseins, et Marguerite de Lorraine, épouse d'Anne de Joyeuse, le favori de Henri III; enfin, de sa troisième femme, Catherine de Lorraine, Henri, marquis de Mouy,

---

1 *Actes de Bretagne ou Preuves* de D. Morice, t. III, col. 978.
2 Plaidoyers pour et contre la duchesse de Ferrare: *Actes de Bret.*, t. III, col. 1372-1379. — Transaction: *Id.*, col. 1380-1390.

comte de Chaligny, et Henri, évêque et comte de Verdun[1]. Mercœur, par son origine, n'était pas complétement étranger aux souverains qui avaient régné sur la province; mais il devait surtout ses prétentions et sa popularité à sa femme, la spirituelle et ambitieuse Marie de Luxembourg, duchesse d'Étampes et de Penthièvre, vicomtesse de Martigues. Elle descendait directement, par Nicole de Blois, vicomtesse de Limoges, mariée à Jean de Brosse, de Jeanne de Penthièvre, la veuve de Charles de Blois : « *Elle était du sang royal des vrais et légitimes ducs de Bretagne.* » Au point de vue des traités, les prétentions qu'elle pouvait élever sur le duché, étaient de toutes les plus mal fondées : non-seulement la comtesse de Blois avait formellement renoncé à tous ses droits, par le traité de Guérande de 1365; mais depuis, Louis XI avait acquis en 1480, au prix de 50,000 livres, les prétentions de Nicole, sa petite-fille, sur la Bretagne, en s'engageant à lui restituer le comté de Penthièvre, que lui donnait le traité de Guérande, lorsqu'il serait en possession du duché. En 1485, la veuve de Jean de Brosse avait renouvelé cette concession par un contrat fait avec Charles VIII[2]. Quand la province eut été définitivement réunie à la couronne en 1532, François Ier remit à l'arrière-petit-fils de Nicole le comté de Penthièvre, avec la réserve de pouvoir le reprendre, moyennant la cession de terres équivalentes. Jean de Brosse, alors mineur, réclama douze ans plus tard; l'on obtint son désistement, en 1555, par le traité de Fontainebleau. Enfin, en 1566, Sébastien de Luxembourg, vicomte de Martigues, son neveu et son héritier, déclara au

---

1 *Hist. généal. de la maison de France,* par le P. Anselme, t. III, p. 788-794, etc., etc.

La généalogie de Mercœur donnée par Daru (*Hist. de Bret.*, t. III, p. 291) prouve seulement qu'il descendait de la maison de Blois, avant que celle-ci, par le mariage de Charles de Blois et de Jeanne de Penthièvre, eût acquis le moindre droit sur la Bretagne. Mercœur descendait par sa mère, Jeanne de Savoie, de Claude de Brosse, dite de Bretagne, fille de Nicole de Châtillon, dite de Bretagne, comtesse de Penthièvre (Du Paz, *Histoire généalogique de plusieurs maisons illustres de Bretagne,* etc., Paris, 1619, in-f°). — P. Biré ajoute qu'il était issu, par Yolande d'Anjou, de Louis Ier, comte d'Anjou, et de Marie, troisième enfant de Charles de Blois et de Jeanne de Penthièvre. (*Alliences généalogiques de la maison de Lorraine,* etc., par P. Biré, Nantes, 1593, in-f°.)

2 *Actes de Bret.,* t. III, col. 343, 486.

conseil du roi qu'il n'avait aucune prétention, aucun droit sur le duché de Bretagne, *tant pour lui que pour ses successeurs*[1].

Cependant sa fille, Marie de Luxembourg, n'en était pas moins regardée par la plus grande partie de la population bretonne, comme l'enfant des anciens ducs, comme le souvenir vivant de l'antique indépendance. Dans presque tous les ouvrages composés au xvi° siècle en Bretagne, Jean de Montfort est appelé l'usurpateur, et les descendants de la comtesse de Blois sont les légitimes descendants des souverains nationaux. De nos jours encore, il existe plus d'un écrivain breton soutenant la même thèse, purement historique depuis longtemps, mais alors d'une importance politique considérable, et l'on écrit ces lignes : « Tous les droits qui appartenaient « au duc d'Étampes sur le duché de Bretagne, comme descendant « en ligne directe de Charles de Blois et de Jeanne de Penthièvre, « passèrent sur la tête de Sébastien de Luxembourg, père de « Madame de Mercœur. »

Quand elle naquit à Lamballe, le 12 février 1562[2], son grand-oncle le duc d'Étampes était depuis longtemps déjà gouverneur de la province. Son père, le vicomte de Martignes, lieutenant-général en Bretagne, devait le remplacer quatre ans plus tard : c'était, a dit l'un des panégyristes de sa famille, « l'ornement des braves et « signalez capitaines et plus valeureux guerriers de son temps, la « lumière de vertu, le parangon de prouesse, la terreur des héré- « tiques, le fléau des schismatiques, etc[3]. » Ses contemporains l'avaient surnommé *le Chevalier sans peur :* mais l'on ne peut ajouter, *sans reproche ;* car dans plus d'une circonstance de sa vie très-agitée, il avait fait preuve d'une ambition peu mesurée et d'un courage poussé jusqu'à la brutalité cruelle. Il avait épousé Marie de Beaucaire, fille d'honneur de Marie Stuart. Le baptême de la jeune Marie, leur fille, fut célébré à Nantes, le 16 juillet 1562, avec une pompe toute royale, dont le souvenir devait longtemps rester gravé dans la mémoire des habitants. Le parrain était Antoine de Bourbon, roi de Navarre ; les marraines, la reine d'Écosse et Marguerite de

---

[1] *Actes de Bret.*, t. III, col. 1021, 1027, 1128, 1133, 1135, 1145, 1349.

[2] Le 15 février, suivant les mémoires de Gassion, entre huit ou neuf heures du soir.

[3] P. Biré, *Alliances généalogiques de la maison de Lorraine*, liv. 1er, p. 91.

France, sœur de Charles IX, par leurs représentants. L'on a conservé le récit de la cérémonie, dans lequel l'auteur contemporain nous montre l'*ordre gardé en marchant au baptistaire :* « Les rues « étoient tendues des plus riches tapisseries : il y avoit, d'un costé, « cent des principaux habitants, tous portans torches blanches allu-« mées, et de l'autre costé, autant de gentilshommes, gens d'armes « et archers, portans torches de cire jaune. Puis suivoit un chariot « triomphant, plein de nymphes, satyres, musiciens et de cornets à « bouquin ; sur le sommet duquel chariot étoient ces mots écrits en « lettres d'or : « *Tessera militis christiani.* » Voicy l'enseigne du « soldat chrestien, » etc.

L'université, les gens de justice, le hérault de Bretagne, les plus grands seigneurs du pays, tête nue, marchaient ensuite, *chacun portant les choses requises au baptesme :* l'artillerie du château retentissait, la cathédrale était resplendissante de drap d'or; et, après les cérémonies du baptême, administré par Philippe du Bec, alors évêque de Vannes, maître Jacques du Pré, théologal, montait en chaire et terminait son sermon par cette prière : « Veuille que la « confession de foy, que tu as aujourd'huy par tes pleiges promise « à Dieu, t'accompagne comme tutrice en toute ta vie : fasse que, « comme un franc provin de vigne, extraicte de tant de fidèles « princes, ducs, comtes, tes parents et prédécesseurs, à l'exemple « d'iceux, tu t'opposes quelquefois, comme mur d'Israël, contre ceux « qui de sa maison font une caverne de brigands, afin qu'en toi soit « vérifié le proverbe, « d'un bon père meilleure fille. »

La fête était vraiment populaire : voilà, disait-on dans la foule, l'illustre rejeton de la vieille famille des Penthièvre ; voilà la fille de nos souverains légitimes, et quelques-uns même, si l'on en croit la tradition, n'étaient pas éloignés de croire que cette noble maison pouvait élever des prétentions jusque sur la couronne de France[1].

---

[1] La relation originale, publiée à Nantes, en 1566, est d'une extrême rareté: c'est elle qui a été suivie par tous les auteurs de l'âge suivant; on peut consulter: Du Paz, *Hist. généalogique*, p. 100; — P. Biré, *Alliances généal.*, p. 183; — *Original des troubles de ce temps*, par Raoul le Maistre, surtout d'après les mémoires de Gassion, p. 208 214, Nantes, 1592 : ce livre, dont nous parlerons plus tard, donne les plus grands détails sur le comte de Martigues et sur son histoire assez intéressante.

La jeune princesse, la *belle Nantaise*, comme le peuple aimait à l'appeler, fut élevée en Bretagne, pendant que son père continuait à se distinguer dans les guerres de religion. Pour récompenser ses services, Charles IX érigeait le comté de Penthièvre en duché-pairie, par des lettres patentes de 1569, qui font le plus grand éloge du vicomte de Martigues : il dérogeait même en sa faveur à l'édit de juillet 1566, par lequel les terres érigées en duchés devaient être réunies à la couronne, faute d'héritier mâle ; c'était la première exception, comme le remarquent les auteurs de l'*Art de vérifier les dates*[1]. Martigues mourait quelques jours après, au siége de Saint-Jean-d'Angély, pendant la troisième guerre civile (20 novembre 1569).

Plus tard, le roi de France Henri III faisait épouser la riche héritière des maisons de Penthièvre et de Luxembourg à son beau-frère, le duc de Mercœur : les noces étaient célébrées à Paris, le 12 juillet 1575[2]. Cédant, sans doute, aux instances de la reine Louise, sa femme, qui lui répondait de la fidélité de son frère, Henri comblait le jeune homme de ses bienfaits : il pouvait espérer que Mercœur, lui devant tout, serait aussi plus que tout autre prince attaché à ses intérêts, et qu'il défendrait sa cause contre les protestants et surtout contre l'ambition déjà menaçante des Guises. C'est ainsi qu'il le nommait l'un des premiers chevaliers de l'ordre du Saint-Esprit[3].

Enfin, en 1582, il donnait au duc de Mercœur le gouvernement de la Bretagne[4] : pour gratifier son beau-frère de cette charge si impor-

---

[1] *Actes de Bret.*, t. III, col. 1362-8. — *Art de vérifier les dates*, t. II, p. 921, édition de 1784. — Du Paz, p. 113-119.

[2] C'est la date donnée par beaucoup : cependant, l'*Art de vérifier les dates* place cet événement au 15 juillet 1576 ; d'autres même, au 12 juillet 1579. L'Estoile donne positivement la date du 12 juillet 1575, en ajoutant des détails circonstanciés sur les fêtes du mariage. — *Registre-Journal de Henri III*, p. 56 et 57. — Le P. Anselme, dans sa *Généalogie de la maison royale de France*, donne par erreur la date du 15 juillet 1579 (t. III, p. 738) ; mais il se corrige lui-même, en écrivant, à la page 793, que Marie de Luxembourg fut accordée par contrat le dimanche 27 juin 1574, et mariée à Paris le 12 juillet 1575.

[3] Mercœur est nommé le second (1579) : voir l'Estoile, p. 111 et 112, *Mémoires sur l'Hist. de France*, collection Michaud et Poujoulat.

[4] Il paraît qu'à cette époque les affaires du duc de Mercœur étaient assez embarrassées : c'est du moins ce qui résulte d'une longue et curieuse lettre inédite, adressée de Nantes à sa fille par Marie de Beaucaire :

« Ma fille, écrit-elle, encore que je n'aie pas grande occasion de vous rendre

tante, il n'hésitait pas à l'enlever au duc de Montpensier, qui même en avait obtenu la survivance en faveur de son petit-fils le prince de Dombes. Vainement les sages conseillers du roi lui représentèrent l'alliance étroite qui unissait Mercœur à la redoutable maison des Guises ; vainement ils lui firent remarquer qu'il était dangereux de confier une province comme la Bretagne à un prince qui serait peut-être tenté de faire revivre, à la faveur des troubles, les prétentions des Penthièvre : le chancelier Cheverny fut contraint d'expédier les lettres de provision du gouvernement de Bretagne. Mais il exigea un ordre écrit, signé du roi, et contre-signé des quatre secrétaires d'État, qui affirmaient son opposition : et l'on put juger dans la suite, comme l'écrivait à Henri IV l'habile cardinal d'Ossat, « combien dangereuse chose est de confier les gouvernements des « grandes provinces à gens qui ont de ces prétentions, pour vieilles, « rances et moisies qu'elles soient[1]. »

Le duc de Mercœur était un homme doué de qualités estimables : d'une taille élevée, d'une figure noble et douce à la fois, il inspirait la confiance et le respect. Mercœur a été puissant ; il a dû rencontrer des courtisans et des panégyristes : ceux-ci ne lui ont pas fait défaut, et l'ont naturellement orné de tous les talents et de toutes les vertus. Il est peut-être curieux de retrouver quelques-uns de ses traits, esquissés par les contemporains : c'est d'ailleurs une sorte de spécimen de l'éloge historique en province au XVIe siècle.

« réponse, si vous ferai-je ce mot, pour vous dire que vous vous oubliez bien
« fort de m'écrire en colère : c'est trop tôt mettre sous le pied l'obligation que vous
« m'avez.... Je me garderai bien de répondre de vingt-quatre mille francs, pour
« quoi vos terres sont saisies.... Je vois que vous vous souciez très-peu de vos
« affaires.... M. de Mercœur m'écrit en colère qu'il gardera bien son bien et le
« vôtre contre tous gens qui y voudraient entreprendre.... Il est temps qu'il
« commence, car cependant chacun y prend.... Il me devrait plus aimer qu'il ne
« fait ; car je l'ai élu parmi d'autres, de qui je sais bien que j'eusse eu plus de
« faveur et de support que je n'ai de lui et des siens ; je suis encore à en recevoir la
« première faveur, mais non pas le premier ennui.... Si vous êtes à mendicité, ne
« vous en prenez qu'à vous.... Si vous aviez tant soit peu de bon naturel ou de
« raison, je vous demanderais la cause ;.... mais vous défaillant ces deux choses-
« là, je supplie le Créateur qu'il vous en donne.... »

Cette lettre fait partie de la précieuse collection d'autographes de M. de La Jarriette, à Nantes.

1 De Thou, liv. 81, 94. — *Lettres du cardinal d'Ossat*, liv. III, lett. 9, 10 avril 1597. — Manifeste contre le duc de Mercœur, composé par ordre du roi Henri IV, dans les *Mémoires* de Duplessis-Mornay, t. VI, p. 385-430, édit. de 1824.

« La mine du duc de Mercœur, écrit l'un de ses admirateurs, estoit
« de ces impérieuses à qui les anciens destinoient la royauté. Il avoit
« la taille dégagée, et la stature au-dessus de la médiocre ; la tête
« grosse, mais sans cheveux, suivant la coutume du temps. Sa char-
« nure estoit blanche, et son teint vermeil. Les sourcils lui estoient
« majestueusement et également voûtez. Le nez lui estoit héréditaire,
« car les princes de la maison de Lorraine l'ont assez long ; mais
« il n'estoit pas fort aquilin, ce qui découvroit sa grande douceur.
« Le plus beau de son visage estoit son œil, grand, vif, bien ouvert,
« étincelant, mais chaste et nullement menaçant. Il avoit les joues
« honnestement remplies, la bouche petite, le menton un peu long : il
« portoit la moustache retroussée à l'espagnol, la barbe pleine et un
« peu au-dessous du menton. A le voir, on auroit auguré cent ans de
« vie et de vie vigoureuse. C'estoit un César à cheval et un Alexandre
« à pié[1]. » Le portrait est complet ; rien n'y manque : le dernier trait
surtout est admirable.

Voici maintenant l'éloge des qualités intellectuelles du duc de
Mercœur par un Nantais qui vivait en quelque sorte dans sa fami-
liarité, Pierre Biré, avocat au siége présidial de Nantes :

« C'estoit un prince doux et benin, tant vers ses amis et serviteurs,
« que à l'endroit de ses ennemis ; éloquent, bien disant, et laconic
« en ses discours. Outre la langue française, il parle des mieux
« l'Italien, l'Espagnol et l'Allemant, et entend très-bien le Latin et
« l'Anglais : et est si bien versé en toute sorte de sciences que de
« tout ce qu'on luy sçauroit proposer, il en discoure si pertinemment,
« qu'il s'en rend admirable à ceux qui l'escoutent parler. Il se plaist
« ordinairement à la Poësie, et y récrée quelquefois ses esprits,
« lorsqu'il peut prendre le loisir et la commodité d'y vacquer. Je le

---

[1] Cité par C. Mellinet, *Hist. de la Commune et de la Milice de Nantes*, t. III,
p. 311. — *Hist. du duc de Mercœur*, édit. de 1689, p. 266-268.
Les différents portraits de Mercœur que j'ai pu examiner, surtout ceux de
Moncornet, de Jérôme Vierx et de Jean Sielmacher, se rapportent jusqu'à un
certain point à cette description louangeuse ; mais les artistes ont flatté Mercœur
beaucoup moins que les panégyristes : sur l'une de ces gravures on lit ces vers :

Mercurii ducis ora vides, quo præside tellus
Armorica innumeris fulget decorata tropæis:
O decus Austrasiæ, pietas tutela, fidusque
Æternas statuunt tua circum tempora lauros.

« sçay pour avoir eu l'honneur de veoir plusieurs belles Odes,
« Sonnets et Stances de sa composition, dont j'espère qu'un jour le
« public aura la communication. Sa coustume ordinaire est de pro-
« poser quelque belle matière pour estre agitée et au long traictée
« à l'issue de ses repas. En quoy il prend si grand plaisir, qu'après
« avoir attentivement escouté les raisons des uns et des autres, il
« entre finablement en des discours, dont les périodes contiennent
« autant de sentences et résolutions. » Puis le courtisan louangeur
célèbre sa piété, son courage, ses talents militaires : « Pour jeune
« qu'il est, il a produit les effets d'un si vieil, mûr et prudent enten-
« dement, que, sans aucune adulation et mensonge, je puis appeller
« le progrez de son jeune âge, les œuvres miraculeux de Dieu et de
« nature.... Pour tout dire en quelques mots, il égale Milciade en
« vaillance, Pirrhus en faits, Theseus en bruit, César en science,
« Fabius Maximus en prudence, Cyrus en largesse et David en
« oraison, etc[1]. »

Saint François de Sales, qui devait prononcer son oraison funèbre, rappelle à peu près de la même façon les belles qualités de son héros : il célèbre surtout sa chasteté, « vertu rare en un siècle si
« dépravé : il n'ignorait pas que les voluptés ne nous embrassent
« que pour nous étrangler. Il estoit donc des plus tempérants en son
« vivre, vu qu'il ne mangeoit que comme par force, et qu'il ne
« buvoit presque que de l'eau.... Il ne touchoit la terre que des piés,
« comme la perle se conserve pure et nette au fond de la mer, ne
« sortant jamais de sa coquille que pour recevoir sa nourriture de
« la rosée du ciel.... Je dis le duc de Mercœur un des remparts de
« la chrétienté, un des protecteurs de la foi, le guidon du crucifix. »

Il faut ajouter, pour expliquer ces éloges, que saint François de Sales, dans son panégyrique de Mercœur, pouvait se laisser entraîner par un noble mouvement de reconnaissance : son père, son aïeul et son bisaïeul avaient été pages d'honneur dans la maison des Martigues[2].

1 P. Biré, *Alliences généalogiques de la maison de Lorraine*, p. 247 et 90.
2 Cette oraison funèbre fut prononcée par le saint évêque à Notre-Dame de Paris, le 27 avril 1602 : c'est un éloge pompeux et souvent fort exagéré de Mercœur; elle renferme deux parties distinctes: 1º glorification de toutes les vertus du prince, tempérance, chasteté, douceur de caractère, science, piété, charité; 2º belles actions de Mercœur dans la guerre contre les Turcs en Hongrie:

Au milieu de ces louanges exagérées et prétentieuses, il est juste de reconnaître que Mercœur était simple et doux dans ses mœurs et dans ses manières ; instruit, ami des lettres et des sciences ; courageux sur un champ de bataille, prudent plutôt que téméraire. Déjà même il s'était distingué dans plusieurs campagnes, principalement aux siéges de Brouage et de la Fère, où il apprenait l'art de la guerre, sous les ordres de son cousin, Henri de Guise. Mais ces qualités honnêtes et estimables ne sont pas celles qui triomphent des obstacles et forcent la fortune dans les grandes entreprises. Mercœur ne fut jamais un héros ; jamais il ne s'éleva à la hauteur des circonstances : il lui manquait la force du caractère et l'énergie des convictions. Ce fut un politique ambitieux, d'un esprit indécis et circonspect, craignant toujours de se hasarder, débutant par l'ingratitude, et terminant sa carrière par le mensonge et la faiblesse.

La duchesse de Mercœur devait assurément montrer plus d'énergie politique que son mari : c'est elle qui excitera son ambition trop lente ou trop modérée ; c'est elle qui lui fera voir chaque jour la Bretagne, disposée à reconnaître en lui l'époux de la fille des anciens ducs, le chef national, le représentant de la vieille indépendance

---

récit de sa mort chrétienne à Nuremberg. Saint François de Sales, comme la plupart des orateurs sous Henri IV, a bien soin de ne pas parler de la Ligue : « La plus belle partie, écrivait saint François à Mme de Mercœur, aurait raison « de se plaindre d'avoir été omise ; mais ne devant dire que ce qui convenait au « temps, au lieu et aux auditeurs, j'ai dû laisser à l'histoire, qui réserve des « volumes entiers pour une si belle vie, de suppléer à mon défaut. »

Il existe une histoire de Mercœur ; elle a pour titre : *L'Histoire de Filipe-Emanuel de Lorraine, duc de Mercœur*, par G.-G. de M. (Bruslé de Momplainchamp), à Cologne, chez P. Marteau, 1689, in-12, et à la Haye chez Abraham Acher, 1692. C'est un ouvrage médiocre, qui ne m'a rien appris : l'auteur omet, à dessein, presque toute la vie de Mercœur pendant la Ligue, c'est-à-dire toute son histoire, et il tombe dans les erreurs les plus grossières, malgré ses prétentions à la science. « Ceux qui, pour faire valoir leur éloquence, écrit-il, ont « comme sanctifié les actions les plus blâmables, apprendront de saint François « de Sales à taire des choses qu'ils ne peuvent raisonnablement justifier. Ce saint « orateur peut dire des miracles de son héros, pendant la Ligue ; mais il couvre « cet endroit dangereux sous un prudent silence. » On conçoit le silence du panégyriste ; mais celui de l'historien ! Je n'ai pas cru devoir suivre sa recommandation. — L'oraison funèbre se trouve à la fin de l'histoire de Mercœur. V. *Œuvres de saint François de Sales*, lettre 33e ; préface du *Traité de l'amour de Dieu*. — *Vie de saint François*, par M. , curé de Saint-Sulpice.

armoricaine : aussi les mémoires contemporains, surtout ceux des royalistes, ne cesseront-ils de répéter que le faible Mercœur est entièrement conduit par sa femme, la belle et altière duchesse.

Tel était le duc de Mercœur, nommé gouverneur de Bretagne par son beau-frère Henri III, en 1582[1]. La duchesse était venue s'établir, dès le mois de mai 1583, à l'hôtel de Briord, qui appartenait au célèbre capitaine huguenot La Noue ; mais ce fut seulement au mois de septembre que le duc se décida à faire son entrée triomphale dans la grande ville de la Bretagne. Depuis plusieurs mois, on s'était préparé à recevoir avec magnificence le prince, qui rappelait les vieux souvenirs et ranimait les espérances : la cérémonie surpassa tout ce qui avait été fait jusque-là dans les solennités de ce genre. Le clergé de la collégiale, celui des paroisses et les religieux des couvents, l'université, tous les corps de la ville, avec la milice bourgeoise, une foule de gentilshommes et neuf cavaliers nobles, représentant les neuf pairs ou barons de Bretagne, allèrent au-devant du nouveau gouverneur, qui était descendu, à l'entrée de la Fosse, chez le riche marchand André Ruys. « Ni duc « de Bretagne, ni roi de France, voire même la duchesse Anne, « n'avait eu réception semblable. » Et, pour en conserver le souvenir, le chapitre en faisait insérer sur son registre la très-curieuse narration. Déjà, comme on l'a remarqué, cet étalage extraordinaire de pompes et d'honneurs préparait évidemment à Mercœur les moyens de parvenir au but que son ambition allait se proposer : ce n'était pas le frère de la reine Louise que la population entourait ainsi de ses hommages, c'était l'époux de Marie de Luxembourg, l'illustre rejeton des Penthièvre[2].

Peu de mois après, la mort du duc d'Anjou (1584) ouvrait la grande question de la succession au trône : Henri de Navarre devenait l'héritier présomptif de la couronne de France ; et la Ligue

[1] Mercœur avait déjà visité plus d'une fois les principales villes de la province : ainsi, nous trouvons aux Archives de Nantes le mémoire des sommes dépensées, lors de sa première venue, surtout pour le dîner qui lui fut donné dans la grande salle des Jacobins, le dimanche 24 novembre 1577. — Archives municipales de Nantes.

[2] *Registre du Chapitre de l'église cathédrale de Nantes*, fol. 201 verso et 202 recto. — L'abbé Travers, *Histoire civile, politique et religieuse de la ville et du comté de Nantes*, publiée en 1841. Nantes, 3 volumes in-4°, t. II, p. 554.

catholique, déjà formée depuis 1576, se décidait à agir ouvertement, pour défendre les droits sacrés de la religion et de la patrie. Par le traité de Joinville (déc. 1584), les chefs catholiques, réunis aux députés de l'Espagne, s'engageaient à reconnaître le cardinal de Bourbon, oncle de Henri de Navarre, comme légitime héritier du trône, et à prendre les armes contre les calvinistes, que semblait protéger la lâche indifférence du roi. Mercœur n'assistait pas à cette assemblée; mais on déclara qu'on ne doutait pas de ses bonnes intentions, et on laissa en blanc la place de sa signature[1].

Comme les Ligueurs craignaient un rapprochement entre Henri de Navarre et Henri III, le cardinal de Bourbon publia à Péronne son célèbre manifeste, le dernier jour de mars 1585 : c'était le signal de la guerre civile. Henri III, incapable de franchise et d'énergie, se laissa encore une fois entraîner par les conseils de sa mère, et consentit, quoique bien à regret, à signer le traité de Nemours (7 juillet 1585), qui mettait véritablement la royauté sous la dépendance des chefs de la Ligue[2]. Pour satisfaire le peuple, on proscrivait les calvinistes: les ministres devaient sortir du royaume, avant un mois ; l'on accordait aux autres six mois pour se convertir. Puis les chefs du parti commençaient déjà le démembrement de la France, en exigeant du roi des places de sûreté, dont il paierait les garnisons, et des gardes à cheval, également entretenus à ses frais. Mercœur recevait pour cinq ans en Bretagne, Dinan sur la Rance, place très-forte au XVIe siècle, et Concarneau, port de mer assez important sur la côte méridionale; cette dernière ville n'avait pas alors une excellente renommée : « C'est une bonne forteresse, dit « un ligueur contemporain, pour la ruine du pays, et inventée « cependant pour son bien ; une retraite à voleurs, gens de corde, « comme il se voit par expérience que si quelqu'un a assassiné « son voisin, ou fait quelque vol, ou ravi fille ou femme, Concarneau « est sa retraite[3]. » Mercœur nommait gouverneurs de ces deux places, deux capitaines qui lui étaient dévoués, Jean d'Avaugour,

---

1 De Thou, liv. LXXXI.

2 *Mémoires de la Ligue*, t. 1er, édit. de 1758.

3 *Histoire de ce qui s'est passé en Bretagne durant les guerres de la Ligue et particulièrement dans le diocèse de Cornouaille*, par M. Moreau, chanoine dudit diocèse et conseiller au présidial de Quimper, publiée par M. Le Bastard de Mesmeur, Brest, 1836, in-4°.

seigneur du Bois de la Motte, dit Saint-Laurent, et le sieur Le Prêtre de Lezonnet. Lorsque les États de Bretagne se réunirent à Nantes (oct. 1585), le roi leur demanda de payer les garnisons de ces villes; malgré leurs sympathies pour Mercœur, les députés ne purent s'empêcher de refuser, tant leur inutilité était évidente : pour cette année seulement, ils voulaient bien pourvoir à l'entretien des arquebusiers à cheval du gouverneur de la province[1].

Le duc de Nevers, l'un des hommes les plus intelligents et les plus impartiaux de cette époque, fait voir avec la plus grande netteté que ces places de sûreté ne servaient qu'à permettre aux princes lorrains de prendre pied dans le royaume. En effet, dans les provinces où elles étaient situées, les calvinistes étaient impuissants, sans châteaux, sans prêches comme autrefois. Pourquoi d'ailleurs ces craintes, ces défiances, puisque Guise et Mayenne devaient conduire deux grandes armées contre les ennemis? Ce n'était pas sans doute pour servir de retraite aux ligueurs contre les calvinistes; car il eût fallu pour cela le renversement du royaume : enfin, ce n'était pas pour se garantir du roi, ajoute Nevers, puisque les chefs de la Ligue venaient à la cour. Aussi ce traité de Nemours, qui découvre déjà l'esprit et les intentions des princes ambitieux, était une telle atteinte portée à l'autorité royale, que le pape Sixte-Quint ne pouvait s'empêcher de manifester ses craintes et son mécontentement[2].

Les calvinistes de Bretagne, bien peu nombreux, encore moins redoutables, s'étaient dispersés, à la première nouvelle de l'édit de juillet; les ministres avaient fui, à travers mille dangers, vers Jersey, Guernesey, l'Angleterre et surtout la Rochelle; la plupart des sectaires avaient suivi leur exemple. Lorsque Mercœur, profitant de la mort du vicomte de Rohan, se fut emparé du château et de la garnison de Blain, les calvinistes perdirent l'un des derniers asiles qui leur fût resté dans la province : toutes leurs églises étaient

---

1 *Registres des États de Bretagne :* cette magnifique collection manuscrite est aux Archives d'Ille-et-Vilaine. — Dom Taillandier, continuateur de D. Morice et de D. Lobineau, *Hist. de Bretagne,* in-fol., p. 356.

2 *Traité des causes et des raisons de la prise d'armes faite en janvier* 1589, *et des moyens pour appaiser nos présentes afflictions,* par L. de Gonzague, duc de Nevers. — *Archives curieuses de l'histoire de France,* 1re série, t. XIII, p. 134-137. — Dom Taillandier, pp. 352. 354.

désolées et détruites depuis 1585. Aussi, depuis cette époque, si l'on en excepte Vitré, le parti de la Réforme n'était maître d'aucune position en Bretagne, n'existait même plus : s'il y avait encore quelques gentilshommes ou quelques bourgeois protestants, nulle part ils n'étaient réunis, nulle part ils ne devaient occasionner le moindre trouble dans la province[1].

Mercœur n'avait donc aucun ennemi à combattre dans son vaste gouvernement : alors, voulant utiliser les troupes dont il pouvait disposer, il se dirige vers le Poitou, afin de s'unir au duc de Mayenne contre les calvinistes de l'Ouest. Mais celui-ci n'était pas encore arrivé ; et Mercœur, surpris près de Fontenay, était contraint de fuir pendant la nuit, abandonnant une partie de ses équipages, perdant même beaucoup de soldats et repassant avec peine la Loire. Heureusement pour lui, le prince de Condé se détourna, dans l'espoir de surprendre Angers ; et la déroute complète de son armée dans cette aventureuse expédition éloigna la guerre de la Bretagne[2].

Si l'on en croit l'un des historiens de Mercœur, il allait réparer cet échec, en se distinguant au milieu des princes lorrains dans la défaite de la grande armée allemande, après la journée d'Auneau ; et il s'unissait de plus en plus intimement à leurs projets ambitieux[3].

---

[1] *Histoire ecclésiastique de Bretagne, depuis la réformation jusqu'à l'édit de Nantes*, par Phil. Lenoir, sieur de Crevain, pasteur de Blain, publiée par M. Vaurigand, pasteur de l'église réformée, Nantes, 1851, in-8°.
Crevain donne de curieux détails sur cette dispersion des calvinistes bretons : les ligueurs de Redon avaient commencé par se jeter sur la Roche-Bernard, et pillé les maisons des huguenots absents ou sans armes : ils avaient détruit la bibliothèque du pasteur Louveau, et brûlé son histoire ecclésiastique. Tous les ministres quittent la province ; et, « pour apprendre l'histoire des réformés « de Bretagne, ajoute Crevain, il faut les aller chercher à la Rochelle : « toutes les églises sont dissipées, et les particuliers, qui ne peuvent prendre « le parti de la fuite, se contentent de prier Dieu en secret, sans s'assembler « pour entendre la parole divine ou célébrer leur culte. » (P. 265-278.)

[2] De Thou, liv. 82. — *Mémoires de la Ligue*, Amsterdam, 1758, t. II, p. 1. — Palma Cayet, t. I, Introduction.

[3] P. Biré, *Alliances généalogiques*, p. 255. Il dissimule l'échec de Mercœur près de Fontenay, en disant qu'il ne se retira sur Nantes que par l'ordre formel du roi, qui voulait l'empêcher de combattre. (*Id.*, p. 253.)
L'Estoile parle de Mercœur, qui assistait au service solennel célébré à Paris, en

Après la journée des barricades (12 mai 1588), le roi, forcé de fuir loin de Paris par le duc de Guise, avait signé un traité encore plus humiliant pour lui que celui de Nemours : Henri de Navarre était formellement déchu de tous ses droits à la couronne, et Henri III s'engageait à le poursuivre dans le Poitou et dans la Guyenne. Il charge alors le duc de Nevers de lever une armée pour remplir cette mission difficile, en se conformant sans doute à ses intentions secrètes : mais le duc de Guise, qui se défiait de ses serments et de ses promesses, et qui déjà s'habituait à gouverner, envoie quatre régiments à son cousin le duc de Mercœur, avec l'ordre de commencer immédiatement les hostilités.

Henri de Navarre était un redoutable adversaire pour le prince ; aussi Mercœur était à peine arrivé devant Montaigu, qu'apprenant l'approche des calvinistes, qui venaient de la Rochelle, il se retire en toute hâte vers Nantes : ses troupes furent attaquées sur les bords de la Sèvre, près de Monnières, dans un chemin creux et couvert, et complétement défaites ; 8 drapeaux, 450 hommes, beaucoup de charrettes et de chevaux tombèrent au pouvoir des ennemis [1]. Le roi de Navarre conçut alors le projet de s'emparer de toute la côte de Bretagne, de Saint-Nazaire à l'embouchure de la Vilaine, pour tirer des revenus considérables des salines du pays, et fermer l'entrée de la Loire : déjà il avait pris Beauvoir et l'île de Bouin, quand l'arrivée du duc de Nevers le força de se retirer vers la Rochelle [2]. Peu de temps après, Henri III, se voyant poursuivi jusqu'aux dernières extrémités par son ennemi le duc de Guise, crut ne pouvoir échapper à une ruine certaine que par l'assassinat : ce fut le signal de la révolte des ligueurs contre la royauté ; et Mercœur

---

mémoire de Marie Stuart, le 13 mars 1587 : le 20 mars, il part de la capitale avec le duc de Mayenne, sur les instances de Henri III, qui craignait une sédition. — *Journal de Henri III*, p. 217 et 223.

1 *Avertissement sur les exploits d'armes faits par le roi de Navarre sur ceux de la Ligue, au bas Poitou*, 1588.

2 Henri IV, dans une lettre à M. de Vivans, lui annonce la prise de Beauvoir (24 octobre 1588) : au commencement d'octobre, il s'était avancé jusque auprès de Nantes ; il couchait et dînait à Vertou, le 2 et le 3 octobre. *Lettres missives de Henri IV*, t. II. — *Mém.* de Duplessis-Mornay, p. 165, édit. de 1824. — *Hist. universelle* de d'Aubigné, t. III, p. 126, édit. de 1616-1620. — *Mém. de la Ligue*, t. II, p. 509, etc., et p. 526.

pensa que le temps était venu de commencer l'exécution des projets qu'il avait préparés déjà depuis longtemps.

Henri III s'était probablement repenti de la grande puissance qu'il avait imprudemment accordée à son beau-frère : l'on avait même fait courir le bruit que le roi était sur le point de répudier la reine Louise, comme stérile ; mais que le véritable motif du divorce était d'abaisser la trop grande puissance de Mercœur. Cependant, trop faible pour la lui enlever désormais, il conservait encore quelque illusion, et se contentait de chercher à balancer l'influence des ligueurs.

Dans les nombreux pamphlets publiés à cette époque contre les ligueurs, Mercœur n'était pas épargné : ainsi, dans la description d'un tableau fait au crayon, trouvé en la chambre du roi, 1585, il est représenté *fort bien paré*, avec cette devise : *Symbolum ingratitudinis*. Dans la bibliothèque de Mme de Montpensier, nous lisons : *Les Espouvantables menaces du duc de Mercœur contre la roine de Navarre et les hérétiques de Poitou*, imprimé à Nantes. — *L'espérance de réunion de madame de Martigues avec l'évesque de Nantes, mise en tablature.* — *Chants lamentables des pages de Mme de Mercœur....,* etc. 1587. « L'infidélité du duc de Mercœur, dit un pamphlet
« de 1589, surpasse la deloïauté du plus ingrat, je ne veux pas dire
« beau-frère, ains serviteur qui oncques. Ce qui fait croire de lui
« toutes les vilenies qui s'en disent.... Qu'eût-ce été de lui et de ses
« pauvres frères et sœurs, sans le mariage de la reine sa sœur avec
« le roi Henri III. Pouvoient-ils tenir rang, je ne veux pas dire de
« princes (car, vu leur extrême pauvreté, c'eût été une trop lourde
« bêtise, de se le dire hors de Lorraine), mais de moyens gentils-
« hommes? etc., etc[1]. »

A l'époque des barricades de Paris, Henri III s'empresse d'écrire aux villes de la province, pour les maintenir dans le devoir : dans l'espace d'un mois, il adresse six lettres *à ses chers et bien amez les maire et eschevins de la ville de Nantes*. Le 12 mai, il espère que l'émotion parisienne n'aura pas de suite ; il leur en donne avis, afin qu'*ils tiennent la main que leur ville puisse aussi demeurer en paisible estat sous son obéissance*. Le 16, il proteste de ses bonnes intentions pour les droits de ses sujets, et de son zèle pour la religion

---

[1] *Mém. de la Ligue*, t. IV, p. 194. — L'Estoile, p. 194-210, etc., etc.

catholique : il a récemment exposé sa vie en combattant l'armée des Allemands ; il repousse toutes les accusations dirigées contre lui ; il les prie de *n'adjouster foy à telles inventions et inductions, et de se tenir fermes, unis et conjoints avec lui pour lui rendre l'obéissance qui lui est due.* Puis il envoie en Bretagne deux de ses conseillers fidèles, avec deux nouvelles lettres du 19 et du 23 mai ; il a juré, écrit-il, de maintenir la foi catholique et de pourvoir à ce qu'un prince catholique fût son successeur : il les supplie de demeurer fidèles et constants en la *dévotion et obéissance que doivent rendre bons et loyaux subjects à leur roy, sans se laisser ébranler d'aucunes mauvaises impressions, qui ne peuvent servir qu'à diviser les citoyens et bons bourgeois, les plonger en des craintes et deffiances immortelles et establir des auctorités et puissances extraordinaires, qui ne peuvent apporter à présent et à la fin que toute ruine et désollation.*

La municipalité, composée en grande partie d'hommes modérés, dévoués à leur religion, mais fidèles à leur roi et ennemis du désordre, dirigée d'ailleurs par le sage et courageux Charles Harrouys, sieur de l'Espinay, conseiller du roi et président au siège présidial de Nantes, assure à diverses reprises Henri III de ses bons sentiments ; et le roi, dans de nouvelles lettres du 4 juin et du 17, remercie vivement les habitants de ces protestations.

Le duc de Mercœur était à Rennes ; il venait de recevoir, dans les premiers jours de juin, des lettres que lui adressait la municipalité parisienne, pour l'engager à s'unir aux catholiques contre les ennemis de la religion[1]. Mécontent des dispositions beaucoup trop modérées de la haute bourgeoisie, il écrit le 13 juin à la municipalité nantaise, en termes assez secs : il se plaint de la mauvaise garde qui se faisait dans la ville, quand les ennemis étaient presque aux portes ; il s'étonne d'un aussi mauvais vouloir[2]. D'autre part, il se disposait à rompre avec Henri III, et redoublait ses intrigues, pour détacher le peuple de sa fidélité au roi : il écrivait de Dinan plusieurs lettres aux Nantais (30 juin - 5 juillet), semblant impatient de leurs nouvelles, ne

---

[1] *Registres de l'Hôtel-de-Ville*, XII, fol. 150. — Capefigue, V, p. 36. *Hist. de la Réforme, de la Ligue et du règne de Henri IV*, 8 vol. in-8°. — Voir les *Mémoires de la Ligue*, t. II, p. 331-342.

[2] Travers cite les textes de toutes ces lettres du roi et de Mercœur, t. II, p. 571-575. — Arch. munic. de Nantes.

voulant demeurer plus longtemps en attente de leurs lettres ; il les assurait qu'*il abandonnera tout pour aller vers eux, pour leur conservation, laquelle il a aultant à cœur que chose de ce monde*[1].

Le roi commençait à perdre ses dernières illusions ; il engageait même les bourgeois, mais indirectement, à se défier de Mercœur : « *Nous vous admonestons,* écrivait-il de Rouen le 30 juin, *de continuer constamment dans votre fidélité, sans prester l'oreille aux mauvaises persuasions et inductions qui vous pourraient être faictes pour vous en divertir ; vous proposant toujours devant les yeux que le plus assuré appui que vous puissiez avoir, ce sera d'estre conjoints inséparablement de vostre roy, qui n'a aultre plus grand désir que de vous faire sentir sa bienveillance par tous bons et favorables traitements, et de vous veoir tous ses subjects catholiques bien unis pour l'extirpation des hérésies et un ferme établissement de la religion catholique, apostolique et romaine*[2]. »

Mais déjà tout s'agitait pour la guerre, dans la plupart des parties de la Bretagne, et surtout à Nantes, la grande ville que Mercœur destinait à être la capitale de sa principauté. Dès l'époque où il avait été nommé gouverneur de Bretagne, le duc avait eu soin de se faire un grand nombre d'amis et de créatures parmi les nobles du pays. *Il avait pratiqué,* dit Montmartin, *nombre de gentilshommes, mais non pas des plus grands et premiers de la province, entre autres le sieur de Goulaine et son frère de Saint-Laurent, d'Olivet, de Guébriant, les d'Aradon, Talhouet, Chesnays, ceux de la maison de Carné, de Keralio, Kergouet, Malenoë,* etc[3]. Sous prétexte de fêtes et de tournois, il avait plusieurs fois réuni un grand nombre de seigneurs, et, soit en flattant leur amour-propre national, soit en leur faisant deviner les avantages qu'ils pourraient trouver à se soulever contre le gouverne-

---

[1] Travers, t. II, p. 576.

[2] Mellinet, t. III, p. 321.

[3] Jean du Mats, seigneur de Terchant et de Montmartin, gouverneur de Vitré, a écrit une relation curieuse des troubles arrivés en Bretagne depuis l'an 1589 jusqu'en 1598. Protestant et royaliste dévoué à la cause de Henri IV, qui l'estimait et l'aimait, il a raconté avec candeur et sincérité les événements auxquels il prit part. Ses mémoires sont imprimés dans le supplément qui suit l'histoire de D. Taillandier, col. 272-316.

ment royal, il en avait gagné beaucoup à sa cause : il avait eu soin de placer comme commandants dans les principales villes des hommes sur la fidélité desquels il *pouvait compter : ledit seigneur de Mercœur*, selon les paroles du bourgeois royaliste Pichart, *Lorrain fin et cautelleux, plus que guerrier, par soubz main commence à s'asseurer des villes, chasteaux, fortifications et communautez du pays de Bretaigne ou aultrement; et toutesfois il ne se veult déclarer, ains contrefait toujours le serviteur du roy le mieux du monde*[1]. Déjà, dès l'année 1585, il faisait faire de grands préparatifs à Redon, sans qu'on pût en deviner l'objet; il renforçait les garnisons des villes qui lui étaient particulièrement soumises, Dinan par exemple; il ordonnait d'armer des navires à Nantes, pour résister aux pirateries de la Rochelle; il pressait vivement à Nantes les travaux de la nouvelle ville du Marchix, etc., etc.[2].

De bonne heure Mercœur s'était proclamé le fidèle défenseur de la foi catholique; ses intérêts et ses convictions étaient d'accord. Pour mieux s'assurer du duché de Bretagne, il s'était fait donner le titre de Protecteur de l'Église romaine dans cette province; plusieurs évêques, principalement ceux de Rennes et de Dol, avaient ménagé une assemblée ecclésiastique à cette intention, et, disent les Mémoires de la Ligue, *ils avaient donné formulaires à leurs jésuites et prêcheurs, pour émouvoir et amener le peuple à cette décision*[3].

Il avait d'ailleurs à sa dévotion tous ceux qui aimaient mieux obéir à un prince particulier que vivre unis aux Français, ou dans leur intelligence, qui ne leur était pas très-agréable[4]. Enfin

---

[1] Jean Pichart, notaire et procureur au parlement de Rennes, a écrit une relation sommaire, mais exacte, des principaux événements qui se sont passés à Rennes et dans les environs, du 2 mars 1589 au 28 mai 1598 : D. Morice l'a insérée dans le t. III des *Preuves de l'Histoire de Bretagne*, col. 1695-1758.

[2] Dom Taillandier, p. 355. — Lettres du comte de Fontaines à Henri III, dans *la Ligue à Saint-Malo*, p. 97. Extrait textuellement copié d'un manuscrit de la fin du XVIe siècle, de Nicolas Frotet, sieur de la Landelle, par L. du Bois, dans la *Revue rétrospective*, t. IX, p. 83-124. — Crevain, p. 265-266. — Arch. de Nantes : quatre lettres de Mercœur aux maire et échevins de Nantes, au sujet de l'armement de mer, etc., mai et juillet 1586.

[3] D'Aubigné, t. III, p. 164. — *Mémoires de la Ligue*, t. III, p. 247. — De Piré, t. I, p. 30.

[4] Davila, p. 839; *Histoire des guerres civiles de France*, traduites par Baudouin, Paris, 1647, in-f°.

Mercœur, depuis qu'il était en Bretagne, avait cherché à se rendre populaire ; ainsi, dès son arrivée dans la province, à la requête des députés réunis aux États de Vannes, il avait levé, au grand contentement de tous, la défense royale d'exporter les blés [1]. Puis il avait revisé l'état des pensions et supprimé celles qui ne lui semblaient pas méritées : le maire de Nantes recevait 300 livres du duc de Montpensier ; cette faveur et beaucoup d'autres semblables cessèrent. En même temps, Mercœur s'affiliait aux confréries religieuses et bourgeoises, par exemple à celle de la Passion, fondée à Nantes, en l'église de Sainte-Croix, par piété sans doute, mais aussi pour augmenter le nombre de ses partisans [2].

Parmi les villes de Bretagne, les plus importantes étaient, par leur grandeur et leur position, Nantes et Rennes. Il ne semblait pas facile de détacher celle-ci du parti du roi. Depuis la réunion, Rennes avait été favorisée par le gouvernement français ; et le parlement qui y siégeait, représentant de l'autorité royale et défenseur de l'unité nationale, contribuait par son influence à faire respecter la légalité. La conduite de Mercœur avait de bonne heure excité la défiance des magistrats, et, dans tous leurs actes, ils s'étaient constamment efforcés de maintenir ou de rétablir la paix. Dès le 9 avril 1585, René de Bourgneuf, premier président, prie le gouverneur d'*empêcher que les nouveaux troubles, qui renaissent presque partout, n'ayent cours en cette province, et qu'il se fasse des ligues particulières.... Il faut se tenir en bonne union avec le roi, et ne pas s'en séparer, pour prendre d'autres partis*, etc. Puis le parlement lance une déclaration contre les factieux, qui font des levées contre le service du roi : Mercœur répond qu'il n'y a pas de troubles dans la province, et que d'ailleurs il est dépourvu de troupes, pour exécuter les décrets qu'on

---

[1] D. Taillandier, p. 347-348. — *Actes de Bret.*, t. III, col. 1467.

[2] « Les confrères, avertis de la bonne intention qu'il plaît à très-haut, très-illustre et puissant prince Monseigneur, messire Phil.-Emmanuel de Lorraine (vient ensuite la longue énumération de tous les titres de Mercœur), de vouloir entrer en ladite confrérie, pour l'honneur de Dieu, se seroient à dite fin congrégés en forme de corps politique en ladite église de Sainte-Croix, et, après les vêpres y avoir été dites et entendues par mondit seigneur, les statuts de ladite confrérie a promis et juré de les garder... et moyennant ce, a été ledit seigneur duc reçu l'un des frères de ladite confrérie. — 3 janvier 1586. » — (Extrait des statuts de la frairie de la Passion, 1769.)

pourrait rendre contre les rebelles.... Plus tard, le parlement défendait expressément au sieur de Montbarot, gouverneur de Rennes, de recevoir dans la ville un prince ou seigneur plus fort que lui[1]. Mercœur cherchait à combattre cette influence, hostile à ses projets, en développant les passions religieuses des Rennais ; ainsi, il contribuait à l'établissement des jésuites dans cette ville en 1587[2].

Mais c'était Nantes qui devait être la capitale de la Ligue en Bretagne : c'était Nantes qui pendant neuf années devait être la place d'armes de Mercœur ; c'était dans ses murs que le duc et la duchesse devaient tenir leur cour jusqu'en 1598.

Le mécontentement des habitants contre l'autorité royale datait déjà de loin : la ville voyait avec peine que Rennes lui était préférée ; et, par rivalité, par jalousie, elle devenait de plus en plus bretonne, à mesure que Rennes s'attachait davantage aux intérêts français. Depuis 50 ans, le parlement était disputé par les deux cités, qui toutes deux avaient la prétention d'être la capitale de la Bretagne ; et l'on peut juger de l'esprit qui animait à ce sujet les Nantais, par la curieuse plaidoirie de maître Chepin, leur avocat, devant les États de la province[3]. De plus, Nantes avait eu le malheur d'être presque toujours en guerre avec ses différents gouverneurs ; et ces misérables querelles, ces vexations de chaque jour, avaient à la longue contribué à aigrir le caractère des habitants, et à les irriter contre le pouvoir royal lui-même[4].

Depuis le commencement des guerres civiles, Nantes, sans cesse menacée par les nobles calvinistes du Poitou, avait continuellement été forcée de prendre les armes pour sa défense ; au milieu de leurs inquiétudes et de leurs longues souffrances, les habitants avaient contracté un attachement naturel pour la cause catholique ; de même que, plus tard, Nantes devait défendre courageusement la république contre ces mêmes nobles du Poitou et de la Vendée, devenus catholiques et royalistes.

[1] *Table raisonnée des actes du parlement de Bretagne, depuis son origine jusqu'en 1750* : manuscrit précieux, fort bien fait, à la bibliothèque de la Cour, à Rennes.

[2] D. Taillandier, p. 361.

[3] Mellinet, *Histoire de Nantes*, t. III, p. 117, 135. — Arch. de Nantes : elles renferment 58 pièces, concernant les poursuites pour obtenir l'établissement du parlement dans cette ville.

[4] Voir *la Bretagne au xvie siècle, depuis la réunion*, par L. Grégoire.

Mercœur connaissait ces dispositions; il connaissait aussi l'amour que le peuple portait à sa femme, la belle Nantaise, la nouvelle duchesse, dont on était fier autant que de la reine Anne, de populaire mémoire. Il savait quelles ressources pouvait lui fournir cette grande ville, riche, courageuse, maîtresse de la Loire : aussi, de bonne heure se prépara-t-il avec habileté à la jeter complétement dans son parti. Il avait saisi toutes les occasions de prouver son dévouement aux intérêts des habitants : il avait adroitement provoqué une demande de rétablissement du parlement à Nantes, et il avait promis de l'appuyer[1]. Pour soulager les pauvres gens, qui étaient ordinairement plus foulés que les autres par les soldats, il supprimait le logement à domicile, et, se chargeant lui-même de ce soin, il empruntait aux Nantais l'argent qui lui était nécessaire, sauf à ne pas le leur restituer ; c'étaient les riches qui payaient : Mercœur en devenait d'autant plus populaire[2].

Puis, sous prétexte de prévenir les attaques des protestants, il fortifiait chaque jour la ville, et s'efforçait de la rendre l'une des plus formidables places du royaume. Les paroisses, de quatre ou cinq lieues à la ronde, fournissaient successivement les travailleurs : d'après ses ordres, on rétablissait des chaînes de fer dans toutes les rues ; on réparait les murs, les portes, les fossés ; on montait l'artillerie sur les remparts ; on faisait provision de poudre et de boulets[3].

Mercœur comptait principalement sur les nombreux partisans que la Ligue avait dans la ville ; dès le commencement des troubles, les habitants, surtout dans les classes inférieures, avaient manifesté leur antipathie, leur haine même, contre les calvinistes. Depuis la pacification d'Amboise jusqu'au dernier édit d'union, ils s'étaient ouvertement opposés à toute réconciliation avec les hérétiques. Ceux-ci avaient été, à différentes reprises, chassés de la ville ; et l'on menaçait ceux qui y rentraient d'être pendus ou étranglés. Les suspects étaient considérés comme coupables, et également expulsés ;

---

[1] Registres secrets de la ville, 1583 : Arch. de Nantes.

[2] Travers, t. II, p. 562. — Mellinet, t. III, p. 316. — Reg. secrets de la ville, fol. 73, 29 déc. 1585 : Arch. de Nantes.

[3] Travers, t. II, p. 558, 62, 65, etc., etc.

Prêt de 3,000 écus à M. de Mercœur, pour purger la ville de *la vermine*, c'est-à-dire des hérétiques (29 nov. 1585). — Prêt de 2,259 écus, 47 sous, six deniers, pour la solde des gens de guerre (5 juin 1587). — Arch. de Nantes.

or, plus le fanatisme populaire grandissait, plus les sages, les modérés allaient devenir suspects. Les efforts de ces derniers, quelquefois heureux, n'avaient pas toujours été couronnés de succès; si la noble et courageuse résistance de la municipalité, dirigée par son maire, Harrouys de la Semeraye, avait empêché la Saint-Barthélemy à Nantes, l'animosité n'était pas moins grande contre ces ennemis, qui depuis trente ans n'avaient pas cessé de menacer la ville, lui avaient inspiré tant de craintes et causé tant de dures privations. Les bourgeois depuis trente ans étaient presque toujours sous les armes, la nuit et le jour, sans sortir de garde, *sous peine d'être pendus*, pour la défense de leurs murs [1] : combien d'argent n'avaient-ils pas été forcés de prodiguer, pour secourir le pays voisin, payer les troupes, les provisions, les munitions de toute espèce? etc., etc.

Les malheurs de l'époque, même les inondations, les pluies trop abondantes, les maladies pestilentielles, qui ravageaient sans cesse le pays, tout était imputé aux calvinistes par les classes peu éclairées [2]. Puis le clergé respecté, la savante université, donnaient l'exemple, loin de chercher à calmer les haines et à réunir les Français sous le beau nom de chrétiens. A chaque instant, c'étaient nouvelles processions, préludes des processions de la Ligue ; *exhibition du précieux corps de Dieu, de tous les reliquaires;* prières pour demander à Dieu la prospérité des armes du roi contre les huguenots, prières pour le remercier d'une victoire sur les hérétiques, etc., etc [3]. Les prédicateurs étrangers se joignaient aux prédicateurs ordinaires, pour exciter le zèle et les passions de la multitude : le célèbre Feu-Ardent, qui prêchait le carême à Saint-Pierre, puis à Saint-Nicolas en 1584, était le précurseur du fougueux Le Bossu, dont nous aurons plus tard à parler.

Dès l'année 1575 (18 février) les chapitres de la cathédrale et de la collégiale et les députés du clergé du diocèse s'étaient réunis pour nommer des représentants, chargés de comparaître devant Grégoire XIII, Henri III, *et devant tous les autres, à quelque tribunal et en quelque province que ce fût, afin de s'opposer à tout ce qui pourrait être fait et ordonné contre la liberté ecclé-*

---

[1] Registres de la ville : Travers, t. II, p. 372.
[2] Crevain, p. 42 44.
[3] Travers, *passim.*

siastique. Dans cette assemblée, première tentative d'union catholique, l'on désapprouvait la tolérance en faveur d'une nouvelle secte en France ; on la proclamait contraire et pernicieuse à l'État et à l'Église[1].

Deux ans plus tard, le 23 janvier 1577, le chapitre et l'université arrêtaient que tous les chanoines et les membres de l'université signeraient les articles de la Ligue[2] pour la défense de la foi catholique et l'extirpation de l'hérésie. Lorsque le traité de Bergerac est envoyé à Nantes, avec lettres du roi (2 octobre 1577), l'université s'oppose à la publication de l'édit (13 octobre); et cet exemple est suivi par la municipalité, qui, par l'organe du procureur-syndic, forme également opposition, *en la cour du siège présidial, à un édit préjudiciable à la seule et vraie religion catholique*. De même, plus tard, en 1581, le chapitre repousse le dernier édit de pacification[3].

Mercœur, devenu gouverneur de Bretagne, favorisa ces associations catholiques, qui devaient soulever les populations, même contre l'autorité royale. Le moment allait arriver où les bourgeois modérés devaient succomber et laisser le champ libre aux hommes passionnés et aux ambitieux. Dès 1587, la ville était déjà tout agitée par les menées de ces ligueurs : une commission fut nommée par la municipalité ; elle devait s'informer si *lesdits prétendus associez catholiques qui disoient aviser au bien de la religion, avoient obéi aux édits et volontés du roy*. On devait empêcher les assemblées illicites ; et ceux qui n'obéiraient pas seraient traités selon la rigueur des lois. Mais cette commission était complètement impuissante ; Mercœur soutenait les associations, et plusieurs des membres

---

[1] Registres du chapitre : Travers, t. II, p. 464.

[2] Les Archives de Nantes possèdent la copie de l'acte de l'association faite « entre les princes, seigneurs, gentilshommes et autres, tant de l'estat ecclésiastique que du tiers-estat, subjectz et habitants du duché. » Cette pièce est presque semblable à celle qui a été publiée déjà plusieurs fois, et qui fut envoyée dans les différentes provinces : il y a seulement quelques variantes. Elle se termine par ces mots : « Fait à Nantes, le douzième jour de janvier 1577; ainsi signé : Philippes du Bec, évêque de Nantes, La Hunaudaye, M. Loriot, maire. »

[3] Travers, t. II, p. 474-521. — Reg. de la ville, aux Arch. de Nantes. — Reg. du chapitre.

de la commission étaient même les chefs du parti, comme le grand-vicaire de Courans et le théologal Christi[1].

Quelques mois après, quand Henri III, forcé de fuir loin de Paris devant le duc de Guise, son ambitieux ennemi, voyait sa faible autorité de plus en plus méconnue, un mouvement catholique, auquel Mercœur n'était certainement pas étranger, éclata à Nantes.

[1] Archives de Nantes. — Travers, t. II, p. 568.

CHAPITRE II.

Mercœur se déclare contre Henri III, après l'assassinat des Guises. — La duchesse s'empare de Nantes. — Les ligueurs surprennent Rennes, qui retombe bientôt au pouvoir des royalistes. — Puissance de Mercœur en Bretagne, au moment où Henri IV nomme le prince de Dombes gouverneur de la province.

Le 8 juillet 1588, il y avait eu une assemblée extraordinaire de plus de cent personnes, pour délibérer sur la situation de la ville; l'évêque Philippe du Bec, le capitaine Gassion (l'un des deux commandants de la ville et château de Nantes), tout dévoué à la famille de Mme de Mercœur, le maire Harrouys, huit anciens maires, les capitaines de la milice, leurs lieutenants, etc., s'y trouvaient. L'on avait décidé les mesures les plus urgentes pour repousser une attaque des calvinistes, et l'on suppliait Mercœur de pourvoir à la sûreté du pays nantais. Les esprits étaient exaltés par la crainte, par la colère et par la souffrance : on visitait les maisons, on passait en revue les hommes et les armes, on faisait des approvisionnements, on établissait des corps de garde jusque dans les chapelles. Quelques jours après, le 14 juillet, au moment où les chefs de la bourgeoisie se réunissaient pour veiller à la défense de la ville, plus de cinquante habitants, ayant à leur tête le grand-vicaire de Courans, archidiacre ; de la Benaste, chanoine ; Jean Christi, théologal, etc., se présentent au conseil : et Christi, l'un des plus fougueux partisans de la Ligue, prononce au nom de tous un discours passionné, qu'il doit faire imprimer et répandre dans la cité : tout en protestant de la fidélité de ceux dont il est l'interprète, il dit que, *le roy étant mortel comme ung aultre et pouvant mourir dedans trois mois, ils craignent que l'hérétique n'usurpe la couronne de France. L'exemple des catholiques anglais, cruellement persécutés, les épouvante. Le plus souverain remède à si grand mal est, après avoir apaisé l'ire de Dieu par une bonne pénitence et amendement de vie, que tous les catholiques de ce royaume soient en amitié et concorde entre eulx, comme ils sont unis en foy envers Dieu ; car, ainsi que la verge d'Aaron dévora la verge des magiciens de Pharaon, ainsi la saincte union des catholiques dissipera et dévorera les conjurations des hérétiques.*

Puis, il énumère les raisons qui doivent faire approuver cette union par le roi lui-même. En conséquence, *le clergé et la plus grande partie des catholiques habitants de la ville et forsbourgs de Nantes, supplient Monsieur le Maire, demain ou lundi prochain, faire et assigner une assemblée générale en l'hostel de ville, pour savoir si tous les aultres manans et habitans de ladite ville et forsbourgs de Nantes ne veullent pas se joindre avec eulx en cette saincte union, pour empescher de toute leur puissance, avec les aultres bons crestiens de ce royaulme, que l'exercice de la vraye religion ne soit jamais osté en France et que ung hérétique ne soit jamais admis au régime et gouvernement de ce royaulme, de peur que nous ne tombions en mesme misère en laquelle sont maintenant nos voisins les catholiques d'Angleterre, spoliez de leurs biens, privez avec leurs enfants des moiens de leur salut et massacrez cruellement, comme criminels de leze-majesté, si on sçait qu'ils aient esté à la messe ou seulement porté un chapelet ou des heures de Nostre-Dame ou aultre marque de pieté.*

A cette demande formelle, le maire, après avoir immédiatement consulté les échevins, répond que le bureau ne veut pas ordonner une assemblée générale, avant d'en avoir conféré avec l'évêque, les sieurs du Cambout et de Gassion, capitaines de la ville et du château, le sénéchal, les gens du roi et officiers de la justice et des finances. Le même jour, dans l'après-midi, le maire et les échevins se rendent en corps chez l'évêque, pour lui demander conseil; une grande assemblée est convoquée pour le samedi[1].

Le 16, après une longue discussion, tous les membres sont d'avis

---

[1] Registres de la ville : Arch. de Nantes.

que le maire et les échevins répondront qu'ils *ne doibvent mettre en délibération le fait qui s'offroit, ny convocquer assemblée générale pour cest effet, jusques à ce qu'aultrement en eust été advisé, après avoir conféré avec Monseigneur le gouverneur, lorsqu'il seroit de retour en ceste ville.* L'évêque est prié de vouloir bien déclarer cette résolution dès le lendemain à Christi et à ses adhérents; cette déclaration a lieu en effet le dimanche, en présence du maire, du sénéchal, et de la plupart des officiers royaux alors à Nantes[1].

Mercœur arriva quelques jours après; il était à Nantes le 25. Le gouverneur favorisait naturellement les ligueurs, dirigés par Christi; cependant, il y eut une espèce de compromis, qui semblait devoir satisfaire tous les intérêts, toutes les opinions. Le procureur-syndic de la ville, envoyé par la municipalité vers Henri III, était de retour de Rouen; il annonçait l'intention formelle du roi de maintenir l'exercice de la foi catholique, apostolique et romaine, d'avoir un catholique pour successeur, et de tenir à Blois les États-généraux, le 15 septembre. C'étaient les conditions principales de l'édit d'Union, qui venait d'être rendu à Rouen le 19 juillet, mais qui n'était pas encore officiellement parvenu à Nantes[2]. Poussés par des motifs sans doute opposés, les chefs politiques de la ville crurent qu'il était possible de confondre le serment réclamé par Christi, en faveur de la Ligue, et le serment d'obéissance à l'édit d'Union signé par le roi. Sur la demande du procureur-syndic lui-même, de l'évêque et de Mercœur, une grande assemblée générale eut lieu le 29 juillet: l'évêque, le maire, les deux lieutenants du château, trois dignitaires de la cathédrale, quinze chanoines, cinq anciens maires, six capitaines bourgeois, en tout 165 notables, dont les noms se trouvent au registre, et plusieurs autres manants et habitants étaient réunis. L'évêque commence par louer le zèle des bons catholiques; *mais il faut croire*, ajoute-t-il, *qu'il n'y a ny prince, ny seigneur, ny aucun particulier en ce royaulme plus catholique que le roy..., sous l'auctorité duquel faut reigler toutes protestations, actions et entreprinses publiques.* Puis, pour appuyer sa recommandation, il fait lire une copie de l'édit d'Union, donné à Rouen par Henri III. Le maire, à son tour, prend la parole, proclame encore l'autorité du

---

1 Registres de la ville: Arch. de Nantes.
2 *Mém. de la Ligue*, t. II, p. 368.

roi, fait lire les lettres de convocation des États de Bretagne à Rennes pour le 20 août, des États-généraux à Blois ; et l'assemblée déclare publiquement, à haute voix, qu'elle veut vivre et mourir unanimement en la religion catholique, suivant l'intention du roi[1].

Quinze jours plus tard, le 14 août, quand le sénéchal, Jullien Charette, vient officiellement demander les serments des habitants pour l'édit d'Union de Rouen, l'assemblée est beaucoup moins nombreuse et moins enthousiaste ; parmi ceux qui prêtent le serment, on ne trouve aucun membre du clergé, ni de la Chambre des comptes, ni du présidial[2], et la plus grande partie du peuple ne voit dans cet acte qu'un serment à la Sainte-Union catholique, avec engagement de ne reconnaître jamais pour roi un hérétique ou fauteur d'hérésie, si Henri III mourait sans enfants. La populace fit des feux de joie à cette occasion ; mais ce n'était pas assurément pour célébrer la réconciliation du roi avec les ligueurs, car l'autorité royale était chaque jour de plus en plus méconnue. Le maire Charles Harrouys, le premier qui fût nommé trois ans de suite, était un homme d'un noble caractère, ferme et modéré tout à la fois ; mais, assez mal secondé, il ne devait pas tarder à être lui-même la victime de sa généreuse opposition. Mercœur, depuis son retour à Nantes, prenait chaque jour plus d'audace : dès le lendemain de son arrivée, il avait demandé 10,000# pour l'entretien de ses gens de guerre, qui sans cela vivraient chez les habitants, et la ville avait été forcée d'emprunter : les riches bourgeois furent ainsi punis de leur modération ; dans la prévision d'un refus, on avait décidé qu'on ferait la somme par contrainte, en imposant les plus aisés[3].

Cependant, la misère était grande à Nantes et dans tout le pays au sud de la Loire : les troupes catholiques pillaient les environs, plus que les ennemis eux-mêmes ; l'armée du duc de Nevers fourrageait jusqu'aux portes de Nantes. Dans ses remontrances, consignées dans le registre de la ville, le procureur-syndic se plaint de ces troupes, *qui consument tout et usent de grandes violences et extorsions, tellement que la liberté du commerce est cessée en le plat pays et tout*

---

[1] Registres de la ville : Arch. de Nantes. — Travers, t. III, p. 2, 3. — Mellinet est très-confus à cet endroit de l'histoire de Nantes.

[2] Reg. de la ville.

[3] Travers. t. II, p. 576-580.

ruyné[1]. Dans leurs doléances aux États de Blois, les Nantais *montrent leur pays fouillé et travaillé tant des armées et troupes ennemies que des catholiques ; il ne reste plus aux habitants que la langue pour se plaindre des oppressions qu'ils souffraient*, etc. Les paysans se réfugiaient dans la ville : les bestiaux étaient parqués dans les îles de la Loire, et surtout dans la prairie au Duc ; les travaux publics étaient interrompus, faute d'argent, par ordonnance du bureau du 17 octobre. Cependant, le roi demandait de nouvelles taxes ; la ville était forcée de prêter, ou plutôt de donner ses provisions de guerre. Dans l'espace de quelques jours, du 21 novembre au 8 décembre, elle fournissait aux troupes de Mercœur et à l'armée royale du duc de Nevers jusqu'à 500,000 pains, sans compter l'argent, la poudre, les outils, etc., etc. Il fallait encore emprunter, contraindre par exécution les bourgeois aisés à donner leur argent ; l'on prenait même les sommes qui se trouvaient au bureau des consignations[2].

Mercœur, pour imposer silence à tous les mécontents, faisait ouvrir les portes, et introduisait dans la ville le régiment de Saint-Pol, qu'il recevait lui-même, accompagné de ses gardes et de plusieurs gentilshommes, au mépris des privilèges de la ville, et de l'ordonnance du roi qui interdisait tout logement de troupes à Nantes aux frais des habitants. Le maire Harrouys ne pouvait résister par la force ; il osa courageusement protester, et adresser un rapport au bureau, qui ne sut ou ne put seconder la hardiesse de son chef.

C'est dans ces circonstances qu'une lettre du roi, adressée au maire et aux échevins, annonça la mort du duc de Guise ; elle fut lue par Harrouys dans l'assemblée de ville du 30 décembre et le 2 janvier 1589, jour de sa troisième installation. Le lendemain même de l'assassinat (24 décembre), Henri III écrivait, pour se justifier, qu'*après avoir essayé par tous moyens possibles de le ramener au droit chemin dont il s'estoit desvoyé, voullant mettre sa vie en sûreté, il avait pensé nécessaire de le prévenir par la perte de la sienne. Il protestait d'ailleurs de ses bonnes intentions pour l'extirpation des*

---

[1] Registres de la ville, 1ᵉʳ, 8 et 12 septembre 1588. — Voir aussi la triste situation de la ville, exposée dans l'assemblée du bureau tenue le 4 octobre, sur la demande de Mercœur. Travers, t. III, p. 8.

[2] Travers, t. III, *passim*.

hérétiques et accroissement de la religion catholique, apostolique et romaine[1]. Il promettait en particulier au duc de Mercœur de le faire le plus grand de sa race, pourvu qu'il n'entreprit rien contre lui ; il lui promettait même, selon d'Aubigné, qu'il ne faut pas croire sur parole, de rétablir l'ancien duché de Bourgogne en sa faveur[2]. Quelque temps auparavant (17 août 1588), Henri III avait accordé à Mercœur tous les droits sur l'amirauté de Bretagne, vacants par la mort du duc de Joyeuse : « Nous voulons, disait la déclaration, « faire paroistre à ung chacun combien nous aimons et desirons « gratiffier nostre très-cher et très-amé beau-frère le duc de « Mercœur, pour nous estre si proche qu'il est, etc., etc[3]. »

Mais la mort des Guises était le signal de la révolte des ligueurs contre Henri III ; Mercœur ne pouvait laisser échapper cette occasion si favorable à ses desseins : d'ailleurs, il n'était nullement disposé à se fier aux promesses du perfide Henri III. La reine Louise, sa sœur, lui donnait avis de ce qui venait d'arriver à Blois, au moment même où il quittait Nantes pour se rendre aux États-généraux : elle lui conseillait de se sauver, s'il ne voulait pas être enveloppé dans le commun malheur de sa famille ; elle venait même, dit-on, de lui confier ses diamants[4].

Cependant Mercœur ne se prononce pas d'abord ouvertement ; il hésite encore : il faut que les événements l'entraînent ; en attendant, il augmente ses forces, et déjoue par sa prudence tous les desseins de Henri III contre lui. Ainsi, il espérait se faire de nombreux partisans aux États de Bretagne, qui devaient bientôt se réunir, mais qui furent empêchés par le soulèvement d'une grande partie de la province[5].

Le duc de Nevers, chef d'une armée royale, et ennemi déclaré

---

[1] Registres de la ville : Arch. de Nantes.
[2] Mellinet, t. III, p. 331. — J. Pichart, *Journal*, col. 1695.
[3] *Actes de Bret.*, t. III, col. 1487.
[4] Mercœur n'alla pas aux États de Blois ; cela est bien certain, quoique beaucoup d'écrivains l'aient répété et le répètent encore. Il suffit de consulter les historiens bretons de l'époque, le chanoine Moreau, par exemple (p. 37), et P. Biré (p. 235, 330, 332) ; ou bien encore le pamphlet contemporain intitulé : *le Martyre des deux frères*, 1589, réimprimé dans les *Archives curieuses de l'histoire de France*, 1re série, t. XII, p. 100.
[5] De Biré, t. I, p. 25.

des Guises, était alors à quelques lieues de Nantes ; il assiégeait Montaigu et le château de la Garnache, que défendaient les protestants. Il avait probablement reçu l'ordre du roi de se saisir de la grande ville de la Loire, et peut-être de Mercœur lui-même : du moins, tout le monde le croyait[1]. Aussi, quand il demanda le passage par la ville, sous prétexte d'aller au secours de la citadelle d'Orléans, reçut-il un refus formel ; et deux députés envoyés vers lui, au nom de Nantes et de Mercœur, le prièrent de ne pas approcher de plus de cinq lieues[2]. Dans le même temps, le roi, plein d'une juste défiance, envoyait à Nantes le seigneur de Lavardin, pour surveiller Mercœur ; il fut assez mal accueilli, à ce qu'il paraît : déjà il était parti pour s'en retourner, lorsque, revenant sur ses pas, il se glissa secrètement, vers le soir, dans la Fosse, l'un des quartiers de Nantes ; mais il fut reconnu, et les habitants s'empressèrent de mettre une garde d'honneur à sa porte et de doubler leurs postes. Le lendemain au matin, Lavardin donna des raisons spécieuses pour expliquer son retour ; mais personne ne fut convaincu, et Mercœur déchaîna contre lui le fougueux théologal Christi, qui, dans un sermon, le 22 janvier 1589, l'accusa violemment de mauvais desseins contre la ville et la religion. Les attaques du prédicateur furent même si fortes, que le maire dut s'en plaindre au bureau : l'on se contenta de recommander à Christi plus de ménagement ; mais il était protégé par Mercœur, maître du peuple, et il continua. M. de Gesvres, également envoyé par le roi vers le duc, après l'assassinat des Guises, fut aussi mal reçu[3].

L'opposition courageuse de Charles Harrouys ne se ralentissait pas, et devait naturellement déplaire au duc de Mercœur ; peu de jours après, comme celui-ci faisait grand bruit d'une prétendue conspiration tramée contre sa personne par les principaux de la ville, Harrouys et le bureau qu'il présidait étaient restés calmes, et l'on avait répondu que l'union régnait parmi les habitants, et que l'on n'avait aucune connaissance du complot imaginaire dont il se plai-

---

[1] P. Biré, p. 255. — *Mém. de la Ligue*, t. III, p. 533. — *Chronique de la guerre des trois Henri*, publiée par M. de la Fontenelle de Vaudoré.

[2] Travers, t. III, p. 16.

[3] Travers, t. III, p. 17. — P. Biré, p. 256. — J. Pichart, col. 1695. — Montmartin, *Mém.*, p. 277.

gnait. Cependant, comme il était à craindre qu'en demeurant ainsi dans les bornes de la modération, on ne se fît accuser de calvinisme et de trahison, comme on voyait le piége tendu par Mercœur pour déconsidérer la bourgeoisie royaliste, on accorda au duc le conseil qu'il demandait, afin de maintenir l'union des catholiques, mais en prenant des précautions contre Mercœur et ses partisans[1].

Sous prétexte de réorganiser la milice bourgeoise, Mercœur propose alors d'établir une taxe sur tout ceux qui réclamaient l'exemption, même sur les femmes, et de se procurer ainsi des hommes d'armes, qui soulageraient les habitants du service militaire. C'était un moyen adroit de se rendre complétement maître de la ville : Harrouys le comprit, et fit rejeter la proposition, malgré les plaintes et les réclamations du peuple, qui se laissait tromper par Mercœur et lui savait gré de ses bonnes intentions. Chaque jour il fallait déjouer quelque nouveau projet du gouverneur : ainsi, il engageait les habitants à envoyer des soldats au secours de Clisson, menacé par les calvinistes ; il voulait dégarnir Nantes de ses défenseurs ; la municipalité refusa. Proposait-il de réparer les murs et de fortifier la ville, elle répondait qu'elle se chargerait de faire par elle-même les réparations peu à peu et selon ses moyens[2]. Alors Mercœur, fatigué de cette opposition journalière, qui lui faisait perdre un temps précieux, quitte Nantes, et laisse à sa femme le soin de s'emparer de la ville.

Cependant Henri III, averti par Lavardin et par de Gesvres, des dispositions hostiles de son beau-frère, tentait une dernière épreuve, et lui écrivait encore pour lui faire des offres plus considérables et l'inviter à se rendre auprès de lui[3]. Il avait chargé de ses lettres Claude de Faucon, seigneur de Ris, premier président au parlement de Bretagne. Mais Mercœur, craignant la fermeté et la fidélité du premier président, le fit arrêter avec l'un de ses fils et son gendre, et les fit conduire secrètement à Ancenis, sans que l'on sût d'abord le lieu où étaient les prisonniers (2 mars 1589)[4].

[1] Établissement d'un conseil de ville, sous prétexte d'un projet contre la personne des catholiques zélés : Archives de Nantes.

[2] Registres de la ville, dans Travers, *passim*.

[3] *Table raisonnée des actes du Parlement de Bretagne.* — J. Pichart, col. 1695. — D. Taillandier, p. 365.

[4] Biré prétend que « le roi entretenoit Mercœur de belles promesses, mais « qu'il machinoit par sous-main tout ce qu'il pouvoit pour le désarçonner de son

Plusieurs officiers dévoués au roi, comme du Breuil, lieutenant du gouverneur de Rennes, avaient le même sort; le marquis de la Roche Troïlus de Mesgoüez ou Mescoüez, jadis capitaine de Morlaix, maintenant capitaine de Fougères, qui revenait de la cour, était également saisi à Sablé et devait rester sept ans prisonnier au château de Nantes; le chevalier de Pierre-Vive, lieutenant du marquis de Belle-Isle, qui commandait les galères du roi, était arrêté, et l'artillerie des navires était transportée au château de Nantes, malgré les réclamations du marquis [1].

Enfin l'on se déclarait ouvertement: les violences, les hostilités, commençaient; Mme de Mercœur, jeune, belle, ambitieuse, pleine d'esprit et d'activité, devenait chaque jour de plus en plus populaire, de plus en plus puissante: des soldats, attirés sous prétexte de défendre la ville contre le roi de Navarre, entouraient Nantes, logeaient dans les faubourgs, vivaient aux dépens des habitants, moyennant un nouvel emprunt sur les gens aisés. L'évêque Philippe du Bec, séduit par l'ascendant irrésistible de la duchesse, qu'il avait baptisée, se laissait entraîner à la seconder, et lui rendait compte de toutes les paroles, de tous les projets des modérés. Ceux-ci, effrayés par les clameurs menaçantes du peuple, par les attaques passionnées du clergé, par les soldats nombreux de Mercœur, se taisaient dans un morne silence, ne songeant plus qu'à sauver leurs intérêts gravement compromis, ou même cherchaient à fuir loin d'une ville où ils n'étaient plus en sûreté: le maire lui-même, le courageux Harrouys, reconnaissait que toute résistance était désormais inutile, et demandait aux membres de la municipalité la permission de se retirer; mais on lui représentait qu'il ne pouvait quitter la ville dans un moment aussi critique, et on refusait absolument de le laisser sortir.

Le 7 avril 1589, Marie de Mercœur, malgré son état de grossesse assez avancé[2], secondée par sa mère, Marie de Beaucaire, sort du

---

« gouvernement, le perdre et ruiner. Cela fut descouvert et justifié par plu-
« sieurs gros pacquets de commissions du Roy, dont furent trouvez saisiz le mar-
« quis de la Roche, gouverneur de Fougères en Bretagne, et le sieur de Riz. »
L'historien de Mercœur avance que le roi *leurrait alors son beau-frère de l'espérance de posséder après sa mort toute la Bretagne en propre.* — Biré, *Alliences généal.*, p. 256. — *Histoire de Mercœur*, p. 57.

[1] Travers, t. III, p. 20. — Montmartin, p. 277.

[2] Elle accoucha un mois après, le 21 mai.

château de Nantes, que lui a déjà livré le capitaine Gassion[1] : elle réunit plusieurs des capitaines et des principaux habitants attachés au parti de la Ligue ; et, s'adressant alors à la foule assemblée, elle montre, dans un discours habile et énergique, les dangers auxquels la religion et la province seraient exposées, s'il arrivait quelque malheur à la ville, l'une des plus considérables de la Bretagne et la plus menacée, à cause du voisinage des huguenots. « Ils ont tout
« à craindre, d'un côté, des troupes du roi de Navarre ; de l'autre,
« du roi Henri, qui, mettant bas le masque depuis la boucherie de
« Blois, favorisait les huguenots, persécutait ouvertement les catho-
« liques, chassait les prêtres et violait les droits les plus sacrés. N'a-
« t-il pas fait mourir plusieurs moines, qui viennent d'être pris à
« Angers ? N'a-t-il pas dépouillé les églises de leurs calices et de
« leurs saintes reliques ? Il n'y a de salut à espérer que dans la
« Sainte-Union, dans laquelle toutes les villes du royaume s'em-
« pressent d'entrer, pour avoir vengeance de la mort de Messieurs
« de Guise et pour la conservation de la religion. Elle attend de ses
« fidèles et catholiques Nantais le même zèle à défendre leur religion
« et leur liberté qu'ils ont toujours montré pour combattre les hé-
« rétiques..... Ils ne manqueront pas de chefs capables de seconder
« par leur valeur et leur habileté de si louables dispositions. »

Puis, tombant de ce propos passionné sur ceux qu'elle voulait perdre, parce qu'ils la gênaient, elle accuse quelques-uns des notables habitants de trahir la ville. « Nous avons eu avis certain, dit-elle,
« que quelques hommes de la faction du roi, dont nous avons la
« liste, veulent introduire le roi de Navarre avec ses troupes : s'ils
« exécutent leur fatal dessein, la ville ne peut éviter un sac général
« et terrible, et la perte de notre religion, avec la mort ou l'empri-
« sonnement des bons catholiques. Il ne faut donc pas tarder :
« prévenons-les, en prenant les armes ; et, en nous assurant de quel-
« ques traîtres, sauvons-nous de ces cruels malheurs, dont ils nous
« menacent. Le capitaine Gassion vous servira de chef pour cette
« exécution, en l'absence de M. de Mercœur. »

Aussitôt les armes sont prises, les rues barricadées ; et les bourgeois modérés, sans avoir même tenté la moindre résistance, sont ou

---

[1] Du Cambout, l'autre lieutenant du château, voulant rester fidèle au roi, s'était retiré, aux premiers signes de rébellion donnés par Mercœur.

chassés, ou mis en prison au château. Le maire Harrouys; Miron, l'un des trésoriers généraux de Bretagne[1]; Claude de Cornulier, trésorier de France; Boutin ou Bourin, grand jurisconsulte; de Boques, doyen des médecins, et plus de 80 notables furent, dans cette journée, les victimes du fanatisme populaire et de l'ambition des chefs. Leurs maisons furent entièrement saccagées; *ce qui advient d'ordinaire en tels remuements*, dit P.-Cayet : les campagnes même ne furent pas à l'abri de cet orage; car l'on envoya des soldats dans les lieux les plus suspects, et plusieurs gentilshommes furent pris, sans respect d'âge, de condition ou de religion[2].

Le premier échevin, Fourché de la Courousserie, tout dévoué au duc et à la duchesse, était mis à la tête de la nouvelle administration municipale[3]; et, le 10 avril, une assemblée composée de 77 ligueurs, présidée par l'évêque, se conformait à toutes les volontés de Mme de Mercœur, exhortant à l'union pour l'honneur de Dieu et le salut de la ville, sans aucune mention du roi. Pour punir ceux qui s'étaient enfuis, pour effrayer les modérés, on votait un emprunt de 1800 écus d'or sur huit des habitants aisés alors absents, afin de pourvoir aux dépenses des fortifications, dont on s'occupa avec ardeur : d'ailleurs, chaque jour des soldats entraient dans la ville, pour mieux la défendre, ou plutôt pour mieux la maintenir dans la dépendance de Mercœur. Gassion ne devait pas être récompensé du service qu'il avait rendu

---

[1] Miron ne fut pas toujours traité en ennemi par Mmes de Mercœur et de Martigues : au mois de septembre 1590, il fut arrêté à Rennes, parce qu'on avait saisi des lettres qu'il écrivait à ces dames, les remerciant d'excellents melons qu'elles lui avaient envoyés : il souhaitait se trouver avec M. de Mercœur, pour le faire rire *des bons comportements* des dames de Nantes. — J. Pichart, col. 1718.

[2] Requête de Jehan Le Garce, contrôleur général des finances de Bretagne, réfugié de Nantes à Angers : ses meubles ont été pris, et ont servi au logis du premier président du parlement établi à Nantes. — Arch. de Nantes. — De Thou, liv. 94. — *Mémoires de la Ligue*, t. III, p. 246, 247. — Palma-Cayet, t. II, p. 71, 72; coll. Petitot.

[3] Fourché contribua dès lors de tous ses efforts à soutenir la puissance de Mercœur : en 1591, il devient commandant de son artillerie, et fait exécuter les fortifications ordonnées par le duc ; il est nommé conseiller au conseil d'État et au parlement ligueur de Nantes; plus tard, maître à la chambre des Comptes En 1597 et 1598, il est replacé, par l'influence de Mercœur et pour le servir, à la tête de l'administration municipale. — V. l'art. de M. Bizeul, dans la *Biographie bretonne*.

à Mercœur : il était vieux, et n'avait pas assez d'énergie ; aussi, peu de temps après, lorsque le comte de Soissons, prisonnier au château de Nantes, parvint à s'échapper, le duc profita de cette occasion, lui enleva le commandement qu'il possédait depuis longtemps, et mit à sa place un nommé Bardin, fils de sa nourrice, lorrain de nation, homme violent et cruel, sur lequel il pouvait compter [1].

Tandis que Nantes tombait au pouvoir de la duchesse, et se séparait pour neuf années de la France, Mercœur avait essayé de soulever Rennes contre l'autorité royale, et de surprendre les autres places qui tenaient encore en Bretagne pour Henri III.

A Rennes, les ligueurs s'étaient depuis quelque temps préparés à se rendre maîtres de la ville. A leur tête était l'évêque Aymar Hennequin, l'un des ligueurs les plus exaltés ; protégé par les Guises, qui lui avaient fait donner l'épiscopat, sacré par le cardinal de Lorraine, il avait de bonne heure approuvé en chaire le massacre de la Saint-Barthélemy, et composé trois harangues latines, pleines de véhémence, pour soutenir les principes de la Ligue. Sa nombreuse famille était toute dévouée à la même cause ; il était lui-même membre influent du conseil de l'Union à Paris. Le 30 janvier 1589, l'on avait célébré à Notre-Dame un service solennel, en l'honneur des deux martyrs de Blois : c'était l'évêque de Rennes qui présidait la cérémonie ; le ligueur Pigenat prononçait l'oraison funèbre. Il avait été envoyé à Rennes, pour soulever les habitants contre Henri III. L'Espagnol Herrera, qui devait être bien informé, affirme même qu'Hennequin recevait une subvention de l'Espagne [2]. Il était secondé par Charles d'Espinay, évêque de Dol, d'une famille ancienne et puissante en Bretagne [3], et d'un jésuite, prédicateur turbulent et audacieux, agitateur des masses populaires, qui, dans

---

[1] Montmartin, col. 282.

[2] L'Estoile, p. 283. — *Biographie universelle*, t. XX. — Ch. Labitte, *De la Démocratie chez les prédicateurs de la Ligue*, p. 7. — *Satire Ménippée*, t. II, p. 217, édition de Ratisbonne, 1726. — Herrera, *Hist. de los sucesos de Francia*, Madrid, 1598.

[3] C'est de lui que Henri III disait, en écrivant vers cette époque au marquis d'Espinay, son frère : « Je sais les mauvais services que me fait l'évêque de Dol, « votre frère, et desirerois, pour votre contentement et le sien, que fust plus « avisé et se gouvernast mieux selon sa vocation et la charge à laquelle il est « appelé. » 23 avril 1589. — *Actes de Bret.*, t. III, col. 1497.

ses sermons, attaquait le roi et ses fidèles officiers. Les représentants du clergé breton, réunis à Rennes, venaient, à leur sollicitation, de nommer Mercœur capitaine de la Ligue en Bretagne et défenseur de la religion, au moment même où, dans les églises, les prêtres retranchaient la prière que l'on avait coutume de faire pour le roi. Probablement par les ordres de l'évêque, on commençait, avec le carême, à célébrer des processions, pour demander à Dieu la conservation de la foi catholique; c'était un puissant moyen d'exciter les esprits, d'exalter les imaginations : comme à Nantes, comme à Paris, beaucoup d'hommes et de femmes y assistaient, la torche à la main, pieds nus, plusieurs mêmes couverts d'un simple vêtement blanc[1].

Cependant, le parlement cherchait à défendre la cause royale contre les ligueurs : il faisait arrêter et punir ceux qui parlaient mal du roi; un marchand était emprisonné, pour avoir dit que Henri était assiégé à Blois, et qu'il ne pouvait échapper (17 fév. 1589) : il enjoignait aux prédicateurs et autres ecclésiastiques de la province de faire des prières pour le roi, aux évêques et à leurs grands vicaires de les y contraindre, sous peine de saisie de leur temporel : il défendait de prêcher contre le service du roi, et d'exciter à la sédition le peuple directement et indirectement, dans les sermons et autrement (23 fév.); enfin le lieutenant-général la Hunaudaie demandait formellement que l'on fît des informations contre un prédicateur de Dol, plus audacieux que les autres; et toute la cour assistait en grande pompe à une procession pour la santé du roi[2]. (27 févr.)

Quelques membres du parlement et des autres corps judiciaires étaient du parti des ligueurs : les uns, catholiques sincères, croyaient la religion menacée et se préparaient à la défendre; les autres, patriotes bretons, avaient conservé tous les vieux et chers souvenirs de l'indépendance celtique, toutes leurs préventions, toutes leurs haines à l'égard de la France. Le plus illustre de tous était sans contredit le grand historien, le savant jurisconsulte de la Bretagne, Bertrand d'Argentré, sénéchal, président au siége présidial de Rennes[3]. D'Argentré, après une longue et glorieuse carrière (il était né à Vitré en 1519), après avoir composé de nombreux ouvrages sur

---

[1] De Piré, t. I, p. 33. — Mallet, *Hist. de Rennes*, p. 261.
[2] *Table raisonnée des actes du parlement de Bretagne.*
[3] Il s'était démis de ses fonctions depuis quelque temps.

le droit et la coutume de Bretagne, avait écrit, à la prière des États, l'histoire de son pays, et la leur avait présentée lorsqu'ils étaient réunis à Vannes en 1582. Mais il avait depuis retouché son ouvrage, et venait d'en publier une seconde édition à Paris, en 1588. Aussitôt le procureur général du parlement de Paris, Jacques de la Guesle, avait lancé un foudroyant réquisitoire contre le livre de d'Argentré : le parlement l'avait poursuivi de ses arrêts; plus tard, il devait être saisi, supprimé, comme *téméraire, pernicieux, attentatoire au repos du royaume*, parce que l'auteur y avait *glissé des faicts contre la dignité de nos rois, du royaume et du nom françois*[1]. Nicolas Vignier, historiographe de France, eut ordre de réfuter les erreurs ou les mensonges de l'écrivain breton; mais son *Traicté* de l'ancien État de la Petite-Bretagne ne devait paraître que longtemps après[2]. Bertrand d'Argentré était alors âgé de 70 ans; faut-il penser cependant, avec l'historien du Paz[3], *qu'on lui fit accroire qu'il estoit de la Ligue*, parce que plusieurs désiraient mettre la main sur sa riche bibliothèque? Était-il persuadé, comme on l'a répété, que Henri de Navarre ne manquerait pas d'abolir en France le catholicisme, à l'exemple de son amie, la reine Élisabeth?

D'Argentré avait toujours regretté, dans ses paroles et dans ses écrits, le temps de l'indépendance; sa vie tout entière, ses ouvrages de droit et d'histoire, prouvaient ses attachements, ses croyances, ses sympathies : partout et toujours il avait manifesté et hautement proclamé son inimitié contre la France, victorieuse de la Bretagne.

Ses fils, magistrats comme lui, partageaient ses opinions, et furent, dès le commencement des troubles jusqu'aux derniers jours, partisans dévoués du duc de Mercœur. Charles d'Argentré était conseiller de son parlement de Nantes, et Guillaume d'Argentré exerçait à Dinan la charge de sénéchal de Rennes.

De nos jours, en lisant l'histoire de Bertrand d'Argentré, écrite avec tant de verve et d'agrément, nous comprenons difficilement les

---

[1] Je ne connais pas le réquisitoire de la Guesle; mais il est rappelé dans la remontrance qu'il prononça, le 29 juillet 1591, au parlement siégeant à Tours, p. 204 du *Recueil des Remonstrances de Messire Jacques de la Guesle*, Paris, 1611.

[2] Voir l'avis au lecteur qui précède le *Traité de l'ancien État de la Petite-Bretagne et du droit de la couronne de France sur icelle*, par le fils de l'auteur, Paris, 1619.

[3] Du Paz. *Hist. généal.*, p. 700.

accusations passionnées des contemporains. Mais, à la réflexion, l'on découvre toute l'importance politique de cet ouvrage remarquable : en effet, il prouvait que la Bretagne avait eu des souverains longtemps avant que la monarchie française fût établie en Gaule ; elle n'était donc pas un fief démembré de la couronne, et ne devait pas être assimilée aux autres provinces de la France. Puis l'historien avait raconté les différentes phases de la réunion de la Bretagne au royaume, de manière à montrer la faiblesse de cette union, de manière à faire regretter l'époque de l'indépendance. Son livre devait donc seconder les vues ambitieuses de Mercœur, qui soutenait que Henri IV n'avait aucun droit sur la province, au préjudice des héritiers légitimes. De plus, les opinions historiques de d'Argentré se trouvaient favorables aux descendants de la duchesse de Penthièvre, Jeanne de Blois. Aussi, les royalistes disaient qu'il *avait composé son histoire quasi en faveur de la maison de Penthièvre, dont M*me *de Mercœur était issue,* ou l'appelaient plus brutalement, comme Jacques de la Guesle, le *faciendaire de Mercœur*[1].

Parmi les ligueurs de Rennes, tous n'avaient pas les mêmes convictions, la même renommée d'honneur et de probité que Bertrand d'Argentré; les mémoires contemporains, le journal de maître Jehan Pichart, comme la narration de Montmartin, ne parlent pas avec beaucoup de respect des principaux partisans de Mercœur. Suivant leur témoignage, l'on comptait dans leurs rangs beaucoup de gens avides de troubles, n'ayant rien à perdre, mais tout à gagner ; *de ceux dont parle Salluste,* comme le remarque le judicieux Montmartin, *quibus opes nullæ sunt,* etc. Puis des émissaires du duc de Mercœur, le vicomte de Talhouet, par exemple, s'étaient répandus dans la ville, et excitaient le peuple à se soulever; lorsque l'on avait appris à Rennes l'enlèvement de Faucon de Ris, le parlement avait immédiatement dirigé une députation vers Mercœur, pour réclamer la liberté de ce magistrat; mais les envoyés avaient manqué à leurs devoirs les plus sacrés, trahi le parlement, et, suivant l'expression énergique de Pichart, *trafiqué la ville* de Rennes avec le duc de Mercœur, comme on le sut plus tard : depuis leur retour, ils s'étaient mis à la tête d'un complot tramé en sa faveur. Enfin, l'abbesse

---

[1] Montmartin, *Mém.*, p. 278.

de Saint-Georges, dame de Beaucaire[1], tante maternelle de la duchesse de Mercœur, avait le privilége de garder les clefs de la porte de Saint-Georges : elle devait au duc son bénéfice, et il pouvait compter sur elle. Cependant, l'un des députés de Rennes, François de Fontenay, grand maître des eaux et forêts, avait fait au parlement une déposition curieuse au sujet de l'enlèvement du premier président : il avait vu à Nantes Mercœur et le président Carpentier, mais n'avait pu obtenir d'eux des renseignements satisfaisants. Évidemment le duc se déclarait, lorsqu'il répondait à la cour qu'il ne savait où étaient les prisonniers : aussi le priait-on de ne pas venir dans la ville avec des soldats, et les habitants offraient leur vie pour la défense des magistrats (7, 11 mars)[2]. Le gouverneur de Bretagne, instruit de tout par ses émissaires, s'acheminait de Nantes vers Vannes, où devaient se réunir les États du pays; en route il s'emparait de Redon, qui lui était livré par les moines de l'abbaye. Il était temps d'agir. A Rennes, comme à Nantes, les ligueurs faisaient courir le bruit que l'on voulait livrer la ville aux huguenots : René Tournemine, baron de la Hunaudaie, et le sieur de Montbarot, gouverneur de la cité, étaient accusés de menées hostiles, d'autant plus qu'ils croyaient devoir prendre plus de précautions; l'on répétait, avec crainte et indignation tout à la fois, que le seigneur de Rieux-Sourdéac, réputé huguenot zélé, avait reçu une commission spéciale pour lever des protestants et autres scélérats, au grand détriment des catholiques et des Rennais en particulier[3]. Les ligueurs, écrit d'Aubigné, « persuadèrent aux « peuples qu'ils estoient à leur ville pour la saisir et traiter à la mode « d'Angers, d'où ils comptoient beaucoup plus de maux qu'il n'y en « avoit eu, et ainsi préparoient la populace à faire sauter les mu- « railles à ces trois, et surtout les animèrent contre le dernier, du- « quel ils trouvoient tous les propos sentir le fagot[4]. »

Ces mensonges, à force d'être répétés, échauffent la populace : Talhouet s'empare de la tour aux Foulons, l'émeute éclate; Salomon Kerbonnez, recteur de Mordelles et chanoine de l'église cathédrale

---

[1] Et non de Beauquesne, comme l'écrit M. Marteville, à l'article Rennes du *Diction. d'Ogée*, nouv. édit., t. II, p. 590.

[2] *Table raisonnée des actes du parlement de Bretagne*.

[3] Biré, *Alliances généal.*, p. 256. — Du Paz, p. 169.

[4] D'Aubigné. *Hist. univ.*, t. III, p. 165.

de Rennes, était un des principaux chefs du mouvement, et suivait les ordres de Mercœur. Les rues sont barricadées, les portes fermées, pour résister aux ennemis imaginaires, qui venaient, disait-on, du Bordage, place forte des protestants, afin de mettre tout à feu et à sang. Les arrêts du parlement sont méprisés; les gens modérés ne peuvent, au milieu du tumulte, faire entendre la voix de la raison; et les officiers du roi sont forcés, par surprise, d'abandonner la ville aux séditieux. Le peuple avait pris les armes sans trop savoir pourquoi. « Car il ne sçavoit pas où gissait l'encloueure, estimant que lesdits « chefs et moteurs disoient la vérité[1]. » Mais les chefs avaient profité du mouvement, donné les mots d'ordre, placé les corps de garde, arrêté ou surveillé les suspects. Puis, Mercœur, qui se trouvait alors à Lohéac, venait d'arriver et d'entrer à Rennes par la porte aux Foulons, dès le soir de ce même jour, 14 mars 1589[2]. Il était le plus fort, il croyait Rennes pour toujours en son pouvoir; et, le lendemain, il avouait hautement tout ce qui s'était passé, révélait sans détours ses projets contre le roi, et nommait de nouveaux officiers pour commander en son nom dans la place. Montbarot s'était jeté dès le commencement de la sédition dans la tour Mordelaise; il avait d'abord refusé de se rendre même à Mercœur, déclarant qu'il préférait mourir avec sa femme et ses enfants plutôt que de commettre une lâcheté[3]. Il avait prié ses amis, les cinquanteniers, et surtout la compagnie des notaires de venir à son secours; ses efforts n'avaient pas été récompensés, quelques jeunes gens seulement avaient répondu à son appel. Alors, perdant l'espoir d'être secouru, et reconnaissant qu'il ne pouvait tenir contre l'artillerie de Mercœur, il capitulait honorablement, et était remplacé par le capitaine Charonnières.

Le duc, voulant profiter du grand succès qu'il venait d'obtenir, allait s'emparer de Fougères, dont le gouverneur était son prisonnier; le capitaine, qui commandait pendant son absence, vendait la place et les meubles pour 1500 écus. « Là, sans faire autres approches, « on se mit sur le combien, et la place fut prise à coups de pistoles[4]. »

---

[1] Pichart, col. 1696.
[2] Montmartin, p. 278. — Pichart. — P. Biré, p. 256-258.
[3] Pichart, col. 1698. — D'Aubigné, t. III, p. 164.
[4] D'Aubigné, p. 164.

Mercœur faisait aussitôt investir Vitré ; tandis que l'un de ses lieutenants les plus dévoués, l'aventurier Jean, espagnol ou corse de nation, parcourait le plat pays, commettant les plus grands excès, pillant et ravageant tout, sans distinction de parti et de religion[1].

Cependant, malgré les efforts des ligueurs, Rennes ne devait pas longtemps rester en leur pouvoir : beaucoup d'habitants étaient, par origine, par intérêt ou par conviction, attachés à la France et à la royauté ; ils avaient été surpris, mais ils trouvèrent bientôt des chefs, qui leur permirent de reprendre l'avantage. La grande majorité des membres du parlement et de tous ceux que leurs charges ou leurs relations unissaient aux parlementaires, ne voyaient avec raison dans ce soulèvement qu'une rébellion contre l'autorité royale, dont ils étaient les défenseurs naturels. Le 16 mars, comme Mercœur se plaignait d'un arrêt de la cour, qui donnait à la Hunaudaie le droit de lever le ban et l'arrière-ban, Me Jean Roger lui avait répondu, au nom de l'assemblée, et lui avait donné une leçon indirecte, assez facile à comprendre. Le 21, des conseillers étaient envoyés vers le duc, pour se plaindre de la licence des prédicateurs, qui ne cessaient de scandaliser le peuple, et pour le prier de réprimer leur trop grande liberté de parler[2]. Aussi, quand les lettres de Henri III eurent dénoncé la trahison de Mercœur, et ordonné aux fidèles serviteurs du roi de s'armer pour la punir[3], les royalistes, dirigés par Montbarot, qui rentra dans Rennes à l'heure convenue, par les présidents Barrin et Harpin, et surtout par le courageux et honnête sénéchal Guy Le Meneust, sieur de Bréquigny, se répandirent dans les rues au cri de : Vive le roi ! et, sans être forcés de verser le sang, ils reprirent la ville, capitale de la Bretagne (5 avril 1589). Le corps des notaires, qui montait la garde ce jour-là, avait été mis dans le secret ; on connaissait les sentiments de cette *qualité de gens, plus politique que pieuse*, dit le chanoine Moreau. Aussi secondèrent-ils les royalistes, et la plupart des ligueurs furent faits prisonniers ; entre autres, le capitaine Jean et le sieur de la Courpéan[4]. L'on remarqua dans

---

1 *Biogr. bretonne*, à l'art. *La Roche*. — *Mémoires de la Ligue*, t. III, p. 248-249. — Montmartin, p. 278.

2 *Table raisonnée des actes du parlement de Bretagne*.

3 Lettres de Henri III aux habitants de Rennes et à M. de Montbarot, 23 mars, 1er avril 1589. — *Actes de Bret.*, t. III, col. 1489-1491.

4 J. Pichart, col. 1699. — Du Paz, p. 128. — Moreau, p. 53.

cette journée, non sans quelque sourire de mépris, non sans quelque indignation, la conduite du fameux prédicateur de la Ligue, l'un des apôtres du parti. Le 23 mars, le parlement s'était plaint de ce prédicateur, qui tous les soirs tenait des discours contre le roi : il s'était adressé au grand-vicaire de l'évêque, sans avoir obtenu de réponse[1]. Aussi, le 3 avril, dans tout l'orgueil de sa confiance, il avait, de nouveau, indignement insulté Henri III : au grand étonnement du peuple lui-même, il l'avait traité d'excommunié, et avait pompeusement déclaré qu'il mourrait plutôt que de reconnaître l'autorité de l'impie. Il allait monter en chaire, quand les cris de : Vive le roi ! se firent entendre : il eut bien vite oublié le sermon violent qu'il avait préparé et la promesse qu'il venait de faire. En cherchant à se sauver, il tomba au pouvoir des royalistes, qui l'épargnèrent, et le sénéchal même le laissa aller quelques jours après[2].

Mercœur arriva trop tard pour empêcher ce malheureux événement, ou pour reprendre la ville : la noblesse, fidèle au roi, s'était hâtée d'accourir ; et Rennes devait rester, pendant toute la durée de la guerre, la place d'armes des royalistes, la base de toutes leurs opérations, dans la lutte qui allait commencer contre l'ambitieux ennemi de la royauté et de la France elle-même. Mercœur fut plein d'irritation, en apprenant qu'il venait de perdre Rennes : « Nous vous « donnons commission, écrit-il, de faire amas de soldats pour faire « la guerre à ceux dudit Rennes, prendre des prisonniers, leur faire « payer rançon, courir, ravager, prendre et enlever de leurs maisons « et retraites leurs vivres et munitions, rompre les passages, etc., « etc[3]. »

Les États royalistes de Bretagne comprirent également l'importance de cet événement, et accordèrent au sénéchal une médaille d'or du poids de 350 écus, avec les armes de Bretagne d'un côté, de l'autre celles du sieur de Bréquigny et cette inscription : *Ut olim de republicâ benè meritis, sic et urbis liberatori patria contulit*[4].

Plus tard, Henri IV, pour récompenser la fidélité des habitants de

---

1 *Table raisonnée des actes du parlement de Bretagne.*

2 J. Pichart, col. 1698, 1700. — Décret de prise de corps contre le prédicateur de Saint-Pierre, 17 avril : *Registres du parlement de Bretagne.*

3 *Actes de Bret.*, t. III, col. 1496, 19 avril 1589.

4 *Actes de Bret.*, t. III, col. 1572.

Rennes, constituera d'une manière définitive leur communauté bourgeoise, afin de leur donner, disent ses lettres, plus de force pour le servir et les maintenir contre les entreprises des ennemis [1].

La séparation fut dès lors complète ; et, pour la consommer, le parlement de Rennes procéda immédiatement et avec vigueur contre Mercœur et ses partisans. Toute ligue contraire au service du roi est défendue, sous peine de haute trahison (7 avril). Le duc et ses adhérents sont déclarés rebelles, criminels de lèse-majesté, et dépouillés de toutes leurs charges et dignités (13 avril) [2]. Le parlement ordonne de saisir le temporel des évêques de Rennes, de Dol, des abbés de Saint-Gildas et du Tronchet, des prieurés de Bourgouin, Bécherel, Saint-Cyr, etc., etc. Il charge le procureur général de poursuivre les membres de la compagnie qui se sont déclarés pour Mercœur [3].

Tous les gentilshommes sont tenus de se trouver en armes, sous huit jours, auprès des sieurs de la Hunaudaie et de Fontaines, lieutenants-généraux du roi en Bretagne, sous peine d'être condamnés comme criminels de lèse-majesté, déchus des privilèges et titres de noblesse, et eux et leur postérité déclarés roturiers et contribuables aux fouages. La chambre des Comptes et le bureau des Finances et de la Monnaie de Nantes doivent se transporter à Rennes dans l'espace de quinze jours [4].

Quelques mois après, Henri III transférait l'université de Nantes à Rennes, et le présidial de cette ville à Châteaubriant ; mais cette dernière place étant tombée presque aussitôt au pouvoir de la Ligue, le roi transfère à Guérande, puis au Croisic, le présidial de Nantes et la juridiction de Châteaubriant : le présidial de Vannes est également transporté à Ploërmel (22 août 1589) [5]. La guerre était donc ouvertement déclarée : les armes allaient décider la question ; et, pour donner plus de courage à ses fidèles serviteurs dans cette lutte pé-

---

[1] 30 mars 1592. *Lettres missives de Henri IV*, t. III, p. 603.

[2] *Actes de Bret.*, t. III, col. 1492, 95, 96, 97.

[3] *Registr. du parlement de Bretagne,* 21, 24, 29 avril 1589. — Injonction de faire arrêter ceux qui suivent le duc de Mercœur, pour les représenter morts ou vifs : arrêt du 4 mai. — Saisie des biens des rebelles, pour être employés aux frais de la guerre : arrêt du 9 mai, etc.

[4] Ordonn. de Henri III, 12 avril 1589. — *Actes de Bret.*, t. III, col. 1492.

[5] Travers, t. III, p. 23.

nible, le roi promettait, si l'un de ses officiers, de quelque qualité, de quelque condition qu'il fût, mourait à son service, de conserver sa charge à sa veuve et à ses héritiers, pour en faire leur profit, comme ils pourraient (13 avril 1589)[1].

A cet instant-là même, Henri III était abandonné par une grande partie de la France ; les chefs de la Ligue soulevaient avec un ensemble menaçant toutes les provinces du royaume. Jamais, depuis longtemps, la royauté ne s'était trouvée dans un aussi grand péril ; et l'unité nationale allait périr dans ce funeste naufrage de la seule puissance capable de maintenir l'unité et de l'étendre encore. C'est alors que Henri III, cessant, mais bien tard, de se faire illusion, vit toute l'étendue de son danger, et chercha, pour sauver la royauté, l'assistance de tous ceux qui, par intérêt ou par patriotisme, voulaient préserver la France de l'anarchie et du démembrement. C'était enfin une guerre toute politique qu'il déclarait à ses ennemis ; et, en s'unissant au prince le plus capable de défendre sa cause, en se réconciliant avec le roi de Navarre, Henri III faisait non pas seulement un acte de nécessité, mais un acte d'intelligence et de sagesse. L'union des deux princes, symbole frappant de la nouvelle politique qu'ils inauguraient à Tours, aurait eu certainement de grands et rapides résultats : et déjà Henri III, presque seul au mois de mai, se trouvait à la fin de juillet devant Paris, à la tête d'une armée de 42,000 hommes, quand l'assassin Jacques Clément vint porter un coup terrible au parti royaliste[2].

Tant que Henri de Valois avait vécu, les catholiques pouvaient encore, sans blesser leur conscience et sans trop braver l'opinion, marcher sous les drapeaux du roi. Mais les droits de Henri de Navarre, parent du dernier prince au 22e degré, souverain étranger et surtout protestant, étaient certainement pour la plupart un grand sujet de doutes sincères[3]. La guerre, à laquelle la présence de Henri III donnait un caractère essentiellement politique, reprenait malheureusement une couleur religieuse, quoique au fond la question fût en

---

[1] *Actes de Bret.*, t. III, col. 1494.

[2] Voir la justification remarquable de l'union des deux rois dans les *Mémoires* de Dupl.-Mornay, t. IV, p. 372-379.

[3] *Traité de la prise d'armes*, par le duc de Nevers : *Archives curieuses de l'Hist. de France*, t. XIII, p. 132.

grande partie la même. C'était toujours la lutte de l'anarchie contre l'ordre et l'unité ; comme le disait avec vérité le duc de Nevers, « si « nous demeurons longtemps en l'estat où nous sommes, bigarez et « mi-partis, nous tomberons en la tirannie d'une infinité de petits « Roys bertaux, et en tel abisme serons si divisez qu'il ne sera plus « en nostré pouvoir de nous en tirer dehors[1]. » Mais, par suite de tristes erreurs ou d'ambitions funestes, on allait encore longtemps combattre au nom des intérêts respectables de la religion. Les rivalités des chefs de la Ligue, les talents de Henri IV mis au service d'une bonne cause, et surtout sa prudente conversion au catholicisme devaient seulement, mais après bien des souffrances, ramener les esprits à la véritable question, depuis longtemps obscurcie par les passions et surtout par les intérêts des principaux meneurs du parti.

Dans les derniers mois du règne de Henri III, la puissance royale s'affaiblissait chaque jour en Bretagne. Rennes, toujours menacée par les ligueurs ; Saint-Malo, Vitré, Châteaubriant, sur la frontière de l'est ; Brest et Quimper, à l'extrémité de la péninsule ; Malestroit, Josselin, Ploërmel, Montfort, Guérande, le Croisic et Clisson, telles étaient les seules places qui fussent encore au pouvoir des royalistes, avec quelques châteaux plus ou moins importants, comme Kerouzeré, Tonquedec en Tréguier, Latte près de Saint-Malo, Rostrenen, Corlay en Cornouaille, Châteaugiron, etc[2]. Le pays de Retz, au sud de la Loire, observait une sorte de neutralité, qui ne déplaisait pas à Mercœur, grâce à la politique du maréchal de Retz, qui s'était éloigné de France pendant les guerres civiles[3]. La plupart de ces places étaient peu considérables ; Josselin, d'ailleurs, était assiégé par les troupes de la Ligue : la ville avait été surprise à l'improviste par Saint-Laurent, l'infatigable lieutenant de Mercœur ; mais le château, où s'était retranché Sébastien de Rosmadec-Molac, résista jusqu'à la fin de juillet : faute de vivres et de secours, il fut alors forcé de capituler ; et Josselin, situé presque au milieu de la province, devait être l'une des principales places d'armes de Mercœur pendant toute la guerre. Saint-Laurent s'était également emparé de Dinan

---

1 *Traité de la prise d'armes*, p. 181.
2 Moreau, p. 28.
3 Travers, t. III, p. 23.

et de Dol; il tenait par là la route du nord[1]. Maîtres de Redon, d'Auray et de Vannes, les royalistes tenaient la route du midi : Vannes s'était déclarée pour la Ligue dès la mort des Guises; Auray, un instant au pouvoir des royalistes, était repris par les ligueurs, commandés par Saint-Laurent. Mercœur s'emparait de Quintin, de Tréguier; et Quimperlé, après avoir été pillé par les troupes du prince de Dombes, s'efforçait de garder la neutralité entre les deux partis; Guérande et le Croisic se soumettaient bientôt aux ligueurs. Sur les frontières orientales de la province, Fougères, Craon, Laval, Château-Gontier, Mayenne et Sablé étaient du parti de la Ligue[2]. Saint-Malo, tout occupé déjà, comme nous le verrons bientôt, de ses intérêts locaux, allait complétement s'isoler et se soustraire à l'obéissance du roi de France. Quimper était menacé par son isolement au milieu d'un pays ennemi, et se sépara du parti royaliste peu après la mort de Henri III[3]. Châteaubriant tombait également au pouvoir de Mercœur. Si Vitré, position très-importante, alors vivement pressé par les ligueurs, était forcé de se rendre, il occupait toutes les entrées de la province, l'isolait complétement, resserrait Rennes de toutes parts, et détruisait facilement, en prenant cette capitale, toute résistance des royalistes dans la Bretagne[4]. Rappelons-nous que Mercœur possédait depuis longtemps le duché de Penthièvre et ses dépendances, dont les principales places étaient Guingamp, Lamballe, Moncontour, toutes trois fortifiées : de plus, le duc d'Elbeuf, son parent, avait Ancenis, sur la Loire, avec un bon château. Aussi la puissance et les succès de Mercœur étaient, dès le premier jour, célébrés dans toute la France, et même au loin, à Paris et dans les villes où la Ligue dominait. « Toute la Bretagne,
« dit un pamphlet contemporain, s'est rendue à l'Union; M. de Mer-
« cœur est un très-valeureux prince du sang lorrain, duquel le
« nom seul vaut autant comme une armée de cinquante mille
« hommes : cela s'est fait sans coup férir; ce n'est pas par la

1 *Mém. de la Ligue*, t. III, p. 250. — De Piré, t. I, p. 79.
2 *Deffaite de l'armée du prince de Dombes au pays et duché de Bretaigne*, à Paris, chez Nic. Nivelle, 1589. — *Discours de ce qui s'est passé au pays de Bretaigne, Maine et Anjou*, à Paris, chez Pierre Ramier, à l'enseigne du Serpent, 1589.
3 D. Taillandier, p. 380. — De Piré, t. I, p. 32. — Moreau, p. 51, etc.
4 Montmartin, p. 279. — D. Taillandier, p. 370. — Crevain, p. 284-285, 290.

« force des armes, mais par la force de Dieu[1]. » L'on exagérait même, dans une intention politique facile à comprendre, les victoires qu'il avait remportées, pour donner du courage et de l'espoir aux défenseurs de l'union ; ainsi, j'ai sous les yeux une petite brochure imprimée à Lyon, comme tant d'autres, par le ligueur Tantillon. C'est une lettre écrite par un capitaine de Mercœur, appelé Saint-Maixant ; il raconte longuement toutes les particularités d'une victoire gagnée par le duc en personne sur les royalistes : *plus de douze cents anglais sont restés sur la place, et ceux qui eschappèrent l'espée du soldat n'eschappèrent point les mains des paysans, aucuns desquels y ont fait un beau butin ; l'ennemi, outre les étrangers, a perdu plus de cinq cents hommes, etc.* Or, je n'ai pu trouver aucune autre trace de cet événement, assez considérable cependant pour ne pas être resté inaperçu ; et plusieurs passages du récit font croire qu'il a été complétement inventé[2].

Toutefois Mercœur était réellement très-puissant dans presque toute la province ; et les défenseurs de l'autorité royale ne semblaient pas pouvoir longtemps lui résister. Tous les gentilshommes bretons n'avaient pas répondu aux pressantes convocations de Henri III : ceux qui soutenaient avec le plus d'ardeur la cause de la royauté étaient ou des officiers du roi, souvent étrangers à la province, et par cela même suspects et peu influents, ou des seigneurs, descendants d'illustres familles bretonnes, qui s'étaient attachées depuis longtemps déjà aux intérêts comme aux idées de la France. C'étaient aussi des protestants, qui maintenant combattaient pour la royauté, parce qu'eux-mêmes étaient aussi poursuivis par la majorité catholique, et parce qu'ils trouvaient honnête et glorieux de défendre la légitimité, après l'avoir si longtemps combattue ; puis, désespérant désormais de faire triompher leur cause dans le royaume, ils pensaient obtenir pour eux-mêmes de meilleures conditions, en assurant la victoire de leur ancien chef, Henri de Navarre. Ils étaient, au reste, peu nombreux ;

---

1 *La réduction de la duché de Bretagne à l'union des villes catholiques par Monseigneur le duc de Mercœur, avec une lettre d'un bourgeois de la ville de Hannebon en Bretagne, touchant la réduction dudit pays*, Paris, chez Michel Jouin, 1589.

2 *Advis de la deffaite des Anglois et autres heretiques venuz en Bretaigne, pour le Roy de Navarre, près de Chasteau-bourg*, à Lyon, par Louys Tantillon, 1591.

et, s'ils rendirent des services au parti du roi, principalement en sauvant l'importante place de Vitré[1], ils contribuaient aussi par leur présence, suspecte même à leurs alliés, à envenimer les haines de la foule catholique, qui croyait toujours combattre le parti détesté des huguenots.

Le parti royaliste était donc très-faible en Bretagne ; on en peut juger par le petit nombre des députés qui se réunirent aux États de Rennes en 1590 : de l'ordre de l'Église il n'y avait pas un seul évêque; seulement, un chanoine de Rennes se présenta pour l'évêque de Tréguier; Mathurin de Montalais, abbé de Saint-Mélaine, était le seul abbé ; des neuf chapitres des églises cathédrales, il n'y eut que le député de celui de Rennes. Au lieu de cent députés de la noblesse, on en comptait à peine quarante ; et des quarante villes qui avaient droit de se faire représenter aux États, sept seulement avaient envoyé des députés[2].

Henri III, au moment où il se réunissait au roi de Navarre, était pressé par plusieurs gentilshommes bretons de descendre la Loire, pour accabler Mercœur. « *Il dit*, écrivait Duplessis-Mornay à son « maître, qu'*il faut qu'il aille à Angers, de là à Nantes, pour em-* « *pescher les desseings de M. de Mercœur, qui commencent à* « *esclater en Bretaigne.... Sa Majesté vous prie que son desseing ne* « *soit point divulgué.* » Mais Henri de Navarre avait bien compris qu'il fallait avant tout marcher sur Paris, et frapper au cœur les défenseurs de l'Union ; aussi répondait-il aussitôt : « *Si le Roy va en* « *Bretaigne, il est ruyné.*[3] » Ses raisons étaient tellement fortes, que Henri III se laissait entraîner par son allié, et venait bientôt assiéger la capitale. Guidé probablement par les conseils du roi de Navarre, il nommait, comme gouverneur de Bretagne, son cousin le comte de Soissons, fils du premier prince de Condé. Ce choix était une nouvelle preuve de l'union des deux rois ; mais le comte de Soissons, avant d'arriver à Rennes, se laissait honteusement surprendre par Mercœur, à Châteaugiron (1ᵉʳ juin) : fait prisonnier

---

[1] La baronnie de Vitré appartenait au comte de Laval, petit-fils de d'Andelot ; beaucoup de protestants s'y étaient réfugiés. M. de la Borderie a donné d'intéressants détails sur les protestants de Vitré. Voir *le Calvinisme à Vitré*, Rennes, 1851.

[2] *Registres des États.* — De Piré, t. 1, p. 259-260.

[3] *Mém.* de Dupl.-Mornay, lettres du 23 mars 1589, etc.

avec la plupart des gentilshommes qui l'accompagnaient, il était conduit au château de Nantes. Il parvint bientôt à s'échapper, en se cachant dans un vaste panier, dans lequel on mettait chaque jour les plats destinés à son dîner[1]. Mais déjà son gouvernement avait été donné par Henri III au jeune prince de Dombes, Henri de Bourbon, petit-fils du duc de Montpensier, qui jadis avait été dépouillé, pour faire place au duc de Mercœur; et plusieurs pensèrent alors que Mme de Mercœur avait favorisé l'évasion du comte de Soissons, pour le mettre aux prises avec le nouveau gouverneur, et diviser le parti royaliste : ce fut en effet l'occasion de longs démêlés entre les deux princes, et plus tard Henri IV eut beaucoup de peine à les faire cesser. Henri devait, dès les premiers jours de son règne, confirmer le prince de Dombes dans le gouvernement de la Bretagne (14 août) : « Henri III, disait-il, reconnaissant que la Bretagne était
« la plus infectée de toutes les provinces de la peste contagieuse
« de la rébellion, avait fait choix d'un grand, notable et signalé
« personnage, etc., etc.[2] »

Malheureusement, ce prince, très-jeune encore, sans expérience, imprudent et léger de caractère, n'était pas à la hauteur des dangers qu'il avait à conjurer; souvent il devait exciter le mécontentement des royalistes et mériter les reproches officiels du grave parlement[3]. C'était cependant un prince du sang, et son nom devait rallier autour de sa personne les partisans de la royauté. « Je suis ici, disait
« le prince de Dombes au parlement, pour vous protester d'employer
« ma vie à votre conservation, n'ayant autre but et intention que de
« maintenir le service de Dieu et nostre Religion catholique, apos-
« tolique et romaine, avec les immunitez, libertez et priviléges,
« tant de ceux de l'Église que de la Noblesse, et pour le repos et
« soulagement du peuple, que les autheurs de ces troubles ont
« réduit à une misère et pauvreté insupportable[4]. » D'ailleurs, il allait recevoir des secours importants de la basse Normandie, dont

---

1 Moreau, p. 48. — *La deffaite de Lavardin et prinse du comte de Soissons par Monsieur le duc de Mercure, gouverneur du païs et duché de Bretaigne*, à Paris, pour Hubert Velu, rue St-Jacques, 1589.

2 *Actes de Bret.*, t. III, col. 1499-1501.

3 *Actes de Bret.*, t. III, col. 1718, 1729, etc.

4 Déclaration faite par le prince de Dombes au parlement de Bretagne : *Actes de Bret.*, t. III, col. 1502. — *Reg. du parlement de Bretagne*.

son père avait le gouvernement ; *sans cela,* dit l'historien Davila, *il se fût vu ou chassé par les forces de la Ligue, ou entièrement défait*[1]. Sa présence à Rennes fut surtout très-utile à Henri IV au début de son règne ; car elle ne fut pas sans influence sur la conduite du parlement. La décision de ce grand corps judiciaire devait avoir du retentissement, même au dehors de la province. En reconnaissant Henri IV, il donnait le premier à son autorité mal affermie la force et l'appui de la légalité, et aux catholiques royalistes et modérés un exemple à suivre. Mercœur l'avait compris : à la nouvelle de l'assassinat de Henri III, il avait envoyé à Rennes, pour y porter le trouble et la confusion, le sénéchal de Fougères ; les Ligueurs voulaient profiter de cette heureuse occasion, pour se rendre maîtres de la ville. Mais, dès le 4 septembre, le prince de Dombes avait annoncé au parlement l'assassinat du roi, et la nomination de Henri IV par les princes et seigneurs de son armée ; l'émissaire de Mercœur, arrêté par les ordres de la cour, était jugé et pendu dès le soir même, comme perturbateur du repos public. Le coup était manqué ; Rennes devait rester fidèle, et Mercœur se vengeait cruellement de cet échec, en faisant froidement, par représailles, pendre au Bouffay de Nantes le sénéchal de Laval, son prisonnier depuis quelque temps[2]. Dès le 11 septembre, après avoir vu la proclamation par laquelle Henri promettait de maintenir la religion catholique et de se faire instruire dans six mois, le parlement le reconnut pour son roi, mais en même temps défendit tout autre culte que le culte catholique. Telle devait être sa conduite pendant toute la guerre ; c'était montrer, dès le premier jour, que la cause de Henri n'était pas celle des protestants, et qu'il y avait dans la lutte engagée contre la royauté autre chose que la raison religieuse.

Quelques jours après, le parlement prêtait serment à Henri IV, à condition que la religion catholique serait maintenue, et que le roi serait supplié de l'embrasser ; puis, il nommait des commissaires, pour aller, dans toutes les villes de la province, détruire les faux bruits que la Ligue ne cessait de répandre contre lui[3] : mission difficile, et qui sans doute ne put être remplie ! Ces actes sauvèrent

---

[1] Davila, p. 839.
[2] Moreau, p. 50. — De Piré, t. I. p. 80, 81.
[3] *Registres du parlement de Bretagne.* — D. Taillandier. p. 378.

Rennes et probablement le parti royaliste en Bretagne : c'était le premier parlement qui reconnût Henri IV, et l'on a remarqué que seul pendant les troubles il ne fut pas transféré.

Cependant, malgré ces efforts, le parti de la Ligue semblait devoir triompher en Bretagne, comme dans le reste de la France ; et si le parlement de Rennes déclarait coupables de haute trahison tous les partisans de Mercœur, il n'avait pas à sa disposition des forces suffisantes pour faire exécuter ses sentences : puis, un parlement rival opposait arrêt à arrêt, et ses décisions étaient soutenues par la grande puissance de Mercœur, qui commençait à organiser son gouvernement sur des bases assez solides. Aussi, comme le dit Mézeray : « Mercœur, tendant à ses fins particulières, était maître
« de la plus grande partie de la Bretagne, province fort catholique,
« abondante en ports de mer plus qu'aucune autre de l'Europe, en
« hommes propres pour la guerre, en richesses que le commerce
« lui apporte de toutes parts ; outre cela, de difficile accès du côté
« de la terre, et s'avançant presque toute en mer pour recevoir du
« secours ; enfin, très-bien placée pour faire un état particulier,
« comme elle avait fait pendant l'espace de plus de mille ans[1]. »

Je ne me propose pas de raconter les différents incidents de la lutte, qui s'engage dès lors en Bretagne entre les ligueurs et les royalistes ; de Piré et dom Taillandier se sont surtout attachés à exposer la suite des événements de la guerre : leur récit laisse sans doute beaucoup à désirer ; mais enfin il est assez complet. D'ailleurs, je partage l'avis du premier de ces écrivains, lorsqu'il dit : « On ne
« vit autre chose, dans la suite de cette guerre, que prises et reprises,
« saccagements, ou incendies de maisons particulières, avec les
« maîtres pris à rançon. Ce fut, dans quelques-uns de ceux qui exer-
« cèrent ces violences, l'effet d'un zèle de parti ; dans les autres,
« communément et avec plus de vraisemblance, l'avidité du butin,
« et très-souvent l'effet des animosités particulières... Comme ce
« serait trop m'engager que d'entreprendre de les raconter, parce
« que ce serait charger cette histoire d'une infinité de petits faits
« plus capables de l'embarrasser que de la rendre complète, je n'en
« parlerai qu'en passant[2]. » De Piré n'a pas été malheureusement

---

[1] Mézeray, t. XV, p. 241. *Hist. de France,* éd. de 1830.
[2] De Piré, t. 1, p. 118.

toujours fidèle à sa promesse, et s'est perdu plus d'une fois dans le récit fort compliqué et fort ennuyeux des marches, contre-marches et combats. J'ai mieux aimé étudier et exposer le caractère de la lutte, montrer quelles passions animaient alors le clergé, les bourgeois, la noblesse et les paysans, quelle fut leur conduite pendant la guerre civile, et surtout comment Mercœur, maître de presque toute la province, véritable souverain dans Nantes, sa capitale, parut sur le point de réaliser le rêve d'autorité indépendante que son ambition commençait alors à former.

CHAPITRE III.

—

Mercœur se proclame le défenseur du catholicisme en Bretagne. — Les évêques se déclarent pour la Ligue; Philippe du Bec est forcé de quitter Nantes et déposé. — Rôle actif du clergé ligueur. — Les prédicateurs de la Ligue en Bretagne : Jacques Le Bossu; ses quatre Devis du Catholique et du Politique; panégyrique du père Bourgoing; sermon contre Henri IV et le président de Harlay.

—

C'était pour défendre les droits sacrés de la religion, répétait Mercœur, *qu'il avait enfin pris les armes. Dès 1585, il était entré dans la sainte Ligue catholique, afin d'empêcher les desseins des huguenots, qui voulaient s'emparer de l'État; les forces des princes confédérés, la faveur générale du peuple de France, avaient effrayé le roi; il avait alors signé l'édit d'Union, et les ligueurs s'étaient aussitôt joints à lui. Mais le perfide Henri III était toujours secrètement resté l'ennemi des catholiques et le protecteur des hérétiques. Les Parisiens, pour sauver leur vie et leur religion, avaient été forcés de faire la journée des barricades ; puis les horribles massacres de Blois avaient décidé Mercœur à rompre avec son indigne beau-frère. Voyant qu'on en voulait à tous ceux de sa maison; averti de la mauvaise volonté que le roi lui portait, à lui et à tous les catholiques; sachant qu'il machinait par sous-main tout ce qu'il pouvait pour le désarçonner de son gouvernement, le perdre et le ruiner, il avait pris les armes, et pour sa défense et pour celle de la sainte religion. Uni d'intention et d'action aux différents chefs de la Ligue en France, il combattrait contre les prétentions de l'hérétique dans la province de Bretagne, qu'il était, par sa position* ET PAR SON ORIGINE, *amené naturellement à défendre*[1]. Telles sont les paroles officielles du duc de Mercœur ; tel est le manifeste qui se trouve développé dans tous ses actes, dans ses proclamations, dans les ouvrages de ses panégyristes, qui soutenaient par leur plume la justice de sa cause, la légitimité de ses prétentions. Ainsi, comme le dit Biré, le plus remarquable de tous, Biré, qui faisait à Nantes, en 1592, l'éloge pompeux et intéressé des princes lorrains et surtout de Mercœur : « Les princes de « Bourbon, ôté le fait de la religion, sont de grands princes ; « Mercœur les a déclarés tels... La guerre que les princes de « Lorraine ont contre ceux de Bourbon, est seulement pour la reli- « gion, et non pour la deffense de leurs qualitez. Que l'antiguysard « demeure donc aux termes de l'équité des deux partis. Qu'il « deffende les huguenots par bonnes raisons, et les catholiques luy « respondront de la parolle de Dieu, et luy moustreront que hors « l'Église catholique, apostolique et romaine, il n'y a point de salut. « Si l'opiniastreté des hérétiques veut surmonter la justice des « catholiques, qu'on descende en campagne, pour, à coups de « coustelats, et non par verrues, veoir si les catholiques seront « asservis à la domination des huguenots. Qu'on laisse donc les « injures aux lavandières et tripières du Petit-Pont de Paris, vu que « par icelles la cause n'en est plus foible ny plus forte[2]. »

Dans ses ordonnances, dans ses lettres, Mercœur prenait le titre de *gouverneur de Bretagne, en attendant un roi catholique,* ou *en attendant les États-généraux.* Cette formule est conservée, même après la convocation des États-généraux, même après la conversion du roi, jusqu'en 1598. Cependant, comme le remarque avec beaucoup de sens Montmartin, « le sieur de Mercœur publioit partout « que c'estoit le seul zèle de la religion catholique qui luy faisoit « entreprendre cette révolte. Mais les actions de la guerre estoient « sans religion ; plusieurs prescheurs faisoient sonner bien haut, « comme j'estime par son commandement, l'Union des catholiques, « et ainsi enivroient le pauvre peuple et l'animoient contre le roy. « Mais c'estoit *bonum publicum simulantes, pro suâ quisque*

---

[1] P. Biré, *passim.*
[2] P. Biré, p. 29.

« *potentiâ certabat.* » Montmartin, il est vrai, était protestant et royaliste ; les faits nous montreront la vérité de ces paroles[1].

Dans un manifeste composé par ordre de Henri IV, contre Mercœur, la conduite du gouverneur de Bretagne est sévèrement attaquée : « Son prétexte, est-il dit, fut la défense de la religion
« catholique ; avec quel sujet ? avec quelle apparence en Bretagne,
« où il n'y avait aucune place tenue par le parti contraire ? où elle
« ne recevait opposition ni contradiction ? où les plus rigoureux
« édits étaient obéis et exécutés ? etc., etc. Et qui persécuta-t-il, qui
« chassa-t-il des villes, sinon les catholiques, les abbés, les évêques
« même ?.... tellement que la province de Bretagne, qui se pouvait
« vanter de n'avoir souffert aucun dommage de toutes les guerres
« qui avaient été en ce royaume l'espace de trente ans à l'occasion
« de la religion contraire, peut dire avec vérité que sous la défense
« de la religion catholique, elle s'est trouvée entièrement ruinée et
« désertée[2]. »

La défense de la foi catholique et le salut de la religion menacée par les hérétiques, telle était la parole magique qui de toutes parts faisait courir aux armes : c'était là pour beaucoup le prétexte, mais, pour beaucoup aussi, la cause de la guerre qui commençait. Le clergé avait presque partout embrassé le parti de la Ligue ; aussi employait-il tous ses efforts, toute sa puissante influence pour soulever les peuples. Vainement Henri IV avait-il toujours déclaré qu'il voulait conserver la religion catholique ; le clergé, depuis longtemps passionné contre les huguenots, excité d'ailleurs par le roi d'Espagne et par le pape, refusait de croire à ses protestations, et se laissait entraîner dans la triste arène de la guerre civile. Comment pouvait-on rester dans les bornes de la modération, lorsque le chef de l'Église défendait, sous peine de punitions redoutables, toute réconciliation avec Henri IV ?

La plupart des évêques de Bretagne s'étaient déclarés pour Mercœur : nous avons déjà parlé d'Aimar Hennequin, évêque de Rennes, et de Charles d'Espinay, évêque de Dol ; celui-ci, après la mort de l'un de ses frères, lieutenant de Mercœur et gouverneur de cette ville, se chargeait de la défendre contre les ennemis. Charles du

---

[1] Montmartin, p. 279.
[2] *Mémoires* de Duplessis, t. VI, p. 390, 391.

Liscoüet, évêque de Cornouaille, beau-frère de Lezonnet, qui commandait à Concarneau pour Mercœur, après avoir hésité quelque temps, s'était également prononcé pour la Ligue, et secourait à plusieurs reprises d'Aradon, gouverneur de Vannes[1]. Il assistait, avec Roland de Neufville, évêque de Léon, grand prédicateur, dit-on, nommé par la protection du duc d'Étampes, aux États de Mercœur à Nantes, en 1591; tous deux conféraient les saints ordres, à la fin du carême, pendant l'absence de l'évêque du diocèse. Charles de Bourgneuf, évêque de Saint-Malo, fut, depuis son retour de Rome, l'un des conseillers modérés de ce prince[2]. L'évêque de St-Brieuc, Nicolas Langelier, était aussi l'un de ses principaux confidents : c'était un prélat vertueux et d'un zèle infatigable; il était depuis longtemps dévoué à la Ligue : orateur du clergé de France, à l'assemblée de Melun en 1579, il avait rédigé les décrets du concile de Tours en 1583 ; plus tard, il avait présenté au roi les célèbres remontrances du clergé, le 19 novembre 1585 : elles font assez connaître l'esprit qui l'animait à l'égard des calvinistes et à l'égard de la royauté. Forcé de quitter sa ville épiscopale, il était à Dinan, lorsqu'il délègue, par acte fait devant notaires, ses pouvoirs à maître Christi, théologal de Nantes, pour le représenter aux États de 1591. Henri IV devait donner à son lieutenant Saint-Luc les deux tiers des revenus temporels de l'évêché, *à nous acquis et confisqués*, dit la donation, *par la rébellion et forfaiture de messire Nic. Langelier, du nombre de nos ennemis*[3]. Georges d'Aradon, conseiller au parlement de Nantes, dès l'origine des troubles, était élu par le chapitre de Vannes, en 1590, grâce à la protection de Mercœur, et secondait ce prince avec zèle : il sera l'un des députés de la Bretagne aux États-généraux de Paris ; sa famille était toute dévouée à la Ligue[4].

---

1 J. Pichart, *Journal*. — D. Taillandier, p. 403. — Du Paz, p. 301.
Je trouve dans L'Estoile une anecdote, peu facile à comprendre, au sujet de l'évêché de Cornouaille; la note est assurément erronée, puisqu'elle porte que Charles *de l'Escouet* ne fut évêque qu'en 1595. — *Journal de Henri III*, p. 119.

2 Dossier des États de Nantes de 1591, aux Archives d'Ille-et-Vilaine. — Moreau, p. 52. — D'Aradon, p. 262.

3 États de 1591 : Archives d'Ille-et-Vilaine. — De Piré, t. 1er, p. 215. — Albert Padioleau, sieur de Launay : *Belle et curieuse recherche traictant de la jurisdiction souveraine de la chambre des Comptes de Bretagne sur le faict de la Régale*, etc., Nantes, 1631. — *Mémoires de la Ligue*, t. I, p. 247-270.

4 Il avait écrit une histoire de ce qui s'était passé en Basse-Bretagne pendant

L'évêque de Tréguier, François de La Tour, joue un bien faible rôle à cette époque : mais il ne doit pas se prononcer pour Mercœur, puisqu'il se fait représenter par un chanoine aux États royalistes de Rennes[1]. L'exemple donné par l'évêque de Nantes, Philippe du Bec, ne devait pas rencontrer beaucoup d'imitateurs : bien au contraire, sa conduite excitait contre lui les passions et les haines des ligueurs.

Jusqu'au moment où le duc de Mercœur s'était ouvertement déclaré contre Henri III, Philippe du Bec[2], fidèle à ses devoirs et à sa mission, avait toujours cherché à maintenir la concorde ; mais, depuis, il avait cessé d'assister aux assemblées de la Ligue, et son absence l'avait rendu suspect ; son chapitre l'accusait de favoriser les hérétiques, et on le menaçait de l'arrêter et de le renfermer au château de Nantes, pour y partager la captivité de l'ancien maire Harrouys. Voyant clairement, après l'assassinat de Henri III, quel était le but de Mercœur, et ne voulant pas s'associer à un parti qui vantait la révolte et préconisait l'assassin, il avait quitté Nantes, et s'était retiré à Tours, dès le mois de septembre 1589[3]. Un an plus tard, le chapitre délibère sur la question de savoir si l'on devait considérer comme vacant le siége de Nantes, à cause de l'absence de son évêque et de son attachement au roi de Navarre. La réponse est conforme aux désirs de ceux qui avaient consulté l'assemblée ; le chapitre est d'avis que la juridiction lui est dévolue. Il s'adresse au parlement de la Ligue à Nantes.

Celui-ci, par un arrêt du 6 octobre 1590, permet au chapitre d'administrer le spirituel *en l'absence et désertion* de l'évêque : le 6 décembre, le chapitre profite de l'autorisation, commence à nommer aux bénéfices de la présentation de l'évêque, et réclame pour sa fabrique le quart des revenus de l'évêché. Enfin, le 18 janvier 1591, deux grands-vicaires sont élus pour remplacer Philippe du Bec dans

---

les troubles : dom Lobineau avait promis de l'insérer dans ses *Preuves;* mais ni lui, ni dom Taillandier ne l'ont publiée.

[1] *Registres des États de Bretagne,* aux Archives d'Ille-et-Vilaine. Il meurt en 1593, à Plougonven.

[2] Philippe du Bec était l'oncle de Duplessis-Mornay : le sévère et consciencieux calviniste lui avait écrit (8 janv. 1583), au sujet de la religion qui les séparait, une lettre fort remarquable, que l'on trouve dans ses *Mémoires,* t. II, p. 186.

[3] Travers, t. III, p. 32, 34.

ses fonctions; l'un d'eux est l'archidiacre ligueur de Courans[1]. En apprenant ce qui se passait à Nantes, l'évêque écrivit de Tours, pour justifier sa conduite, et montrer qu'elle était honorable et chrétienne. Pour toute réponse, la justification fut condamnée, par le parlement, à être lacérée et brûlée par la main du bourreau (11 janvier 1591). Comme l'évêque, dans son écrit, n'avait pas craint d'attaquer M. de Mercœur, la duchesse elle-même prenait la plume et répandait, dit-on, quelques mémoires pour défendre son mari. Puis, un autre arrêt du 15 février déclarait l'évêque *infâme, déchu de ses bénéfices, incapable d'en posséder aucun;* et le chapitre était invité à écrire à Grégoire XIV, pour le prier de nommer un autre évêque : le 4 mars, l'un des chanoines fut chargé de faire la lettre au pape, et de dresser les mémoires à l'appui.

Malheur à ceux du clergé qui ne voulaient pas signer l'Union; leurs biens étaient confisqués, et ils étaient chassés de Nantes. Malheur même à ceux qui étaient, à tort ou à raison, suspects de correspondre avec Philippe du Bec; ils devaient quitter la ville : tel avait été le sort des deux frères Touzelin, l'un scolastique et official, l'autre dignitaire du chapitre; c'était par le commandement de Mᵐᵉ de Mercœur qu'ils avaient été expulsés. Il fallut l'intervention du chapitre, qui se portait garant de leur fidélité, et les sollicitations de la ville, pour obtenir leur retour[2].

Cependant, si l'on en croit la maligne critique du janséniste Travers, qui n'est pas toujours impartial à l'égard des ligueurs, mais qui cite ses autorités, les membres du chapitre avaient eux-mêmes besoin d'une assez grande indulgence. Disons seulement que le clergé nantais ne semble pas, en général, pendant la période de la Ligue, très-disposé à soutenir de ses deniers la cause de l'Union; plusieurs fois, par exemple, il refuse de s'associer aux dépenses qu'occasionnait la lutte contre les hérétiques; était-ce pauvreté, impossibilité absolue? Le chapitre en était-il réduit, dès 1588, à vendre, à la suite d'une délibération solennelle, un calice et une patène d'argent pour payer sa taxe[3]?

---

[1] Travers, t. III, p. 36, 46, 48, 50.
[2] *Registres du chapitre :* Travers, t. III, p. 36, 49, 50.
[3] Travers, t. II, III, *passim.*
Plusieurs pièces des archives de Nantes contiennent les plaintes fréquentes et énergiques des habitants, qui demandent que les gens d'église ayant des bénéfices

Le chanoine Moreau, dans son livre, curieux à plus d'un titre, sur la Ligue en Bretagne, n'est pas très-flatteur à l'égard de ses contemporains, quoiqu'il fût lui-même ligueur. « Quant à l'état ecclésias-
« tique, dit-il, il ne se portait guère mieux (il vient de parler des
« nobles); car l'ambition, l'avarice, le luxe, y régnaient tellement,
« que la piété requise y était grandement refroidie. Accumulation
« de bénéfices sur bénéfices, voire même incompatibles; des sept,
« huit, douze cures à la fois, tenues, profitées par un seul homme,
« et tant plus tant mieux. C'était à qui en pouvait avoir, sans beau-
« coup se soucier des services et charges, pourvu qu'ils se fissent
« paraître magnifiques en banquets, équipages et autres vaines
« parades, pour tenir le premier rang; en rien plus sobres de bouche
« que les séculiers, sans en dire davantage[1]. » Travers confirme la vérité de ces reproches, en citant, d'après les registres du chapitre de Nantes, un arrêté du 4 juillet 1589 pour ne conférer les bénéfices de la cathédrale qu'à ceux qui y servaient alors, sans qu'ils pussent les retenir s'ils cessaient d'y servir. « Malheureusement, ajoute-t-il,
« il avait été fait à l'occasion de ceux qui se retiraient à cause de la
« Ligue, et il aurait été excellent s'il avait porté sur les dignitaires
« et chanoines, et leur avait fait quitter les cures, les canonicats et
« les bénéfices dans lesquels ils ne faisaient ni résidence, ni service[2]. »
Dans un livre dont nous aurons occasion de parler plus tard, l'auteur, qui écrivait à Vannes en 1597, quoique zélé catholique, quoique défenseur des richesses de l'Église, fait entendre les mêmes plaintes :
« Je ne puis me tenir de déplorer notre siècle misérable, auquel
« plusieurs des ecclésiastiques se sont rendus si extrêmement ambi-

---

dans les paroisses du diocèse, soient invités à contribuer au soulagement des pauvres : je trouve, par exemple, un acte du 20 mars 1584, qui condamne *le curé, le prieur et l'aumônier du Loroux à bailler diverses sommes pour la nourriture des pauvres, sous peine d'emprisonnement de leurs personnes.* C'est à la requête des habitants du Loroux, qui *sont infestés de* 1000 *à* 1200 *pauvres, qui y meurent de faim, sans que le curé, le prieur et l'aumônier, qui ont de beaux bénéfices, manifestent aucun zèle ni charité envers lesdits pauvres.* Quelques années auparavant, les habitants de Nantes se plaignaient au roi de l'évêque et des autres bénéficiaires du diocèse, qui *abattent et vendent journellement les bois de haute futaie de leurs bénéfices, contrairement aux édits royaux, et au grand préjudice des sujets de Sa Majesté,* etc., etc., etc.

[1] Ch. Moreau, p. 343.
[2] *Registres du chapitre,* dans Travers, t. III, p. 28.

« tieux et avaritieux, que toutes bornes sont ostées à la raison et
« médiocrité (je laisse les mœurs); que tout le bien du monde ne
« seroit suffisant à présent à un évesque, et qu'un curé voudroit avoir
« tous les clochers de la chrestienté (c'est-à-dire le revenu) sur sa
« teste. Et le pire que je trouve, c'est que les plus ignorans ont plus
« de bénéfices, imitans en cela les asnes, qui tant plus sont grands
« portent plus pesants fardeaux, etc., etc. » Et plus loin : « Quel
« desbordement : quelle vilennie en la maison de Dieu? quel ren-
« versement de toutes sainctes loix ! » Il se plaint bien plus durement
encore de l'ignorance et de la cupidité de beaucoup ; et il demande
que, suivant le souverain concile de Trente, l'on retranche cette
foule de bénéfices accumulés sur quelques têtes, pour les départir
à ceux qui les méritent[1].

Les principaux du clergé nantais s'étaient mis, dès les premiers
temps, à la tête du parti de l'Union. Il en était de même dans presque
toutes les villes; c'étaient eux qui présidaient ordinairement les conseils
bourgeois. Mercœur avait l'habileté de leur suggérer les projets qu'il
avait médités ; et ils venaient alors proposer de faire le siége d'une
ville, d'envoyer des renforts ou des munitions, de chasser les suspects
et surtout de se résigner à de nouvelles contributions. Ou bien ils
allaient de ville en ville pour resserrer l'Union et s'entendre sur la
défense. *Le grand vicaire de Courans,* dit le registre du 24 avril
1589, *remontre au conseil établi par le bureau de ville avoir fait
quelques avances de deniers à cause de certains plusieurs voyages
qu'il convient faire de jour à autre secretement vers Paris, Orléans
et ailleurs, pour les affaires du temps...... a été résolu qu'il serait
remboursé, tant des avances du passé que de l'avenir sur la collecte
des deniers qui se doivent lever volontairement pour cet effet.* Le
7 juin de la même année, *le sieur de la Bouvre, chanoine, a rendu
raison de son voyage par luy fait cy-devant vers Monseigneur le
duc du Mayne, tant de la part de Monseigneur le gouverneur que
de Messieurs de cette ville*[2]. Ils vont même transmettre soit aux villes,
soit aux capitaines de Mercœur, les ordres et les lettres du chef.

---

[1] Dorléans, *Les observations sur l'État, couronne et peuple de France,*
p. 121, etc., Vannes, 1597.
L'on peut comparer la remontrance faite au roi par les États de France réunis
à Blois. *Mém. de la Ligue,* t. III, p. 101, etc.

[2] Reg. de la ville : Arch. de Nantes. — Travers, t. III, p. 21, 25.

C'est ainsi que le sieur de Launay, jacobin, apporte une de ses lettres aux habitants d'Hennebont[1] (14 septembre 1589).

Souvent c'est à leurs risques et périls que les religieux se font les messagers de la Ligue ; le parti royaliste en Bretagne se montra plus d'une fois très-rigoureux à leur égard : plusieurs furent pris et pendus sans pitié, comme traîtres. Par exemple, *le jeudi 12 avril* 1590, dit J. Pichart, *Jean Perche, de la paroisse de Cesson, près Rennes, religieux de...... fut pris au couvent de B........, avec des lettres qu'il portoit de cette ville à ceulx de la Ligue à Châteaubriant. Le Jeudi 19 de ce mois, il fut, par le siége de Rennes, condamné à estre pendu et estranglé, par avant faire l'amende honorable et à la torture*[2].

Un cordelier allait souvent de Vannes à Auray porter les dépêches des ligueurs : il est arrêté ; et on le trouve muni d'une lettre, adressée au sieur de Rascol, pour tuer le prince de Dombes : celui-ci est pris ; il a la tête tranchée, et le moine est pendu[3].

Aussi, l'un des prédicateurs les plus célèbres de Nantes, Jacques Le Bossu, excitait la colère de ses auditeurs, en leur rappelant les cruautés des royalistes à l'égard des prêtres et des religieux, soit en France, soit en Bretagne : « On sçait, disait-il, qu'ils ont porté des
« escharpes faictes d'oreilles et d'autres parties de prestres : ils ont
« escorché les uns, et harquebuzé les autres par plaisir, comme tirant
« à la butte.... » La suite ne peut se répéter... Puis, il ajoute : —
« N'a-t-on pas pendu à Rennes un cordelier, sans pouvoir rien dire
« contre luy, que n'avoir eu son habit, lorsqu'il fut pris, combien
« que pour la commodité des champs il eût pris un habillement
« court, qui n'étoit point messéant à un homme d'église.... Et, à la
« prise d'Auray, tuèrent-ils pas le prédicateur cordelier, qui pres-
« choit le caresme en bas-breton, par onze coups mortels qu'ils luy
« donnèrent, et cherchèrent le jacobin qui l'avoit presché en langue
« françoise, pour le massacrer pareillement ? Et qui ne sçait que le
« sieur de Cansillon[4] fendit aussy la teste à un vénérable et docte

---

1 *Journal* d'Aradon, p. 240.
2 *Journal* de J. Pichart, col. 1710.
3 Moreau, p. 115.
4 Le prédicateur veut-il parler de François Tournemine, baron de Camsillon, dont le château, situé dans la paroisse de Mesquer, fut complétement détruit par les Espagnols de Mercœur.

« homme d'église et prestre, aux portes de Guerrande, pensant tuer
« le prédicateur du mesme lieu? Ainsi les huguenots veulent mas-
« sacrer ceux qui sont de nostre Sainte-Union, pour avoir leur
« revenche du jour tant renommé de la Saint-Barthélemy[1]. »

A la fin du XVIᵉ siècle, les membres du clergé ne se contentaient pas toujours d'exciter le peuple à courir aux armes : souvent, s'il fallait agir, ils ne reculaient pas devant le danger; ils conduisaient les émeutes, guidaient les soldats au combat, et combattaient eux-mêmes. J'ai déjà parlé du belliqueux évêque de Dol, qui, après la mort de son frère, se chargeait de défendre la ville, assiégée par les royalistes[2]. On pourrait citer en Bretagne un grand nombre d'exemples semblables, dans tous les rangs du clergé : ainsi, le curé de Cordemais, près de Savenay, à la solde de sa propre paroisse, se mettait à la tête des soldats chargés de défendre l'endroit, et agissait en véritable capitaine[3]. Ainsi, les moines de Redon, après avoir corrompu la garnison de leur ville, faisaient ouvrir les portes aux troupes de Mercœur[4]. A Quimper, l'on apprend l'assassinat de Henri III; vainement le sénéchal Jacques Laurent, sieur de la Motte, secondé par la grande majorité des magistrats, déclare que *quand le roi serait un diable incarné, qui aurait les cornes aussi longues que les bras, il serait toujours son serviteur;* les troubles éclatent dans la ville; les religieux, les cordeliers surtout, s'arment d'arquebuses, guident le peuple, et arrivent à grand bruit aux portes de l'auditoire du présidial, menaçant tous ceux qui voulaient rester fidèles à Henri IV[5]. Un moine, raconte Pichart, frère Jean, du couvent de Dinan, avait quitté l'habit religieux, et, *prenant accoutrement d'homme de guerre*, il suivait les compagnies de Mercœur : arrêté par les royalistes, il fut condamné, par le parlement de Rennes, à *être pendu et étranglé;* ce qui fut exécuté, quoiqu'il alléguât ses lettres de cléricature, et qu'il fût théologien distingué[6].

---

1 *Sermon pour la mémoire du père Bourgoing,* Nantes, 1590.
Le prédicateur exagère assurément les violences des royalistes, pour exciter les passions de son auditoire.
2 D. Taillandier, p. 403.
3 Archives de Nantes.
4 Daru, *Hist. de Bret.,* t. III, p. 302.
5 Moreau, p. 53, 54.
6 J. Pichart, col. 1706.

Les recteurs allaient surtout à la tête des paysans de leurs paroisses. Le chanoine Moreau raconte les exploits d'un de ces prêtres gentilshommes de la Basse-Bretagne : il était le chef d'une grande troupe qui se précipitait sur Carhaix, pour tout détruire ; soit par jactance, soit par politique, pour encourager ses compagnons, il se vantait de combattre seul les ennemis, et déjà l'on ne parlait plus que de partager les dépouilles des vaincus. Les royalistes sont d'abord surpris dans la ville ; mais ils reprennent courage, une mêlée furieuse s'engage dans la rue. Le prêtre, comme il l'avait dit, combattait au premier rang, et, d'un coup de sa hâche, il abattit la main de Liscoët, l'un des lieutenants du prince de Dombes, qui commandait les ennemis. Mais il fut tué. Les paysans furent massacrés en grand nombre ; peu échappèrent : voilà l'un des épisodes les plus ordinaires de cette guerre [1].

Remarquons, du reste, que depuis longtemps les membres du clergé portaient les armes, faisaient le guet, même la nuit et le jour, dans les villes, logeaient les gens de guerre, enfin étaient soumis à toutes les corvées militaires des autres habitants. A plusieurs reprises, ils avaient réclamé ; ainsi, par ordonnance du roi Henri III (5 février 1580), les gens d'église de Nantes obtiennent d'*être deschargez de ladite garde, parce qu'ils sont tenus assister et se rendre subjects aux matines, messes, vespres et services, qui se font en l'église de jour et de nuict, excepté qu'en évident péril ils seront tenus de servir en personne esdites gardes, ainsi qu'ils ont toujours faict.* De son côté, le chapitre arrêtait que le jour où les chanoines seraient sous les armes et au corps de garde, ils seraient censés présents au chœur, avec le gain ordinaire de l'église. Le chanoine de la cathédrale de Nantes était capitaine du feu ; il doit, en cas d'incendie, diriger dix hommes par compagnie de la milice, et tous les jacobins, carmes, cordeliers, pour éteindre le feu : on leur confie, sous leur responsabilité, les paniers de clisse goudronnés, crocs, cordages, etc., etc. Les minimes, récollets, capucins, sont également forcés plus tard de courir les premiers au feu. En 1543, Henri, dauphin de France et duc de Bretagne, était forcé de défendre aux chanoines, prêtres et religieux de prendre part au jeu de l'arquebuse ou du papegaut, comme contraire aux saints canons [2]. Ces détails

---

[1] Moreau, p. 89.
[2] P. de Courcy, *Notice sur Saint-Pol de Léon*, 1841.

rendent plus facile à comprendre le rôle belliqueux du clergé pendant les troubles de la Ligue en Bretagne, comme dans le reste de la France[1].

Les moines devaient principalement se distinguer par leur dévouement. Mercœur, qui savait tout le parti qu'il pouvait en tirer, les favorisait singulièrement. Les minimes et les capucins avaient été attirés par lui en Bretagne, et établis à Nantes : il leur avait acheté les terrains nécessaires, et fait bâtir des couvents, sans demander le consentement du chapitre. La ville s'était opposée précédemment aux lettres de Henri III qui permettaient l'établissement des minimes ; mais il fallut céder à la volonté de Mercœur, qui mérita, par ses libéralités à leur égard et par sa protection, d'être appelé leur fondateur.

Mercœur et la ville soumise à sa direction écrivent au légat du pape à Paris, pour l'établissement des capucins à Nantes : ils vinrent demeurer au Marchix. Les cordeliers étaient spécialement protégés par le duc et par la duchesse ; ce fut à Nantes qu'ils tinrent en 1593 leur chapitre général. P. Biré énumère avec complaisance les fondations religieuses de Mercœur et de sa femme jusqu'en 1593 : aux Jacobins, en l'honneur de la victoire sur le comte de Soissons ; à l'église de Saint-Vincent, en l'honneur de Notre-Dame-des-Victoires, pour sa victoire de Craon ; à l'église collégiale de Notre-Dame, aux Minimes ; à la cathédrale ; au couvent des Capucins ; à la chapelle de l'île d'Indret, etc., etc. Aussi, comme le remarque l'abbé Travers, que de gens dévoués au duc et à l'Union en Bretagne et même dans les différentes provinces du royaume[2]!

C'était par eux surtout qu'il soulevait le peuple contre l'hérétique. Pour enflammer les esprits, on avait recours à deux puissants moyens, les processions et les prédications[3]. Vainement le parlement de Rennes poursuivait de ses édits les prédicateurs, et les ecclésiastiques qui publiaient au prône des libelles diffamatoires

---

[1] Travers, t. II et III, *passim* ; d'après les Registres du chapitre.

[2] Travers, t. III, p. 33, 38, 67, 76. — P. Biré, 1re partie, p. 247, 248.

[3] La chaire devient alors une tribune. On peut juger, par le fait suivant, de l'usage auquel elle était employée : un vol de bois avait été commis au préjudice de Nantes ; un monitoire est lu dans les diverses églises, pour inviter, sous peine d'excommunication, à révéler les détails que l'on pourrait connaître à ce sujet (25 mai 1590). Arch. de Nantes.

contre le roi ; les ordonnances du parlement étaient méprisées ou brûlées partout où la Ligue dominait [1].

Tous les événements de quelque importance sont ou précédés ou suivis de processions solennelles ; l'on n'entendait à Nantes que *Te Deum* au moindre avantage sur les troupes du roi, à l'élargissement ou à la prise de quelque seigneur, à l'arrivée de quelque secours. C'étaient des saluts, des prières de quarante heures à la moindre disgrâce, ou pour demander à Dieu sa bénédiction, etc., etc. Ainsi, procession pour obtenir le succès des armes de Monsieur de Mercœur; procession pour célébrer la défaite de l'hérétique ; procession et *Te Deum* pour l'arrivée des Espagnols à Saint-Nazaire ; procession pour la lecture de la bulle de Grégoire XIV qui excommunie Henri de Navarre, ou pour brûler l'arrêt hérétique rendu contre cette bulle par le parlement royaliste de Tours [2].

Tout ce qui doit frapper les yeux de la foule est mis en usage: les boutiques sont fermées ; Mme de Mercœur assiste à la procession, avec l'ambassadeur d'Espagne, messieurs du parlement, le maire, les échevins, les notables : c'est à l'issue de la cérémonie que les arrêts donnés à Tours sont brûlés devant la grande porte de la cathédrale, par les mains des enfants de la psallette.

Ordinairement, les plus fervents s'y trouvent pieds nus, la torche au poing, une croix dans la main gauche, en chantant les psaumes de la pénitence. C'est quelquefois en plein jour ; mais, dans les grandes circonstances, c'est à la clarté funèbre des torches que s'avance le cortége lugubre. Ce n'était pas seulement à Nantes, c'était dans toutes les villes de la Ligue, dans les villages même, que ces moyens étaient employés. Ainsi, le gouverneur d'Hennebont ordonne aux quarante-deux recteurs de cette juridiction de jeûner le 12 février 1590, et le vendredi suivant de faire des processions générales, *afin d'apaiser l'ire de Dieu, et qu'il luy plust préserver les bons catholiques qui bataillent pour la foy, leur donner victoire sur les hérétiques qui le veulent abolir, et qu'il luy plaise libérer nostre Roy qu'ils detiennent prisonniers entre leurs mains. Ainsi-soit-il* [3].

---

1 De Piré, t. I, p. 93. — *Actes du parlement de Bretagne.*
2 Travers, t. III, p. 46, 53, 57, 69, 93, etc., etc.
3 *Journal* d'Aradon.

A chaque instant, on réunissait le peuple pour jurer de nouveau le serment de l'Union; ainsi, à la nouvelle de la prise du comte de Soissons par Mercœur, après un violent sermon du fameux prédicateur Le Bossu, on prêtait un serment solennel dans la cathédrale, *dans la forme de celui des bonnes villes de l'Union: Paris, Lyon, Toulouse*, etc., etc. Chaque corps, chaque corporation, allait signer à son tour; et malheur à ceux qui refusaient: le maître de la psallette de Saint-Pierre était, pour ce motif, exilé par le présidial et privé de ses honoraires par le chapitre. Mercœur confisquait les biens de tous ceux qui ne l'approuvaient pas, et les chassait de Nantes comme fauteurs d'hérésie. Quelques jours après, nouveau serment de fidélité à l'Union, en présence du président Carpentier, par l'ordre de Mercœur : chacun doit mettre les mains *sur le crucifix de Notre Seigneur étant en un tableau de bois*. Les membres du clergé renouvellent souvent leurs serments : quelquefois, il faut protester *d'obéir et d'être fidèle serviteur et vassal à Monseigneur le gouverneur, duc de Mercœur*[1].

Aux processions venaient se joindre les prédications : depuis longtemps déjà la voix des prêtres, et surtout celle des moines, s'élevait injurieuse et menaçante contre les huguenots ; depuis longtemps les prétendus fauteurs des hérétiques, les rois avaient été mille fois attaqués, injuriés, anathématisés dans les chaires de nos églises. L'assassinat des Guises fut le signal du déchaînement le plus furibond et contre l'infâme Henri III, et contre son nouvel allié, le perfide Béarnais. L'exagération, cruellement passionnée, des prédicateurs du XIVe siècle, fut dépassée par les ligueurs du XVIe : Paris donna encore une fois ce triste exemple ; et tandis que les sermons démocratiques et régicides des Boucher et des Guincestre armaient la main du moine Jacques Clément, des missionnaires de la Ligue allaient répandre dans les provinces leurs erreurs et leurs haines. La Bretagne eut aussi ses prédicateurs passionnés : partout, dans les campagnes comme dans les villes, leurs paroles véhémentes soulevaient les populations contre les défenseurs de l'hérésie ; partout leur influence était immense, et si le nom de la plupart n'a pas acquis une triste célébrité, leur rôle n'en fut pas moins considérable. Ainsi le jacobin de Launay, de Morlaix, se distinguait par son zèle

---

[1] Registres du chapitre et de la ville : Travers, t. III, p. 27, 39, 46, etc., etc.

ardent et son activité extraordinaire : Mercœur l'envoyait souvent en mission, pour transmettre ses volontés ou ranimer le courage des ligueurs; nous le rencontrons tantôt à Hennebont (1589), tantôt à Morlaix (1590), etc., partout prêchant et agissant. Ses services étaient récompensés ; après la mort de Pierre du Vieux-Châtel, tué par les paysans en 1590, il le remplaçait comme abbé de Saint-Maurice de Carnoët. Sa réputation se répandait au loin; et Henri IV disait de lui qu'il faisait plus de mal en Bretagne par ses sermons, que Mercœur avec ses canons et ses arquebuses. Nous avons déjà parlé des prédicateurs qui semaient le trouble à Dol, à Rennes, à Nantes : nous voyons successivement, dans cette dernière ville, le cordelier Feuardent ; puis Julien Cormerais, docteur de Paris, qui prêchait le carême à la cathédrale, et se faisait entendre tous les dimanches à Saint-Nicolas; puis Nicolas Bernard, cordelier, bachelier en théologie de la faculté de Paris, qui prononçait plus tard l'oraison funèbre du marquis de Belle-Isle, l'un des lieutenants de Mercœur. Edmond Bourgoing, prieur des jacobins de Paris, qui devait être envoyé au supplice par le parlement royaliste de Tours, avait également fait admirer par les Nantais son imprudente éloquence.

Mais le plus célèbre de tous, celui qui joua le premier rôle, et le seul, à ma connaissance, dont nous possédions encore les ouvrages, c'est frère Jacques Le Bossu. Il était né en 1546, à Paris; parent, peut-être neveu de Mathieu Bossulus, que Bayle qualifie de grand orateur, il avait de bonne heure embrassé la règle de Saint-Benoît; docteur en théologie dans l'université de Paris, il avait acquis une grande réputation dans son ordre, et était prieur de l'abbaye de Saint-Denis, au moment où la Ligue commençait. La *Biographie universelle* dit que, précepteur du cardinal de Guise, il n'avait pas cessé d'entretenir des relations avec son élève[1] : lui-même se contente de répondre à ceux qui l'accusaient d'être de la maison des Guises, que le cardinal était son abbé, *qui avait puissance de lui commander; et qu'il l'avait appelé auprès de lui alors qu'il estoit nécessaire que mondict Seigneur eut avec soy quelqu'un de sa profession de docteur en Théologie et Prédicateur, tant pour ce qu'il estoit de nouveau sacré et Prestre et Archevesque, que pour un*

---

[1] *Biographie universelle*, supplément, t. LIX.

concile provincial par lui convoqué en sa ville Métropolitaine de Reims : lequel fut tenu très-célèbre au moys de may, mil cinq cens octante et trois. Bayle avance qu'il fut l'un des plus emportés prédicateurs de la Ligue, avant et après la mort de Henri III, sans pouvoir affirmer s'il se fit entendre d'abord dans les chaires de Paris. Moréri le pense ; mais c'est à Nantes qu'il a surtout parlé et écrit ; c'est là qu'il soutint la cause de la Ligue en général et de Mercœur en particulier. Il est à croire qu'il vint seulement dans cette ville vers l'époque où Mercœur se déclara contre Henri III, et non pas dès 1585, comme le dit son dernier biographe[1].

Pendant la période de la Ligue à Nantes, Jacques Le Bossu fut l'un des adversaires les plus passionnés de Henri IV, l'un des hommes les plus opposés à toute concession, à toute réconciliation. Les témoignages contemporains nous le représentent comme très-influent et très-actif, soit qu'il faille exciter le peuple, soit qu'il faille diriger les conseils de la bourgeoisie. Le peuple l'écoute avec plaisir ; et les fidèles Nantais, comme il les appelait, le récompensent de ses peines en l'honorant et en le payant : ainsi, le bureau de la ville faisait quêter à son profit, quoique, peu d'années auparavant, l'on eût répondu au chapitre que des quêtes pour un prédicateur scandalisaient le peuple[2].

Tous les auteurs bénédictins l'ont comblé d'éloges : suivant l'un des historiens de Saint-Denis, *c'est l'ornement de son siècle, un grand et unique prédicateur ;* mais ils ne font pas mention de sa conduite pendant les troubles et de ses écrits en faveur de la Ligue. Les documents contemporains que nous avons pu consulter, nous le montrent définitivement fixé à Nantes ; il devient économe de l'évêché en 1592 : il ne néglige aucune occasion de combattre, par ses paroles et par ses écrits, les hérétiques et les politiques ; il adresse les plus grands éloges au duc de Mercœur, auquel il dédie ses premiers Devis. Cependant, dans les lettres de Duplessis-Mornay nous trouvons une indication assez curieuse, qui pourrait nous faire douter

---

[1] Dans son second Devis, Le Bossu dit formellement qu'au mois d'août 1588 il était encore attaché à la personne du cardinal de Guise, et qu'il prêcha à Langres après une procession générale en action de grâces de l'édit de réunion.
Lorsque l'édit fut solennellement juré à Blois, il prêchait également dans l'église de Saint-Sauveur de cette ville (p. 67 et 73).

[2] Travers, t. III, p. 39, etc.

de l'attachement sans réserve du prédicateur pour le politique prétendant au duché de Bretagne. Duplessis, dans un mémoire qu'il adresse au roi le 6 novembre 1592, lui raconte qu'il a envoyé secrètement M. Meslier, pour tenter une négociation avec Mercœur; *mais Le Bossu découvre tout, prêche à l'encontre, on vient faire remontrance à Mercœur, avertit l'agent du roi d'Espagne qui proteste;* et Mercœur est arrêté dans ses projets de négociation[1].

Le Bossu était-il à Nantes le surveillant de Mercœur, au nom des ligueurs sincères qui pouvaient se défier de lui? Était-il dévoué à l'Espagne?

Le Bossu a laissé, outre les sermons dont nous allons parler, un traité sur la grâce, intitulé: *Animadversiones in XXV propositiones P. Lud. Molinæ, Rome,* 1606, *in-*12°; un traité *contre l'adhésion aux hérétiques,* qu'il aurait probablement publié à Nantes. Voici ce que Bayle en dit: « Les excès de ce furieux « prédicateur contre le parlement de Paris séant à Tours et contre « tous les catholiques qui demeurèrent fidèles à Henri IV, ne « sauraient être assez détestés. Il soutenait que les catholiques « qui avaient commerce avec les hérétiques, encouraient *ipso facto* « la peine d'excommunication; et que, l'hérésie étant pire que le « paganisme, et le paganisme étant un véritable athéisme, il falloit « qualifier l'hérésie athéisme et le plus énorme péché qui soit entre « les plus meschans, et fuir tous les hérétiques comme la peste[2]. »

Mais l'œuvre principale de Le Bossu, son livre souvent cité et cependant très-mal connu, ce sont les *Devis d'un Catholique et d'un Politique*[3]: nous croyons utile d'en donner une analyse impartiale

---

[1] *Mémoires* de Duplessis, 6 novembre 1592. — *Hist.* de Duplessis, p. 186, éd. de 1647.

[2] *Traité contre l'adhésion aux hérétiques,* p. 56 et 3, notes de Bayle. — Je soupçonne que ce livre n'est autre chose que le pamphlet de Le Bossu contre de Harlay et le parlement de Tours.

[3] Voici le titre véritable: *Deux Devis d'un Catholique et d'un Politique, sur l'exhortation faicte au peuple de Nantes, en la grande église de Sainct-Pierre, pour jurer l'union des catholiques, le huictième jour de juin mil cinq cens quatre-vingts et neuf;* par F. Jacques Le Bossu, religieux à Sainct-Denys en France et docteur en la faculté de théologie à Paris, 133 pages; puis, *Troisième Devis du Catholique et du Politique qui a esté réuny, sur la mort de Henry de Valois, selon ce qu'en a esté presché à diverses fois en la grande église de Nantes,* etc., 104 pages. avec les pièces de vers.

et assez complète. Ch. Labitte, dans son livre estimable, n'a pas même nommé Le Bossu ; la plupart des historiens de la Bretagne paraissent avoir ignoré son existence, et ceux qui en ont cité quelques fragments, n'en ont donné qu'une idée très-imparfaite et même fausse. Voici ce qu'en dit le curieux manifeste contre Mercœur, rédigé par ordre de Henri IV :

« Le duc de Mercœur se faict imprimer ung livre auquel il donne
« privilége, composé par Le Bossu, par lui installé en l'evesché de
« Nantes, auquel il déclare le feu roy pire que Néron, qu'Hérode,
« que Judas, tyran du royaulme, traistre au genre humain, traistre
« à l'Église, approuve et exalte l'assassinat commis en sa personne,
« procédé, dit-il, du mouvement du Sainct-Esprit ; l'assassin, par
« conséquent sainct et martyr, digne d'estre canonisé, le cousteau
« d'estre gardé en relique pour oraison funèbre à ce grand roy qui
« l'avoit faict son beau-frère, et pour consolation à la royne sa
« sœur, qui l'avoit faict ce qu'il estoit, etc., etc[1]. »

Ces Devis ne sont pas des sermons ; mais des dialogues entre un politique et un catholique qu'il s'agit de convertir à la cause des ligueurs. Tous deux sortent de la cathédrale, tous deux viennent d'entendre le fameux prédicateur qui attire la foule à Saint-Pierre : le Politique, bourgeois honnête et modéré, n'a pas dormi au sermon ; sa mémoire est bonne ; il a tout écouté, tout retenu, et pourtant l'éloquence de Jacques Le Bossu ne semble pas l'avoir complétement convaincu. Dans la Ligue, il ne voit pas le côté religieux ; il est royaliste avant tout : la Ligue, dit-il, est une rébellion ; Henri III a été contraint de s'unir au roi de Navarre contre les ligueurs, qui en vouloient à son autorité. Le Catholique, c'est-à-dire l'auteur, se charge de répondre aux deux reproches des politiques, en expliquant ou plutôt en reproduisant les arguments dont le prédicateur s'est servi dans ses derniers sermons. De là les deux premiers Devis, dans lesquels le Politique, très-faible de raisonnement, ne semble parler que pour donner au Catholique l'occasion de le battre impitoyablement. Ils sont dédiés à *très-illustre et très-magnanime prince, Monseigneur le duc de Mercœur et de Penthièvre*, etc. Dans cette dédicace assez curieuse, l'auteur représente l'Église catholique *amoindrie par les hérétiques, Dieu lui-même attaqué par l'impiété*;

---

[1] *Mémoires* de Duplessis, t. VI, p. 392.

les deux Henris mariant ensemble l'hérésie et l'hypocrisie, pour réduire l'Église en ce royaume au point où elle est en Angleterre. Mais Dieu s'est réservé en tous temps d'illustres familles pour défendre sa gloire et la religion; ainsi les Machabées sous l'ancienne loi; ainsi les princes Lorrains dans ces derniers temps[1].

Vient ensuite l'éloge obligé de Mercœur : « C'est sous le nom et
« la protection de sa grandeur qu'il met ce petit discours faict en
« ce pays, pour justifier les actions et levées d'armes de Messei-
« gneurs les princes de Lorraine, sous leur chef, Monseigneur le car-
« dinal de Bourbon, et pour montrer la nécessité et utilité de l'union
« de tous les zélez catholiques jurée et rejurée par la France. »

Dans son premier Devis, il répond au premier reproche du Politique que : « Les catholiques ont fait ligue par ensemble, sans
« l'expresse volonté de celuy qui estoit pour lors recogneu pour Roi,
« laquelle toutes fois a depuis pris tel pied, que sous le nom de
« l'Édict de Réunion, elle a été jurée par toute la France sous son
« authorité. »

Tout d'abord, les prédicateurs doivent-ils, comme le prétendent Henri III et ses adhérents, s'abstenir de parler des affaires de l'État ? « Mais quelle beste est-ce que cest Estat, qui sans la Religion n'a
« ny teste ny âme ?...... Que si vous n'en séparez point la Religion,
« et luy baillez enfin Dieu pour chef : pourquoy n'en pourra ou devra
« parler le Prédicateur, qui est appellé pour ce Théologien, qu'il doit
« parler de toutes choses qui se peuvent réduire à Dieu ?.... (p. 13).
« .... La Religion a pareille direction sur l'Estat, que l'âme sur
« le corps... Faictes que l'Estat soit sans vice, et lors le prédicateur
« n'en parlera, sinon qu'en louange et en bien.... (p. 14). D'ailleurs,
« ceux qui sont en la chaire de vérité sont si advisez, qu'ils ne vou-

---

[1] Dans le livre des Devis, je trouve, après la préface du troisième et la signature du prédicateur, quelques vers, qui pourraient bien être de l'auteur lui-même, et qui rappellent la même idée :

« Quand le Tyran (lequel au Loup ressemble)
« Et le Regnard font leur complot ensemble,
« Pour dissiper des Brebis l'union,
« Et ruiner notre Religion:
« De tous deux la malice et renardise
« Faut descouvrir. Bien fol est qui s'arreste
« A leurs propos. Car quoy que Renard dise,
« Garder s'en faut : c'est une fausse beste. »

« droient mettre en avant l'incertain pour le certain (p. 15). » Le prédicateur, comme on le voit, n'est pas embarrassé pour trancher toutes les difficultés.

Pourquoi donc les catholiques se sont-ils ligués contre les hérétiques? Après avoir pris patience sous François II et Charles IX, trop jeunes pour agir avec discernement et énergie, ils ont dû se réunir, sous Henri III, moins excusable que ses devanciers, afin de détruire la cause de toutes les misères de la France. Or, il est impossible d'avoir une paix stable et assurée, si elle n'est fondée sur l'établissement d'une seule religion. L'hérésie doit toujours être proscrite ; les édits de pacification accordés par les rois ont été rendus, en dépit de Dieu (p. 20) : pas de transaction, pas de tolérance ; telle est la loi divine, « et les puissances séculières, quelques charges « qu'elles ayent, doivent estre averties, et, si besoin est, contrainctes « par censures ecclésiastiques..... d'exterminer des terres de leurs « juridictions tous les hérétiques dénotés par l'Église.... » Si un prince néglige de purger sa terre de l'hérésie,... « que le pape « dénonce ses vassaux absoubs de la fidélité qu'ils devoient, et expose « en proye ceste terre, pour estre occupée par des catholiques, qui « en chassent les hérétiques (p. 20). » Voilà la doctrine de Le Bossu clairement énoncée : c'est l'intolérance religieuse, c'est la théocratie du moyen-âge dans toute sa rigueur; il en tire facilement les conséquences. Puisque le roi ne peut autoriser l'hérésie, il faut préférer l'obéissance à Dieu à l'obéissance au roi : tel est le fondement de la Ligue (p. 21-25).

La religion a été confiée, comme un dépôt précieux, à ses ministres; ils doivent la conserver pure et intacte par tous les moyens : voyant qu'après Henri III, qui pouvait mourir d'un instant à l'autre, la couronne devait tomber entre les mains d'un hérétique, ils se sont unis pour que la France n'eût pas le sort de l'Angleterre (p. 28).

Ce n'est pas par ambition que les ligueurs ont pris les armes ; les Guises n'ont jamais voulu s'emparer de l'État, car ils auraient pu le faire plus d'une fois, s'ils l'avaient voulu : ils avaient pour eux la force et l'opinion, quand ils ont traité avec le roi à Nemours ; à la journée des Barricades, le duc de Guise ne « pouvait-il pas prendre « le roi comme à la ratoire dans son Louvre, et se mettre la cou-« ronne sur la tête (p. 32)? » Mais il n'a péché que par trop de clémence, et il en a été puni par la permission de Dieu.

La Ligue était *seulement défensive pour la religion* contre les hérétiques ; si elle avait été offensive, est-ce à dire pour cela qu'elle eût été injuste, puisque le roi négligeait de s'opposer aux progrès et aux menaces des protestants (p. 35) ?

Depuis la mort du duc d'Alençon, ils se préparaient à dominer en France ; puis, soulevant l'Allemagne, ils *devaient nommer un empereur hérétique*, et commencer la guerre contre le pape, pour la ruine complète de la religion catholique (p. 36-38). — Où est la preuve de cette singulière assertion ? Le Bossu affirme ; mais ici, comme dans beaucoup d'autres endroits, il se contente d'affirmer.

Henri III était incapable de combattre les protestants, pour s'être trop mêlé avec eux, et les *avoir quasi tous de nouveau embrassés par ses traités honteux;* il était l'allié de tous les hérétiques français et étrangers. Les ligueurs ne devaient donc avoir confiance qu'en eux-mêmes. On leur reprochait à tort d'être alliés aux Espagnols : car l'Espagne était catholique et amie de la France (nouvelle assertion contestable et contestée); tandis que leurs adversaires s'unissaient depuis longtemps « *à l'Anglais, le plus ancien et* « *acharné ennemy des François, et avec cette Jezabel, cette louve,* « *reine d'Angleterre, qui a fait passer par le bourreau cette tant* « *vertueuse royne d'Ecosse*, *probablement avec le consentement* « *de l'indigne Henri III*[1]. »

La Ligue a été solennellement approuvée par les papes ; tous les religieux, chartreux, célestins, jésuites, capucins, théologiens, se sont ouvertement déclarés pour elle : bien plus, la France entière a manifesté son allégresse lorsque, par l'édit de réunion, Henri III a fait alliance avec les ligueurs ; alors, combien de feux de joie, combien de *Te Deum*, combien de processions solennelles (p. 45-46) !

Depuis, le roi perfide n'a cherché qu'à manquer à ses promesses : il a soutenu secrètement le parti hérétique, qu'il s'était engagé à exterminer ; il a fait venir en France des étrangers mercenaires, il les a soudoyés ou s'est engagé comme caution des protestants[2]. Il a voulu et préparé la ruine des Guises ; il a empêché l'armée de

---

[1] Le prédicateur dit même que M. de Rambouillet est allé en Angleterre, de la part du roi, afin de solliciter et d'accélérer cette exécution si funeste. — Voir Ch. Labitte, *La Démocr. chez les prédicateurs de la Ligue*, p. 31.

[2] Où est la preuve de cette nouvelle assertion ? Le Bossu ne met-il pas encore *en avant l'incertain pour le certain*, quoiqu'il parle dans *la chaire de vérité*.

Mayenne, qui se dirigeait vers la Guyenne, d'accomplir sa mission, etc. (p. 46-54).

Dire que le roi est au-dessus des lois, c'est soutenir une fausse et tyrannique proposition : il devait donc tenir son serment, et faire partout exécuter son édit. D'ailleurs, quand les États ont été réunis à Blois, les députés ont demandé que cet édit de réunion devînt une loi fondamentale du royaume, et par conséquent inviolable : leurs instances l'ont emporté sur la mauvaise volonté de Henri ; et, le 18 octobre 1588, il a été reçu et juré solennellement par le roi comme par les États, au milieu des plus grandes démonstrations de la joie publique (p. 57-61).

Tel est le premier plaidoyer de Jacques Le Bossu en faveur de la Ligue ; il n'a pas besoin de commentaires : remarquons seulement qu'il est habile, logique, d'une allure raisonnable, sans trop de passion ou d'emportement. Mais, dans son second Devis, cette adroite modération ne se retrouve pas toujours.

Le lendemain, à pareille heure, le Politique, déjà sensiblement ému par les raisonnements et l'éloquence du Catholique, est exact au rendez-vous. Celui-ci a entrepris une tâche plus difficile assurément que la première ; il se propose de répondre au second reproche adressé aux ligueurs, à savoir : *Qu'ils ont renouvellé par ensemble une saincte Union, non-seulement sans le gré et la volonté du Roi, mais pour lui faire bonne guerre, et le déposséder de ceste authorité qu'il veut retenir injustement.*

La grande différence qui sépare les catholiques des politiques, dit-il en commençant, c'est que les premiers sont ligués pour préférer la religion à l'État, tandis que les autres préfèrent l'État à la religion. Il cherche même à prouver, par un singulier abus de rhétorique, que les ligueurs sont *vrais et seuls serviteurs du Roi* ; car ils veulent la paix, la force, l'unité du royaume ; tandis que l'hérétique et le politique *ne jouent qu'à le dépecer* (p. 66). Pour le prédicateur convaincu, la tolérance est un mot complétement inconnu. *Le mépris de Dieu qui fait endurer deux religions, fait qu'un royaume tend en ruine et est proche de désolation selon l'Évangile* (p. 68).

Ainsi, le roi, dans son intérêt même, ne doit souffrir qu'une seule religion ; et voilà pourquoi les ligueurs servent bien mieux la cause du roi que leurs ennemis. Quelle gloire aurait-il méritée pour toute la postérité, si l'on avait pu dire que Henri III avait extirpé les hérésies, et les avait entièrement chassées de son royaume : s'il s'était uni franchement aux ligueurs, il *s'en alloit estre le Roy le plus obéy, respecté, honoré et aimé qui jamais fût en France. Nous eussions baisé, par manière de dire, les pas où il eust marché, ou au moins il eust eu et nos mains et nos cœurs* (p. 70-73). Qu'importe que les députés de Blois aient été pratiqués par les Guises, si les choses qu'ils lui demandaient étaient d'équité et de raison (p. 74) !

Le Bossu prêche et justifie franchement le droit d'insurrection ; le passage est curieux, et peut donner une idée de l'éloquence assez ferme du prédicateur. « Quelle violence luy a-t-on faict, que de
« l'importuner de justice ? Si une femme en l'Evangile a importuné
« un juge qui ne respectoit ny Dieu ny homme ; si une autre femme
« a dict à l'empereur Trajan qui luy disoit ne la pouvoir ouyr, ces-
« sez donc d'estre Empereur, toute la France n'aura-t-elle crédit
« vers un Roy qui se dict Très-Chrestien, de l'importuner des choses
« justes ? Pourquoy donc s'est-il moqué de nous, nous appellant aux
« Estats, s'il n'a point voulu ouyr nos doléances ? Et ou cas qu'il
« eust esté forcé à ce jurement comme vous le dictes, encore fau-
« droit-il nous escrier avec un des anciens Pères de l'Église : *Felix*
« *necessitas, quæ ad meliora compellit : Heureuse nécessité qui*
« *nous force à choses meilleures.* Que s'il ne reste autre occasion
« du despit qu'il a eu, sinon que les demandes faictes estoient contre
« sa volonté ; reste à conclure qu'il a eu une volonté bien mes-
« chante, laquelle il a seule opposée contre toutes voyes de justice et
« raison, desquelles luy-mesme (mais cauteleusement et meschan-
« ment) nous avoit faict l'ouverture. Et en effect, c'est icy un des
« principaux griefs de la France, pour laquelle elle faict sa protes-
« tation d'appeller de luy comme incapable d'estre Roy, devant Dieu
« et devant ses anges, afin qu'il luy plaise qu'ayons un autre Juge
« ou Roy que luy, devant lequel nos plainctes soient justifiées : A
« sçavoir que toutes choses estantes disposées à la manutention
« conservation de nostre Religion, et au bien de l'Estat contre une
« generale corruption de tous les ordres.... que requerans de luy
« comme à mains joinctes qu'il y mist ordre, nous en avons esté es-
« conduicts et frustrez, de telle façon qu'il n'y a plus d'espoir de
« l'impetrer de luy, puisque tous les Estats ne l'ont sçeu faire, et ne
« pouvons avoir recours sinon qu'à Dieu et à la force pour nous op-

« poser à l'oppression qu'il faict à l'Église et à tout le public
« (p. 74-75). »

Voilà pourquoi, pour sauver le royaume, l'on a été forcé de faire une nouvelle Union, puisque *celle du Roi était captieuse, fraudulente, véritable piperie;* c'est celle qui vient d'être jurée à Nantes, sous l'autorité de Monseigneur de Mercœur. Henri III doit être rejeté comme indigne, parce qu'il a violé le droit divin et le droit humain : il s'est moqué publiquement des choses les plus saintes de la religion ; il a méprisé le saint nom de Dieu, il a été plus méchant, plus inique que Judas, *car il n'a pas péché seulement contre le propre corps de Notre Seigneur, mais en a abusé indignement au macquerellage du violement de l'Église, qui est aussi son corps mistic. Il n'est ni hérétique, ni catholique, mais sans Dieu et sans religion ; il se montre comme athéiste et mocque-Dieu* (p. 78-81).

Il a violé le droit ecclésiastique, en rendant l'Église tributaire par décimes, aliénations, impositions extraordinaires ; en emprisonnant le cardinal de Bourbon et le primat de Lyon ; en *faisant assassiner cruellement par viles canailles de soldats, la sainte veille de Noël, un très-célèbre clerc, prestre, archevesque, légat-né du Saint-Siége, cardinal de la Sainte Église de Rome* (p. 82).

Il a violé le droit humain, en emprisonnant traîtreusement tant de princes et d'hommes de toute qualité et de tout âge ; mais surtout *en faisant massacrer par ses dagueurs l'illustre duc de Guise et son frère le cardinal,* et cela, sur de prétendus avis mensongers et ridicules. C'est ainsi qu'il a récompensé les services de cette famille, qui a sauvé la France des étrangers et des hérétiques ; de ces princes glorieux, qui même lui ont assuré et conservé sa couronne (p. 86-87).

Il a violé le droit commun, en n'écoutant aucune des demandes de réforme faites par les députés de la France, en outrageant la foi publique par l'emprisonnement brutal et tyrannique des trois présidents des trois chambres. *Aussi sommes-nous quittes de son obéissance : car seroit se mocquer de dire que le peuple fust pour le Roy, veu que et le Roy et toutes les puissances ecclésiastiques et séculières sont pour le peuple et les subjects. Les Français ne sont pas des esclaves, qui doivent toujours obéir à leur maître : ils ne sont pas des Turcs, régis par servitude : nos Rois ne nous ont point acquis, mais nous nous sommes donnez à eux, et avons transigé avec eux*

(p. 91-93). Ici nous retrouvons quelques-unes des idées démocratiques des prédicateurs de la Ligue.

Or, Henri III est excommunié, quand il ne serait coupable que du meurtre des Guises : maintenant qu'il est hors de l'Église, il est donc nécessaire de faire une nouvelle Union (p. 97).

Ce n'est pas pour venger les Guises que les ligueurs prennent les armes : car les Guises ont acquis par leur martyre une gloire et une félicité immortelles; mais c'est pour venger les injures faites à Dieu par l'impie. La guerre est sans contredit un dur moyen, un remède extrême; mais c'est le seul, et il faut y avoir recours pour sauver l'État et la religion. C'est une saignée, et elle ne peut être pratiquée sans quelque perte de bon sang ; mais, dit sans hésiter le Catholique, *l'alegement du sang corrompu qu'en espérons, nous apportera mille fois plus de bien que ne sera grand le dommage* (p. 101).

Henri III s'est uni à l'hérétique; rien ne l'excuse, car il fallait plutôt mourir que d'offenser ainsi Dieu : tous les politiques qui le soutiennent, sont également coupables (p. 112).

C'est une grave erreur de penser que le Navarrais, s'il pouvait arriver au trône, laisserait à tous la liberté de conscience ; les protestants n'ont jamais été tolérants : en France, n'ont-ils pas toujours persécuté les catholiques, quand ils le pouvaient[1]. *Jezabel* ou Elizabeth d'Angleterre *souffre-t-elle en son royaume autre secte que de Calvin ?* A Genève, a-t-on jamais eu permission de dire la messe depuis que Calvin y a été établi ? Le Turc même ne permet pas aux siens diversité de religion. En droit, l'hérétique n'endurera jamais la messe là où il commandera. Celui-là est un *véritable athée* qui tolère dans le même royaume la messe et le prêche; et les promesses de Henri de Navarre ne sont qu'hypocrisie et ruses semblables à celles de Julien l'Apostat (p. 115-119).

La race des Valois a été frappée de mort, comme jadis la famille de Nabuchodonosor; c'est aux bons catholiques à s'unir, à se dévouer, pour sauver la France et la religion (p. 120-133).

Le Politique est convaincu par toutes ces raisons ; il est touché de Dieu : il jure d'endurer plutôt mille tourments que de ne pas vivre et mourir fidèle à la Sainte-Union.

Quelques semaines s'étaient à peine écoulées, et l'assassinat des

---

[1] Comment les protestants avaient-ils pu persécuter les catholiques ?

Guises était tristement expié par le meurtre de Henri III. Jacques Clément, jeune fanatique égaré, avait mis en pratique les théories régicides chaque jour exposées par les prédicateurs de Paris : les ligueurs avaient poussé des cris de triomphe, en apprenant le crime ; et l'assassin avait été préconisé, sanctifié, par le parti dont il s'était fait le vengeur[1]. Le duc de Mayenne, quoique par caractère l'un des hommes les plus modérés de la Ligue, annonce avec joie cet heureux événement aux gouverneur, maire et échevins de la ville de Nantes : « A l'instant qu'il se vautoit de faire saccager ceste
« ville très catholique, et que desjà il avoit faict le partaige de tous
« ses cantons, Dieu a permis qu'un simple religieux, poussé d'ung
« saint zèle, nous en ayt délivrez et garantiz du péril auquel il pensoit
« nous avoir réduitz, etc., etc[2]..... »

Il appartenait à Jacques Le Bossu de glorifier le crime ; il n'avait qu'à suivre, d'ailleurs, les recommandations des Seize, qui firent tenir aux prédicateurs une circulaire dans laquelle, dit Ch. Labitte, on leur indiquait les trois points de leur prochain sermon : 1° justifier l'action du Jacobin en la comparant à celle de Judith ; 2° établir que le Béarnais ne peut succéder à Henri de Valois ; 3° montrer que tous ceux qui soutiendront son parti devront être excommuniés[3].

Le Bossu ne devait pas manquer cette occasion ; un immense concours de peuple se réunit à la cathédrale, pour entendre son prédicateur favori. Le sujet de son sermon est la mort de Henri de Valois ; pour que l'effet de son éloquence soit durable, il le publie, sous forme de dialogue, et dédie, dès le 12 septembre, *son troisième Devis aux fidèles* Nantais, avec un nouvel accompagnement de huictains et de sonnets, adressés par les poètes de la ville à *Monsieur notre maître Le Bossu*. « Vous sçavez, leur dit-il dans son épître
« dédicatoire, qu'en ceste misérable saison nous avons eu deux
« sectes à combattre, desquelles deux Henris ensemble confédérez
« ont esté chefs ; l'une est des hérétiques...., l'autre est de ceux
« qu'avons nommé Politiques, pour ce qu'ils maintenoient la domi-
« nation de ce Vilain Herodes (c'est l'anagramme de Henri de Valois)
« toute pleine de tirannie, etc. » Dieu jusqu'à ce jour les a préservés des pattes de ces Loups et de ces Renards, plutôt que leurs voisins

---

[1] Les assertions de l'historien de Thou sont vraiment incroyables, liv. 96.
[2] Lettre de Mayenne, datée de Paris, ce 11 aoust 1589.
[3] *Les Prédicateurs de la Ligue*, p. 79. — De Thou, liv. 96.

de Rennes et d'Angers, *grâce surtout à leurs assistances aux prédications, qui valent mieux que corps de garde et sentinelles.* C'est pour les fortifier dans leur zèle, que leur bien dévoué serviteur leur adresse ce troisième Devis.

Le Bossu triomphe; il est cruel dans sa joie : pas une parole de pitié pour Henri III; pas un mot de regret. Sa prédiction est accomplie; la mort de Henri de Valois est un juste jugement de Dieu, et il *n'y avoit si petit qui ne dist qu'il ne vivroit jamais an et jour après ce massacre.* Maintenant il poursuit l'ennemi de la Ligue jusqu'au delà du trépas : non-seulement il loue le meurtre et célèbre le meurtrier, non-seulement il condamne la mémoire de la victime; mais encore il veut qu'il n'y ait aucun doute sur la perte de son âme, sur sa damnation éternelle. Il prouve que Henri est mort excommunié solennellement, dans toutes les règles, par le pape; il est damné, il ne peut être que damné : notre prédicateur semble tellement heureux de cette certitude, qu'il se laisse entraîner à de tristes jeux de mots : « Pour le mépris qu'il a faict des liens de « Saint-Pierre et de ses successeurs (la citation du pape), Dieu « juste juge, le jour des liens de Saint-Pierre, l'a cité à comparoistre « en personne en 24 heures seulement et plus tost, devant soy, pour « expérimenter la rigueur de son rude, mais juste châtiment (p. 4). »

Henri avait méprisé l'excommunication : Dieu a voulu lui infliger l'autre peine, celle du glaive matériel; et l'on ne peut, l'on ne doit pas prier pour le repos de son âme, car il n'y a pas apparence de présumer que Dieu lui ait fait miséricorde (p. 7-9). En effet, en droit, quiconque meurt excommunié, est condamné au ciel par Dieu lui-même; en fait, la colère divine contre Henri III s'est visiblement manifestée par les particularités admirables de sa fin : « *la condition du* « *mort, la considération de celuy qui l'a tué, la manière, le* « *temps, l'heure et autres circonstances sont toutes pleines d'admi-* « *ration* (p. 11). »

Henri était vraiment un tyran (il le prouve par le sombre tableau qu'il retrace de son gouvernement et de ses crimes) : Dieu, le vengeur de toutes les tyrannies, l'a fait périr, *pour chastier et empescher le cours de son fier et felon courage* (p. 16).

Jacques Clément, qui l'a tué, simple religieux, *vraiment clément et débonnaire*, a été choisi par Dieu, qui choisit les faibles pour confondre les forts, qui a châtié Pharaon par les moucherons et sauterelles, qui a fait tuer Holophernes par une femmelette, etc.

Aussi, combien est ridicule cette déclaration du Navarrais et de ses partisans, qui offrent tous leurs vies et moyens pour faire justice exemplaire de cet énorme meurtre. Veulent-ils s'en prendre à Dieu et à ses anges, et *renouveler une gigantomachie* (p. 20).

Pour punir *ceste grande audace d'un Roy puissant en malice à abuser des choses religieuses*, Dieu s'est servi d'un simple religieux. *Qui pourroit estre tant aveuglé qui n'aperçoive bien comme il a ainsi vaincu le faux par le vray, disposant qu'un vray frère portant vrayement l'habit de religion, tua ce faux frère, qui sous les habits de Religieux se mocquoit de toute Religion*, etc., etc. (p. 21).

C'est alors que, dans le dialogue, le Politique a la hardiesse de poser la grande et périlleuse question du régicide : le Catholique reconnaît toute la gravité de ce sujet; mais il n'hésite pas à reproduire les arguments dont s'est servi le prédicateur dans la chaire de la cathédrale, le dimanche 27 août. Voici le raisonnement dans toute sa simplicité :

Dieu défend de tuer : cependant, la loi évangélique, les Pères et les Docteurs permettent de tuer celui qui veut nous ôter la vie. Or, le tyran qui accable la république, peut et doit même être tué par le droit naturel, comme par les commandements de Dieu (p. 25).

Sans doute ce n'est que dans certaines conditions, qu'il est loisible de faire périr un tyran. J. Clément était dans ces conditions ; car il n'y avait aucun autre moyen d'en avoir raison : et Henri, quoique successeur légitime de Charles IX, *de la mort duquel ce pervers nous a accreu le regret*, s'était véritablement montré *l'invaseur et l'oppresseur de son royaume*.

. *Donc le bon Jacobin a tué louablement le tyran, et en a dépetré la France, au grand bien de l'Église catholique et de tous les gens de bien*[1] (p. 29). Quant à l'onction sainte, qu'il avait reçue lors de son sacre, ne s'en était-il pas ouvertement moqué, *comme la Jezabel d'Angleterre, qui disoit à ses dames qu'elles reculassent, parce qu'elle puoyt, pour la vieille huille de laquelle elle avoit esté gressée* (p. 31).

Enfin la mort de J. Clément ne doit point faire penser que son œuvre ne vient pas de Dieu : au contraire, Dieu a manifesté hautement sa protection ; car il a voulu que son vengeur reçût immédiatement, par la main de ses ennemis, la couronne du martyre (p. 36-37).

---

[1] Quelle dangereuse doctrine !

Tout, d'ailleurs, dans la mort de Henri III, est admirable : il avait fait poignarder deux grands princes très-catholiques, et c'est par un couteau qu'il a été puni de son crime : *le tueur d'homme d'église est tué par un homme d'église; le tueur d'un sacré, quelque sacré qu'il fust, est tué par un sacré* (p. 40). — Il est mort avant que l'année fût expirée, lorsque Paris n'attendait plus aucun secours des hommes; et *voilà que le premier jour de ce mois d'août, un simple cousteau, fiché dans son petit ventre, empesche le cours de tous ses desseings, entre les huict et neuf heures du matin, à pareille heure qu'il avoit faict tuer Monseigneur le duc de Guyse.* — Le mot du guet le jour de ce massacre était *Clément;* présage évident que celui qui le vengerait, serait clément de nom et de mœurs. Henri, qui était en son cabinet lors du meurtre des Guises, a été tué dans son cabinet, etc., etc.; puis l'orateur énumère bien d'autres particularités non moins dignes d'admiration, que le Politique n'avait pas eu le bon esprit de remarquer, mais que son ami le Catholique lui rappelle avec une complaisance triomphante (p. 42-45).

Henri est mort vraiment excommunié; il n'a pu être réconcilié avec l'Église, lui surtout qui l'a livrée à l'hérétique, en nommant le Navarrais son successeur : quant à la prétendue promesse de vivre catholiquement, faite par celui-ci à Henri III, elle ne prouverait que la méchanceté de tous deux, parce que ce n'est évidemment qu'*hypocrisie et vaine forfanterie politique* (p. 54).

L'auteur insiste de nouveau et s'étend assez longuement sur cette maxime que deux religions ne peuvent subsister dans un État. D'ailleurs, le Navarrais n'est-il pas *le premier-né de l'Antechrist, lui qui lance l'injure et le blasphème contre le chef de la chrétienté; lui qui appelle le Pape Monsieur Sixte, qui adjouste soy disant Pape, et par-après ce Pape prétendu, qui dict que faussement il l'a accusé d'hérésie, et reproche que Sa Saincteté (ô impudence effrontée !) en a faussement et malicieusement menty, taxe le Saint-Père d'estre luy-mesme hérétique* (p. 65).

Comment des hommes qui se prétendent catholiques, peuvent-ils soutenir la cause de cet hérétique sacrilége ? N'offensent-ils pas les lois du royaume, les États-généraux, qui se sont unanimement prononcés contre Henri de Bourbon (p. 70) ? Ne se portent-ils pas à eux-mêmes le plus grave préjudice, en s'exposant au contact mortel de *la ladrerie de l'hérésie* (p. 75) ?

« Jusques à quant donc les catholiques auront-ils les yeux seillez
« pour ne point voir que leur fortune est en condition ? N'appercevez-
« vous point, Messieurs (c'est ici évidemment un morceau emprunté
« au sermon de la veille), que ces si bons serviteurs de Rois, ou bien
« fauteurs de la tirannie du prédécesseur, et hérésie du successeur,
« vous dénoncent tout ouvertement la guerre? Ne voyez-vous point
« qu'ils demandent vos biens avec la vie? Messieurs de l'Église, on
« demande vos despouilles de vos Bénéfices, pour en enrichir le fils
« d'un hérétique, et en donner une bonne part ou aux ministres
« huguenots ou à une noblesse corrompue, qui a tellement aprins
« dudit tiran de tiranniser les bénéficiers et les subjects des lieux
« de leurs seigneuries, que ledit grand tiran a faict et engendré
« autant de tiranneaux qu'il y a pour le présent de Princes, Sei-
« gneurs et Gentilshommes qui suivent ce party-là. — Messieurs de
« la Noblesse qui avez eu des ancestres si zelez qu'ils ont esté pro-
« tecteurs et deffenseurs, voire quelques-uns fondateurs des Églises
« de ce Royaume, bien que soyez plus petit nombre que ceux
« qu'avons dict estre des tiranneaux, si est-ce qu'on vous en veut
« et tasche l'on à vous faire ou hérétiques ou fauteurs d'iceux, à
« peine de donner à ceux icy vos seigneuries, et vous dégrader de
« noblesse, si vous maintenez la catholicité qui a annobly vos
« ancestres.... Messieurs qui restez d'une justice qui avoit esté par
« le mesme tiran fort corrompue, on demande vos Estats et offices
« pour récompenser ceux qui ont passé les Édicts tiranniques et
« passeront encore pareils Édicts à ceux qui sont publiez et pratiquez
« en Angleterre en faveur des hérétiques, pour faire autant de
« crimes de lèze-majesté qu'il y a de manières d'exercer les actions
« particulières de nostre Religion. — Et vous Messieurs des villes,
« qui avez mis tant de peine à vous préserver des pattes des Ours,
« Loups et Lions, c'est à vos biens, c'est à vos fortunes, c'est à vos
« vies que ceste déclaration de guerre et de vengeance s'addresse,
« encore que n'ayez rien sçeu de l'entreprinse d'un bon frère qui a
« tué un Tiran, afin que, vous estans misérablement massacrez, vos
« possessions soient baillées à vos adversaires, et que ceux qui ont
« maintenu l'hérésie et tirannie soient salariez et récompensez de
« vos despouilles (p. 77-78).... Ne voyez vous pas que ceste guerre-
« cy demande de nous, que nous mettions en deffence comme les
« anciens Romains disaient, PRO ARIS ET FOCIS, c'est-à-dire pour la

« conservation de nostre religion et de nos familles et possessions ?
« .... Pourquoi faisons-nous la sourde aureille à la déclaration du
« Navarrois qui sonne la trompette de la guerre pour appeler les
« fidelles serviteurs du Roy et les siens, c'est-à-dire les libertins,
« athées, hérétiques, fauteurs de tirannies, simoniaques, pipeurs,
« mensongers, machiavelistes, rabeletistes, moqueurs, perfides,
« tirans, juges iniques, ambitieux des bénéfices et biens de l'Église,
« ingrats et traistres à Dieu et à la Religion, et tous excommuniez,
« etc. (p. 79). »

Notre prédicateur, après cette éloquente invective, qui avait dû lui servir de péroraison dans l'un de ses discours précédents, rentre dans la discussion, et poursuit par le raisonnement et le sarcasme les ennemis de la Ligue. C'est faussement et ridiculement que l'on attribue aux ligueurs le fait de Jacques Clément : le bon religieux n'a été inspiré que de Dieu ; mais s'il en était autrement, il y aurait bien plus de raison de croire que le bras de l'assassin a été armé par le Navarrais lui-même. C'est là une odieuse supposition, dans laquelle se complait Le Bossu, et il s'escrime de toutes les forces de son esprit pour la rendre plus vraisemblable (p. 82-84).

Il ne faut pas se laisser tromper par l'hypocrisie de Henri, qui feint de vouloir être enseigné dans la religion catholique, et demande un concile. C'est un apostat, qui n'a jamais voulu et qui ne voudra jamais renoncer à ses erreurs. Est-ce que c'est aux conciles de s'occuper d'instruire ? Et d'ailleurs, de quel front ose-t-il réclamer un concile, lui qui n'a pas voulu reconnaître le concile général de Trente ? Qui ne rira plutôt d'une « badinerie qui est en la déclara-
« tion du Navarrois quant il promet de maintenir les catholiques en
« l'exercice de leur religion, jusques à la résolution d'un concile ou
« général ou national, lequel (dict-il) nous assemblerons dans six
« mois ? Vrayement voicy un beau pape et souverain chef de toute
« l'Église, créé par le petit consteau d'un bon jacobin (p. 93). » Enfin, après avoir de nouveau montré la ruse, la perfidie hypocrite de Henri, qui ne veut que la ruine de l'Église de France, le Catholique engage son auditeur convaincu à venir avec lui aux Carmes, afin d'adresser à Dieu les plus ferventes prières, pour sauver la patrie et la religion[1].

---

[1] On peut comparer ces Devis de Le Bossu avec le traité célèbre de Boucher *de Justâ Henrici tertii abdicatione*.

Tels étaient les sermons politiques, tels étaient les pamphlets religieux, si contraires à l'esprit divin du christianisme, qui poussaient à la résistance, à la guerre civile. Il ne faut pas s'en étonner ; car, à toutes les époques de révolutions, l'on a vu se reproduire les mêmes exagérations, les mêmes erreurs, si tristes et si déplorables qu'elles fussent : mais aussi faut-il sévèrement condamner ces théories immorales, ce langage haineux ; et, quant à nous, nous nous associons complétement à ces paroles de l'honnête historien de la *Commune et de la milice de Nantes :* « Que le religieux de Saint-Denis eût défendu
« la religion, nous le concevons ; c'était son droit, son devoir : mais,
« de nos jours, y a-t-il jamais eu de paroles dures, amères, passion-
« nées, plus que celles que nous venons de transcrire ? Elles ne se
« disaient pas dans un journal ; c'était bien plus, elles se disaient
« sous les voûtes sonores de la vieille cathédrale, en présence de
« 5,000 auditeurs, avides de recueillir ces paroles si habilement et
« si adroitement haineuses, dans un langage révolutionnaire qui ne
« s'est jamais fait si hardi. »

Cependant, les paroles de J. Le Bossu étaient applaudies par le peuple ; la docte université nantaise allait solennellement remercier le prédicateur ; et les poètes lui adressaient de nombreuses pièces de vers en français et en latin, mêlant ainsi, par un contraste qui plus d'une fois s'est rencontré dans l'histoire, le ridicule à l'horrible.

C'est, par exemple, le carme frère Dadier, qui s'écrie dans son admiration :

« T'oyant, mon Le Bossu, d'une attentive oreille,
« Dans le temple prescher nos fidelles Nantois,
« J'admire ta doctrine et ta diserte voix,
« Et ton zèle et ta grâce à nulle autre pareille.

« Mais ton sacré livret me ravit de merveille,
« Dont le discours a tant d'efficace et de poids
« Pour nous faire abhorrer un tas de meschans roys,
« Qu'il fault que nuict et jour à le lire je veille.

« Vous qui oubliez Dieu, et perdez vostre foy,
« En suivant le party d'un infidelle roy,
« Lisez ce beau livret, malheureux politiques ;

« Et quittons vostre fausse et vaine opinion,
« Embrassez, je vous pry, nostre Saincte Union
« Sans plus ainsi vous perdre avec les hérétiques. »

Un autre poète est encore plus élogieux :

> « La voix que nous oyons de ta bouche couler
> « Tout ainsi qu'un torrent d'une roche hautaine,
> « Non, non, mon Le Bossu, elle n'est point humaine ;
> « Sans mentir, un mortel ne peut si bien parler.

> « C'est pourquoy je te veux à bon droit esgaller
> « A l'un des Pères saincts de la saison ancienne,
> « Qui prophètes souloient d'une voix très-certaine
> « De Dieu les jugements aux pervers révéler.

> « Tu nous l'avois bien dict, que Dieu prendroit vengeance
> « De Henry, non pas Roy, mais Tyran de la France ;
> « Que peut donc espérer son relaps Navarrois ?

> « Car ton esprit divin et ta voix prophétique,
> « Et les sacrez escrits sont fléaux d'hérétique,
> « Qui mesmes ont pouvoir contre les meschans Rois. »

Le sieur de Broon applaudissait, comme le recteur de Bretagne, comme La Vallée, Michel de Saint-Remy, La Farrinière, etc., aux théories de notre prédicateur ; et Jacques Clément recevait sa part de ces hommages poétiques :

> « Petit fils de Judith, dont l'âme généreuse
> « A d'un traistre Holopherne, arresté la fureur,
> « Tu as plus faict tout seul, que toute la valeur
> « D'une puissante armée, ardemment belliqueuse.

> « Ta mémoire à jamais, florira glorieuse
> « Entre mille lauriers, et la rude froideur
> « Des plus forts Aquilons, pleine de froide horreur
> « Ne gelera les fleurs de ta mémoire heureuse.

> « Ce traistre avoit cent fois, pris en derision
> « Les habits monacaux, et sans Religion,
> « S'étoit mocqué de Dieu, l'athée manifeste.

> « Cela n'estoit-ce pas cracher contre le ciel ?
> « Dont le mesme crachat, retombant sur sa teste
> « L'a justement comblé et d'absynthe et de fiel. »

Voilà des vers inspirés par les Devis de J. Le Bossu : pauvres vers ! la forme ne vaut pas mieux que le fond.

Le quatrième Devis du Catholique et du Politique réuni est encore plus rare que les premiers devis : il est d'une allure moins vive, moins franche, d'un style moins ferme, d'un intérêt moins soutenu. C'est toujours le même système de composition : les partisans de l'hérétique prétendaient que les catholiques devaient se soumettre à la domination d'un roi même infidèle, et faisaient sonner bien haut l'exemple du peuple juif, placé, par la volonté de Dieu, sous le joug de Nabuchodonosor. Le prédicateur a répondu à ces *politiques Nabuchodonozoristes* dans son sermon du dimanche 18 novembre, et rappelle dans son Devis toutes les raisons qu'il a données pour combattre cette détestable opinion.

Il serait assez difficile d'analyser en quelques mots le pamphlet long et diffus de Jacques Le Bossu : remarquons seulement quelques passages plus significatifs. L'orateur, après avoir énuméré toutes les entreprises des calvinistes, s'écrie : « Ont-ils eu droit ou tort, à leur
« advis, de faire ces choses si meschantes, depuis près de trente
« ans, contre les Rois et le Royaume, d'avoir pillé, bruslé, pendu,
« massacré, démoly, prophané les Églises, etc., etc. ? S'ils pensent
« avoir eu ce droit et ne le peuvent pallier que du masque de leur re-
« ligion, pourquoy trouvent-ils mauvais que nous l'ayons pareil, mais
« en meilleure cause et vraye religion ? » (p. 26-27). Le raisonnement ne manque pas d'une certaine force à l'endroit des calvinistes.

Henri IV est sans cesse maltraité sans pitié : « c'est le relaps,
« l'excommunié, plus cruel, plus impie que Nabuchodonosor; vain-
« queur à Coutras par trahison, il a fait tuer de sang-froid le très-
« catholique seigneur de Joyeuse[1], après avoir répandu le sang
« d'une grande partie de la noblesse la plus catholique et généreuse
« de ce royaume : c'est le bourreau de Dieu ; mais qu'il craigne sa
« vengeance. Qu'il lui souvienne de deux grands fléaux de Paris,
« desquels Dieu s'est servy et puis les a mis au feu, voire au feu
« éternel, après leur mort temporelle, à sçavoir Gaspar de Colligny,
« l'an 1572, et Henry de Valois, l'année dernière, etc... (p. 26-29). »

Il ne faut pas espérer que Henri de Navarre se convertisse jamais, comme on a voulu le faire croire; car il a déclaré franchement qu'il ne changerait pas de religion : s'il était victorieux, la religion catholique serait vraiment exilée, et à cette occasion se perdraient et

---

[1] Le Bossu répète cette accusation dans plusieurs de ses sermons.

damneraient plusieurs millions d'âmes (p. 39-41). Donc, pas de pacte, pas de compromis avec l'hérétique ; ce serait une trahison à l'égard de l'Église qui l'a condamné : les hérétiques sont pires que les païens; le sacrilége du schisme surpasse toutes les autres méchancetés[1].

Henri IV n'ignorait pas la violence des prédicateurs à son égard : il savait combien leurs paroles étaient puissantes et dangereuses. Aussi, dès le commencement de son règne, avait-il cru nécessaire de les effrayer par quelques exemples de sa sévérité : le cordelier Robert Chessé, pris à Vendôme, avait été pendu ; quelques mois après, Edmond Bourgoing, prieur du couvent des Jacobins, auquel avait appartenu Jacques Clément, était arrêté, les armes à la main, dans les faubourgs de Paris, traduit à Tours devant le parlement, à la requête de la reine Louise, veuve de Henri III, et condamné à être écartelé et brûlé[2].

La constance qu'avait montrée au milieu d'affreuses tortures cette malheureuse victime des haines politiques, ajoutait encore à l'intérêt que son sort méritait. C'étaient les prédicateurs de la Ligue que Henri IV avait voulu frapper en sa personne : les prédicateurs de Nantes eurent le courage de répondre à ce défi sanglant. N'était-ce pas d'ailleurs un beau sujet pour animer le peuple contre la tyrannie cruelle et sacrilége du roi des hérétiques ? Aussi Raoul le Maistre, frère jacobin de Nantes, l'un des plus zélés partisans de Mercœur, fait célébrer dans l'église des Jacobins un service funèbre en l'honneur du martyr, le 18 mai 1590 ; et frère Jacques Le Bossu prononce le sermon *pour la mémoire de dévote et religieuse personne, Edmon Bourgoing, en son vivant docteur en la faculté de théologie,* etc., etc.

Voici en quelques mots la biographie du père Bourgoing, d'après

---

[1] Ce quatrième Devis renferme 71 pages, avec une table des matières, et deux pièces de vers de circonstance. — Voici le titre exact : *Quatrième Devis du Catholique et Politique réuni sur l'exemple de Nabuchodonosor, rapporté en l'église de Nantes, en un sermon, le dimanche, 18 jour de novembre mil cinq cens quatre vingts et dix,* par F.-J. Le Bossu, religieux à Saint-Denis en France, et docteur en la Faculté de théologie à Paris, Nantes, 1590.

[2] De Thou, liv. 98. — Ch. Labitte, p. 83. — Bourgoing venait de publier un pamphlet, intitulé : *Estrange mort de Henri de Valois, advenue par permission,* qui offre certaine analogie avec le 3e devis de Le Bossu. Voir *Arch. cur. de l'Hist. de France,* 1re série, t. XII, et *Mémoires de la Ligue,* t. IV.

notre prédicateur : Né en Champagne, d'une pauvre famille, il était venu enfant à Paris, pour mendier; et, *comme il pourchassoit son pain par les rues,* un frère lai du couvent des Jacobins, touché de son bon naturel, *le mène pour laver les écuelles dans les cuisines du couvent,* et pour étudier dans ses moments de loisir. Il se distingue : il est protégé par le docteur F. Claude de l'Espine, puis par Mlle de Boulancourt, mère de messieurs les Hennequins; grâce à l'appui de cette famille, il prend ses grades, et devient docteur de la faculté de Paris. Comme prieur des jacobins de Paris, comme vicaire général de la province de France, il mérite l'estime de ses supérieurs, l'affection et le respect des religieux de son ordre : son dévouement est sans bornes, surtout quand la peste ravage son couvent; son désintéressement dans toutes ses missions est digne d'éloges. Prédicateur renommé, il se fait entendre à Paris, à Rouen, à Angers, à Saint-Quentin, à Dieppe, etc., et même à Nantes, lorsqu'il allait en Espagne : à Fontenay-le-Comte, prêchant devant Catherine de Médicis, il déclare hardiment qu'il coûterait la vie à 300,000 hommes, avant que le roi de Navarre fût paisible roi de France, si elle et son fils pensaient l'établir. Plus tard, Henri III avait ordonné à l'évêque de Paris de défendre aux prédicateurs de parler des affaires d'État : Bourgoing répond que le roi n'a aucune puissance sur la liberté de la prédication, et qu'il ne craint pas la prison dont on les menace. Arrêté sous les murs de Paris, il est jugé à Tours. Il déclare, malgré les douleurs de la question, qu'il n'a pas même connu le projet de Jacques Clément : s'il a combattu contre les royalistes, il a agi par conviction, par devoir; car le prince hérétique a été rejeté par les États du royaume comme par les catholiques. L'on ajoute, dans son arrêt de mort, qu'il est coupable d'avoir prêché scandaleusement. Sa fermeté ne se dément pas au milieu des supplices : tiré à trois reprises par quatre chevaux, placé par le bourreau sur une table, *pour être découpé aux quatre membres,* le visage couvert de sang, il ne cesse de louer Dieu, et de lui recommander son âme.

Le sermon de J. Le Bossu est remarquable par la fermeté sans emphase, par la dignité sans mélange de l'orateur; il est bien composé, sans hyperbole, sans mauvais goût : même au point de vue de l'éloquence de la chaire, il mériterait d'être connu. Bourgoing est un noble martyr, qui a terminé une vie pleine de bonnes œuvres par une mort glorieuse : c'est au pieux Éléazar de l'Écriture que le pré-

dicateur le compare ; comme lui, il a succombé, toujours ferme dans sa foi, simple dans ses paroles, sous la rage des ennemis acharnés de Dieu. Les principaux événements de sa vie, ses souffrances, son supplice, sont rappelés avec habileté : c'est pour l'orateur l'occasion naturelle de maudire ses meurtriers, ses bourreaux, et d'énumérer les cruautés des hérétiques, les *carnages sanglants* dont ils se sont rendus coupables en Angleterre, aux Pays-Bas, en France, et même dans cette province de Bretagne. Il termine ainsi : « Eu égard à sa
« bonne vie qui l'a rendu digne d'un si grand trophée, à ses durs
« supplices qui ont tant esprouvé sa patience, qui est le fondement
« de martyre, et tout en un mot à ses actions et passions, qui nous
« apportent un très-bel exemple en l'Église chrestienne parmy tant
« de tempestes et misères, et qui nous font croire que son âme
« est déjà au ciel bienheureuse, je m'adresseray à elle pour la fin
« de ce discours, et lui diray, suivant les propos de Saint-Pierre :
« Louange soit à Dieu et Père de Nostre Seigneur Jésus-Christ, qui,
« selon sa grande miséricorde, par la résurrection de son fils, vous
« a rendue jouissante de l'héritage immortel, après avoir esté un peu
« de temps contristée en diverses tentations, afin que la probation
« de vostre Foy, beaucoup plus précieuse que l'or, soit trouvée en
« louange, gloire et honneur, au jour de la révélation de Jésus-
« Christ nostre Sauveur, en la présence duquel vous vous réjouissez
« de joie inenarrable et glorifiée[1]. »

Des pièces de vers, résumant l'esprit du discours, étaient ajoutées, comme de coutume, au livre publié par l'auteur. Voici quelques quatrains :

« Nantois, dont les remparts en ce temps malheureux
« Servent aux gens de bien de refuge et d'azile :
« Vous est-ce pas grand heur qu'encore en vostre ville
« On célèbre la mort d'un homme bienheureux ;

« La mort d'un vray martyr qui, pour avoir toujours
« Opposé son savoir, son zèle et sa constance
« Aux mutins huguenots qui troublent nostre France,
« Par eux fut massacré dans la ville de Tours.

---

[1] Le sermon renferme 40 pages. — On peut comparer les sermons de Porthaise, théologal de Poitiers, qui, lui aussi, s'efforce de représenter Henri IV comme un prince sanguinaire.

« Vous qui voulez mourir pour la saincte Union
« Prenez-le pour exemple, et d'une belle envie
« D'acquérir comme luy une immortelle vie,
« Endurez constamment la persécution.

« O bienheureux Bourgoing, malgré tous ces pervers,
« Ton âme vit au Ciel en repos et en gloire :
« Et toujours malgré eux ta louable mémoire
« Vivra parmy les bons en ce bas univers. » Etc.

L'œuvre la plus passionnée, la plus violente de Jacques Le Bossu est assurément le sermon qu'il devait prononcer l'année suivante dans une circonstance solennelle. Le pape Grégoire XIV avait publié des bulles célèbres, par lesquelles tous ceux qui suivaient le parti de l'Hérétique étaient excommuniés, s'ils ne l'avaient quitté sous quinze jours : ces bulles avaient été lues publiquement à Nantes, comme dans les autres villes de l'Union, pour raviver l'enthousiasme religieux et les haines du peuple. Le parlement de Tours les fit brûler, après avoir déclaré le pape ennemi de la paix, de l'union de l'Église catholique, adhérant à la conjuration d'Espagne, et fauteur des rebelles[1].

A Nantes, le parlement de Mercœur condamna l'arrêt de Tours au supplice du feu : ce fut l'occasion d'une démonstration solennelle, comme nous l'avons déjà rappelé ; et Jacques Le Bossu fut encore chargé de prononcer le sermon devant une foule immense, rassemblée dans l'église de Saint-Pierre, le 22 août 1591.

Ce n'est pas, à proprement parler, un sermon ; c'est une longue et violente paraphrase de ces trois versets de l'Écriture :

Quid gloriaris malitiâ qui potens es in iniquitate?

Totâ die injustitiam cogitavit lingua tua, sicut novacula acuta fecisti dolum.

Propterea Deus destruet te in finem, evellet te et emigrabit te de tabernaculo tuo, et radicem tuam de terrâ viventium. Psalm., 51[2].

---

[1] Isambert, *Recueil des anc. lois franç.*, t. XV, p. 27.

[2] Voici le titre exact de ce livre si rare, qu'il n'est cité nulle part, à ma connaissance du moins : *Proposition d'erreur détestable en un prétendu arrest donné à Tours le 5 du présent sur la seconde déclaration du Roy des hérétiques, du 4 du passé, selon le subjet discouru au sermon de ce jour, 22 d'Aoust 1591, en la grande église de Nantes* ; par F. J. Le Bossu, Nantes, 1591. — Il renferme 46 pages, plus des vers de circonstance.

Jamais le prédicateur n'a été plus fougueux dans ses déclamations, plus injurieux dans ses reproches, plus menaçant dans ses imprécations : ses paroles respirent la colère, la haine et le mépris; sans cesse, dans ses furieuses apostrophes, il lance l'injure contre le parlement, contre le président de Harlay, contre Henri principalement; sans cesse, il invoque contre eux la vengeance de Dieu et des hommes.

« C'est de toy, Henri de Bourbon hérétique, relaps et excom-
« munié, que je forme ma complainte pour ma proposition d'erreur
« ou plutôt de meschanceté, qui réprouvé par la sentence du souve-
« rain Pontife, dejeté de ton royaulme de Navarre et de ta prétention
« de celuy de France, veux neantmoins retenir par violence et
« tirannie la dignité royale, faisant la guerre ouverte et au Pape, et
« aux Prestres, et aux Moynes (p. 4). » Henri est pire que Cham, le réprouvé, fils de Noé; pire que Saül; pire que Sennachérib le tyran : c'est un pipeur effronté, c'est l'enfant du diable, qui est mensonger dès le commencement; c'est le père du mensonge. L'impudence de ce maudit hérétique est extrême : c'est un très-misérable athée, qui prend le saint nom de Dieu, pour se gausser et mocquer de nous, etc. « Nous ne remarquons, s'écrie-t-il, ni en vostre roy,
« ni en vous, que signes de bastard et François dénaturés. »

C'est le président de Harlay qu'il attaque ensuite avec la même violence de langage : « Harlay, demi-catholique de cœur, ou hérétique
« de cœur et catholique de bouche, ou plutôt athéiste, comme la plu-
« part de ce sénat-là, toi qui as prononcé un jugement si scélérat
« qu'il n'en fut jamais donné de plus maudit en France : Harlay,
« puissant en iniquité, toi qui as voulu tout d'un coup mettre à mort
« tout le clergé, lui ôtant la tête qui est le Pape : voilà, Harlay, toi
« banni et chassé, par ta meschanceté, du vrai parlement de Paris,
« comment ta langue a parlé iniquité en faveur de l'hérésie; voilà
« comment, faisant dol et tromperie, sous couleur de la liberté de
« l'Église gallicane, tu tranches comme le rasoir pour la couper par
« la racine (p. 35)..... L'antechrist, voire le Diable ne sauroient
« avoir plus d'aigreur et de félonie. »

Le parlement de Tours est une autorité pestilentielle, protectrice de l'hérésie, athéisme et de toute impiété; l'impudence, l'arrogance de cette troupe effrontée, dépassent toute limite : « L'on a horreur
« de ces choses que l'assemblée impure et impie de Tours a vomy

« très-meschamment et blasphématoirement par la bouche de ce
« maudit Doeg d'un autre Saül contre la sainte Église. » C'est un
attentat sur l'Église, sur Jésus-Christ, sur Dieu même, que les laïques
aient jugé, condamné, brûlé l'ordonnance du chef de l'Église, ratifiée
du juge souverain du ciel, qui est Dieu même, etc. (p. 9, etc.).

Au milieu de ces injures et de ces anathèmes, le prédicateur réfute, non sans force et sans habileté, la déclaration de Henri IV qui proclamait son intention bien formelle de maintenir la religion catholique et de se faire instruire, aussitôt que les circonstances le lui permettraient.

« Mais le Juge des juges saura bien réformer cet inique et sacrilége
« arrêt prononcé par l'organe diabolique de du Harlay: et pour cela
« Dieu te destruira et ton Saül pareillement, et l'arrachera et te
« transportera de ton tabernacle, et ostera ta racine, c'est-à-dire ou
« ta famille ou ta puissance, de la terre des vivans (p. 37). Vous
« mourrez ignominieusement comme hommes abjects....

« Donc, vous tous qui estes appelez pour ceste procession géné-
« rale, dictes en vos cœurs ce que je vay dire de bouche : Levez-
« vous, ô Dieu, jugez vostre cause, ayez mémoire des opprobres que
« vous faict journellement l'insensé ou celuy qui n'a point senti-
« ment de vous. L'hérétique s'est attaqué à vostre peuple, pour le
« vexer; il a voulu dissiper vostre héritage, il a voulu brouster
« vostre vigne et la mettre du tout en degast. Le porc sauvage sor-
« tant de la forest d'hérésie, qui est ce Henri chef des hérétiques, et
« le sanglier cruel qui est Harlay, qui a déjà faict tant exécuter de
« Prestres, voire de vos Prophetes qui sont les Predicateurs, veul-
« lent arracher nostre Église que vostre main droite a plantée...
« Nous ne voulons aucune part avec Saül reprouvé, ni avec Doeg
« demy juif; nous les fuyons et détestons, et les avons plus en exé-
« cration que Coré, Dathan, Abyron et leurs complices..., etc.
« Ainsi, seigneur Dieu, voicy la copie des déclarations et arrest
« prétendu sur icelle que je tiens en main, et comme pleins de blas-
« phèmes contre vous-mesme : je vous les présente au nom de ce
« peuple, qui s'attent que vous escouterez nostre plainte (p. 43). »

Dieu les exaucera, Dieu leur accordera le châtiment des coupables et la ruine des hérétiques : pour couronner l'œuvre, le prédicateur termine en évoquant le souvenir lugubre de la Saint-Barthélemy, *ce jour si renommé*, comme il n'a pas craint de le dire plusieurs fois:

« Samedi prochain, nous vous rendrons des grâces solennelles, pour
« la délivrance miraculeuse de M. le duc de Guise, à la feste de
« Saint-Barthélemy, d'autant aymée des catholiques que haïe des
« hérétiques (p. 46). »

Après le sermon, suivant les instructions du prédicateur, la foule, réunie sur la place de la cathédrale, assistait, pleine de colère, à la scène lugubre que l'on avait préparée : les enfants de la psallette allumaient le feu du bûcher; l'on récitait les versets terribles de l'Écriture contre les impies, les sacrilèges et les excommuniés; puis, les assistants, jetant leurs torches à terre, les foulaient aux pieds, en répétant cet anathème : *Sic lucerna eorum extinguatur,* que leur lumière puisse ainsi être éteinte [1].

L'effet produit par de semblables discours était immense : en les relisant, nous comprenons comment les populations devaient être facilement soulevées contre les hérétiques et contre les royalistes, qui se trouvaient enveloppés dans les mêmes malédictions. Assurément, au XVIe siècle, à cette époque de luttes ardentes et de fougueuses croyances, la passion religieuse l'emportait de beaucoup sur la charité chrétienne; et c'est ce qui explique, sans les justifier complétement, ces écarts malheureux, ces haines, si contraires à l'esprit de paix et de mansuétude de l'Évangile. Mais le duc de Mercœur, fort de l'appui du clergé, qui prêchait ainsi la guerre, devait trouver dans toutes les parties de la catholique Bretagne des ressources en quelque sorte inépuisables, pour soutenir la cause dont il se déclarait le dévoué défenseur. Cependant, d'autres passions entraînaient encore au combat les hommes de cette époque; la ferveur religieuse n'enflammait pas seule les courages : nous pourrons nous en convaincre, en recherchant quel fut le rôle des bourgeois, des gentilshommes et des paysans, pendant cette déplorable guerre de la Ligue.

[1] J. Le Bossu, après avoir soutenu la cause de la Ligue à Nantes, jusqu'à la fin des troubles, fut contraint de quitter la France, et de se retirer à Rome : accueilli par le cardinal Alexandrin et l'Espagnol François Pegna, il fut nommé par Clément VIII consulteur de la congrégation *de Auxiliis.* Malgré la considération dont il jouissait à Rome, il avait le désir de revoir sa patrie, et ne fut retenu qu'avec peine par le pape Paul V. Il mourut le 7 juin 1626, et fut enterré dans l'église des Minimes de la Trinité-du-Mont.

CHAPITRE IV.

La plupart des villes se déclarent pour la Ligue. — Caractère particulier du soulèvement de Saint-Malo, qui s'érige en véritable république. — Morlaix, ses priviléges. — Quimper, son organisation municipale. — Saint-Brieuc. — Activité des conseils bourgeois pendant la Ligue.

Grâce à l'influence toute-puissante de la plus grande partie du clergé, le peuple des villes se déclarait presque partout en Bretagne pour la Sainte-Union. Les bourgeois, effrayés ou troublés par les anathèmes des prédicateurs, par la fureur aveugle et menaçante de la populace, toujours exagérée en temps de révolution, redoutant d'ailleurs les forces de Mercœur, se taisaient, signaient la Ligue, payaient de leur fortune, pour éviter une ruine complète, et attendaient en silence des temps meilleurs. Car, ainsi que le dit l'auteur du *Journal de Henri III*, les sermons ligueurs devenaient une obligation à laquelle on n'osait plus se soustraire. Les gens de bien étaient forcés d'y aller, pour éviter péril de mort ou prison, et pillage de leurs maisons; et si *n'osait-on dire ni parler trop haut des extravagances de ces prêcheurs*. Beaucoup de bourgeois, d'ailleurs, s'unissaient franchement à la cause dont Mercœur était le chef, dans l'espérance, vague et mal formulée, mais réelle, d'obtenir, avec l'indépendance de leur duché, un gouvernement moins tracassier ou moins ennemi de leurs vieux priviléges que celui des rois de France.

Aussi, la plupart des villes de la province s'étaient-elles de bonne heure séparées de la cause royale, du parti de l'étranger. A l'exception de quelques-unes : de Rennes, place d'armes des royalistes; de

Vitré, où les protestants se défendaient bravement contre toutes les attaques; de Brest, à l'extrémité de la péninsule, toutes s'étaient déclarées pour la Ligue. Brest, qui n'était pas encore le grand port militaire, ouvrage de Louis XIV, mais très-important, grâce surtout à son admirable position, était déjà une ville plutôt française que bretonne. Un instant, elle avait été perdue par les royalistes; pendant la minorité de son gouverneur Jean de Carné, son oncle François de Carné Rosampoul s'était rangé du parti opposé : mais les habitants ne partageaient pas ses opinions; d'ailleurs, son caractère hautain les avait irrités. Aussi, Guy de Rieux, marquis de Châteauneuf[1], profitant avec habileté de ces dispositions, se ménage de nombreuses intelligences dans la ville, part de Rennes, arrive à Brest, y entre par surprise, avec l'aide des habitants, et force Rosampoul à fuir vers Quimper avec les débris de ses soldats (fin de 1589)[2]. Il avait rendu un grand service à la cause royale, et mérita de transmettre ce gouvernement, qu'il avait conquis, à son second frère, René de Rieux, marquis de Sourdéac, qui combattait, non sans gloire, pour Henri IV, dans la Basse-Bretagne, et sut défendre Brest contre tous ceux qui enviaient cette belle possession. Il avait écrit sur la guerre de la Ligue de curieux mémoires, dont parlent les bénédictins, et qu'avaient consultés Matthieu et Mézerai : ils paraissent malheureusement perdus[3]. L'on raconte qu'Aimar Hennequin le sollicitait de soutenir les prétentions de Mercœur; Sourdéac lui répondit très-fièrement : « Celui que vous appelez le roi de « Navarre, est roi de France et le légitime souverain. Si j'étais « capable de manquer à la fidélité que je lui dois et que je lui ai jurée, « ce ne serait pas sans doute pour aider un cadet de la maison de « Lorraine à devenir duc de Bretagne : j'y penserais pour moi[4]. »

Dans un des chapitres précédents, nous avons vu les événements et les motifs qui amenèrent le soulèvement de Nantes contre l'auto-

[1] La sœur de Guy et de René de Rieux était la belle de Châteauneuf, Renée de Rieux, qui fut aimée passionnément par Henri III. — V. le père Anselme, *Généalogie de la maison de France*, t. VI, p. 771, 773.

[2] En 1593, Henri IV, pour les récompenser, leur accorda le droit de bourgeoisie.

[3] *Actes de Bretagne*, t. III, col. 1514. — Notes du *Dictionnaire d'Ogée*, à l'article Brest, nouvelle édition. — *Mém.* d'Aradon, p. 209. — Montmartin, p. 294.

[4] *Hist. de l'ordre du Saint-Esprit*. Sourdéac fut créé chevalier en 1598, suivant L'Estoile, p. 291.

rité royale. La révolte de Saint-Malo présente un caractère différent, et son histoire n'est pas moins féconde en enseignements intéressants. Les écrivains bretons, et surtout l'un des plus illustres, Châteaubriand, ont accordé les plus grandes louanges à la conduite des Malouins, pendant les guerres de la Ligue. Dernièrement encore, dans le congrès de l'Association Bretonne, à Saint-Malo même, M. de Blois, à l'ouverture des séances, disait, en rappelant rapidement l'histoire glorieuse de cette ville : « Lorsque la Ligue les plaça
« dans la difficile alternative de subir la domination d'un prince
« huguenot ou de seconder les projets ambitieux du duc de Mercœur,
« les Malouins n'hésitèrent pas, et, s'emparant du château par l'un
« des coups les plus hardis dont il soit fait mention dans l'histoire,
« ils maintinrent leur indépendance jusqu'au jour où la conversion
« de Henri IV amena leur soumission, et leur permit de donner des
« preuves éclatantes de leur fidélité au légitime héritier de la cou-
« ronne[1]. » Mais pour bien comprendre le rôle de Saint-Malo à cette époque, nous croyons nécessaire de dire quelque mots de son histoire antérieure.

La ville de Saint-Malo, située au fond d'un golfe que forment les côtes de Bretagne et celles de Normandie, n'était véritablement ni bretonne, ni normande. Sur son rocher, que les flots venaient chaque jour entourer, cette fille de l'Océan, sans cesse menacée par ses puissants voisins, avait su conquérir une sorte d'indépendance. Les évêques, pères et administrateurs naturels de la cité, qui leur devait son existence, en étaient devenus les seigneurs temporels, et de bonne heure s'étaient érigés en petits souverains : ils jouissaient des droits les plus étendus, délivraient les expéditions des navires, étaient chargés de la police, rendaient la justice et publiaient des ordonnances, en employant déjà ces termes significatifs : *car tel est notre bon plaisir;* ils levaient les impôts sur les habitants, et les produits du droit de bris, *donum providentiæ,* leur appartenaient exclusivement, etc., etc.

Dès le xive siècle, les Malouins soutiennent que la ville relève immédiatement et uniquement du pape, comme fief de l'Église, et que le duc ne doit y exercer aucune autorité : après des débats longs et acharnés, le pape intervient, et il est décidé que le duc et l'évêque

[1] *Bulletin archéologique de l'Association Bretonne,* t. II, p. 139.

se partageront les impôts; le commandant de la ville jurera de la garder fidèlement pour le duc, l'évêque, le chapitre et les habitants (1384)[1]. Dix ans plus tard, Saint-Malo se soulevait et se donnait au pape d'Avignon, Clément VII; celui-ci, après avoir accepté la soumission des habitants, remettait la ville entre les mains de Charles VI, et des commissaires venaient, au nom du roi de France, en prendre possession. Un traité la rendit bientôt au duc[2]. Mais, en 1403, les bourgeois, vexés par la garnison bretonne, prirent les armes pendant la nuit, se jetèrent sur leurs oppresseurs, les chassèrent de la ville, et cette fois s'adressèrent directement à Charles VI, en se mettant sous sa protection. C'était malheureusement l'époque des guerres désastreuses qui furent sur le point d'amener la ruine de la France: quand le royaume fut envahi par Henri V, les Armagnacs promirent au duc Jean V de lui rendre Saint-Malo, s'il leur accordait quelque secours. Après la journée d'Azincourt, la ville fut en effet livrée; le pape fit attendre neuf ans son consentement. Mais les prétentions de l'évêque sur la souveraineté de la ville n'en subsistèrent pas moins; et il s'opposa dès lors à la construction d'un château que le duc faisait élever pour contenir la ville[3]. Malgré une bulle du pape de l'année 1475, cette opposition dura jusqu'au temps de la duchesse Anne, qui fit graver sur la grosse tour de la forteresse, enfin terminée, ces mots célèbres : *Qui qu'en grogne, ainsi sera, c'est mon plaisir* : de là le nom de la tour *Quinquengrogne*.

Quand la Bretagne fut réunie à la France, les habitants de Saint-Malo réclamèrent et obtinrent du roi une déclaration qui, en vertu de la donation inaliénable de Clément VII, les réunissait irrévocablement au domaine de la couronne, et les séparait complétement du pays et duché de Bretagne, en les exemptant de tout impôt, *à l'exception de 300 livres par an, pour être employées en aumônes et en offrandes* : de plus, ils ne devaient relever, en dernier ressort, que du parlement de Paris (13 octobre 1493)[4].

---

1 *Actes de Bretagne*, t. II, col. 466.

2 *Actes de Bretagne*, t. II, col. 626. — *Ordonnances des rois de France*, t. VIII, p. 6.

3 *Actes de Bretagne*, t. II, col. 924, 1142. — *Ordonnances des rois de France*, t. X, p. 248.

4 *Actes de Bretagne*, t. III, col. 737-740. — D. Taillandier, p. 219.

Cependant, peu d'années après, nous voyons la reine Anne intervenir, comme duchesse de Bretagne, dans les affaires de Saint-Malo, régler les droits des bourgeois, de leurs assemblées municipales, de leur commerce, et surtout déterminer les attributions de l'évêque et du chapitre (13 octobre 1513)[1]. Une ordonnance de François Ier restreint les priviléges des chanoines, en augmentant beaucoup, au contraire, les pouvoirs du capitaine nommé par le roi ou de son lieutenant (24 janvier 1528)[2]. Les contestations continuèrent pendant tout le xvie siècle. Déjà Saint-Malo était une ville importante par son commerce et par sa marine : dès 1423, ses habitants avaient équipé une flotte de 30 vaisseaux et fait lever aux Anglais le siége du Mont-Saint-Michel. Charles VII, pour les récompenser, leur avait adressé des lettres de priviléges curieuses à consulter[3]. La découverte du nouveau monde avait surtout développé l'esprit audacieux des Malouins : de concert avec des marins de Biscaye et de Dieppe, ils avaient reconnu, en 1504, l'île de Terre-Neuve[4]. Sous Louis XII, ils combattent les Anglais et les Espagnols ; ils aident l'empereur Charles-Quint, lors de son expédition en Afrique. Jacques Cartier, l'une des gloires de la marine française, découvre le Canada vers 1534[5]. Leurs corsaires signalent plus d'une fois leur valeur, dans la lutte contre les Anglais : ainsi, sous les ordres du comte de Montgommery, ils font la guerre à leurs frais et contribuent surtout à la prise de Belle-Isle. En 1575, un marchand de Saint-Malo, en son nom et au nom de vingt-trois autres marchands et capitaines de la marine de cette ville, offre au duc de Montpensier, gouverneur de Bretagne, de fournir douze grands vaisseaux armés en guerre, avec les soldats et les munitions, avec les chaloupes et les pataches nécessaires, pour servir le roi. Ils s'engageaient à bloquer le port de la Rochelle, de manière que rien ne pût ni entrer ni sortir, moyennant 120,000 livres ; et ils offraient caution à Paris ou à Rouen de 100,000 écus, qu'ils voulaient perdre, *au cas qu'il se trouvât rien en mer de plus*

---

[1] *Actes de Bret.*, t. III, col. 909-912.

[2] *Actes de Bret.*, t. III, col. 974-977.

[3] A. de Courson, p. 347 : *Bretagne armoricaine*, 1840.

[4] Selon l'abbé Manet, dès 1495 : *Hist. de la Petite-Bretagne*, t. II, p. 509.

[5] Voir le curieux article de M. Levot, dans la *Biographie bretonne*, avec les notes de M. Cunat, de Saint-Malo.

fort qu'eux. Ils demandaient que toutes les prises, faites par eux de bonne guerre, leur appartinssent, sauf les droits de l'amirauté[1].

Saint-Malo, comme on le voit, sous les rois ainsi que du temps des ducs, était une ville à part, presque indépendante. Au XVIᵉ siècle, les habitants désiraient toujours se délivrer soit de l'autorité temporelle de leur évêque, soit des vexations gênantes du gouvernement royal. Les troubles de la Ligue leur fournirent l'occasion désirée; et leur soulèvement à cette époque est un exemple remarquable de cet esprit d'indépendance locale, qui jeta beaucoup de villes de France dans le parti de l'opposition à la royauté.

Déjà depuis longtemps les Malouins s'étaient presque complétement soustraits à l'obéissance du sieur de Fontaines, lieutenant-général du roi en Bretagne, et gouverneur de Saint-Malo : Honorat du Bueil, vice-amiral de France, chevalier de l'ordre du Saint-Esprit, jadis premier écuyer de Charles IX et l'un de ses favoris, était un seigneur extrêmement riche, mais tracassier et peu aimé, comme la plupart des officiers de la royauté dans les provinces. Dès 1585, les bourgeois avaient nommé douze conservateurs de la cité, chargés spécialement de veiller à ses intérêts et à son salut[2]. Avant le commencement de la guerre civile, le procureur-syndic de la ville, les quatorze capitaines des compagnies de la milice et quatre capitaines généraux formaient un conseil souverain de la commune; deux chanoines pouvaient assister à leurs délibérations : les étrangers avaient été forcés de sortir de la ville; l'on avait arrêté le départ des navires prêts à faire voile pour Terre-Neuve, et l'on avait choisi dans les équipages une garde de cent hommes qui devait spécialement veiller à la conservation de Saint-Malo.

Le comte de Fontaines ne savait quel parti prendre; il se retranchait dans le château, d'où il n'osait plus sortir : les Malouins achetaient des canons, de la poudre, des boulets, etc.; l'absence de leur

---

[1] *Histoire du duc de Montpensier*, par Nicolas Cousturean, sieur de la Jaille, président de la chambre des Comptes de Bretagne, p. 85.

[2] *La Ligue à Saint-Malo*, p. 84. — Nicolas Frotet, fils de Josselin, sieur de la Landelle, capitaine de l'une des quatorze compagnies bourgeoises de la ville de Saint-Malo en 1589, et l'un des principaux personnages politiques de la ville, a composé le récit curieux des événements de ce temps. C'est là le manuscrit précieux dont se sont servis tous les écrivains qui ont raconté cette histoire; la *Revue rétrospective* en a publié un long extrait, 2ᵉ série, t. IX, p. 83-124.

évêque, alors à Rome, les enhardissait encore. A la nouvelle de l'assassinat de Henri III, les bourgeois se réunissent en grande assemblée à l'évêché; ils prennent les armes, poussent les barricades jusqu'aux portes du château, et jurent de vivre et de mourir dans la religion catholique[1]. M. de Fontaines, par égoïsme craintif encore plus que par nécessité, s'empresse de traiter avec eux; il reste dans le château, avec le titre de gouverneur et 4,000 écus par an, tandis que les Malouins s'érigent complétement en république indépendante, jusqu'à ce que *Dieu*, suivant leurs paroles, *eût donné à la France un roi catholique reconnu par les États*[2]. Dès lors, sans se déclarer pour Mercœur, ils entrent en relation avec lui. Il s'était emparé des châteaux de Châteauneuf et du Plessis-Bertrand, près de Saint-Malo; de la tour de Solidor, à l'embouchure de la rivière de la Rance (à la fin de 1589) : ces places pouvaient gêner considérablement le commerce des Malouins avec les villes voisines, surtout avec Dol et Dinan. Ils lui envoient des députés pour lui demander la garde de la tour de Solidor, et le prier d'ordonner à ses capitaines dans les deux autres châteaux de ne pas leur faire tort. Mercœur était intéressé à leur complaire ; il leur accorda leurs demandes, et fit avec eux une espèce de traité que de Fontaines fut contraint de ratifier, mais qui ne fut pas toujours fidèlement exécuté par les lieutenants de Mercœur[3].

Cependant, le gouverneur, malgré sa pusillanimité, pouvait encore inquiéter les Malouins. Il ne s'était pas déclaré pour la Ligue : on faisait courir le bruit qu'il était en correspondance secrète avec Henri IV, et qu'il se proposait d'introduire une garnison royaliste dans la ville; il rançonnerait alors les riches marchands, et établirait une autorité despotique[4]. Aussi, dès le mois de mars de l'année 1590, un complot s'organise contre lui. Sous la conduite de Pépin de la Blinaye, et de Michel Frotet, sieur de la Bardelière, cinquante-cinq jeunes gens des plus intrépides et des plus agiles, à la faveur de l'obscurité profonde de la nuit, escaladent au moyen d'une échelle de corde la tour de la Générale, haute de plus de cent pieds. Cette entreprise audacieuse les rend maîtres du château ; les soldats de la

---

[1] *La Ligue à Saint-Malo*, p. 104.
[2] *Id.*, p. 105-106.
[3] D. Taillandier, p. 380.
[4] De Thou, liv. 98.

garnison sont tués ou forcés de se rendre (11 mars). Le comte de Fontaines est percé d'un coup d'arquebuse, au moment où, précédé d'un page, qui portait un flambeau devant lui, il se rendait dans la salle haute du donjon, pour découvrir la cause du tumulte[1]. D'après les récits et les réclamations postérieures des royalistes, les meubles magnifiques que le comte avait amassés depuis longtemps, furent pillés, l'argent fut partagé entre les conjurés ; ils en cédèrent une partie aux échevins, dit de Thou, pour l'usage de la ville, afin de justifier leur vol. On trouva dans le cabinet du gouverneur des lettres de ceux qui, dans la ville, auraient voulu rendre Saint-Malo à Henri IV[2]. Ce fut la cause ou le prétexte de tristes violences; on pénétra dans leurs maisons, on pilla leurs meubles, on les rançonna, on les chassa de la ville. Plusieurs, si l'on en croit la requête du royaliste Julien Artur, l'une des victimes, furent emprisonnés, traités avec barbarie, contraints, pour payer rançon, de vendre la plus grande partie de leurs immeubles : et l'on défendait même de les acheter, pour les faire mourir de faim ; enfin, ils étaient expulsés de la ville avec leurs femmes et leurs enfants[3]. Tous ceux qui étaient suspects furent ainsi traités, et, dit un historien de cette époque, il suffisait, pour le paraître, de n'être pas originaire de Saint-Malo[4].

C'était une grande perte pour le parti royaliste; aussi, le duc de Mercœur faisait-il célébrer cet heureux événement par des *Te Deum*, des processions, des feux de joie : il se hâtait d'écrire aux habitants

---

[1] Suivant les auteurs de la *Satire Ménippée*, le comte de Fontaines aurait été tué dans son lit par son valet, séduit par les Ligueurs. « Il y a de pires saincts en « Bretaigne que le catholique valet de M. de Fontaines, qui coupa la gorge à son « maistre en son lict, moyennant deux mil escus, pour nostre mère saincte Eglise. » Dans les notes de l'édition de Ch. Labitte, p. 12, et de l'édition de Le Duchat, t. II, p. 47, on trouve que le crime fut commis à l'instigation du duc de Mercœur : cette accusation nous paraît une cruelle calomnie. Le récit circonstancié de La Landelle prouve la fausseté de ces assertions. Ce qui a donné lieu à cette erreur, c'est l'arrestation à Rennes, la condamnation et le supplice du valet de chambre du comte, qui avait emporté une grande partie de ses diamants.

[2] Lettres du comte de Fontaines au roi, dans la *Ligue à Saint-Malo*, p. 96-99.

[3] *Actes de Bret.*, t. III, col. 1579-1580. — De la Gibonais, dans son *Résumé de l'Histoire de Bretagne*, p. 166. Son bisaïeul, qui avait laissé, dit-il, des mémoires sur cet événement, fut l'un des bannis de Saint-Malo.

[4] Mézeray, t. XV, p. 460. — *La Ligue à Saint-Malo*, p. 111-122. — De Piré, t. Ier, p. 149-161. — D. Taillandier, p. 382-388. — De Thou est assez inexact et confus dans cette partie de son histoire, liv. 98.

des lettres très-flatteuses, pour les féliciter. Quelques mois après, les Malouins, de leur côté, lui députent leur syndic et douze notables, pour le prier d'avouer tout ce qui s'était passé à Saint-Malo, et lui faire approuver leur plan de gouvernement ; c'était une sage précaution, en cas de revers. Il leur répond très-gracieusement. Mais ce n'était pas au profit du chef de la Ligue en Bretagne qu'ils avaient fait leur révolution : ils voulaient, à l'exemple des calvinistes de la Rochelle, former une république catholique indépendante, puissante par sa marine et son commerce. Accoutumés aux luttes sur l'Océan et aux périls des voyages lointains, ils avaient assez de confiance dans leur courage pour espérer réussir. Ils se contentent donc de répondre avec politesse aux avances de Mercœur ; mais ils ne s'unissent pas à lui, refusent tout secours étranger, ne laissent pas même pénétrer dans leur ville ceux qui arrivaient pour la défendre, se gardent et se gouvernent eux-mêmes, faisant la guerre à ceux qui gênaient leur commerce, et cherchant, par la crainte ou par les bons offices, à s'attacher les petites villes voisines, dont ils avaient besoin. Ainsi, ils aident Mercœur et ses lieutenants à prendre le château de Guémadeuc, celui de Pontbriand, la ville de Pontorson : ils jettent des secours dans Avranches, pourvoient à la sûreté du Mont-Saint-Michel, et surtout tentent de nombreuses expéditions sur mer, etc., etc.

Les Malouins ne semblent pas guidés, dans ces différentes expéditions, par les motifs les plus désintéressés ; ils font la guerre, comme la plupart la faisaient à cette époque. Ainsi, contrairement à la capitulation accordée par eux au sieur de Pontbriand, pendant qu'ils le retiennent prisonnier au château de Guildo, conduits par leurs capitaines, secondés par quelques gentilshommes et par les paysans des environs, ils démolissent le château de Pontbriand, pillent ou détruisent tous les meubles, provisions et munitions, avec toutes les richesses, le blé amassé dans cet endroit, les bestiaux des métairies, abattent les bois, et emmènent un navire appartenant au seigneur. S'ils aident Mercœur au siège de Pontorson, c'est dans la crainte qu'il ne vienne les attaquer [1].

Tous leurs actes nous montrent le but qu'ils se proposent ; c'est

---

[1] Requête du sieur de Pontbriand à l'amiral de Montmorency, contre les bourgeois de Saint-Malo : *Actes de Bret.*, t. III, col. 1645.

leur indépendance qu'ils veulent conserver. Voyons leurs rapports avec Mercœur.

Il avait d'abord espéré les soumettre facilement à sa domination ; mais, dès le premier jour, ils semblent peu disposés à l'obéissance : ainsi, lorsqu'ils ont fait prisonnier le marquis de la Moussaye et le vicomte de Saint-Denoual, Mercœur, qui désirait les avoir en son pouvoir, recommande aux habitants de les bien garder; ce qui n'empêche pas les Malouins de les remettre en liberté, moyennant une forte rançon. Peu après, il leur demande un vaisseau qu'ils ont pris près de Pontbriand, et il éprouve un refus formel[1]. Cependant, Mercœur espérait encore se rendre maître d'une ville aussi importante ; il était arrivé au mois d'octobre 1590 à Dinan, avec des forces assez considérables, quand des députés de Saint-Malo vinrent le trouver au nombre de vingt-cinq. Après les avoir fait attendre deux jours, après les avoir préparés par ses principaux confidents, entre autres par l'évêque de Saint-Brieuc, Langelier, il leur donna l'audience qu'ils demandaient : « J'ai vu, leur dit-il, le cahier de vos
« remontrances : vous voulez évidemment vous ériger en république,
« sous prétexte d'attendre qu'il plaise à Dieu de donner à la France
« un roi catholique. Mais c'est une prétention contraire à mon
« autorité. Ne savez-vous pas que ce gouvernement populaire que
« vous rêvez, est un monstre dans un état monarchique, et je ne
« souffrirai jamais qu'il se forme sous mes yeux.... D'ailleurs,
« avez-vous bien pesé les inconvénients d'un pareil gouvernement :
« l'égalité, qui vous est si chère, ne peut longtemps subsister;
« bientôt il y aura des ambitieux qui voudront s'élever au-dessus des
« autres, et de là combien de désordres... Votre projet n'est, je le
« vois, que l'effet de l'ambition ou de l'avidité de dix ou douze
« mutins, qui veulent vous entraîner à votre ruine..... Mais il est
« encore possible de changer de telles résolutions. Vous êtes un
« grand nombre de députés ; vous avez le plus de part aux affaires
« de la ville : il ne vous sera pas difficile de faire approuver ces
« changements par vos concitoyens. Ce que je vous dis ne m'est
« point inspiré par un intérêt particulier, mais par le désir de vous
« sauver, et en reconnaissance de votre affection pour le parti de la
« Sainte-Union. »

[1] De Piré, t. Ier, p. 183-185.

Le procureur des bourgeois, après avoir remercié le duc de ses bons conseils, convint qu'il serait sans doute plus avantageux d'être gouverné par un seul que par les caprices de la multitude. Mais ils n'étaient pas les maîtres de se rendre à la force de ses avis, et ne pouvaient que les transmettre à leurs concitoyens. Ils présumaient que l'on se soumettrait volontiers à un gouverneur nommé par lui, si la mémoire du comte de Fontaines, encore trop récente, ne leur faisait craindre de retomber sous une dure servitude. Au reste, ils n'avaient jamais eu l'intention de s'ériger en république; mais la misère des guerres civiles et la dureté habituelle des gouverneurs les obligeaient de songer à leur propre conservation.... Ils n'avaient d'autre but que de rentrer dans l'obéissance des rois, lorsque Dieu en aurait donné à la France un très-chrétien et reconnu pour tel par les États du royaume. Enfin, ils suppliaient le duc de leur conserver toujours l'honneur de ses bonnes grâces.

Après quelques paroles vivement échangées de part et d'autre, Mercœur, irrité, ne put retenir sa colère : « Vous voilà donc fermes
« dans votre opiniâtreté, s'écria-t-il. Ce que vous êtes ici de députés,
« vous pouvez, si vous le voulez, vous résoudre à ce qui est de
« votre bien. Je sais que vous n'en serez pas dédits par vos conci-
« toyens. »

Puis, s'échauffant de plus en plus, et mettant la main sur la garde de son épée : « Vous me parlez, ajouta-t-il, d'un roi : je veux bien
« que vous sachiez que les rois ne m'ont jamais fait la loi ; et que
« quand ils voudront me la faire, j'ai de meilleures villes que la vôtre
« pour les en empêcher. » L'audience fut alors brusquement interrompue. Le duc voulait les faire arrêter; c'étaient de précieux otages, qui lui répondraient de Saint-Malo : mais l'affaire fut remise au lendemain. Sur le soir, comme les députés étaient réunis, assez inquiets du résultat de leur ambassade, l'un des confidents de Mercœur, l'ancien capitaine de Rennes, Charonnière vint les trouver, leur apprit le danger qui les menaçait, et leur conseilla de se mettre en sûreté au plus vite. Dès le lendemain, de grand matin, ils quittaient secrètement Dinan, et rentraient dans leur ville.

Mercœur comprit qu'il avait fait une faute ; il voulut la réparer, mais il était trop tard : les négociations furent renouées, et, peu de temps après, un de ses gentilshommes, du Vigneau, vint proposer aux Malouins le jeune enfant du duc pour gouverneur ; ils auraient le choix de nommer celui d'entre eux qui commanderait sous ce prince. Le duc ne voulait d'ailleurs d'autre garnison que celle de leur cœur. Mais tous unanimement déclarèrent qu'ils désiraient conserver leur gouvernement; et c'est alors qu'ils s'adressèrent au duc de Mayenne, pour obtenir de lui l'aveu de la prise du château et de la mort du comte de Fontaines : ils n'avaient pas à craindre l'ambition du lieutenant-général de la Ligue; il était d'ailleurs trop éloigné. Nous n'avons rien voulu enlever à ces scènes pleines de vérité et d'instruction : de pareils détails n'ont pas besoin de commentaires[1].

Les Malouins sont dès lors véritablement indépendants; ils entrent en correspondance avec les échevins de Paris, avec le conseil de l'Union établi à Rouen, avec Villars, le gouverneur du Havre. Au premier moment, ils avaient interrompu leurs relations commerciales; ils avaient écrit à leurs correspondants, surtout à ceux de Marseille, pour leur apprendre leur résolution jusqu'à ce que la fortune eût décidé du sort de la France : ils les renouèrent bientôt. Ils reçoivent des lettres de recommandation du duc de Parme, pour le roi d'Espagne, afin d'obtenir la sûreté de leur commerce dans les divers pays de sa domination; lorsque les Anglais arrivent en Bretagne, de nombreux bâtiments de Saint-Malo, qui revenaient d'Espagne, sont avertis, et relâchent à Blavet, alors aux Espagnols, où ils sont très-bien accueillis, quoiqu'ils rapportassent plus de 500,000 écus, malgré les défenses de Philippe II. Ils cherchent même à obtenir des avantages commerciaux chez les peuples étrangers qui se sont déclarés les alliés de Henri IV[2]. Mais toujours ils persistent à défendre leur indépendance : ainsi, au commencement de 1591 (8 janvier), Mercœur leur adresse des lettres, pour les engager à envoyer leurs députés aux États-généraux; ces députés passeraient par Nantes, pour y assister aux États de la province : les Malouins s'excusent sur les difficultés du chemin. Dans une seconde lettre plus pressante, Mercœur leur dit qu'il ne peut recevoir leurs excuses; il leur promet de veiller à la sûreté des routes; et, d'ailleurs, il a de bons otages qui lui répondront de leurs députés : ils donnaient un mauvais exemple aux trois ordres et aux communautés des autres

---

1 De Piré, t. Ier, p. 214-223. — D. Taillandier, p. 394-396.

2 De Thou, liv. 98. — De Piré, t. Ier, p. 228, 297. — D. Taillandier, p. 385-395.

villes, en refusant de concourir au bien du pays dans une assemblée aussi solennelle : il voyait bien qu'ils étaient mal conseillés ; il les en avertissait, comme leur ami, et il regretterait beaucoup le mal qui pourrait leur en arriver. Les Malouins, dans une seconde réponse, le supplient de prendre en bonne part leurs excuses, et protestent qu'ils sont toujours disposés à le servir de leurs biens, vies et moyens. Malgré ces protestations de dévouement, lorsque Mercœur, après les États, leur envoie un des députés, avec des lettres de leur procureur-syndic, des maire et échevins de Nantes, portant les cahiers de l'assemblée, les Malouins ont déjà oublié leurs offres de service. Ces cahiers contenaient le serment prêté par Mercœur et les trois ordres à la Sainte-Union, et une pancarte des droits établis sur les marchandises, à leur entrée et à leur sortie de la province, pour fournir aux frais de la guerre. Les Malouins répondirent qu'ils avaient jusqu'alors fait la guerre, et assisté leurs voisins, avec leurs seules forces; ils le feraient encore à l'avenir, quoique leurs ressources fussent déjà presque épuisées : ils avaient donc besoin de leur commerce, bien déchu depuis les troubles, et qui serait ruiné s'ils consentaient à payer quelque nouvel impôt[1].

Les habitants de Saint-Malo se montrèrent ainsi, jusqu'à l'époque de leur soumission, très-jaloux de leurs libertés et de leur indépendance: ils ne furent pas plus respectueux à l'égard de leur évêque qu'à l'égard de Mercœur. Charles de Bourgneuf, depuis longtemps absent de la ville, revenait alors d'un voyage à Rome, et abordait au port, le 7 juillet 1590 ; c'était encore un ennemi pour les républicains de Saint-Malo : aussi, à peine s'était-il installé dans son palais, qu'il fut arrêté et retenu prisonnier, avec tous ceux qui étaient revenus de Rome avec lui. Vainement il protestait qu'il était bon catholique, qu'il avait été bien accueilli par le pape, qu'il ne voulait qu'exercer son ministère, enfin qu'il était serviteur de Mercœur: ses raisons n'étaient pas acceptées. Cependant, comme il fallait trouver un motif pour se débarrasser de lui, on lui déclara qu'on avait sujet de se défier, parce que son frère, Jean de Bourgneuf, seigneur de Cucé, était attaché au parti du roi, et qu'on devait prendre des précautions contre ce qu'il pourrait tenter au préjudice de la ville. On le fit sortir de son palais, et on lui donna des gardes : mais, au commen-

1 De Piré, t. Ier. p. 289.291. — D. Taillandier, p. 404-405.

cement de l'année suivante, après avoir refusé de le livrer à Mercœur, qui le leur demandait, ils le remirent en liberté sur parole, après lui avoir fait jurer de ne rien entreprendre contre les intérêts de la ville[1].

« Il faudrait, dit M. de Courson, dans ses *Études sur la Bretagne
« armoricaine*, reproduire, dans tous ses détails, l'organisation
« intime des municipalités bretonnes, pour donner une idée exacte
« de la prodigieuse activité que les guerres de la Ligue imprimèrent
« à nos communautés de ville. Délivrés de la tutelle du pouvoir
« judiciaire, les bourgeois se livrèrent tout entiers à la vie politique.
« Les registres municipaux de Saint-Malo, de Morlaix, de Saint-
« Brieuc, de Kemper nous offrent des peintures pleines de vie de ces
« époques de guerres civiles. Les assemblées qui se succèdent de
« jour en jour pour aviser à la défense de la ville et *tuition de la
« vraie religion*, les attaques de nuit, les horribles tueries de quel-
« ques brigands, les luttes entre les politiques et les catholiques
« ardents ; telles sont les scènes qui animent les moindres bourgades
« de la Bretagne. Chaque paroisse de ville a son assemblée, sa
« compagnie de milice, ses capitaines. Les réunions sont générales ;
« tout le peuple y assiste.

« Là, des suspects sont tenus de venir rendre compte de leurs
« actions et de leurs paroles ; là, les femmes sont interrogées *sur
« mauvaises paroles dites par elles à l'encontre du sire de Carné,
« gouverneur de ville et bon ligueur*. Quelquefois, on voit les épées
« briller au milieu des délibérations ; et c'est à grande peine si les
« prêtres peuvent réussir à empêcher le sang de couler. Le sire de
« Lescolouarn faillit un jour être massacré, sur la place de Kemper,
« pour ne s'être point signé devant l'image du Christ. Ce même
« gentilhomme sauvait la vie, peu de temps après, à un imprudent
« bourgeois de Morlaix, lequel, en place du marché, avait osé dire
« que les huguenots n'étaient pas si mauvaises gens qu'on croyait[2]. »

Dans la plupart de ces villes, en effet, longtemps même avant la réunion, nous trouvons des institutions municipales bien établies. Après le capitaine, plus tard gouverneur, nommé d'abord par le duc ou l'évêque, et ensuite par le roi, viennent un procureur ou

[1] D. Taillandier, p. 389.
[2] A. de Courson, p. 367-368.

syndic des bourgeois, un miseur, un contrôleur des deniers communs, et des conseillers, dont le nombre varie de six à douze; la milice urbaine obéissait à un officier appelé connétable; les villes veillaient, sous l'autorité des capitaines, à leur défense et aux réparations de leurs murs d'enceinte.

Je ferai remarquer, avec M. de la Borderie, que les villes de Bretagne n'avaient point d'administration municipale *indépendante* avant le XV° siècle: les bourgeois n'avaient point conquis ou reçu de chartes de commune; ils étaient toujours gouvernés par leur seigneur ou par son représentant, le capitaine de la ville. Mais il n'en est pas moins certain que de bonne heure les habitants des villes interviennent dans les affaires de leurs cités, comme cela se passait dans beaucoup de parties de la France; que peu à peu les communautés de ville s'organisent, et s'habituent à veiller sur leurs intérêts, par les soins de leurs miseurs, procureurs, etc. : c'est généralement dans l'église paroissiale ou dans une chapelle, en dépendant, qu'a lieu la réunion du conseil des bourgeois[1]. Au XV° siècle, ces communautés, plus puissantes, deviennent de véritables municipalités; au XVI°, après la réunion, les rois de France régularisent, en les complétant, ces institutions bourgeoises : ils espéraient, par des priviléges honorables, gagner les cœurs et s'attacher la bourgeoisie ; c'était aussi le résultat de cet esprit libéral que l'on rencontre presque toujours dans la savante législation des Valois, œuvre remarquable des grands jurisconsultes, qui démolissaient pièce à pièce l'édifice du moyen-âge[2].

Les charges municipales sont alors souvent exercées par des nobles ou des membres du clergé : les villes ont leurs impôts particuliers pour les dépenses intérieures.

---

1 *Bulletin arch. de l'Assoc. Bretonne*, t. IV, 1853, p. 205, 213.
Cependant, il ne faudrait pas, comme on l'a fait plus d'une fois, parer de couleurs trop poétiques ces conseils bourgeois; car il serait facile de prouver, par de nombreuses citations, que de cupides rivalités troublaient souvent ces assemblées, et que l'on allait trop souvent au cabaret débattre les comptes et les intérêts du jour : les présents de vins, de confitures, de pains de sucre, pour mener à bonne fin les procès, les collations, les déjeuners, etc., se trouvent encore mentionnés dans les registres des principales villes : aussi comptait-on alors 165 cabarets à Morlaix.

2 Voir une notice de M. de Blois dans le *Bulletin arch. de l'Association Bretonne*, t. III, p. 154.

Morlaix, l'une des plus importantes places de commerce du duché, avec Nantes et Saint-Malo, était aussi l'une des plus privilégiées. Dès 1545, les habitants réclamaient, avec la conservation de leurs priviléges commerciaux, qui étaient fort considérables, l'établissement de juges consulaires et d'officiers municipaux. En 1562, des lettres patentes de Charles IX accordaient à la ville un maire, deux échevins et douze jurats[1]. Les membres de la municipalité étaient, à ce qu'il paraît, choisis parmi les négociants en gros : le maire devait siéger aux États, l'épée au côté, comme plus tard ceux de Nantes, Rennes, Brest, Saint-Malo. En 1566, Charles IX créait à Morlaix un tribunal de commerce, une juridiction consulaire, par un édit dont les termes sont remarquables, et montrent l'influence du génie de L'Hospital. Les négociants avaient le droit d'élire, *en l'assemblée de cinquante notables, à cet effet convoqués, trois marchands, faisant partie de ladite assemblée, pourvu qu'ils fussent bretons et habitants de Morlaix*. Le premier s'appelait juge, et les deux autres consuls ; ils décidaient des affaires commerciales jusqu'à la somme de 500 livres. On leur adjoignait, pour les aider dans leurs écritures, deux assesseurs, pris parmi les jeunes gens les plus capables de la ville : *c'est en considération*, disent les lettres du roi, *que cette ville est pays limitrophe du côté d'Angleterre et d'Espagne, en lesquelles ladite ville commerce de marchandises plus que nulle autre ville dudit pays*[2].

Mais le privilége le plus remarquable de Morlaix, c'était celui de garder le château qui défendait la ville. Les habitants, pillés par les Anglais en 1522 et en 1541, avaient constitué leurs milices sur un pied formidable. Les gentilshommes pauvres, les cadets de famille, la recrutaient ; les paysans des campagnes voisines étaient également armés, et des corps de garde étaient établis jusqu'à l'entrée de la rivière. Mais les bourgeois n'étaient pas encore rassurés ; ils s'adressèrent au duc d'Étampes, gouverneur de la province, et, par son intermédiaire, obtinrent du roi la permission d'élever une forteresse sur un rocher qui défendait l'arrivée de la ville[3]. Ils se cotisèrent,

[1] Archives municipales de Nantes. — Arch. de Morlaix.
[2] *Actes de Bret.*, t. III, col. 1351-53.
[3] En 1544, sur la convocation du seigneur de Coëtinisan, lieutenant du duc d'Étampes, dans le pays de Tréguier, les principaux bourgeois se réunissent pour nommer un capitaine chargé de défendre le château qu'ils faisaient alors construire. *Actes de Bret.*, t. III, col. 1055.

suivant leurs moyens, et, avec l'aide du dauphin duc de Bretagne, ils purent l'achever en 1552; c'est le château du Taureau. Usant du droit, peut-être unique dans l'histoire, que leur avait accordé François I*er*, de *nommer, choisir et appointer à volonté* le commandant et la garnison, les notables commencèrent dès lors à se réunir sous le parvis de Notre-Dame-du-Mur, pour procéder à l'élection. L'élu devait, en recevant l'épée des mains du maire, prêter serment au pied de l'autel, d'abord aux habitants, ensuite au commandant de la ville, qui représentait l'État; et il jurait de ne prendre aucun soldat sans la volonté de la bourgeoisie. Peu après l'achèvement du fort, la communauté décida que chaque maire serait, après une année d'exercice de sa charge, placé comme commandant du château pendant un an. Les bourgeois étaient désormais en sûreté; aussi, déclaraient-ils qu'ils n'étaient astreints qu'à des gardes volontaires, et quand l'ennemi était menaçant. Ces priviléges singuliers devaient durer jusqu'en 1660; Louis XIV les abolit. Les habitants de Morlaix, comme ceux de Saint-Malo et de la plupart des villes privilégiées, sont jaloux de leurs avantages et peu disposés à les partager: ils désirent que nul étranger ne puisse faire le commerce dans la ville, à leur préjudice; ils se plaignent que, contrairement à leurs franchises, il leur soit permis de faire acheter par des habitants et hors des marchés, des toiles qu'ils embarquent ensuite *sans droit ni debvoir*, à Roscoff ou à Paimpol; ils accusent les Anglais de payer en monnaies de mauvais aloi, et d'emporter le bon argent du pays[1].

Cependant, malgré tous ces avantages, les habitants étaient sans cesse en lutte avec les représentants du pouvoir royal; sans cesse des contestations s'élevaient entre la mairie, le tribunal consulaire et les juges ou gouverneurs royaux. Ainsi, en 1568, lorsque Morlaix fut érigé en gouvernement en faveur de Troïlus de Mesgoüez, marquis de la Roche, homme avide, rapace, et qu'on accusait de protestantisme[2], il fallut lutter contre ses exactions et ses arrêts illégaux: il n'est sorte de vexations qu'il ne fît endurer à la ville, pour augmenter ses revenus; il voulait surtout s'emparer du châ-

---

[1] A. de Courson, p. 370-371. — *Pièces justificatives*, p. 508-516. — *Dictionnaire de Bretagne*, art. *Morlaix*, nouv. édition. — F. Gouin, *Annuaire de Brest*, 1838. — *Bulletin archéologique de l'Association Bretonne*, t. III, p. 30.

[2] Depuis longtemps, Catherine de Médicis aimait et protégeait spécialement de Mesgoüez.

teau : on plaida avec opiniâtreté devant le parlement ; mais, pour se débarrasser de ses prétentions, la communauté dut lui payer comptant 2,500 livres. Aussi, à l'époque de la Ligue, les habitants se déclarèrent contre Henri IV ; mais Duplessis-Kerangoff, alors commandant du château, refusa de le rendre aux marchands, et le garda, au nom du roi, même après les troubles, malgré les habitants. Il se servit de cette bonne position pour tourmenter impitoyablement le commerce de Morlaix, et se conduire en vrai pirate. Il bloquait la rade, faisait main basse sur les navires, enlevait les notables du pays et les rançonnait. Il finit, après dix ans d'excès, par vendre sa retraite à prix d'argent. Les royalistes le laissaient faire ; mais je ne crois pas facilement que Henri IV lui ait écrit une lettre, contenant ces paroles : « Plumez, plumez la poule, sans la faire crier. »

Pendant la Ligue, une assemblée, dite de la Sainte-Union et composée de cinquante-six personnes, gouverne Morlaix et le pays voisin : elle est dirigée par un fervent ligueur, l'archidiacre de Plougastel, et tient ses séances dans la grande salle du couvent des Jacobins. Toutes les paroisses des environs, Plourin, Plougasnou, Ploujean, Plouézoch, Lanmeur, Plouégat, etc., doivent fournir un certain nombre d'arquebusiers, sous la conduite de leurs capitaines : ceux qui refusent obéissance sont punis sévèrement ; les suspects sont dénoncés ; les gentilshommes et bourgeois sont forcés de jurer l'Union, de signer sur le registre et de donner caution en argent. François de Carné, seigneur de Rosampoul, doit être nommé, par Mercœur, gouverneur de la ville de Morlaix [1].

Quimper, capitale de la Basse-Bretagne, siége de l'évêché de Cornouailles, présidial, avait aussi depuis longtemps de nombreux et importants priviléges. Dès le XIVᵉ siècle, la ville a un capitaine et une assemblée communale ; Jean de Montfort adresse ses lettres (1343) *Capitaneo et communitati de Kimper ; probis hominibus et communitati,* etc. Au moyen-âge, l'évêque avait exercé une puissance considérable, qui semble de plus en plus contestée par les bourgeois, à mesure que l'on avance vers le XVIᵉ siècle. Ils ne formaient d'abord qu'une espèce de comité consultatif sous sa direction ; dès la fin du XVᵉ siècle, ils sont presque indépendants et de l'autorité épiscopale, et de l'influence nobiliaire. Ils plaident contre le chapitre,

---

[1] M. Gouin. d'après un registre conservé aux archives de Morlaix.

pour le droit de faire sonner la cloche communale ; d'administrer la maison des lépreux ; de nommer le chapelain de Notre-Dame-du-Guéodet, qu'ils regardaient comme l'église de la commune, enfin pour la libre disposition des impôts. Quatre anciens maires prennent la place des quatre seigneurs, qui depuis longues années avaient le privilége de porter la chaire de l'évêque, lors de son installation. L'évêque ne possède plus véritablement que quelques droits utiles et honorifiques. En même temps, la juridiction royale fait chaque jour de nouveaux progrès ; l'établissement d'un siége présidial sous Henri II enlève au tribunal de l'évêque presque toutes ses attributions[1]. Au XVIe siècle, sous le gouvernement des rois, la puissance communale grandit encore. Le chef de la commune de Quimper s'appelait procureur ou syndic ; il était élu pour deux ans par le conseil des notables, qui choisissaient aussi le député de la ville aux États[2]. A côté des garnisons royales, nous trouvons des milices bourgeoises, bien exercées au tir de l'arquebuse, avec leurs canons et leurs munitions ; à Quimper, il y a de plus des gabares armées, destinées à protéger la navigation du port. Aussi, quand le maréchal d'Aumont venait pendant la Ligue assiéger la ville, il éprouvait une résistance inattendue. « Vous m'aviez dit, s'écriait-il, en s'adressant
« à Lezonnet, qu'il n'y avait dans la ville que des habitants : vive
« Dieu, vous êtes un affronteur, et si vous me fâchez, je vous ferai
« un mauvais tour. Lezonnet répondait : Monseigneur, sur ma vie
« et mon honneur, il n'y en a pas d'autres ; le maréchal répliqua :
« Vertubleu, ce sont gens de guerre que ces habitants[3]. »

Nous avons déjà dit comment Quimper se sépara du parti royaliste, dès la fin du mois de septembre 1589. Le sénéchal, Jacques du Laurent, avait voulu, mais en vain, faire reconnaître Henri IV; les habitants, encouragés par les cordeliers en armes, avaient entouré l'auditoire, et contraint le sénéchal et plusieurs de son parti à s'enfuir à Rennes ou à Brest. Depuis cette époque, Quimper cherche avant toute chose à se préserver des désastres de la guerre par ses

1 Aymar de Blois, *Notice sur Quimper, Annuaire du Finistère*, année 1847. — M. de la Borderie vient de publier deux pièces curieuses, concernant les délibérations des habitants de Quimper pour la reddition de leur ville à J. de Montfort, en 1364.

2 D. Taillandier, p. 380.

3 De Piré, t. II, p. 67, 68. — Moreau, p. 212.

propres ressources : la ville jouit d'une indépendance presque complète, sous la direction de sages administrateurs et principalement du sieur Quérec du Quellenec [1].

Dans une assemblée des nobles, bourgeois, manants et habitants, en *l'auditoire des regaires*, au son de la cloche communale (9 et 10 octobre 1589), en présence de l'évêque, du capitaine et gouverneur, du syndic, etc., l'on décide de constituer un conseil municipal provisoire. « En attendant, disent les registres des regaires, plus ample
« pouvoir, commission et déclaration du roi très-chrétien et très-
« catholique (sans doute Charles X) et de Monseigneur de Mercœur...
« il sera nommé vingt-six personnes de l'advis desquelles et de
« douze d'entre eux particulièrement (savoir : trois de l'Église, trois
« de la noblesse, six des bourgeois) toutes affaires de ladite ville et de
« ses faubourgs seraient traitées, disposées et ordonnées, » etc., etc.

La ville, dès lors, s'occupe activement de ses intérêts : elle est en relations d'amitié avec le capitaine de Concarneau; elle envoie des députés aux habitants de Pont, Penmarc'h, Audierne, Douarnenez, Châteaulin, le Faou, Daoulas, et les invite à s'unir pour la défense commune ; les habitants de Châteauneuf envoient, à leur tour, pour faire alliance avec Quimper [2], etc.

A Saint-Brieuc, les bourgeois élisaient chaque année le procureur-syndic, les miseurs et les notables chargés d'assister aux assemblées de l'hôtel de ville. Pendant la Ligue, la ville chercha à se maintenir dans une sorte de neutralité : le seigneur et l'évêque tenaient pour la cause de Mercœur; mais les magistrats inclinaient pour le roi. Saint-Brieuc fut ainsi exposé aux ravages des deux partis : d'un côté, Mercœur, les Espagnols ses alliés, le brigand La Fontenelle ; de l'autre, les Anglais et les gouverneurs royalistes des places voisines la pillaient tour à tour : la ville fut ruinée, mais fut encore moins malheureuse que beaucoup d'autres villes, grâce à l'habileté des citoyens qui la gouvernaient [3].

L'activité des conseils bourgeois des villes de la Ligue est vraiment remarquable : au milieu des douleurs de l'époque, malgré les

---

[1] Moreau, p. 53-55.

[2] Extrait d'un registre des regaires, dans A. de Courson, *Bret. armoricaine*, 1840, p. 565, 567.

[3] Notice de M. de Goslin, *Bulletin arch. de l'Ass. Bretonne*, t. IV, p. 175.

charges de toute nature qui pèsent sur la classe moyenne, c'est pour la plupart une satisfaction véritable de pouvoir discuter, ordonner, agir, en un mot, gouverner. L'orgueil bourgeois est singulièrement flatté de cette part importante qu'ils prennent à la vie politique. Voyons seulement l'exemple de Nantes.

C'est d'abord une espèce de comité révolutionnaire, un conseil de l'Union, qui s'empare du pouvoir jusqu'au moment où Mercœur, par l'établissement d'un conseil d'État et de Finances, a organisé le gouvernement. Ce conseil est composé des principaux ligueurs ; le 10 avril 1589, il y avait 67 personnes ; deux échevins seulement et peu de magistrats y assistaient : au premier rang, on remarquait le grand-vicaire de Courans, le théologal Christi, le chanoine de la Benaste, l'official Touzelin, quoiqu'il fût déjà suspect à Mercœur; puis le prédicateur J. Le Bossu et le sieur de la Courousserie. Ils entrent immédiatement en correspondance avec les principales villes de l'Union et les principaux chefs du parti : ainsi, le 21 avril 1589, on reçoit des lettres du prévôt et des échevins de Paris, puis du maire et des échevins d'Orléans, etc. ; puis de Bois-Dauphin, qui commandait en Anjou.

Le 19 mai 1589, Mayenne lui-même s'adresse au conseil : « Le « porteur vous dira les particularitez des heureux succès que Dieu « nous a envoyez contre nos ennemis; il ne faut douter que l'issue « ne soit bonne, puisque c'est pour la gloire de Dieu, manutention de « notre religion et le salut des gens de bien si affligez sous le joug « de la tirannie:

« Votre entièrement affectionné et meilleur ami à jamais,
« Charles de Lorraine. »

Le 9 août, dans une nouvelle lettre, il leur recommande instamment de réunir tous leurs efforts contre les hérétiques[1].

Les capitaines des quartiers font, par l'ordre de ce conseil, des quêtes d'argent dans leurs compagnies, pour une dépense secrète; on a pensé que c'était pour envoyer au duc de Mayenne. Le conseil adresse des lettres circulaires aux gentilshommes, aux seigneurs du diocèse, et même à plusieurs villes, à Guérande par exemple, pour les exhorter à entrer dans le Saint-Parti.

La ville reçoit les serments des seigneurs : « Nous vous promet-

---

[1] Archives de Nantes.

« tons, disent-ils, de vivre et de mourir pour la sainte foi catholique
« et l'union de nos princes, particulièrement pour M. le duc de
« Mercœur et Madame[1]. » Des négociations sont entamées avec le
maréchal de Retz, sur le même sujet. Le conseil ne se contente pas
d'ordonner de nouveaux impôts, des emprunts forcés sur les gens
aisés, sur les mal-pensants, ou sur les prisonniers détenus au château[2]; il s'empare des marchandises appartenant à des calvinistes,
et placées à Nantes en dépôt, puis il les fait vendre, au profit de
l'Union[3]. Il ne se contente pas de faire des approvisionnements de
boulets, de poudre, de bois à gabions et fascines; de réparer et augmenter les fortifications de la ville; il décide des expéditions au
dehors. Ainsi, à la nouvelle d'une émeute à Vannes, il prend toutes
les mesures nécessaires pour conserver cette ville à l'Union : il y
fait passer en toute hâte de la poudre et des canons; cinquante habitants escortent par mer les munitions; il écrit à M. de Châteauneuf,
pour le prier d'y envoyer des secours[4]. Des bourgeois armés sont
dirigés avec leurs capitaines pour unir à la ville Guérande et le
Croisic. Deux cents hommes doivent aller chasser de Blain le chevalier du Goust; chaque homme reçoit une demi-livre de poudre et
quinze sous par jour (26 et 27 mai). On envoie de l'artillerie à
Mercœur, qui fait le siège de Vitré, et il est décidé que les habitants en
commission ne seront plus payés que de leurs déboursés, sans égard
à leurs journées perdues (5 juin)[5]. On fait passer des vivres et de

1 Archives de Nantes.

2 Liasse énorme des emprunts faits par les maires et échevins de Nantes pour prêter à Mercœur : prêt de 20,000 écus pour la solde de sa gendarmerie devant Vitré (26 juin 1589); prêt de 8,950 écus, pour subvenir aux frais de la guerre (25 juillet 1589); prêt de 6,600 écus (1590); prêt de 12,000 écus, pour la solde des garnisons (31 janvier 1595); etc., etc. Toutes ces sommes ne furent pas rendues, puisque, le 1er mars 1606, Mme de Mercœur devait présenter à Henri IV une requête, pour être déchargée des dettes de son mari. (Arch. de Nantes.)

3 Registres de la ville, juin 1589 : Archives de Nantes.

4 Registres de la ville. Lettres des habitants de Vannes (4 juin 1589), pour remercier les habitants de Nantes de leur bonne affection, et les prier de leur envoyer encore de la poudre. (Arch. de Nantes.)

5 Mercœur n'écoute pas les réclamations : ainsi, nous avons lu aux Archives de la mairie de Nantes une requête très-humble et très-pressante des gens de a paroisse de Vigneux, qui demandent à être exemptés de travailler aux fortifications de la Ville neuve et au siège de Blain; Mercœur repousse durement leurs réclamations. (Arch. de Nantes, juin 1589.)

l'argent à Mercœur : 10,000 écus le 21 juin, 20,000 le 26. On lui accorde la levée d'une compagnie de quarante cuirassiers et de soixante arquebusiers à cheval, pour défendre la ville et les environs, et 250# par mois sur les marchandises entrant et sortant ; de plus, 1,000 écus au capitaine, pour créer la compagnie. On interdit le commerce avec les villes qui ne sont pas de l'Union, et tous les marchands de ces villes doivent sortir dans les vingt-quatre heures. Puis, le conseil accorde 50 écus d'or de gratification au sergent qui apporte l'heureuse nouvelle de la prise du comte de Soissons à Châteaugiron ; 200 écus au président Carpentier, pour son assiduité à assister aux séances ; sur la proposition de frère Le Bossu, des remerciements à Mercœur, pour l'attention qu'il donne à la conservation des habitants ; et, presque tous les quinze jours, le conseil préside au serment solennel de fidélité à l'Union : ainsi, pas un seul instant de repos[1].

Plus tard (juillet 1589), quand le conseil d'État et de Finances est organisé, le bureau de ville, c'est-à-dire la mairie, reprend plus régulièrement ses fonctions. Son activité n'est pas moins grande : les registres municipaux de la fin de 1592, de 1593 et de 1594 n'existent plus aux Archives de Nantes ; ils ont été probablement supprimés, lors de la soumission de Mercœur au roi ; mais, dans les documents qui nous restent, on peut juger de l'état de Nantes, la capitale de la Ligue en Bretagne.

La grande affaire, c'est la défense de la ville et de la cause catholique : les arbres sont abattus sur les chemins qui conduisent à Nantes ; on garnit de fossés et de fortifications les avenues des faubourgs : on met hors de la ville tous les suspects et tous les vagabonds ; il est défendu de sortir dans les rues après dix heures du soir ; les murs se couvrent d'artillerie, de gabions ou de grands paniers, que les habitants doivent remplir de terre ; on ordonne de se munir de hottes, pelles, pics et tranches de fer ; les barrières et les portes sont rétablies ; les murs et les corps-de-garde réparés ; l'on en construit de nouveaux. La milice bourgeoise est sans cesse sous les armes, jour et nuit, non-seulement dans tous les postes de la ville, mais aux faubourgs, à la Fosse, au Marchix, à la Ville neuve, à la Saulsaie, à Pirmil, à Richebourg, à Saint-Clément, à Saint-

---

[1] Registres de la ville, *passim*.

André et à Saint-Donatien[1]. L'exportation du blé est défendue, sous peine de mort et de confiscation des biens; les habitants doivent faire des provisions au moins pour trois mois, et des moulins en bois sont construits dans la ville[2].

Chaque jour l'on vote de nouvelles contributions, de nouvelles dépenses extraordinaires, pour la ville et pour les alliés : ainsi, envoi de poudre et de farines à Donges, menacée par les royalistes; vivres et munitions aux garnisons de Châteaubriant, de Vue, de Montoir, etc., aux soldats qui font le siége de Blain[3]. Ainsi, Mercœur demande 2,000 écus pour payer ses troupes, autant pour l'Espagnol d'Aquila, et de plus quinze milliers de poudre, des balles de fer, des pics, des pelles, du fer-blanc, des canons, mille hottes, cinq cents paniers, des balles de laine, des toiles et étoffes pour trois mille sacs, puis quatre mille pains blancs de seize onces par jour pour les Espagnols, etc., etc. Mercœur est parfois d'un sans gêne singulier à l'égard des pauvres Nantais : un député de Vannes, par exemple, se présente au bureau de ville, et réclame, au nom de ses concitoyens, un don de 1,500 écus que le duc leur avait accordés sur les octrois de la ville de Nantes, pour les réparations de Vannes[4]; les bourgeois trouvèrent la réclamation extraordinaire, et se dispensèrent pour cette fois de complaire à Mercœur. Peu après, un gentilhomme, député de Rouen, muni de lettres de recommandation de Mayenne et de Mercœur, se présente et demande, au nom des habitants de Rouen, 4,000 livres de poudre : la ville ne pouvait les donner; mais elle consent à être cau-

---

[1] Ordonnance de Mercœur, enjoignant, attendu la nécessité des temps, à tous les habitants de la ville, de monter la garde ou de se faire remplacer, nonobstant leurs priviléges, etc. (24 mai 1592). Les ecclésiastiques, les femmes même, ne sont pas exemptés. (Arch. de Nantes.)

[2] Visites des caves et greniers, pour assurer l'approvisionnement de la ville (25 janvier, 3 février 1590), etc., etc. (Arch. de Nantes.)

[3] Lettre des habitants de Saint-Nazaire, pour demander de la poudre et des boulets; reçu du capitaine d'Ancenis, pour la pièce d'artillerie qu'on lui a prêtée; promesse du capitaine Foielle (?) de rendre les arquebuses qu'on lui a confiées; etc., etc., pièces nombreuses concernant le siége de Vue, de Blain, etc. (1589-1591). (Arch. de Nantes.)

[4] Lettres du duc de Mercœur, ordonnant de bailler, chaque année, sur les deniers de la ville, 1,500 écus aux habitants de Vannes, pour les aider à fortifier leur ville contre les entreprises des hérétiques : 29 janvier 1590. (Arch. de Nantes.)

tion de 4,000 écus d'or pour Rouen, qui tire la poudre de Saint-Malo. Plus tard, Nantes envoie sans doute de nouveaux secours à cette ville, puisque nous avons encore les comptes des poudres et munitions, fournies pour la ville de Rouen (22 juin 1595).

Les bourgeois vont eux-mêmes contribuer à l'attaque ou à la défense des villes voisines : ainsi, Mercœur leur demande 500 hommes de renfort pour le siége de Blain, tous les Lamballais que l'on pourrait rencontrer, des charpentiers avec leurs outils, quelques maçons, manouvriers, etc[1].

Malgré toutes ces fatigues, toutes ces dépenses exorbitantes, beaucoup dans la ville restaient attachés à l'Union; beaucoup étaient d'ailleurs flattés du rôle important que jouait la bourgeoisie, louée, cajolée, et séduite, quoique pillée et rançonnée par Mercœur et ses lieutenants. Ainsi, le bureau de ville était glorieux de recevoir une lettre de Mercœur, qui lui écrivait au sujet de l'échange de M. de Bois-Dauphin contre M. d'Avaugour, et il priait le duc de n'y pas consentir, à moins que ce dernier ne livrât Clisson. Bois-Dauphin venait lui-même, mais en vain, solliciter les bonnes grâces des bourgeois. Dans les cérémonies publiques, dans les processions, le corps de ville soutenait orgueilleusement sa dignité : il marchait en grande pompe, précédé de ses huissiers, la hallebarde à la main ; les anciens maires, sous-maires, échevins, capitaines, lieutenants, enseignes, et les notables bourgeois traversaient gravement les rues de la cité, souvent aux acclamations de la populace : de là grande dispute avec le parlement, non moins jaloux de ses droits honorifiques; assignation du maire par le procureur-général, procès. La ville ne cédait pas, et il fallait toute l'autorité et surtout l'habileté de Mme de Mercœur, pour apaiser le différend[2].

C'est ainsi que la plupart des cités bretonnes se soulevaient contre l'autorité royale. La crainte de voir la persécution et la ruine de leur antique religion, comme le répétaient dans leurs discours passionnés les prédicateurs, avait mis les armes à la main des bourgeois. Le souvenir de la vieille indépendance bretonne se ranimait avec d'au-

---

[1] Lettre de Mercœur, invitant les habitants à lui envoyer promptement des maçons et manouvriers, pour la démolition du château le Derval (27 janvier 1593). (Arch. de Nantes).

[2] Travers, t. III. *passim*.

tant plus de vivacité, que la royauté française s'était en quelque sorte complue à irriter par des vexations maladroites ces populations défiantes. Enfin, l'amour-propre local, la satisfaction d'agir et de gouverner, le désir prématuré de libertés politiques, soutenaient les passions et les courages; et les chefs profitaient de ces dispositions du peuple, dans l'intérêt de leur fortune et de leurs projets ambitieux.

CHAPITRE V.

Causes diverses qui entraînent les gentilshommes dans le parti de la Ligue. — Jérôme d'Aradon. — Plaintes des contemporains, de Moreau, de P. Biré, etc. — Les Saint-Offange; le comte de la Magnanne; la Fontenelle. — Pillages, excès des lieutenants de Mercœur; caractère de la guerre.

Lorsque les députés de Saint-Malo, après avoir repoussé les demandes de Mercœur, se furent retirés dans leur demeure à Dinan, vers le soir du même jour, l'un de ses principaux confidents, Charonnière, vint trouver secrètement l'un d'eux, qui était son ami, et lui dit en l'abordant : « Je viens vous voir, pour vous dire que si nous « vous gagnons, nous sommes tous perdus. » Puis, il lui expliqua ces paroles énigmatiques : les nobles qui suivaient le parti de Mercœur n'étaient retenus sous ses drapeaux que par intérêt; les uns attendant quelque récompense de leurs services, les autres craignant pour leurs biens situés dans le pays que le duc occupait; celui-ci entraîné par l'espérance du butin, celui-là avide de combats et de courses aventureuses : tous désiraient prolonger la guerre, pour se rendre plus importants; tous seraient désespérés de voir Mercœur atteindre facilement le but que son ambition s'était proposé : il ne fallait donc pas qu'il s'emparât de Saint-Malo. Les paroles de Charonnière furent comprises, et les députés se hâtèrent de quitter Dinan. Tel est le récit fidèle et significatif de la Landelle[1].

Sans doute, plus d'un gentilhomme breton, sincèrement attaché au

---

[1] *La Ligue à Saint-Malo.*

culte de ses pères, et convaincu des dangers que la religion catholique pouvait courir dans ces tristes circonstances, prit les armes pour défendre cette noble cause ; mais la ferveur religieuse n'était pas la seule passion qui fit battre les cœurs. Beaucoup, à cette époque, depuis le duc de Guise, les ducs de Mayenne et de Mercœur, ces nouveaux Macchabées, comme on osait les appeler, jusqu'au dernier de leurs lieutenants, beaucoup, dis-je, étaient excités par l'ambition ou l'intérêt. Ils désiraient avant tout les jouissances du pillage, les avantages du butin ; ils étaient entraînés par ce besoin impérieux d'activité et de mouvement qui, depuis tant de siècles, poussait les seigneurs féodaux aux hasards émouvants des batailles.

« En Bretagne, dit l'historien de Piré, l'intérêt particulier eut
« toujours beaucoup de part au choix des seigneurs : les aventu-
« riers, qui n'avaient rien à perdre, se donnèrent à celui des deux
« partis qui leur promit de plus grands avantages, et sous les ensei-
« gnes duquel ils crurent qu'ils feraient mieux leurs affaires ; les
« autres se trouvèrent dans la nécessité d'embrasser le parti qui occu-
« pait les places du pays, où leurs biens étaient situés[1]. » Dans une remontrance adressée au roi, sur les misères de la Bretagne et sur ses causes, nous lisons : « Si on demande qui a fait aucuns s'armer
« contre leur Prince, contre leur païs et contre leurs concitoïens, la
« réponse est prompte, que c'est la liberté de mal faire, l'ambition
« de commander, l'avarice, et en somme la désobéissance de tous
« en général, et de chacun en particulier, au Prince, aux Loix, aux
« Magistrats[2]. »

En Bretagne, les documents contemporains ne présentent, pour ainsi dire, que des faits à l'appui de ces assertions : nous ne trouvons aucun de ces caractères héroïques que suscitent toujours les fortes convictions politiques ou religieuses, aucune de ces nobles actions, aucun de ces traits sublimes, qui nous révèlent un sentiment élevé, une croyance généreuse.

L'un des chefs de la ligue en Bretagne, Jérôme d'Aradon, seigneur de Quinipily, gouverneur d'Hennebont, est l'un des plus sincères, l'un

---

1 De Piré, t. Ier, p. 95.
2 *Remontrance au Roi, contenant un bref discours des misères de la province de Bretagne, de la cause d'icelles*, etc., 1598, in-8°., à Paris, chez Huby. — *Mémoires de la ligue*, t. VI, p. 593 . 627.

des plus fervents catholiques de son parti : son frère, Georges du Plessis, était évêque de Vannes; d'Aradon, son troisième frère, gouverneur de cette ville. Dom Taillandier le traite un peu durement, en l'appelant une *façon de dévot, ligueur fanatique, séduit par de faux principes de religion;* c'était plutôt, comme on l'a remarqué[1], un homme qui poussait à ses dernières conséquences le principe: « *Hors de l'Église, point de salut,* » et qui regardait un huguenot comme un ennemi dont il fallait se débarrasser à tout prix. Il nous a laissé un curieux journal des événements de sa vie de 1589 à 1593: c'est une espèce de mémorandum sec et concis, fait jour par jour, à la hâte, pour celui qui l'écrivait, et nullement pour la postérité. Nous y voyons l'homme à nu en quelque sorte; et cet homme n'est pas une exception : à ce titre, il mérite d'être étudié.

Messire d'Aradon est très-religieux ; sans cesse il parle de Dieu : c'est probablement après sa prière du soir qu'il écrit ses courtes notes. Citons-en quelques-unes, prises un peu au hasard : « Mardi
« 18 juillet 1589. — Il nous compta comme le bon Dieu avait assisté
« monsieur le duc de Nemours, lequel par son aide avait défait et
« taillé en pièces neuf mille Suisses qui venaient pour ce malheureux
« Henri de Valois. »

« Samedi 22. — Le bruit estoit que les Parisiens avoient tué
« 15,000 hommes des gens de Henry de Valois et du roi de Navarre,
« lequel il disoit estre mort. Dieu vueille qu'ainsi soit. »

« Vendredi 22 septembre. — J'écrivis à M**......, afin qu'ils se
« tinssent sur leurs gardes, à cause desdits sieurs de Châteauneuf et
« du Pont, l'audace desquels je prie Dieu de tout mon cœur vouloir
« bien abaisser, ou autrement les exterminer en bref par sa saincte
« grâce..... Dieu veuille exterminer en bref le roi de Navarre et ses
« malheureux complices[2]. »

Il nous dit également qu'il jeûne trois fois par semaine; qu'il a communié dévotement, ainsi que sa femme, etc., etc. Quand il ne peut écrire, c'est cette dernière qui prend la plume et qui continue le journal. D'Aradon accueille avec bonheur tous les faux bruits que les ligueurs ne cessaient de répandre dans l'intérêt de leur cause : le roi de Navarre, l'hérétique, l'excommunié, est, à l'entendre, sans

---

[1] M. Bizeul, dans la *Biographie bretonne.*
[2] *Journal* d'Aradon, *passim* ; à la suite de D. Taillandier.

cesse battu par Mayenne. M. et Mme de Mercœur, qui entretiennent une correspondance suivie avec le gouverneur d'Hennebont, lui annoncent souvent que le roi de Navarre est mort, sur le champ de bataille, ou qu'il s'est noyé dans une rivière près de Dieppe, etc.

Il est brave, mais d'une bravoure un peu brutale, et parfois vantarde : ainsi, il est impossible de comprendre ses exploits, lorsqu'il est assiégé dans Hennebont par les troupes royalistes. On tire 700 coups de canon, moins un : la brèche est faite, 1,200 hommes s'avancent ; il les repousse avec douze hommes, à la grâce de Dieu : l'ennemi perd 500 hommes au moins ; lui, il n'a à regretter que quatre hommes et un maçon[1]. Et quand il est contraint de capituler, il écrit qu'il le fit à cause de *l'espouvante que les habitants de Hennebont eurent, lesquels se vouloient en dépit de moy rendre, de quoy je crevoye de dépit, et en pensé enrager.* L'un de ses frères abandonne le parti de la Ligue ; d'Aradon ne fait pas de longues réflexions à ce sujet : « Mardy 24 novembre. — Mon frère de « Camor arriva en ceste ville de Hennebont, et se vint déclarer « qu'il estoit du party contraire ; de quoy, je fus très-marry. Je prie « le bon Dieu de tout mon cœur l'en vouloir retirer et amender, ou « bien luy donner la bonne mort. Ainsi soit-il. »

Voilà les sentiments des plus convaincus : et encore d'autres motifs n'étaient pas étrangers à leur conduite. Il suffit de consulter le *Journal* d'Aradon : « Le jeudi 30, mon frère de Camor, en s'en « retournant de Quinipily, prit quatre prisonniers, desquels j'espère, « avec l'aide du bon Dieu, en avoir 4,000 escus sol[2]. »

Quel trait de mœurs ! Les d'Aradon voyaient avec peine un parvenu, favori de Mercœur, nommé la Cointerie, trancher du gouverneur à Vannes, où il était avec son régiment : ils demandent pour eux-mêmes le gouvernement de cette ville, bien persuadés que Mercœur *ne saurait refuser ; car il était alors à craindre qu'il ne les mécontentât, ce qui eût fort reculé ses affaires dans cette province.* Mercœur accorda la place au sieur d'Aradon, le troisième frère. Vers la fin de la guerre, les terres du prieuré de Batz viennent d'être dévastées par le capitaine royaliste La Tremblaye : quatre jours après, les compagnies du seigneur d'Aradon et de plusieurs

---

[1] *Journal* d'Aradon. p. 265.
[2] *Journal* d'Aradon. p. 262.

autres achèvent de ruiner ces propriétés. Nous verrons plus tard les relations intéressées de cette famille avec les Espagnols, et les conditions avantageuses de leur soumission à Henri IV[1].

Le sieur de Quinipily, comme beaucoup d'autres capitaines ligueurs, est donc avant tout un brave soldat, qui aime la guerre pour ses émotions et pour ses profits, sans héroïsme politique ou religieux ; ferme, tenace, mais toujours avide de butin, de richesse et de pouvoir : image assez exacte de ces gentilshommes bretons des anciens temps, qui combattaient pour Charles de Blois ou pour Montfort. Les principaux lieutenants de Mercœur, Saint-Laurent, de Goulaine, de Carné Rosampoul, Talhouet, Lezonnet, etc., etc., sont de la même famille ; seulement, tous n'ont pas les convictions du gouverneur d'Hennebont.

L'auteur du *Dialogue du Maheustre et du Manant* a dit : « Quant « aux gentilshommes, ils se maintiennent les uns, les autres : si un « gentilhomme a deux enfants, il en baillera un au Roy et l'autre à « la Ligue...; et ne se soucient les princes et la noblesse de la cause « de Dieu et de son peuple, pourveu que leur particulier soit « asseuré[2]. »

Calcul semblable se retrouve assez souvent en Bretagne : ainsi, nous pouvons citer les familles d'Aradon, de Carné, de Rieux, d'Espinay, etc. Le sire de Pratmaria et du Granec est pour la Ligue ; son fils combat dans les rangs du capitaine royaliste Liscoët. Le comte de Combourg prend le parti de Henri IV ; sa femme déclare *qu'elle désire vivre et mourir en la religion de la Sainte-Union*, et elle obtient de Mercœur la mainlevée pour ses terres saisies par les ligueurs[3]. Le père du comte de Combourg, le marquis de Coetquen, était royaliste, et battait plusieurs fois son gendre Saint-Laurent, le lieutenant de Mercœur. Le marquis de Belle-Isle était, dit un historien, un jeune homme perdu de réputation, à cause de son avarice, de ses brigandages et de ses cruautés ; pour conserver les grands biens qu'il possédait au delà de la Loire, il s'entendit avec son père et sa mère. Le maréchal de Retz s'exila en Toscane, et,

---

1 De Piré, t. 1, p. 299, 301. — D. Taillandier, p. 406. — Chan. Moreau, p. 110-114. — Arch. de Nantes : réclamations du prieur de Batz.

2 *Satire Ménippée*, t. II de l'édition de Ratisbonne, p. 424.

3 *Actes de Bretagne*, t. III, col. 1545, 46.

prenant le prétexte d'une feinte maladie, il resta caché dans une abbaye voisine de Florence ; sa femme, la spirituelle Claude-Catherine de Clermont, se retira auprès du roi, pour entretenir ses bonnes grâces : quant au marquis, il passa en Bretagne, et embrassa le parti du duc de Mercœur[1]. La guerre de la Ligue entre gentilshommes, a-t-on dit avec raison, était loin d'être véritablement sérieuse : ils cherchaient surtout à faire des prisonniers, pour obtenir de riches rançons ; les relations personnelles étaient toutes-puissantes et dominaient presque toujours les questions de principe : la guerre civile était surtout une charge pour le bourgeois et le paysan, que l'on allait, entre deux orgies, piller, massacrer, incendier[2].

Les pauvres gentilshommes bretons du XVIe siècle sont bien les fils de ces dignes compagnons de du Guesclin et de Richemont, braves, mais surtout grands pillards, que l'on retrouve partout où il y a combats et butin, dans les grandes guerres du XIVe et du XVe siècle. Les contemporains eux-mêmes, partisans de la Ligue et de Mercœur, signalent avec douleur la conduite souvent peu généreuse de la plupart des capitaines. Ce n'est pas le salut de la religion, le triomphe de leur cause qu'ils désirent surtout ; c'est le pillage d'un château ou d'une ville, c'est la rançon d'un riche prisonnier.

Écoutons le panégyriste de Mercœur : « A la mienne volonté, que
« dès le commencement du Luthérianisme et du Calvinisme, les
« rois et princes catholiques eussent faict sacrifice à Dieu de tous
« les hérétiques, sans avoir aucun respect au sang ny à la qualité ;
« certainement, la France ne serait au malheur qui l'accable à pré-
« sent. Toutefois, puisque la faute est faicte tant par la connivence
« que par l'avarice qui nous a introduit des rançons, je croy que si
« l'avarice s'amortissoit aujourd'huy, et qu'au lieu de telles rançons
« on cherchast la mort et confusion des hérétiques, nous sommes
« encore assez à temps pour coupper chemin à la gangrenne, qui
« nous menace de la perte de nostre saincte religion catholique[3]. »

Et, quelques pages plus loin, après avoir rappelé une prétendue loi des premiers Francs, qui ordonne d'enterrer tout vifs ceux qui

---

[1] De Thou, liv. 102, note. — Mézeray, t. XVI, p. 218.

[2] G. Le Jean, *Notice sur Carhaix*. Voir la capitulation de la garnison de Pontbrient : *Actes de Bretagne*, t. III, col. 1512.

[3] P. Biré, p. 106.

livrent leurs forteresses, il ajoute : « Ce seroit un très-grand bien
« pour les Français, si aujourd'huy on pratiquoit ceste ancienne loy
« contre tous les capitaines qui ont la garde des villes et chasteaux
« avec fortes garnisons, qui reçoivent grosses pensions du Prince, et
« outre levent de leur propre et privée authorité des tributs sur le
« pauvre peuple, pour l'entretenement de leurs garnisons. Pour ce
« que la plus-part d'eux sont si malitieux et avares, qu'ils laissent
« passer librement, voire le plus souvent appellent les ennemis à la
« porte de leurs garnisons, sans se mettre en devoir de les empescher,
« ou tiennent leurs places si despourvues de personnes et de vivres,
« qu'il ne faut aujourd'huy plus de canon pour emporter la plus forte
« place de France ; la patience de deux mois sera suffisante à l'assié-
« geant pour enlever les assiégez sans autres coups frapper. D'autant
« que ces Capitaines mettent l'argent en leur bourse, au lieu de
« munir leurs places, tenant pour maxime qu'il faut faire ses affaires
« ce pendant qu'on en a le temps[1]. »

Les reproches sont d'autant plus forts, qu'ils viennent d'un ligueur
dévoué, mais honnête ; il est encore plus énergique dans le passage
suivant : « Si la justice étoit observée, nous ne verrions pas tant
« d'audacieux et oppresseurs de pauvres gens lever la teste impu-
« demment et d'un regard sourcilleux mespriser la justice, comme
« nous voyons maintenant au grand mespris de Dieu, et au scandal
« de tout le public, qui le plus souvent ne dist pas tout ce qu'il
« en pense.... Le moindre palefrenier d'un prince ou grand seigneur,
« se tenant roide et fier de l'authorité de son maistre, sera bien
« si téméraire et outre-cuidé d'attaquer de propos et injures, voire
« mesmes de battre et offencer, non un lacquais ou autre de sa
« qualité, mais le plus signalé de toute une ville et du pays circon-
« voisin. Que si l'offensé pense seulement à repousser l'injure, Dieu
« sçait comment il sera rabroüé.... On demandera aux juges qui
« auront décrété, si c'est le respect qu'on porte au prince d'empri-
« sonner son serviteur. Mais de ma part je voudrois qu'un vray et
« parfait homme de Dieu luy répliquast : Vostre maison est-elle un
« réceptacle d'iniques, de séditieux et de meschans ? Êtes-vous pro-
« tecteur des assassins, des voleurs et des oppresseurs de la liberté
« publique ?.... Vous estes Prince, vous estes puissant, vous avez du

[1] P. Biré, p. 112.

« pouvoir et de l'authorité ; je le confesse : mais de qui tenez-
« vous tout cela ? De Dieu, qui vous a faict tel que vous estes, pour
« deffendre et maintenir les petits, ou bien de vostre seul mérite,
« qui n'est que fumée et vanité sans la grâce divine [1] ?

Rappelons-nous toujours que l'auteur écrivait à Nantes, en 1593, au moment même des victoires de Mercœur, et à la cour de ce prince. Que pourrions-nous ajouter ? Dès l'année 1591, les États de Nantes avaient cherché à réprimer les excès et les brigandages ; mais leurs injonctions, quelque louables qu'elles fussent, devaient être peu respectées : elles méritent cependant d'être rappelées.

« Défense sous peine de la vie à tous gens de guerre ou autres de
« prendre ou gehenner les villageois, ou enlever leurs bestes de
« charrue ou autre bestail, instruments de labour et tous autres
« meubles.

« Ceux qui auront acheté des biens ravis ausdits villageois, les
« rendront, et seront punis d'amende arbitraire.

« Défense aux capitaines et autres gens de guerre de prendre
« femme, ni enfants sous l'âge de quinze ans.

« Défense de faire levées de deniers sur le peuple, sans autorisa-
« tion..., de couper ou abattre les forêts et bois de haute futaie.

« Défense, sous peine de la vie, aux gens de guerre, de prendre
« aucun prisonnier du parti de l'Union, de piller leurs maisons et
« user de force et violence à l'endroit des femmes et filles. »

Et ce n'étaient pas là de simples précautions pour l'avenir : *Monseigneur est supplié de remettre la discipline militaire*, dit l'art. 38 ; *les crimes des soldats seront punis, pour maintenir la discipline militaire*, dit l'art. 43, etc., etc.[2]. Aussi, l'histoire de la Ligue en Bretagne ne nous montre qu'une guerre de partisans, de surprises, de pillages : la plupart des capitaines agissent presque toujours indépendamment des chefs ; les maisons sont incendiées, les meubles enlevés, jusqu'aux grilles des fenêtres ; les maîtres mis à rançon ; les malheureux qui ne peuvent payer sont égorgés, brûlés, pendus, attachés aux ailes des moulins : souvent, le pays ami est aussi maltraité que le pays ennemi.

Les registres du parlement sont remplis de doléances, d'informations, d'arrêts, qui nous font connaître les misères de l'époque et leur

---

[1] P. Biré, p. 107, 108.

[2] *Actes de Bret.*, t. III, col. 1535, 37.

caractère : il est à chaque instant question de personnes de distinction enlevées, rançonnées ou tuées. Chez plusieurs, ces violences étaient l'effet d'un zèle de parti ; chez beaucoup, c'était l'avidité du butin ou le résultat des animosités particulières. Au milieu de tout ce désordre, il est impossible de reconnaître aucune unité ; c'est la confusion des intérêts égoïstes, et non pas l'enthousiasme qu'inspire une sainte et noble cause. Des deux côtés, j'aperçois les mêmes excès, les mêmes brigandages. Ainsi, pour ne citer que quelques exemples, à Callac, à quatre lieues de Carhaix, quelques gens d'armes se fortifient dans les ruines d'un vieux château, et de là ravagent tout le plat pays, attaquant les pauvres paysans seulement. Ils n'allaient jamais chercher l'ennemi, dit Moreau : ce n'était pas ce qu'ils voulaient ; ils se contentaient de la petite guerre, comme ils l'appelaient, c'est-à-dire de la picorée. Ils se disaient du parti du roi, parce que le pays des environs tenait pour le parti de l'Union[1]. — Le marquis de la Roche est resté sept ans prisonnier de Mercœur à Nantes ; délivré en 1596, après avoir payé 4,000 écus, il forme aussitôt le projet de s'emparer de l'île d'Ouessant, quoiqu'elle fût sous l'obéissance du roi depuis 1592. Il s'entend avec le capitaine de Honfleur et avec quelques habitants de l'île, qui doivent le guider : le projet est bien combiné ; mais Sourdéac, lieutenant-général à Brest, est averti par les soins du curé d'Ouessant, et le marquis de la Roche doit chercher de nouvelles aventures[2]. — Le sieur du Goust, hardi capitaine, qui ne songeait qu'à lui, s'était emparé du château de Blain, et était devenu la terreur de tout le pays nantais :
« Si bien qu'il avait tellement faict la guerre aux paysans, par
« emprisonnement et rançonnement, qu'il avait acquis par com-
« mune réputation la valeur de cent mille escus, et, par mesme
« moyen, la haine irréconciliable de ses voisins, pour les inhuma-
« nités dont il usoit.... ; car, pour intimider ceulx qui ne lui voulloient
« point payer rançon, il laissoit mourir de faim les plus aburtés, et
« n'ostoit point les corps morts d'auprès des vivans, afin de con-
« traindre les aultres de payer, etc. » Il n'obéissait vraiment à personne[3].

[1] Moreau, p. 133-134.
[2] Voir l'article curieux de la *Biogr. bretonne*.
[3] Discours de la prise et ruyne de Blein, advenue en novembre 1591, dans les *Mémoires* de Duplessis, t. V, p. 100-110.

Cependant, il faut l'avouer, je trouve dans le parti royaliste, avec un peu plus d'unité d'action, un peu plus de respect pour les grands principes d'ordre, de justice et de discipline. Rien n'est plus triste à lire que les remontrances des États de Rennes au roi (4 janvier 1593), au sujet des ravages épouvantables causés par les gens de guerre dans les villes et dans les campagnes de la Bretagne[1]. Nous voyons les chefs royalistes, comme les magistrats, prendre les mesures les plus sévères pour réprimer ou punir ces désordres : « Nous vous enjoignons, dit le lieutenant-général Saint-« Luc à ses lieutenants, de faire vivre lesdits gens de guerre avec « toute police et discipline, sans permettre qu'ils fassent nulle « violence ou désordre aux paysans et laboureurs et autres per-« sonnes, etc[2]. » Monsieur de Corboson, capitaine, dit Pichart, issu d'un frère aîné du comte de Montgommery, fut arrêté pour ses voleries, bruslemens, pilleries, violement de filles et femmes de tout âge aux paroisses de Beton, etc. La cour, toutes les chambres assemblées, le fit comparaître avec d'autres capitaines normands; il leur fut fait une leçon telle qu'un chascun peut penser; allant auquel lieu ils furent en hasard[3]. Le maréchal d'Aumont, lorsqu'il vient pour assiéger Morlaix, commence par débarrasser le pays du colonel La Croix, qui, maître d'un poste voisin de Guingamp, ravageait tous les environs[4]. Nous ne trouvons rien de pareil dans les instructions de Mercœur; il était forcé de montrer beaucoup plus d'indulgence à l'égard de ceux dont il craignait perdre les services. Le sieur de l'Ile-Aval avait commis une foule de méfaits ; il obtient de Mercœur une lettre d'aveu qui énumère tristement tous ses brigandages; et Mercœur ajoute : « *Vu qu'il est en doute* « *qu'on puisse le poursuivre.* » Il est vrai que ce seigneur obtient quelques mois après un nouvel aveu de Henri IV; au moins celui-ci ne doute pas qu'il puisse être poursuivi, mais il lui pardonne en faveur de sa soumission[5].

Il est bien difficile de dire jusqu'à quel point allèrent les excès de la guerre. Cependant on peut s'en faire une idée, quand on voit l'un

---

[1] Registres des États, dans les *Actes de Bret.*, t. III, col. 1557-1558.
[2] *Actes de Bret.*, t. III, col. 1571.
[3] Pichart, col. 1721.
[4] De Thou, liv. 111.
[5] *Actes de Bret.*, t. III, col. 1647, 48.

des plus modérés ligueurs, Talhouet, avant même d'avoir reçu le prix de sa soumission, acheter et payer comptant 200,000 livres, les domaines de Rhuis et de Sussinio, au maréchal de Schomberg[1]. Montmartin avait raison de dire que la guerre était fort agréable dans ce pays de Bretagne pour les capitaines qui s'y enrichirent, et le nommaient le Petit Pérou[2].

D'ailleurs, quelle était la plus grande partie de cette noblesse, que souvent on nous a représentée sous un aspect beaucoup trop poétique, avec des vertus beaucoup trop chevaleresques? Écoutons encore un contemporain ligueur, le chanoine Moreau. Résumant les malheurs de la guerre civile, et déplorant tant de désastres, il ajoute que c'est en punition des péchés des hommes, qui étaient si débordés, que l'on ne savait plus prier Dieu que par manière d'acquit.
« La noblesse, dit-il, y était si dissolue en toutes sortes de vices et
« débordements, que du petit jusques au plus grand, du maître jus-
« qu'à ses simples valets, réputaient efféminés et sans courage, s'ils
« n'ornaient leur langage de tous les genres de blasphèmes, qu'ils se
« fussent pu aviser, de sang, de mort, de tête et des plus exécrables
« qu'ils pouvaient trouver; même celui qui savait le plus habilement
« jurer par tous les membres, bien renier et massacrer, était réputé
« bon gentilhomme, d'honneur et de courage, brave et galant ; et à
« celui-là ne fallait pas se frotter sans se ressentir; de plus, l'ivro-
« gnerie et la confusion régnaient parmi la noblesse d'une si grande
« fureur, que cela faisait horreur.... Car lorsqu'ils s'entrehantaient
« aux villes et bourgs, les uns chez les autres, il fallait faire état de
« tant boire que toute la compagnie ou partie demeurassent sur le
« carreau.....Telles débauches engendraient souvent des querelles,
« qui enfantaient des meurtres sur-le-champ.... Autant peut-on
« dire de tous les autres vices[3]. »

Le portrait est loin d'être flatteur; en faisant même, je le veux bien, la part de l'exagération, il faut convenir que la noblesse bretonne ne se distinguait pas trop alors par son intelligence et sa moralité ; et l'on peut prévoir quel rôle elle jouera dans les troubles de la Ligue.

[1] De Piré, t. II, p. 368.
[2] Montmartin, p. 286.
[3] Moreau, p. 342.

Les pillages avaient commencé dès les premiers jours de mars 1589; au mois d'avril, le parlement de Rennes déclarait criminels de lèse-majesté beaucoup de seigneurs qui s'étaient prononcés pour Mercœur, à cause de leurs *volleries, bruslemens, forces, violences, prises et enlevemens d'hommes*, etc[1].

Bientôt, tous les turbulents audacieux se jettent dans le parti de la Ligue. Hurtaud de Saint-Offange et son frère Amaury étaient d'abord dans le parti du roi; mais ils se saisirent de Scipion Sardini, riche financier de Lucques, qui allait d'Augers à Tours : ils exigèrent de lui une rançon de 10,000 écus d'or; et, craignant d'être poursuivis pour ce vol indigne, désireux d'ailleurs de piller tout à leur aise, ils *se jetèrent catholiquement*, suivant l'énergique expression de la *Satire Ménippée*, entre les bras des ligueurs, pour éviter la punition de la justice et trouver parmi eux toute franchise et impunité. M. Victor Pavie, dans une longue et curieuse notice, intitulée *les Saint-Offange*, a essayé de réhabiliter la mémoire de ces ligueurs, assez célèbres à leur époque et dans leur province : je doute qu'il ait réussi; il ne m'a pas, du moins, convaincu. En admettant même que l'affaire de Scipion Sardini n'ait pas le caractère odieux que de graves contemporains s'accordent à lui donner, les Saint-Offange ne peuvent être facilement justifiés des exactions et des brigandages de toute nature dont ils se rendirent coupables; l'auteur lui-même ne dit-il pas, en parlant d'eux : « Combattre pour com-
« battre était volontiers leur devise.... La passion, chez eux, enflam-
« mait le courage; leur conscience catholique ne se montra difficile
« ni en conseils, ni en alliances : de là plus d'une responsabilité
« sinistre; de là des bruits odieux, dont la source est trop évidente
« pour que, dans l'intérêt de leur mémoire, il n'y ait pas plus de
« périls à les taire qu'à les avouer[2]. » Ils se rendirent maîtres du château de Rochefort, sur la Loire, au-dessous d'Angers, et de là désolant les campagnes par de fréquentes sorties, ils se signalaient tous les jours par les cruautés qu'ils exerçaient sur leurs prisonniers. Lorsqu'ils étaient pressés par le maréchal d'Aumont, le duc de Mercœur, qui les avait toujours soutenus, malgré leurs brigandages, s'avançait à leur secours avec son armée. Mercœur, ajoute de Thou,

---

[1] Extrait des registres du parlement : *Actes de Bret.*, t. III, col. 1497.
[2] *Revue de l'Anjou*, année 1854.

avait transporté la juridiction d'Angers à Rochefort, et en avait fait président leur proche parent Jean de Launay, le Maçon, qui avait été accusé en justice d'avoir assassiné le baron de la Motte-Serrant, et qui s'était fait d'ailleurs connaître par sa facilité à railler ses accusateurs et par son adresse à éluder les preuves et à récuser les témoins[1]. Pierre du Plessis de Cosme, gouverneur de Craon, l'un des plus puissants soutiens de la Ligue, sur les frontières de la Bretagne et de l'Anjou, n'était pas moins criminel; il suffit de lire la capitulation que Henri IV dut plus tard lui accorder. De Thou parle de l'un de ses exploits; il était l'ennemi du baron de Criquebœuf, gouverneur du château de Montejean : pour mieux le tromper, il fait avec lui une trêve, et lui promet par écrit de ne pas l'attaquer pendant ce temps; puis, grâce à la trahison d'un domestique du gouverneur, il pénètre dans le château et s'en rend maître. La cruauté du gouverneur de Craon, ajoute de Thou, acheva de mettre le comble à cette indigne trahison; car après avoir retenu longtemps prisonnier l'infortuné Criquebœuf, après lui avoir fait payer 6,000 écus de rançon, il le fit impitoyablement massacrer[2].

Anne de Sanzay, comte de la Magnanne, descendant des anciens comtes de Poitou, dit-on, avait été retenu pendant un an à la Bastille par Henri III, qui le punissait de ses pillages; car il était connu, dit Moreau, pour un bon et ancien voleur tant sur mer que sur terre[3]. Il s'était jeté dans le parti de la Ligue, ou plutôt il profitait de la licence des guerres civiles, pour exercer toutes sortes de brigandages. Avec cinq ou six cents hommes, il faisait, écrit un contemporain, le petit général d'armée, courant la campagne, sans respecter les trêves jurées, donnant la loi partout où il passait, laissant partout des traces de sa fureur[4]. Les paysans des campagnes, les bourgeois des villes, étaient tour à tour visités et cruellement rançonnés par ce capitaine pillard, l'un des principaux seigneurs du parti. Voici l'une de ses glorieuses expéditions : il envahit la Basse-Cornouaille, qui suivait le parti de la Ligue, et qui n'avait pas encore été ravagée; il pille le Faou, bat les habitants des communes voisines, indignés de

---

[1] D. Taillandier, p. 421. — De Thou, liv. 103. — *Satire Ménippée*, p. 84. — *Actes de Bret.*, t. III, col. 1650, etc.

[2] De Thou, liv. 102. — *Actes de Bret.*, t. III, col. 1667-1674.

[3] Moreau, p. 150.

[4] Montmartin, p. 309.

ses excès, et leur tue plusieurs centaines d'hommes. Puis il écrit à Quimper, pour obtenir la liberté du passage vers Châteaulin : ses raisons étaient spécieuses ; on la lui accorde. Il commence par payer aux paysans tout ce qui est nécessaire à ses soldats ; ensuite, abusant de leur confiance, il se précipite sur les paroisses assez riches de ce pays épargné par la guerre : pendant quinze jours, il ravage tout, pille tout, ne laissant après lui que ce qui *était trop chaud ou trop pesant ;* ayant bien soin de dépouiller les paysans de ces *larges hanaps ou tasses d'argent moulées et même dorées*, que l'on se transmettait de génération en génération ; il prend les meubles, les armes, etc. Enfin, il se retire chargé de dépouilles, se moquant de ceux qui avaient cru à ses paroles : c'était la première expédition faite en ce pays, non par l'ennemi, mais par ceux qui se disaient être protecteurs de l'Union. Depuis ce temps, dit Moreau, qui jouait alors un rôle assez important à Quimper, et dont le récit est très-curieux, *la populace par où passa le comte n'eut le moyen de lever les cornes, et quand ils n'eussent vu que deux cavaliers passer le chemin, ils se cachaient dans les fossés ou dans les landes, de façon que les casaniers, qui ne cherchaient que la petite guerre, autrement la picorée, faisaient bien leurs affaires parmi cette paysantaille épouvantée*[1]. Quant à la Magnanne, il était rappelé au service de Mercœur, et, gorgé de dépouilles, il allait se cantonner dans l'évêché de Tréguier. La Magnanne n'était pas plus respectueux à l'égard du clergé ; ainsi, il s'emparait de l'abbaye de Lantenac, au diocèse de Saint-Brieuc, et s'y établissait avec sa femme et ses enfants : ses soldats menaient joyeuse vie ; l'église servait d'écurie, le réfectoire était transformé en salle d'armes, puis en étable ; les bâtiments tombaient en ruine ; les bois voisins étaient coupés[2]. « Plus tard, dit un
« historien, à la tête de cinq à six cents hommes de sac et de corde,
« le comte de la Magnanne pilloit indifféremment ceux de l'un et de
« l'autre parti, détroussoit les marchands, levoit des contributions
« à sa fantaisie, et mettoit garnison aux villes foibles où il n'en trou-
« voit point. Ces voleurs étant un jour venus à Quintin, à dessein de
« s'y fortifier, Kergomart, qui en étoit gouverneur, assembla quel-
« ques troupes et les attaqua si à l'improviste et si chaudement,

---

[1] Moreau, p. 147, 153. — D. Taillandier, p. 454. — De Piré, t. II, p. 14, 17.
[2] *Biogr. bretonne*, art. *La Magnanne*.

« qu'il les contraignit de lui abandonner leur butin, et de se retirer
« dans le château, où il les serra de si près, qu'ils crurent avoir bon
« marché d'en sortir le bâton blanc en la main¹. » Aussi, pendant
la trêve de 1593, qui n'avait pas arrêté les brigandages de la Ma-
guanne, le maréchal d'Aumont disait à du Liscoët : « Je pense vous
« avoir escrit deux ou trois fois que si vous pouvez charger et tailler
« en pièces le comte de la Maignanne et ses troupes, qui font tant
« de ravages et de ruine par où elles passent, que vous le fissiez.
« Je vous en prie de rechef, et puis laissez faire à moi des plaintes
« qui me seront faites par ceux de son party; car je sçaurai bien
« que j'aurai à dire². »

Un jeune seigneur du nom de Keranhlan, dit encore le chanoine
Moreau, ayant ramassé vingt-cinq ou trente *brigandeaux comme lui,*
se saisit de la maison de Guengat, en la paroisse de Guengat, à deux
lieues de Quimper, où il se retrancha comme il put, sans distinction
de personne ni de parti : *Il pillait et ravageait, prenait prisonniers,
violait et tuait, comme s'il eût été en terre de conquête......* Assiégé
par les ligueurs, il fut forcé de capituler, et sortit de la place, à
condition qu'il ferait secours au parti : il est vrai de dire que, plus
tard, il commit de nouveaux crimes, et eut la tête tranchée à Hennebont, par l'ordre de Mercœur³.

Mais l'homme qui peut surtout montrer quels excès le parti de la
Ligue souffrait, sinon encourageait, c'est le trop célèbre Fontenelle,
dont le nom est resté populaire en Bretagne, comme celui d'un des
plus audacieux brigands du XVIᵉ siècle. Son histoire a été souvent
racontée ; qu'il nous suffise d'en rappeler les principaux traits.

Il s'appelait Guy-Eder de la Fontenelle, d'une paroisse de la Cor-
nouaille⁴. Au collège de Boncourt, où le vit à Paris le chanoine
Moreau, il montrait déjà ce qu'il serait un jour; il était d'une humeur
batailleuse, et toujours aux mains avec ses camarades. Au commen-

---

1 Mézeray, t. XVII, p. 340. — De Thou, liv. 113.
2 *Actes de Bret.*, t. III, col. 1574.
3 Moreau, p. 73.
4 Guy-Eder de Beaumanoir, baron de Fontenelle, serait né, soit à Bothoa,
en Cornouaille, suivant Moreau ; soit au château de l'Ongle, en la paroisse de
Guenrouet, au diocèse de Nantes, comme le pense M. Bizeul ; soit à Beaumanoir,
paroisse du Vieux-Bourg-Quintin (Côtes-du-Nord), suivant M. Guimar, auteur
d'une notice sur ce personnage. (*Société des Antiquaires de l'Ouest.*)

cement de la guerre civile, il vend ses livres et ses habits, achète une épée et un poignard, va d'abord rejoindre l'armée de Mayenne; puis, après avoir été dévalisé par quelques coureurs, il profite de la mort de Henri III, et s'échappe gaiement vers la Bretagne. Il connaissait le pays, ses landes et ses défilés; c'était un admirable théâtre pour une guerre de partisans, pour le vol et pour le pillage. Là, dit le chanoine Moreau, « il se mit parmi la populace, qui estoit sous les
« armes pour le parti des Ligueurs, qui en fit état, parce qu'il était
« de bonne maison et du pays; et, le voyant d'un esprit actif, lui
« obéissoit fort volontiers. Il se fit suivre de quelques domestiques
« de son frère aisné, et d'autres jeunes gens de la commune, et
« commença à piller les bourgades, et à prendre prisonniers de
« quelques partis qu'ils fussent, s'ils avaient de l'argent pour payer
« rançon[1]. » Dès lors, ce *capitaine voleur* est à la tête de tous les bandits du pays, sans distinction de classe ni d'origine; son principal lieutenant est un certain sieur de la Boulle, cordonnier de son état, d'une force de corps prodigieuse et déterminé soldat, qui, plus tard suspect de trahison, fut jeté à la mer par les ordres de son chef[2]. Il commence par piller les villages et les bourgades, de Saint-Brieuc et de Quimper jusqu'à Brest. Quand il se croyait assez fort, il attaquait les villes : ainsi, Lannion, Paimpol, Landerneau, Carhaix, etc., etc. Il cherche à s'emparer de Guingamp, quoiqu'elle appartînt au duc de Mercœur; mais la vigilance du capitaine fait échouer ce projet : puis il s'établit solidement au château de Coëtfrec, près de Lannion. Les habitants de Châteauneuf-du-Faou, quoique du parti de la Ligue, étaient traités avec la plus grande cruauté par la troupe de Fontenelle; au mois de mai 1592, ils envoient leurs députés aux États de Vannes, pour faire les plaintes les plus vives : il était prouvé qu'il *les avait pillés, ravagés et tués avec de grandes hostilités, avec beaucoup d'autres cruautés insolentes commises par lui et les siens, que les plus grands ennemis n'eussent voulu com-*

---

1 Moreau, p. 284-6.

2 Moreau, p. 289. Cependant, nous trouvons dans les *Actes de Bretagne* (t. III, col. 1693) des lettres d'abolition pour Jacques de Lestel, sieur de la Boulle, commandant, sous le sieur de Fontenelle, au fort de Douarnenez : elles sont données à Lyon, par Henri IV, au mois d'août 1600 : il est difficile de concilier ces deux assertions.

mettre[1]. Mercœur ne peut se dispenser de le faire arrêter; car il était venu bravement aux États, comme l'un des soutiens du parti. Mais le duc avait besoin de soldats, pour aller au secours de Craon. Aussi, dit Moreau, à la prière des autres capitaines et des seigneurs, il fut délivré, et put recommencer ses brigandages en toute liberté[2].

Quelque temps après, il s'empare par trahison d'un château bien fortifié de la Basse-Bretagne, nommé le Grannec; et son possesseur, de Pratmaria, quoique du parti de la Ligue, est dépouillé de tous ses effets, et jeté honteusement dehors avec sa femme. Les paysans, pillés et torturés par la Fontenelle, fuyaient dans les bois et dans les landes, où ils trouvaient la faim et les loups qui les dévoraient; s'ils osaient lui résister ou l'attaquer, leur mauvaise discipline amenait leur défaite, et il ne voulait pas qu'on donnât la sépulture à leurs cadavres. « Un certain jour, se promenant dans les allées
« de la maison, le sieur de Pratmaria lui dit : Comment pouvez-vous
« supporter la puanteur de ces corps morts tout pourris? Il répondit
« que l'odeur des ennemis morts était suave et douce. C'était une
« grande compassion de voir ces pauvres rustiques ainsi massacrés
« qui pourrirent et furent mangés des chiens et la nuit des loups ;
« car si aucun des parents venait de nuit pour enlever un mort, il
« était tué sur-le-champ[3]. »

Il possédait encore un grand nombre de châteaux et lieux fortifiés, comme Corlay, Crémenec, etc., et, de concert avec son digne ami, le comte de la Magnanne, il ravageait impitoyablement toute la Basse-Bretagne, sans respecter les trèves jurées par les deux partis. « Et comme il était au milieu du pays, faisait des courses presque
« jusques cette ville de Quimper, Quintin, Morlais, même jusques à
« Vannes, Tréguier et Léon, et partout fit de grands ravages avec
« peu d'honneur, d'autant qu'il ne s'envisageait jamais avec des
« gens de guerre, mais aux paysans ou communautés, et par sur-
« prise ordinairement. Quant au plat pays, il y apporta telle ruine,
« qu'il est impossible de l'exprimer, n'y demeurant ni hommes, ni
« bêtes, ni maisons où il n'eût facile accès ; le restant du peuple
« étant obligé de se cacher parmi les landes, où, par la rigueur et

---

[1] États de Vannes : Archives d'Ille-et-Vilaine.
[2] Moreau, p. 126.
[3] Moreau, p. 140. 145.

« nécessité du temps, ils mouraient et demeuraient en proie aux
« loups, qui en faisaient leur curée vifs ou morts[1].

Il fut surtout redoutable et menaçant quand il eut surpris le bourg important de Douarnenez et l'île Tristan, à l'extrémité occidentale de la Cornouaille (juin 1595). « Les prisonniers furent traités à la tur-
« que et même plus barbarement, par tourments et toute sorte de
« pauvreté et de disette, pour tirer plus grande rançon d'eux que ne
« montait tout leur bien. Et ainsi, les mettant à l'impossible, mou-
« raient misérables dedans les cachots et cloaques. Ceux qui avaient,
« au moyen de leurs amis et parents, pu trouver promptement leur
« rançon, sortaient demi-morts, semblant plutôt à des anatomies ou
« spectres hideux, n'ayant que la peau et les os, chargés de puan-
« teur et de vermine, lesquels, sitôt qu'ils étaient à changer d'air et de
« viandes, mouraient pauvrement d'une enflure[3]. » Les communes des environs viennent encore pour l'attaquer, et se réunissent vers Saint-Germain-Plougastel : le brigand les fait tomber dans un piége grossier, au moment où les paysans se précipitent sur lui, en poussant leurs hurlements accoutumés; et, grâce à sa cavalerie, il en tue, dit-on, plus de 1,500[3]. Dès lors, il se fortifie admirablement dans son île, et rançonne le pays, terrifié à six ou sept lieues à la ronde. Penmarc'h, ville très-commerçante et très-riche, dont les habitants formaient une espèce de république presque indépendante, et possédaient un grand nombre de bâtiments, tombe en son pouvoir par trahison; il fait charger le butin considérable sur près de trois cents navires, barques, etc. Avec les forces maritimes dont il dispose, la Fontenelle se fait pirate et court la mer : il prend un vaisseau anglais, chargé de marchandises précieuses; les matelots le gênaient, il les fait jeter à la mer[4]. Penmarc'h ne s'est jamais relevé depuis cette fatale époque; elle avait compté jusqu'à dix mille habitants, enrichis par un actif commerce, et marchait de pair avec Nantes pour l'importance de ses exportations, de ses armements, de ses priviléges; la Fontenelle n'y a laissé que des pierres éparses. Lorsque Sourdéac reprit Penmarc'h, en 1597, ceux qui avaient échappé lui apprirent

---

[1] Moreau, p. 145.
[2] Moreau, p. 270.
[3] Moreau, p. 272.
[4] Moreau, p. 274-276. — De Thou, liv. 118.

que la Fontenelle avait fait déshonorer toutes les femmes, au-dessus de dix-sept ans; qu'il avait fait mourir plus de 5,000 paysans, brûlé plus de 2,000 maisons, pillé et emporté tous les meubles.

L'audacieux capitaine doit résister à tous les efforts tentés pour le chasser de Douarnenez. Henri IV avait appris avec douleur ces affreux brigandages; il avait accusé et menacé de sa colère le capitaine du Pré, commandant de la garnison de Quimper, pour l'avoir laissé s'établir dans un poste aussi important : du Pré va se faire tuer inutilement devant ses fortifications. Le gouverneur de Brest, Sourdéac, accompagné de nombreux soldats et de braves capitaines, vient à son tour tenter de délivrer la contrée; il le bloque en vain à Douarnenez pendant six semaines, et il est forcé de se retirer, après avoir beaucoup souffert. Dans une de ses courses, Fontenelle allait rendre visite au sire de Mesarnou, son parent : il fut parfaitement reçu; et, pour récompenser son hôte à sa façon, il s'adjugeait la vaisselle plate qu'il possédait, lui enlevait sa fille, héritière de 8 à 10,000 livres de rente, et l'épousait, malgré son jeune âge[1]. C'est là le sujet d'une des mille chansons populaires dont la Fontenelle le Ligueur est encore, de nos jours, le héros :

« La Fontenelle, de la paroisse de Prat, le plus beau fils qui porta jamais
« habits d'homme, a enlevé une héritière de dessus les genoux de sa nour-
« rice.

« — Petite héritière, dites-moi, que cherchez-vous dans ce fossé?

« — Je cueille des fleurs d'été pour mon petit frère de lait que j'aime.

« Pour mon petit frère de lait que j'aime, je cueille des fleurs d'été; mais
« j'ai peur, et j'en tremble, de voir arriver la Fontenelle.

« — Petite héritière, dites-moi, connaissez-vous la Fontenelle?

« — Je ne connais pas la Fontenelle, mais j'en ai ouï parler.

« J'en ai ouï parler; j'ai ouï dire que c'est un bien méchant homme, et
« qu'il enlève les jeunes filles.

« — Oui! et surtout les héritières! — Il la prit dans ses bras, et l'embrassa;
« puis il la prit en croupe derrière lui, et la mena à Saint-Malo.

---

1 Levot, *Biographie bretonne*.
Moreau met à tort cette aventure sur le compte du royaliste Liscoët (p. 246). Suivant M. Guimard, c'était une jeune orpheline, Marie de Koadelan, fille de Lancelot le Chevoir et de Renée de Koëtlogon : il la fit élever dans un cloître, l'épousa dans la suite, et en fut aimé avec passion ; c'était une fille que la dame de Mesarnou avait eue d'un premier mariage.

« Il l'a menée à Saint-Malo, où il l'a mise au couvent, et quand elle a eu
« quatorze ans, il l'a prise pour épouse[1]. »

Quelque temps après, la Fontenelle entrait de vive force dans la maison d'un gentilhomme, qui avait un sauf-conduit de Mercœur et de la Fontenelle lui-même : comme il ne trouvait pas l'argent qu'il cherchait, il poignardait le malheureux et déshonorait sa femme devant le cadavre de son mari ; puis (chose incroyable), il attachait au cou de son jeune enfant un chat qui le tourmentait jusqu'à le faire mourir[2]. Après la prise de Pont-Croix, malgré une capitulation formelle, il faisait violer la femme du capitaine, et pendre le mari avec un curé des environs et la plupart des prisonniers ; les autres étaient plongés dans des cachots infects, où ils ne pouvaient même pas remuer : quelques-uns étaient mis sur des trépieds ardents ou jetés dans des tonnes d'eau gelée ; ceux qui mouraient étaient portés à la mer par leurs misérables compagnons, qui attendaient le même sort avec impatience, pour être délivrés de toutes leurs tortures[3]. Une autre fois, ayant pris deux hommes, il en fit mourir un de faim et l'autre en lui donnant trop à manger ; il voulait essayer par plaisir, disait-il, lequel des deux mourrait le plus tôt[4].

Un tel monstre, la terreur de la Bretagne, était non-seulement épargné, mais même regardé comme utile et comme nécessaire par le duc de Mercœur, dont il déshonorait le parti, et qui lui confiait cependant des missions importantes[5]. Le chanoine Moreau nous raconte une entrevue curieuse du chef de la Ligue et du capitaine d'aventuriers. Il avait pris envie à la Fontenelle de faire un voyage à Nantes, probablement pour se montrer. Il y alla par mer, et, pour paraître avec plus d'éclat, il fit faire des habits somptueux, et entre autres un manteau venant jusqu'à la jarretière, fourré d'hermine, garni d'une infinité de perles et autres pierres précieuses, « et était tel
« qu'un roi n'en eût eu un semblable, même en son sacre. Ce que
« voyant, le seigneur duc lui dit en le brocardant : « M. de la Fon-

---

[1] *Chants populaires de la Bretagne*, 4ᵉ édition, t. II, p. 93, 97.

[2] D. Taillandier, p. 462.

[3] Moreau, p. 280, 282.

[4] L'Estoile, *Supplément au Journal de Henri IV*, p. 338.

[5] Mandement du duc de Mercœur au sieur de la Fontenelle-Eder, pour la prise de Coetfret (Coëtfrec) et du château du Guerrand. *Actes de Bret.*, t. III, col. 1544-45.

« tenelle, combien de gens ont aidé à payer ton manteau? » A quoi
« n'y eut d'autre réponse qu'un souris[1]. »

Ce qui est encore plus triste à dire peut-être ; ce qui montre l'un
des plus funestes résultats des guerres civiles, où les plus dépravés
sont souvent les plus redoutés ; c'est que les royalistes eux-mêmes
crurent nécessaire de traiter honorablement la Fontenelle. Ainsi,
quand il tombe par surprise au pouvoir du lieutenant-général Saint-
Luc, celui-ci, probablement pour gagner une grosse rançon, peut-
être aussi par politique, n'écoute pas les réclamations des magistrats
qui voulaient le faire juger et pendre ; il lui accorde des conditions
très-avantageuses, et lui promet qu'il ne sera pas recherché pour ce
qu'il a fait pendant la guerre, et notamment pour ce qui concerne le
rapt de sa femme[2].

La Fontenelle recommence ses brigandages, soutenant tantôt
Mercœur, tantôt les Espagnols, jusqu'au moment de la pacification
du pays. Le chanoine Moreau a raconté d'une manière très-intéres-
sante les tentatives réitérées du capitaine pour s'emparer de Quimper : « *Picorée leur manquait,* dit le chroniqueur, *et croyant
« comment ils pourraient se rendre maîtres de la ville, ils y
« eussent trouvé, à leur avis, butin battant, pour s'enrichir tous.
« Leur dessein, en ce cas, était de tuer les hommes et épouser leurs
« femmes et filles qui eussent eu quelques moyens.* »

En 1597, après la prise de Penmarc'h, Sourdéac est supplié par
l'évêque de Quimper, accompagné des trois ordres de l'évêché, de
poursuivre la Fontenelle dans son repaire de Douarnenez ; ils n'é-
*pargneraient rien pour fournir aux dépenses du siége ; ils ven-
draient les calices et les croix, pour se délivrer de la gueule du
dragon.* Mais, malgré tous les efforts des soldats de Sourdéac et des
habitants, la Fontenelle ne put être forcé ; et les assiégeants se
retirèrent, au moment où d'Aradon, le fervent ligueur, envoyait des
secours, pour délivrer le féroce brigand[3]. Plus tard, Henri IV fut
contraint de traiter avec lui ; il le confirmait dans son gouvernement
de Douarnenez, le créait capitaine de cinquante hommes d'armes,
lui donnait de l'argent, etc.; il craignait que la Fontenelle ne livrât

[1] Moreau, p. 289.

[2] *Actes de Bret.*, t. III, col. 1641-42. — Moreau, p. 300, 303. — De Thou,
liv. 113.

[3] Moreau, ch. 38 et 39.

la forte position qu'il occupait aux ennemis de la France. Mais celui-ci ne pouvait vivre honnête et paisible ; d'ailleurs, on profita de la première occasion qui s'offrit pour se débarrasser de lui : accusé d'avoir pris part à la conspiration du maréchal de Biron, il fut arrêté, condamné, surtout à cause de plusieurs crimes dont ne faisaient pas mention les lettres d'abolition, et rompu vif en place de Grève, à Paris, le 27 septembre 1602[1].

Son nom est resté très-populaire en Bretagne jusqu'à nos jours ; et de curieuses ballades, dont il est le héros, sont encore répétées aux veillées d'hiver par les paysans de la Cornouaille, dont les pères ont été ses victimes. Ainsi, le poète breton que nous avons cité plus haut, représente la Fontenelle quittant sa femme, son enfant[2], et son manoir de Coadélan, pour se rendre à Paris, où le roi l'appelle. Il les a confiés aux jeunes gens du pays ; il part, malgré les pressentiments de sa femme. A peine est-il en présence du roi, qu'il est arrêté et enchaîné ; il envoie son page, pour demander à la dame de Coadélan une chemise de toile, un grand drap blanc, et un plateau doré, afin qu'on y expose sa tête aux regards. Mais voici qu'elle arrive elle-même, redemandant au roi son mari ; elle apprend qu'il a été roué depuis trois jours. Et bientôt, près du château désert, on aurait pu voir les pauvres gens pleurer, en passant avec angoisse, hélas ! en disant : — Voilà qu'elle est morte, la mère des pauvres ! — Ainsi, par un changement bizarre, mais facilement explicable, la Fontenelle est devenu l'un des nobles représentants, l'un des martyrs de l'indépendance bretonne, trompée par la royauté française[3]. Sa

---

[1] L'Estoile, *Suppl. au Journal de Henri IV*, p. 338. — D. Taillandier, p. 478. — *Actes de Bret.*, t. III, col. 1604.
La Fontenelle est prisonnier à Rennes, au mois de juin 1600 ou 1602 : il offre d'écrire, même de son sang, à ceux qui tiennent ses places, pour qu'ils les rendent (30 juin) : le parlement ordonne la démolition des fortifications de l'île Tristan et de Douarnenez. La cour le fait veiller nuit et jour par deux huissiers et deux hommes qu'ils s'adjoignent : elle permet de l'emmenotter, et fait placer deux sergents dans la maison de la Butte, près le Champ-Jacquet, pour avoir l'œil à ce qu'il n'enfonçât pas les murs des prisons, aux derrières desquels répond ladite maison (21 juillet 1600). Deux ans plus tard, le fait est assez curieux pour être remarqué, la cour informe pour savoir qui a enlevé de l'une des tours de la porte Toussaint la tête de Guy-Eder de la Fontenelle (8 novembre 1602). (*Table raisonnée des actes du parlement de Rennes.*)

[2] Moreau dit qu'il n'eut pas d'enfant, p. 289.

[3] *Chants populaires de la Bretagne*, t. II, p. 98-103.

mémoire est encore populaire dans les campagnes de Tréguier, et les paysans répètent les strophes amoureuses de la Fontenelle à son épée, ou le chœur des bandits qui le suivaient dans ses rapines.

« Dans toutes les guerres civiles, écrit M. P. de Courcy, on ren-
« contre des hommes qui vivent de dilapidations et de rapines
« commises sur tous indifféremment ; ce n'est point d'après eux
« qu'on doit juger des intentions générales : Fontenelle, parmi les
« ligueurs, ne fut qu'une exception, et les brigandages dont il se
« rendit coupable, furent toujours désavoués par le parti catho-
« lique [1]. » Cette dernière assertion n'est-elle pas un peu hasardée ? Fontenelle et les autres capitaines pillards du parti furent-ils toujours désavoués par Mercœur ? M. de Courcy lui-même ne nomme-t-il pas autre part Fontenelle, l'un des *plus zélés* partisans de la Ligue dans la Basse-Bretagne ? Sans doute, des excès semblables sont heureusement assez rares, même dans la barbarie des guerres civiles ; cependant, il faut le dire, la guerre de la Ligue en Bretagne eut toujours un caractère de brutalité grossière, et la conduite de la Fontenelle n'est qu'un exemple exagéré des pillages, des ravages et des crimes qu'au nom de la Ligue se permettaient des chefs avides et peu scrupuleux. Il serait facile de multiplier les faits à l'appui de cette assertion ; quelques mots suffiront : « Le 24 juillet 1589, les
« gens de Mercœur ravagent avec grandes cruautés les paroisses de
« Nouvoitou, Saint-Armel, Vern, etc., par voleries et violemens
« inhumains [2]. » En mai 1591, le capitaine Corbosson s'empare du bourg de Betton, près de Rennes ; il permet à ses soldats le pillage, le viol, l'incendie. L'année suivante, les troupes de Mercœur reviennent dans le bourg et se livrent à toute leur brutalité. Saint-Laurent et Trémereuc, avec 2,000 hommes français et espagnols, après avoir commis les excès les plus épouvantables, finissent par réduire toutes les maisons en cendres. Le 20 novembre 1597, les garnisons de Mercœur ravagent plusieurs paroisses ; celle de Pacé est l'une des plus maltraitées : les soldats tuent une partie des habitants ; emmènent les plus riches, auxquels ils font payer une forte rançon ; violent les femmes et les filles, et brûlent presque toutes les maisons [3].

---

[1] Notice sur Landerneau, *Ann. du Finistère*, 1842.
[2] Pichart, col. 1701.
[3] *Dict. de Bretagne*, art. *Pacé et Betton*.

Le marquis de Belle-Isle, à peine investi du gouvernement de Fougères par Mercœur, arrive résolu de réunir ses troupes et d'aller attaquer les pauvres gens de Tinchebré et des autres villages voisins, qui se gardaient le mieux qu'ils pouvaient; il les force, et se laisse aller à toutes sortes de cruautés, *par feu, violement, pillages, penderie, sans épargner sexe, ny âge*[1]. M. de Goulaine, l'un des principaux chefs ligueurs, fait vivre ses troupes en toute licence dans le Poitou : *le feu, le glaive et toutes violences y furent exercées; il n'y fut épargné ni âge, ni sexe.* Un autre capitaine de Mercœur, l'un des plus actifs et des plus dévoués, Saint-Laurent n'était pas moins pillard et brutal : « Fait assez pitié, dit un con-
« temporain, de ce qu'ils firent de ravages, meurtres, violemens,
« ravissemens, feux et autres violences, actes d'hostilitez; car ils
« tuèrent Prestres, femmes, enfants, et hommes de tous âges; les
« martirisent et font mourir cruellement; et n'ai point, pendant ces
« guerres, ouy parler de si vilains actes avoir esté commis, comme
« ils font à présent, et lesquels je ne prends la peine de particula-
« rizer, car ce seroit de la longueur et que mesme on ne les croiroit
« pas[2]. » (1596.)

Lorsque la ville de Blain est reprise par les ligueurs, les Espagnols commencent par piller ou détruire tous les beaux meubles du château; puis le capitaine des gardes de Mercœur, M. de la Ville-Serin, dépouille de leurs biens, malgré ses promesses solennelles, tous ceux qui s'étaient réfugiés dans cette malheureuse retraite. « Ainsi, dit Crevain, Blain, cette belle place qui avait servi d'asile
« à toutes les autres églises de la province, l'espace de vingt-cinq
« ans, devint un lieu digne des lamentations de Jérémie. » Le château de la Bretesche a le même sort. Les prisonniers étaient condamnés à servir comme forçats sur les galères de Mercœur[3]. Aussi, je suis loin de partager l'opinion de M. de Kerdrel, lorsqu'il dit: « S'il y eut des excès au sein du parti de l'Union en Bretagne, si
« des ligueurs en certain nombre ont pu mériter de l'histoire la
« qualification de brigands, constatons que leurs déportements et
« leurs brigandages n'eurent lieu que contrairement aux prescrip-

---

1 Montmartin, p. 309-312.
2 Pichart, col. 1753.
3 Crevain, p. 304-306.

« tions sévères des États, qui constituaient le Gouvernement de la
« Ligue ; — pour tout dire, en un mot, si le désordre s'est manifesté,
« ce n'a guère été qu'en bas. En haut, l'ordre a régné[1]. » Non, le
désordre a régné à tous les étages : les chefs n'ont pas lutté contre
les passions de leurs capitaines; ils ont fermé les yeux, quand ils
n'ont pas donné l'exemple.

Mercœur lui-même ne dédaigne pas d'imiter ses lieutenants, ses
capitaines; ainsi, après la victoire de Craon, il se jette sur Château-
Giron, et fait pendre le gouverneur de la place et tous ses soldats,
à un arbre que, plus d'un siècle après, l'on appelait encore dans le
pays le *Chêne des pendus*. Tous les habitants furent pris et rançonnés ; tout fut pillé, même ce qui appartenait aux prêtres : car on
les regardait comme des excommuniés, puisqu'ils étaient du parti
royaliste[2]. Un tel exemple devait être bien souvent suivi, et certainement exagéré.

Aussi, peut-on appliquer à la Bretagne ces paroles des auteurs
de la *Ménippée:* « Messieurs de la noblesse, dit l'archevêque de
« Lyon, qui tenez les villes et chasteaux au nom de la Saincte-Union,
« estes-vous pas bien aises de lever toutes les tailles, decimes,
« aydes, magazins, fortifications, guet, corvées, imposts et daces
« (impôt sur les marchandises) de toutes denrées, tant par eau que
« par terre, et prendre vos droicts sur toutes prises et rançons, sans
« estre tenuz d'en rendre compte à personne? Soubs quel roy trou-
« veriez-vous jamais meilleure condition? Vous estes barons, vous
« estes comtes et ducs en propriété de toutes les places et provinces
« que vous tenez[3].... »

C'est encore le jugement que l'estimable Mézeray, qui ne vivait
pas trois siècles après la Ligue, portait avec impartialité sur cette
malheureuse époque : « Comme les grandes villes avaient des des-
« seins de liberté et de république, spécialement dans le parti de la

---

1 *Bull. arch. de l'Assoc. Bretonne*, t. V, p. 120.

2 *Mémoire de ce qui s'est fait en la pauvre ville de Château-Giron, dès le
commencement de cette guerre civille, qui commença l'an 1589; des garnisons
qui y ont été, etc.; des bruslements, ruines des maisons, dépopulation d'arbres et autres mille misères;* par Duval, maistre d'école des jeunes Chasteau-
Girontins de ce temps. (Manuscrit in-fol. de 14 pages, biblioth. de Rennes). —
Journal de Pichart, col. 1778.

3 *Satire Ménippée*, p. 60.

« Ligue, les seigneurs et gouverneurs de place, et même les moin-
« dres gentilshommes, en avaient de souveraineté, ou du moins de
« pillerie et de brigandage : à cause de quoi ils étaient tous d'accord
« entre eux de prolonger la guerre, dont eux seuls avaient le profit.
« Car, outre qu'ils avoient le quint de toutes les prises, rançons et
« saisies, ils disposoient des tailles et des deniers du roi à leur fan-
« taisie, faisoient de nouveaux impôts, et tiroient tout le travail et
« le bien du pauvre peuple, etc., etc. [1] »

1 Mézeray, t. XVI, p. 341.

CHAPITRE VI.

Les paysans pendant la Ligue. — Révoltes des paysans, racontées par l'histoire et par la tradition poétique. — Caractère des populations bretonnes : haine des étrangers. — Chant du départ des paysans ligueurs. — Leur rôle : ravages; fureur brutale, surtout en Basse-Bretagne. — Prise de Kerouzeré : affaires de Carhaix, de Roscanou. — Souffrances des paysans.

Si les nobles de Bretagne s'étaient jetés pour la plupart dans le parti de la Ligue par intérêt ou par passion ; si le sentiment de l'indépendance, le besoin d'activité, le désir du butin, les poussaient au combat; les habitants des campagnes, à la foi naïve et sincère, à l'esprit encore grossier sans doute, mais plus exempt de corruption et d'égoïsme, ne défendaient-ils pas leurs saintes croyances, leurs convictions profondes? A la voix vénérée de leurs recteurs, sous la conduite de leurs seigneurs, respectés comme fils et maîtres du pays, ne devaient-ils pas alors, comme deux siècles plus tard, prendre les armes, combattre et mourir, pour repousser les innovations étrangères qui menaçaient leur patrie et leur religion? C'est ce que l'on a répété, en célébrant l'héroïque conduite de la Bretagne, et l'on s'est plu trop souvent, par sentiment de patriotisme local, par calcul d'artiste ou par intérêt politique, à rehausser, à embellir de couleurs poétiques cette population, dans laquelle semble s'être personnifié le génie de la résistance.

Reconnaissons-le tout d'abord, l'immense majorité des campagnes se déclara pour le parti de la Ligue. Mais avec quels sentiments et dans quelles dispositions? Est-ce à la voix des gentilshommes bretons, par dévouement, par amour pour les descendants de leurs anciens chefs nationaux ? Est-ce pour défendre la religion de leurs pères, sérieusement menacée, qu'ils se déclarent contre le Béarnais ? Voilà les deux questions qu'il s'agit de résoudre.

En Bretagne, le vieil esprit celtique, l'amour de l'indépendance et surtout de l'égalité, s'était sans aucun doute assez bien conservé, malgré les siècles et les révolutions. La féodalité ne s'y était pas complétement développée dans les mêmes circonstances que dans le reste de la France : issue d'une autre origine, elle n'avait pas présenté les mêmes caractères. Les hordes germaniques s'étaient arrêtées, sous Clovis et Charlemagne, aux limites du pays ; et l'immense inégalité qui séparait les seigneurs des serfs, habitants des campagnes, n'avait jamais existé dans la plus grande partie de la province.

M. de Courson, dans ses études sur la Bretagne, nous montre dès le XVIe siècle les communes ou paroisses rurales déjà constituées dans un curieux état d'indépendance. Le gouvernement appartenait au seigneur du fief, mais l'administration était confiée aux fabriqueurs ou notables, chargés de gérer les biens de l'église et les intérêts de la commune. C'était la commune qui choisissait les *collecteurs de la cueillette de l'impôt :* sous le contrôle de douze notables, les trésoriers géraient toutes les affaires relatives à ses intérêts et à ses droits sur les bois et communs, les eaux et les pêcheries ; ils veillaient au soulagement des pauvres, et réglaient même la pourvoyance des enfants trouvés, etc., etc[1].

Voilà certes des institutions de liberté ! Quel avantage les populations bretonnes pouvaient-elles tirer de leur union avec la France ? N'avaient-elles pas devancé la France elle-même dans la voie de la civilisation ? D'ailleurs, les rapports les plus intimes n'avaient jamais cessé d'exister entre les paysans et la pauvre noblesse de Bretagne. Ici, plus de vainqueurs et de vaincus, plus de Gaulois et de Francs : « Les gens du peuple, en Basse-Bretagne, « comme le remarque Augustin Thierry, n'ont jamais cessé de « reconnaître dans les nobles de leur pays les enfants de la terre « natale... ; et, sous ces titres féodaux de barons et de chevaliers, le

---

[1] A. de Courson, p. 330-333. — Voir notice de M. de Courcy, *Bulletin archéologique de l'Association Bretonne,* 1851, t. III, p. 126, d'après l'ouvrage du *Gouvernement des paroisses,* publié en 1777 par M. de la Germondaye : délibération du corps politique de la paroisse de Cléder du 20 mai 1559.

« paysan breton retrouvait encore les Tierns et les Mac-Tierns des
« premiers temps de son indépendance. » A l'appui de ces graves
paroles, on pourrait citer beaucoup de faits et beaucoup de chants
bretons, par exemple l'élégie de Monsieur de Nevet, le type du bon
gentilhomme [1]. Aussi, pas une révolte communale en Basse-Bretagne
durant treize siècles, s'écrie avec orgueil M. de Courson, en terminant son exposition par trop séduisante de l'état des paroisses rurales
en Bretagne.

Sans doute les rapprochements continuels entre les paysans et
leurs seigneurs, la communauté de travaux, de pauvreté même et
de rudesse grossière, ont contribué à l'union d'hommes issus
d'une même origine, parlant la même langue, ayant les mêmes
ennemis.

Mais la bonne intelligence ne fut pas toujours aussi complète
qu'on a bien voulu le dire : il suffit d'ouvrir les historiens consciencieux de l'ancienne Bretagne, Le Baud, d'Argentré, dom Lobineau et
dom Morice, pour trouver des faits nombreux qui viennent à l'encontre de ces assertions, et qui nous font voir, d'une part, les vexations seigneuriales souvent odieuses et détestées; de l'autre, les
paysans soulevés contre leurs oppresseurs. En Bretagne, comme
ailleurs, il est difficile de découvrir l'âge d'or à aucune époque du
moyen-âge ; l'imagination complaisante, même en s'appuyant sur
quelques vieux textes, sur quelques chartes respectables, ne saurait
faire oublier la triste réalité. Je ne citerai, comme exemples, que
deux faits curieux et significatifs, l'un du XIe siècle, l'autre du XVe;
tous deux, consignés par l'histoire, ont aussi laissé des traces dans
les chants nationaux de la Bretagne : l'histoire raconte la révolte
des paysans contre les seigneurs ; la poésie traditionnelle et patriotique chante la lutte contre les oppresseurs étrangers ; je chercherai
plus tard à expliquer cette différence. On trouve dans les actes de
Saint-Gildas, abbé de Rhuys, que « les paysans, se soulevant contre
« leurs seigneurs, se réunirent en grand nombre ; mais les nobles,
« ayant mis à leur tête le comte Allain, attaquèrent ces bandes
« indisciplinées, les massacrèrent, les dispersèrent, les poursui-
« virent ; car ils étaient venus au combat sans chef et sans plan [2]. »

---

[1] *Chants populaires de la Bretagne*, t. II, p. 86.
[2] *Actes de Bret.*, t. Ier, col. 355. — Voir *Hist. de Bretagne* de D. Lobineau.
t. I, p. 88, et Pierre Le Baud. *Hist. de Bret.*, p. 148. éd. de 1638.

— Un vieil historien, après avoir dit que beaucoup de nobles, à l'exemple de leur duc Geoffroy I*er*, accablaient les paysans d'impôts et d'exactions, raconte la mort de ce prince, tué par une vieille femme, qui le frappe mortellement d'un coup de pierre : c'est le signal d'une horrible guerre civile, vers 1008. « Les rustiques « s'assemblèrent, innumerable multitude, prirent les armes et cou- « rurent sus aux seigneurs et gentilshommes, bruslans leurs villes, « chasteaux et manoirs, les mettans à mort, eux, leurs femmes, « enfans et domestiques. » La duchesse Havoize place son jeune fils à la tête de la noblesse, *« contre cette révoltée, laquelle fut bien si « ozée que d'attendre l'armée ducale et luy rendit bataille en rase « campagne : mais ce fut à leur confusion, car c'estoient gens « ramassez qui ne tenoient ny rang, ny ordre et ne se fioient « qu'en leur effroyable multitude, laquelle neanmoins le duc, aidé « de sa noblesse, dès le premier choc, mist en fuite et en fit grand « carnage. Ceux qui furent pris vifs furent punis exemplai- « rement. »* Dans le chant breton intitulé *le Faucon*, le peuple a été opprimé par les envahisseurs étrangers des pays gaulois, que la Douairière a appelés, *comme la vache appelle le taureau :* les paysans des montagnes Noires, *mangeurs de bouillie,* sont entraînés par Kado le Batailleur et ses trente fils, qui ne veulent pas payer la taxe. Ils courent d'un feu à l'autre, en suivant la chaîne des montagnes, tous un tison à la main, et la femme de Kado est à ses côtés, un croc sur l'épaule droite ; et tout en criant : — *Alerte, alerte, boud ! boud ! iou ! iou ! au feu, au feu, les valets du fisc,* ils arrivent trente mille trois cents à Guérande, et la ville est brûlée avec tous les agents du fisc[1].

Au XV° siècle, rapporte le chanoine Moreau[2], « il y eut un grand « soulèvement en cet évêché de Cournouaille de la populace contre « la noblesse et les communautés des villes, bourgades et maisons « des nobles, tuant tous ceux qui tombaient entre leurs mains, leur « intention et leur but n'étant autres que d'exterminer tous ceux de

---

1 *Chants populaires de la Bretagne,* t. I*er*, p. 217-224.

2 « J'ai trouvé en certain livret de vélin et ancien manuscrit, mémoire de « choses notables desquelles nos histoires imprimées ne parlent aucunement, qui « est que l'an 1489, » (Moreau). — Des extraits d'anciens comptes de la ville de Quimper, relevés par les bénédictins, prouvent que ce soulèvement populaire eut lieu au mois d'août 1490.

« cette qualité, afin de demeurer libres et affranchis de toute sub-
« jection, des tailles et pensions annuelles qu'ils payaient à leurs sei-
« gneurs, et revendiquer la propriété de leurs terres. Cette commune
« effrénée et en très-grand nombre prit sa source au terroir de Ca-
« rahès ou Carhaix, et du côté d'Huelgoat. » Sous la conduite de
trois frères de la paroisse de Plouyé, ils s'avancent même jusqu'à
Quimper, qu'ils attaquent et où ils entrent le 30 juillet. « Ils y com-
« mirent toutes sortes de ravages ; ..... Ils avaient formé le projet
« de massacrer tous les nobles, chaque paroisse ses gentilshommes,
« à jour fixe, comme les vêpres siciliennes. » Mais ceux-ci, avertis
à temps, se réunirent et se joignirent aux habitants des villes; puis
tous ensemble se mirent à la poursuite des paysans, qui, le 4 août,
furent exterminés à Prat-an-raz et ensuite près de la Bouessière. *Il
en fut tant tué, que, depuis ce temps, le nom de Prad-ar-mil-Gof,
c'est-à-dire pré des Mille Ventres, est resté à cet endroit:* de là aussi
serait venu le proverbe breton *Lalc'h mad, Yan, sac'h hui duc e
Breiz : tiens bon, Jean, et tu seras duc en Bretagne :* c'était le cri
qu'adressaient à leur chef les paysans, au moment du combat[1].

Faut-il croire, comme le prétend M. Le Bastard de Mesmeur, qu'à
l'époque des émigrations des Kymris et autres habitants venus du
nord et surtout de l'île aux vertes collines, les anciens Armoricains,
chassés des grasses vallées et des plaines les plus fécondes, furent
repoussés dans les pauvres vallons de l'Argoet, entre les montagnes
d'Arez et les montagnes Noires. Là ils auraient conservé le souvenir
de leurs anciens droits sur la terre qui leur était ravie, et la haine
des hommes plus heureux qui les avaient dépouillés. Là ils auraient
protesté contre tous les pouvoirs, depuis Salomon Ier, qui périt assassiné dans une émeute, jusqu'au comte Alain et à la régente Havoize ;
depuis la révolte du XVe siècle jusqu'aux guerres de la Ligue et de
la chouannerie. Là, dans les hautes vallées des montagnes d'Arez,
le voyageur distinguerait encore facilement la belle race blonde
autochthone des brunes populations de la race bretonne, répandues
principalement sur les côtes[2].

Le poète qui a composé le chant des jeunes hommes de Plouyé,

---

[1] Moreau, p. 14, 20.

[2] Moreau, note. p. 16, 18. — G. Le Jean. *la Bretagne, son histoire et ses historiens*, 1859, p. 29.

donne une autre cause, un autre caractère au soulèvement des montagnards : c'est une guerre nationale des colons de la Bretagne *contre les nobles hommes des cités, qui oppriment le laboureur; contre ces gentilshommes nouveaux, ces aventuriers français, engendrés au coin d'un champ de genêts, lesquels ne sont pas plus Bretons que n'est colombe la vipère éclose en un nid de colombe.* — L'archer de Quimper est venu sommer les colons d'estimer ce qui leur appartient et d'aller chercher ailleurs un autre perchoir ; alors, la sédition éclate dans le cimetière. — « *Adieu, nos pères et nos* « *mères*, s'écriaient-ils, *nous ne viendrons plus désormais nous* « *agenouiller sur vos tombes !*

« *Nous allons errer, exilés par la force, loin des lieux où nous* « *sommes nés, — où nous avons été nourris sur votre cœur, où* « *nous avons été portés entre vos bras. — Adieu, nos saints et nos* « *saintes; nous ne viendrons plus vous rendre visite; — Adieu,* « *patron de notre paroisse; nous sommes sur le chemin de la mi-* « *sère. — Les jeunes hommes de Plouyé ont dit : — Taisez-vous,* « *jeunes filles, ne pleurez pas, — que vous n'ayez vu le sang de* « *chaque laboureur couler sur le seuil de sa porte, — que vous* « *n'en ayez vu couler la dernière goutte; mais le sang des Fran-* « *çais d'abord !* » — L'archer veut fuir ; mais, ô prodige ! les ossements de l'ossuaire s'agitent comme des personnes vivantes, se dressent et l'écrasent. Les hommes de Plouyé partent pour Quimper ; la ville est bientôt en feu : l'on épargne la maison de l'évêque et celle de Rosmadec, *le seigneur bien-aimé*[1], *qui est bon pour les paysans; qui est du sang des rois de Bretagne, et qui maintient les bonnes coutumes.* L'évêque les engage à retourner chez eux ; ils suivent son conseil : mais, ajoute mélancoliquement le poète, — *ç'a été pour leur malheur : ils ne sont pas tous arrivés à la maison*[2].

---

1 Dans les anciens comptes de Quimper, on trouve cette note, qui semble un peu contredire le chant poétique :

« Le Baud se décharge de la somme de 85 livres pour une pippe de vin pris de « luy par dellibération de Mons: de Cornouaille, les gens du chapitre, les sei-« gneurs du Hiliguit, Pratnaraz et autres, congréés ensemble dans la chapelle « neuve de Saint-Corentin, le 6e septembre 1490, pour envoyer à Chateauneuf-« du-Faou, au capitaine de Kimpertin, plusieurs nobles, Anglois et autres gens « qui estoient audit lieu pour défaire et rompre l'amas et assemblée que le « commun faisoit audit lieu. »

2 *Chants populaires de la Bretagne*, t. II. p. 19, 30.

Rien n'est plus touchant : cependant, nous croyons encore ici que la vérité historique a été obscurcie, et que, sous l'impression d'un sentiment national, qui se retrouve dans tous les chants bretons, *les étrangers maudits, les Français*, ont été chargés de toutes les exactions qu'ils n'avaient pu commettre. Les explications et les commentaires dont M. de la Villemarqué accompagne les chants qui précèdent, ne sauraient détruire l'importance et la signification des récits historiques ; et ce n'est pas dans les légendes poétiques de la terre d'Armorique, non plus que dans le tableau trop flatté des populations bretonnes, dû à l'exagération patriotique de quelques écrivains, que nous pouvons découvrir leur état au XVIᵉ siècle.

A cette époque, en effet, elles n'étaient ni aussi bien gouvernées, ni aussi respectueuses à l'égard des seigneurs, ni aussi profondément religieuses, qu'on l'a souvent répété. Les paysans, séparés les uns des autres dans leurs chétives métairies, isolés au fond de leurs étroites vallées, sans communications, sans rapports avec ce qui les entourait, presque immobiles dans leurs mœurs, leurs usages, leurs goûts, n'étaient pas assurément au XVIᵉ siècle dans un état moins misérable, moins grossier que celui dans lequel la plupart vivaient encore, il n'y a pas longtemps. L'ignorance était grande parmi ces populations, qui sont encore, au XIXᵉ siècle, malgré de nombreux efforts, au nombre des moins éclairées de notre France. « La plupart
« de nos paysans, écrit E. Souvestre, vivent dans des fermes isolées
« et n'ont entre eux que des rapports éloignés ; les hameaux et les
« villages ne sont généralement composés que de trois ou quatre
« maisons ; les bourgs de quelque importance sont rares et ne sont
« guère habités que par des ouvriers ou des commerçants.... Cet
« isolement est une difficulté très-grande pour la propagation des
« idées dans les campagnes. Chaque famille vit dans ses préjugés et
« dans ses traditions, sans pouvoir les user dans le frottement avec
« d'autres familles, sans pouvoir profiter du progrès fait par un
« voisin. »

Comment, au milieu de cette triste ignorance ; comment, dans un isolement aussi complet, auraient-ils pu comprendre, aimer ou respecter un gouvernement savant et régulier ? Je veux bien croire qu'il y avait alors, comme aujourd'hui, d'heureuses exceptions dans les parties de la Bretagne voisines de la France, ou sur les côtes du nord et de l'ouest : mais, en général, le paysan breton était encore rude et sauvage[1]. Malgré les efforts d'Émile Souvestre pour embellir et poétiser les mœurs de ses compatriotes, son livre *des Derniers Bretons* offre bien des preuves frappantes de leur grossièreté. Combien est triste, par exemple, cette cruelle histoire du fameux *droit de bris*, depuis les plus anciens jours jusqu'au temps où Charles IX proscrivait cette barbare coutume[2], depuis l'époque de la Ligue jusqu'au XIXᵉ siècle lui-même !

« Le droit de bris, lisons-nous à l'article Pleubihan du *Diction-*
« *naire de Bretagne* d'Ogée (1853) a été difficilement abandonné
« par les habitants de cette côte sauvage. On cite des faits assez
« récents qui démontrent que cette barbare coutume, si chère aux
« anciens ducs de Bretagne, vit encore en Pleubihan. »

Je crois que ces faits sont désormais bien rares ; mais, au XVIᵉ siècle, assurément ils étaient encore fréquents.

Comme tous les hommes qui vivent dans l'ignorance et l'isolement, les paysans sont craintifs, défiants, soupçonneux ; dès qu'ils voient un étranger, ils s'éloignent ou le regardent silencieusement.

Généralement pauvres, ils sont généralement malpropres dans leur pauvreté : ils ne songent même pas à sortir de leur misère ; ils semblent s'y complaire, et leur résignation, qui, sous certains rapports, peut paraître touchante, me semble plutôt l'effet de leur grossièreté : « Mes parents étaient malheureux, dit le paysan, et je le suis comme « eux ; notre condition est d'être pauvres. » La misère est pour eux comme une maladie incurable. « Les pauvres seront toujours « pauvres, chantent les montagnards d'Arez ; bien fou qui a cru que « les corbeaux deviendraient colombes. »

« Le laboureur est vêtu de toile ; il n'est pas beau, sur la semaine,
« comme les bourgeois ; ses habits sont couverts de terre et souillés
« par la fange ; les habitants de la ville ont besoin de lui, et crachent
« de dégoût à sa vue..... Il se nourrit de bouillie, de pain moisi, et de
« lavure, etc[3].

---

[1] Sur cet état des populations bretonnes, rien n'est plus utile à consulter que le rapport impartial sur un voyage en Bretagne, fait, d'après les ordres de l'Académie des sciences morales et politiques, par MM. Benoiston de Châteauneuf et Villermé : t. IV, p. 647, 650, etc., etc., des *Mémoires de l'Académie*.

[2] *Actes de Bret.*, t. III, col. 1353. — Hevin, *Coutume de Bretagne*, t. Iᵉʳ, p. 168.

[3] Souvestre, *Revue des deux Mondes*, 1835. — *Chants populaires de Bretagne*, t. II, p. 218, 220. — *Dictionn.* d'Ogée, aux mots *Guipavas*, *Perguet*, etc.

L'ignorance est la source de la superstition ; aussi les paysans bretons sont-ils encore de nos jours très-crédules : dans les veillées se débitent les histoires les plus effrayantes de nains et de sorciers, qui font trembler à la fois narrateurs et auditeurs. « Les fils des Celtes « repoussent avec opiniâtreté, dit M. Tarot, le contact du siècle, et « semblent vivre encore de l'esprit sauvage et rude qui inspirait « le druidisme. Le christianisme s'est plutôt appliqué sur la vieille « foi druidique, qu'il ne l'a déracinée[1]. » Aussi, malgré l'influence d'une religion élevée, la piété des paysans bretons est encore plus superstitieuse que naïve, leur foi plus grossière et plus craintive que sincère[2]. Ils ont peu d'estime et d'affection pour les saints étrangers; mais quels hommages ne mérite pas le saint de la paroisse ! *Au paradis comme sur terre, saint Kado n'a pas son pareil*, chantent encore les paysans[3]:

Nous ne voulons pas faire le portrait du paysan breton, car, alors, nous aurions à parler de ses qualités et de ses vertus réelles; nous avons seulement cherché à montrer qu'il ne faut pas, par une erreur de l'imagination, embellir outre mesure ses mœurs trop souvent dures et grossières, et lui donner des sentiments, des croyances, des idées qu'il n'avait pas au XVIe siècle, et qu'il lui aurait été bien difficile d'avoir.

Mais, à cette époque, il y avait dans toutes les campagnes de la Bretagne un sentiment profond et respectable, qu'il ne faut pas méconnaître ; c'est l'amour du pays natal, c'est la passion de l'indépendance nationale, c'est la haine du Français, de l'étranger. Jamais le paysan breton, *Kernewod* ou *Wennedad*, n'avait pactisé avec le *Gallo*, son ennemi : jamais il n'y avait eu paix et union entre les hommes des deux races ; et, depuis les temps les plus anciens, depuis Morvan et Nominoë jusqu'aux siècles de du Guesclin et de la

---

[1] Tarot, *Revue de Bretagne*, p. 13. — Cambry, *Voyage dans le Finistère.*
[2] *Lycée armoricain*, 1829.
[3] Voir surtout, pour les superstitions de la Basse-Bretagne, les divers articles de M. Hamon dans la *Revue de Bretagne*, 1838-39, et de nombreux détails dans la nouvelle édition du *Dictionn.* d'Ogée, aux mots *Baud, Cléden-Cap-Sizun, Duault*, etc., etc. Au mois de mai 1855, la procession de Saint-Servais, malgré les précautions de l'autorité, a été encore ensanglantée, par suite de ces traditions séculaires auxquelles reste superstitieusement attaché le génie opiniâtre de la race bretonne.

duchesse Anne, la vieille Armorique n'avait cessé d'exhaler ses antipathies. Au VI⁰ siècle, au retour de leurs incursions sur le territoire des Francs, les guerriers bretons répétaient triomphants : « *C'est le sang des Gaulois qui coule; c'est le sang des Gaulois.* » Ils s'écrient déjà : « *Cœur pour œil, et tête pour bras.* » « *Mon casque, ma lance, mon bouclier*, dit le seigneur Lez-Breiz, *que je les rougisse du sang des Gaulois…. Il n'eût pas été Breton dans le cœur, celui qui n'aurait pas ri de tout son cœur, en voyant l'herbe verte rougie du sang des Gaulois maudits….. — Va dire à ton Roi que je me moque de lui comme de toi, comme de ton épée, comme des tiens : retourne à Paris, au milieu des femmes, y porter tes habits dorés. — Pour moi, je marcherai tant que la vie sera allumée dans ma poitrine, jusqu'à ce que je tienne le cœur du Roi du pays des Forêts* (la France) *entre la terre et mon talon. — Maudits soient les traîtres, et le Roi, et les Francs.* » — Lez-Breiz, le redoutable Breton du IX⁰ siècle, n'est pas mort ; comme Arthur, il va s'éveiller en criant, et donner la chasse aux Français[1]. A toutes les époques, ce sont les mêmes sentiments transmis de cœur en cœur, les mêmes expressions répétées de génération en génération. « *Nous venons savoir s'il est une justice; s'il est un Dieu au ciel et un chef en Bretagne. — Celui qui veut, celui-là peut; celui qui peut chasse le Franc, défend son pays, le venge et le vengera.* » Le Renard barbu (Alain Barbe-torte) du X⁰ siècle, c'est Georges Cadoudal au XIX⁰ siècle ; les Bretons modernes appliquaient sans difficulté à leur célèbre chef de bandes les strophes composées en l'honneur du héros des anciens temps[2] : et ils pouvaient répéter ces autres paroles du XIV⁰ siècle : « *Nos pères disaient vrai : il n'est rien tel que des os des Gaulois, —*

« *Que des os des Gaulois broyés pour faire pousser le blé*[3]. »

Tous les maux que les Bretons endurent, ils les attribuent aux étrangers : les Gaulois, les Français, les royalistes du XVI⁰ siècle, les Bleus, sont chargés des mêmes iniquités dans les traditions nationales, dans les récits populaires. Pour combattre ces ennemis détestés, ils acceptent tous les chefs qui se présentent, mais surtout les chefs du

---

1 *Chants populaires de Bretagne*, t. 1ᵉʳ, p. 79, 141. 147, 149, 163, 167, 175.
2 *Chants populaires de Bretagne*, t. 1ᵉʳ, p. 191.
3 *Chants populaires de Bretagne*, t. 1ᵉʳ, p. 321.

pays; et, tandis qu'ils repoussent du Guesclin, traître à la Bretagne, ils accueillent avec l'enthousiasme le plus patriotique leur duc Jean, qu'ils avaient eux-mêmes chassé peu auparavant. « *Les montagnes du Laz résonnent; la cavale blanche* (la mer) *hennit et bondit d'allégresse;*

« *Les cloches chantent joyeusement dans toutes les villes, à cent lieues à la ronde.*

« *L'été revient, le soleil brille, le seigneur Jean est de retour!*

« *Le seigneur Jean a sucé le lait d'une bretonne, un lait plus sain que du vin vieux.*

« .... *Voudraient-ils savoir, ces Français, si les Bretons sont manchots?*

« *Voudrait-il apprendre, le seigneur Roi, s'il est homme ou Dieu?*

« *Les loups de la Basse-Bretagne grincent des dents, en entendant le ban de guerre;*

« *En entendant les cris joyeux, ils hurlent; à l'odeur des Français, ils hurlent de joie.*

« *On verra bientôt, dans les chemins, le sang couler comme de l'eau;*

« *Si bien que le plumage des canards et des oies blanches qui y nageront, deviendra rouge comme la braise, etc*[1]. »

Qu'on lise ces chants bretons recueillis si heureusement par M. de la Villemarqué; ils semblent tous de la même date : le même sentiment a inspiré *les Jeunes hommes de Plouyé, le Page du roi Louis XI, le Siége de Guingamp,* plus tard *le Chant des ligueurs,* celui même de *la Fontenelle,* et, de nos jours, *les Bleus et les Chouans*[2].

La Bretagne, le vieil asile de la race celtique, a toujours résisté aux idées, comme aux armes de l'étranger; elle a lutté jusqu'aux derniers instants pour conserver son indépendance et son originalité : c'est la dernière province qui ait combattu contre la royauté française toute-puissante; c'est aussi la dernière qui ait défendu l'an-

[1] *Chants populaires de Bretagne,* t. Ier, p. 383, 386.
[2] *Chants populaires de Bretagne,* t. II, *passim.*
Je suis porté à croire que la plupart de ces chants sont beaucoup moins anciens qu'on ne le pense généralement, ou qu'ils ont été singulièrement modifiés, arrangés, embellis : ils n'en sont pas moins très-curieux, comme expression des sentiments de la Bretagne.

cienne royauté renversée. La bannière et le cri des guerriers ont souvent changé ; la cause qu'ils soutenaient a toujours été la même.

Au XVIe siècle, après l'union, le peuple des campagnes était surtout resté Breton ; tandis que les gentilshommes et les bourgeois des villes commençaient à se laisser entraîner par l'ascendant du génie français, les masses, au contraire, s'attachaient, avec une opiniâtreté de plus en plus grande, à l'antique nationalité bretonne. Alors, comme on l'a souvent remarqué, il y eut, dans toute la Bretagne, une sorte d'exaltation patriotique et religieuse ; l'on vit se former, comme par enchantement, des confréries d'ouvriers-artistes, qui se répandirent dans toutes les parties de la province, la hérissant de calvaires, de chapelles, de ces clochers à jour, si élégants : de là aussi ces guerz, ces drames, ces sônes, ces cantiques, dont d'admirables débris sont arrivés jusqu'à nous [1]. Alors, même dans l'architecture, aurait commencé une lutte vive et opiniâtre entre les deux influences, qui se disputaient la province : l'une venant du dehors, de ce pays de France, auquel on rattachait la Bretagne malgré elle ; l'autre, continuant surtout dans la Basse-Bretagne les traditions anciennes, et conservant, par exemple, les vieilles formes ogivales, alors abandonnées dans le reste de la France. C'était bien, comme on l'a dit, la protestation d'une nationalité qui s'éteint, contre les progrès incessants des envahisseurs [2].

A cette époque, les paysans, dans les temps ordinaires, vivaient tristement tranquilles, le plus souvent en bonne intelligence avec les seigneurs de leurs paroisses ; mais non pas cependant aussi respectueux, aussi obéissants et dévoués qu'on l'a dit quelquefois. *Car déjà s'ils pensent être recherchés de la justice, ils sont froids et n'obtempèrent ensemble ausdicts nobles ;* telles sont les paroles d'un gentilhomme breton contemporain, qui avait eu occasion de les connaître [3].

---

1 Ém. Souvestre, *les Derniers Bretons*. — Kerambrun, fragment d'un voyage en Basse-Bretagne : *Revue de Bretagne*.

2 *Bulletin archéol. de l'Association Bretonne*, 1849, p. 61.

3 *Ample discours de la surprise de la ville et forteresse de Concq, près de Vannes, pays de Bretaigne*, par ceux de la religion, etc., 29 pages, à Paris, pour Pierre Laurent, 1577. — Cette brochure a été réimprimée dans les *Archives curieuses de l'histoire de France*, 1re série, t. IX, p. 176, mais sans la dédicace ; ce qui a donné lieu à quelque confusion. Elle est de G. de la Vigne, gentilhomme

Mais quand des émotions populaires surviennent, ajoute-t-il, *dans les moments de trouble et d'exaltation, la commune du pays est fort cruelle et brutale.* Alors, les passions des paysans, longtemps engourdies, se réveillaient fougueuses et cruellement aveugles ; et, possédés de la fureur d'exterminer, ils frappaient tout, amis comme ennemis. C'est ce qui doit arriver à l'époque de la Ligue. A la voix de leurs recteurs, qui prêchaient la guerre sainte contre les hérétiques ; à la voix des seigneurs, qui les appelaient aux armes contre les étrangers, ils se précipitaient, sous la conduite de leurs capitaines de paroisse, pour piller ou pour tuer. La plus grande partie des campagnes était pour la Ligue ; c'était une force immense, si elle avait pu être dirigée, et si les chefs avaient été saintement et patriotiquement convaincus. Mais la grossièreté superstitieuse, la cruelle brutalité de ces populations, devaient effrayer ceux-là même qui les avaient excitées : les chefs craignent d'avoir recours à de pareils auxiliaires ; ils semblent redouter, avec assez de raison, une véritable Jacquerie bretonne, et nous voyons les capitaines ligueurs, comme les royalistes, accabler de maux ces pauvres paysans cruels et barbares, mais surtout aveuglés. Souvent alors ceux-ci, ruinés et traqués comme des bêtes fauves par les gentilshommes pillards, devaient essayer de rendre ravage pour ravage, extermination pour extermination.

M. de la Villemarqué a recueilli le *Chant du départ* des paysans Cornouaillais pour l'armée de Mercœur en 1592 ; il est resté dans la mémoire des habitants des montagnes Noires :

« On les vit rassemblés pour aller combattre aux frontières de Bretagne,
« le jeudi de Pâques, au lever de l'aurore, sur le tertre de Kergrist-Moélan,
« chacun une arquebuse sur l'épaule, chacun un plumet rouge au chef,
« chacun une épée au côté, le drapeau de la foi en tête.

« Avant de partir, ils entrèrent dans l'église, pour prendre congé de
« saint Pierre et du Seigneur Christ ; et, en sortant de l'église, ils s'age-
« nouillèrent dans le cimetière :

« — Or çà ! haute Cornouaille, voilà vos soldats ! Voilà les soldats du pays,

breton catholique : ce n'est pas le même qu'un autre gentilhomme calviniste, de la Vigne, qui avait contribué à la surprise de la ville et qui fut tué, lorsque les catholiques s'emparèrent de Concq ou Concarneau, comme on peut le voir au chapitre IV du chanoine Moreau, qui donne des détails intéressants sur cet événement.

« les soldats unis pour défendre la vraie foi contre les huguenots, pour
« défendre la Basse-Bretagne contre les Anglais et les Français et tous ceux
« qui ravagent notre patrie, pire que l'incendie! —

« En quittant le cimetière, ils demandaient en foule : — Où trouverons-
« nous du drap rouge pour nous croiser présentement? —

« Le fils du manoir de Kercourtois repartit en brave : — Prenez exemple
« sur moi, et vous serez croisés! —

« A peine il achevait ces mots, qu'il s'était ouvert une veine du bras,
« et que son sang jaillissait, et qu'il avait peint une croix rouge sur le
« devant de son pourpoint blanc, et que tous ils étaient croisés dans un
« instant.

« Comme ils étaient en route et approchaient de Callac, ils entendirent
« les cloches de Duhot (probablement Duault), qui sonnaient la messe; et
« eux de détourner la tête, et de dire tout d'une voix :

« — Adieu, ô cloches de Marie! adieu, ô cloches bien aimées!

« Adieu donc, ô cloches baptisées, que nous avons tant de fois mises
« en branle aux jours de fête! Plaise au Seigneur et à la Vierge si sainte
« que nous vous sonnions encore quand la guerre sera finie!

« Adieu, sacrées bannières que nous avons portées processionnellement
« autour de l'église, au pardon de Saint-Servet[1]. Ah! puissions-nous être
« aussi forts pour défendre notre pays et la vraie foi, que nous l'avons été
« pour vous défendre sur le tertre, au grand jour!

« Que Dieu secoue la gelée! que le blé soit flétri dans le champ du
« Français qui trahit les Bretons! Et chantons toujours, tout d'une voix,
« enfants de la Bretagne :

« Jamais! non jamais, la génisse ne s'alliera au loup! —

« Le chant a été composé depuis que nous sommes en route; il a été
« composé en l'année mil cinq cent quatre-vingt-douze, par un jeune
« paysan, sur un air facile à chanter. Répétez-le, hommes de Cornouaille,
« pour réjouir le pays[2]. »

Voilà le souvenir poétique, voilà la tradition noble et digne de
cette guerre de la Ligue ; voilà ce qui sans doute a séduit plus d'un
écrivain, et a fait dire que *le rôle des paysans fut sublime et que
cette époque est l'une des plus grandioses de notre histoire*. Lorsque
l'on parcourt les récits des contemporains, sans distinction de parti,
la conduite des communes de Bretagne pendant cette malheureuse
guerre se présente sous un aspect moins séduisant et moins admirable.

---

[1] De Saint-Servais.
[2] *Chants populaires de Bretagne*, t. II, p. 87, 89.

Alors, en effet, le peuple de la Haute-Bretagne semble lui-même avoir la nature sauvage des habitants de la Cornouaille, qui spéculaient sur les naufrages; il suit, pour ainsi dire, l'armée des ligueurs comme un loup affamé, et prend ensuite part à la curée[1]. Ainsi, dès le commencement de la guerre, lorsque Mercœur eut surpris le comte de Soissons à Château-Giron, 2,000 paysans des environs arrivent après l'action; et, comme ils paraissaient mécontents: « *Allez*, leur « dit le duc, *allez assiéger ces hérétiques, qui se défendent encore* « *dans le château; je reviendrai demain.* » Ceux qui s'y trouvaient, manquant de vivres, se rendirent à composition; mais les paysans, ne respectant rien, commirent toutes sortes de cruautés, tuèrent plusieurs des prisonniers, etc. (1589)[2].

A la même époque, Mercœur faisait le siége de l'importante place de Vitré, l'asile des calvinistes. Au son du tocsin, sous la conduite des capitaines des paroisses, enseignes déployées, les paysans, au nombre de plus de 20,000, dit-on, accourent poussés par la haine religieuse, mais aussi dans l'espoir de saccager la ville. Ils se précipitent avec fureur sur les ennemis, et dès le premier jour emportent les faubourgs. Lavardin, l'un des principaux chefs royalistes, qui se trouvait resserré dans Vitré, après avoir laissé des troupes pour la défense de la ville, voulait à tout prix revenir à Rennes : plus de 10,000 paysans, conduits par des gentilshommes du pays, l'attendaient sur la route, retranchés derrière les fossés et les haies, après avoir barricadé leurs étroits et mauvais chemins. Armés d'arquebuses, de javelots, de piques, ils attaquent les royalistes et les enferment dans la lande d'Issay, combattant avec acharnement, sans faire attention aux coups qu'ils recevaient et à l'argent que Lavardin faisait jeter, pour les distraire. Enfin, un paysan, gagné à force de promesses, lui indique un passage, et il peut s'échapper; mais il disait qu'il avait assisté à quatorze combats, et que jamais il ne s'était vu en si grand danger : plusieurs des gentilshommes et des soldats, qui l'accompagnaient, avaient été massacrés sans pitié[3].

Je ne veux pas dire que tous les excès fussent commis par les paysans ligueurs : des deux côtés la furie était grande; c'est là le

---

[1] Note de A. Marteville, *Dict.* d'Ogée, p. 205.
[2] Montmartin, p. 280, 281. — Pichart. — Dom Taillandier, p. 372.
[3] Montmartin, p. 221, 282.

caractère fatal des misérables guerres civiles. Ainsi, les gentilshommes calvinistes et leurs soldats de Vitré n'épargnèrent pas les catholiques : lorsque le siége fut levé, ils mirent le feu aux faubourgs, pillèrent les églises, maltraitèrent les prêtres; puis, se répandant dans les campagnes voisines, incendièrent les bourgs qui résistaient, et enlevèrent les richesses qu'ils y trouvaient. Les registres des décès de la paroisse de Saint-Martin à Vitré, et d'autres documents, publiés par M. de la Borderie, renferment à ce sujet de tristes détails. Mais les excès, les ravages des calvinistes ne font pas disparaître les excès des ligueurs, et l'impartialité historique commande de ne pas exalter les uns au détriment des autres[1].

Quand le duc de Mercœur, désespérant de prendre Vitré, courageusement défendu, leva le siége, les paysans, acharnés à l'entreprise, tinrent encore pendant quelque temps la ville comme bloquée, et, se barricadant eux-mêmes dans leurs villages, il fallut que le prince de Dombes envoyât pour les soumettre des troupes et du canon ; retranchés derrière leurs fossés, ils se défendirent jusqu'à ce qu'on eut recours à l'incendie pour les forcer à se soumettre. « Ils attendent, ils se défendent ; l'on adjoute le feu au glaive, et « paroisse à paroisse il les fallait attaquer…. Enfin, ce misérable « peuple, qui avait commis infinies inhumanitez et cruautez, après « avoir enduré le glaive, le feu, la corde, cria miséricorde et se « soumit en l'obéissance du Roy[2]. »

Mais c'était surtout dans la Basse-Bretagne, dans la partie la plus sauvage de la province, que les paysans des paroisses couraient aux armes en véritables forcenés. Là, dit un contemporain, *la populace cruelle, barbare et endiablée du venin de la Ligue, s'estoit armée jusques au nombre de quinze ou vingt mil et incommodaient infiniment Brest.* Pour les combattre, plusieurs gentilshommes du pays se réunissent sous les ordres de Kergommard, près de Lannion, attaquent en plusieurs combats *ces enragez païsans, en défont 3 ou 4,000 lesquels méprisoient la mort, comme bestes brutes, et ledit sieur de Kergommard regrettant la mort de tant d'hommes, luy qui est l'un des principaux gentilshommes du pays, s'advisa d'un remède d'en faire pendre quelques-uns aux arbres ; ce qui estonna*

---

[1] *Le Calvinisme à Vitré*, p. 17, 34.
[2] Montmartin, p. 283.

tellement ces barbares, qu'ils commencèrent à faire joug et vinrent le trouver avec la croix et la bannière[1].

Peu après, encouragés par ce succès, ces mêmes seigneurs prennent l'île de Bréhat, près de Paimpol; ils pendent douze ou quinze malheureux paysans aux ailes des moulins à vent; et depuis, ajoute le même narrateur, ils sont demeurés en l'obéissance du roi[2]. Tel est leur sort habituel, pendant la guerre de la Ligue; ils commettent d'horribles ravages, puis périssent, victimes misérables de leurs ennemis. Souvent leurs chefs ne sont pas beaucoup plus respectés par eux que ceux qu'ils combattent. « La Basse-Bretagne, dit Mat-
« thieu, estoit presque toute révoltée; les communes des paysans, y
« estant armées, avoient des colonels et tribuns populaires qui don-
« noient la loy aux gentilshommes leurs voisins : et ceux à qui la
« qualité et le pouvoir donnoient de l'autorité, étoient contraincts de
« la faire plier au temps. Entreprendre de régler des esprits sca-
« breux et mutins, c'est mener paistre une troupe de renards et se
« charger de les ramener tous les soirs à l'establc (1589)[3]. »

Voyons, en effet, leur conduite, lors de la prise du château de Kerouzeré, près de Saint-Pol-de-Léon. Les chefs avaient accordé une capitulation honorable à la garnison et aux gentilshommes qui s'y trouvaient[4]; mais les paysans des communes ne voulaient pas entendre parler de capitulation, et menaçaient de tout exterminer, même les nobles de leur parti, s'ils y consentaient. A l'instant où les royalistes sortaient du château, les paysans, animés d'une fureur brutale, se soulèvent contre leurs chefs et se jettent sur les prisonniers pour les massacrer; plusieurs, entre autres le gouverneur du château, Kerandraon, sont tués, et leurs corps indignement mutilés. Incapables d'entendre aucune raison, ils frappaient même leurs chefs, qui voulaient s'opposer à ces horreurs : ainsi du Faouët, frère du seigneur de Goulaine, reçut sur la tête un coup de hache, qui la lui eût fendue jusqu'aux dents, si quelqu'un n'eût amorti le coup; et Rosampoul, son oncle, un grand coup de fourche à la gorge. *C'est merveille*, ajoute le chroniqueur, *qu'ils ne demeurèrent tous sur la place, tant cette cruelle tête de paysan était enragée de ce qu'ils*

---

[1] Montmartin, p. 281.
[2] Montmartin, p. 287.
[3] Matthieu, t. II, p. 243.
[4] Les articles de la capitulation sont dans les *Preuves* de dom Taillandier.

leur échappassent ainsi. Au mépris de la capitulation, les royalistes furent retenus prisonniers et rançonnés. Disons à ce sujet que Mercœur se rendit complice de ce parjure, en retenant le seigneur du château, Boiséon de Coëtinisan, vingt-deux mois prisonnier à Nantes, et en lui faisant payer une forte rançon [1].

Peu de jours après l'affaire de Kerouzeré, les royalistes avaient surpris et pillé Carhaix (septembre 1590), au milieu des montagnes ; c'était pendant que tous les habitants célébraient gaiement une de ces noces bretonnes, luxueuses et bruyantes. A cette nouvelle, les paysans des paroisses voisines, Cléden, Landeleau, Plounévez, Plouyé, Huelgoat, etc., se réunissent au son du tocsin, marchant sans ordre et sans discipline pour aller reprendre la ville ; en passant par le Grannec, ils voulaient mettre à leur tête le seigneur du château, le sire de Pratmaria, qui trouva moyen d'éviter ce périlleux honneur, et leur donna seulement pour les guider un vieux et habile capitaine, nommé Lauridon. Quand ils furent à quelque distance de Carhaix, ils ne voulurent écouter aucun des prudents avis de leurs chefs, les accusant de trembler devant l'ennemi, et les menaçant même de la mort, s'ils n'avançaient pas. Vainement Lauridon protestait de ses intentions et de son courage : — *Cette paysantaille, au nombre de trois cents contre un, lui dirent qu'il avait peur; mais qu'il était leur capitaine, qu'il marcherait devant, et qu'il lui valait tout autant mourir de la main de l'ennemi que de la leur; et, ce disant, lui piquaient les fesses de la pointe de leurs fourches de fer, menaçant de le tuer s'il ne marchait.*

Au reste, ils furent punis de leur aveugle brutalité ; car ils se précipitèrent sur les ennemis, poussant de grands cris, comme à la *hue du loup :* mais les royalistes les firent tomber dans une embuscade, où la plupart périrent avec le brave et malheureux Lauridon. Le chanoine Moreau, honnête et zélé ligueur, qui nous a raconté ces événements, se trouvait alors au château du Grannec, et alla lui-même le lendemain l'enterrer à Collorec, trêve de Plounévez [2].

---

[1] Moreau, p. 78, 82. — Dom Taillandier, p. 398, etc.

Toutes les pièces concernant les réclamations dirigées par ce seigneur contre Mercœur après la paix, sont dans les *Preuves* de dom Taillandier, p. 245, etc. Par arrêt du conseil du Roi (25 mai 1602), Mercœur fut condamné à lui payer 10,000 écus d'indemnité, etc.

[2] Moreau, p. 87, 88.

Les paysans des paroisses plus éloignées, de Lennon, Pleyben, la *rogue paroisse*, Loqueffret, Brasparts, etc., arrivant après cette défaite, se moquaient de ceux qui s'étaient laissé battre, et ne parlaient déjà que de partager les dépouilles. Conduits par un prêtre gentilhomme, l'abbé de Linlouët, qui combattait, armé d'une grande hache, ils surprennent les royalistes : une lutte furieuse s'engage dans les rues de Carhaix ; mais ceux-ci, grâce à la fureur imprévoyante des paysans, parviennent à reprendre l'avantage et à les exterminer presque complétement. Ils perdirent beaucoup de monde, notamment les deux chefs de Pleyben, dont l'un, l'abbé de Linlouët, avait attaqué le chef royaliste du Liscoët corps à corps, et lui avait coupé la main droite d'un coup de sa hache. Du Liscoët rentra dans la ville ; pour se venger, il y fit mettre le feu, et la plus belle rue fut entièrement brûlée[1].

Ceux de Châteauneuf, ayant appris cette seconde défaite, lorsqu'ils étaient déjà en route, se jettent sur le gentilhomme qui les commandait, Penanguer-Keroc'hant, le tuent, et laissent son corps dans un fossé parmi les ronces et les épines ; puis ils s'en retournent après cet exploit[2].

Le baron de Kerlec'h, du pays de Léon, l'un des braves et beaux galants de la Bretagne, s'en revenait de Rennes vers cette époque (septembre 1590), à travers la Basse-Bretagne, avec sa jeune femme, âgée de treize ans ; à Roscanou, à quatre lieues de Quimper, le baron et ceux qui l'accompagnaient sont joyeusement fêtés par la dame du lieu, veuve d'un conseiller au présidial de Quimper, royaliste imprudente qui menaçait parfois de faire ruiner le pays, et qui était haïe et fort suspecte à la commune. Les paysans, *révoltés et résolus à exterminer les gentilshommes dans leurs maisons*, accourent bientôt au son du tocsin ; ils entourent le château, barri-

---

[1] Une autre relation contemporaine donne quelques détails différents : ainsi, la main de Liscoët aurait été coupée par le sieur Guillaume Olyman de Launay, qui fut fait prisonnier avec ses deux laquais ; puis René Olyman, sieur de la Ville Joffrez, aurait forcé les habitants de Carhaix à se cotiser pour payer leur rançon. La ville fut encore pillée par les royalistes, *les taverniers l'abandonnèrent, et on estoit obligé d'aller à quatre lieues chercher du vin pour célébrer la messe.* (Extrait du vol. III de la collection des *Blancs-Manteaux*, dans les *Mélanges d'histoire et d'archéologie bretonne*, t. Ier, p. 42, Rennes, 1854.)

[2] Moreau. p. 88, 91.

cadent toutes les avenues et mettent le feu aux bâtiments. Les malheureux assiégés veulent en vain s'ouvrir un passage, l'épée à la main ; les paysans les massacrent, sans distinction de sexe : *plus de quatre-vingt-dix personnes sont tuées, dont il y avait plus de soixante gentilshommes, et entre autres l'abbé de Saint-Morice, avec nombre de demoiselles et autres femmes et filles, sans miséricorde de personne.* Quelques gentilshommes et principalement Rosampoul manquèrent d'être mis en pièces par les paysans, parce qu'ils voulaient sauver plusieurs royalistes ; tout ce qu'ils purent obtenir, ce fut la vie de la jeune mariée, qui avait reçu un coup de fourche dans la gorge : ce qui ne fut pas brûlé fut pillé par les paysans enragés, *qui ne laissèrent rien que ce grand nombre de corps morts tout nus d'un côté et d'autre*[1].

Ces récits prouvent suffisamment ce que nous avons avancé plus haut : le plus souvent, dans cette guerre, les paysans combattaient comme des furieux, par emportement brutal et sauvage, et ne respectaient pas leurs chefs gentilshommes beaucoup plus que leurs ennemis. Aussi lisons-nous sans étonnement ces paroles remarquables de dom Taillandier, qui suit d'ailleurs le chanoine Moreau : « Cette fureur était commune à tous les paysans de la Basse-« Bretagne, et leur dessein était bien moins de faire la guerre aux « hérétiques, que d'exterminer la noblesse. Ils en avaient formé le « projet entre eux, et s'ils étaient revenus victorieux de Carhais, « ils se seraient jetés sur les maisons des nobles, et ils eussent « fait main basse sur tous les gentilshommes qu'ils auraient pu « rencontrer[2]. Il ne fallait plus que cela, disaient-ils, pour remettre « tout le monde dans l'égalité qui doit se trouver entre les hommes. « La défaite de Carhais les fit bien changer de langage[3]. »

En 1592, chose pareille devait avoir lieu ; les nobles ligueurs avaient réuni cinq ou six mille hommes des communes du pays, pour assiéger Brest. Le gouverneur Sourdéac résistait courageusement ; déjà le siège durait depuis longtemps : joignant la ruse à la valeur, il faisait courir le bruit que le blé ne valait qu'un écu et demi dans la ville, tandis qu'il se vendait trois écus dans les campagnes voisines.

---

[1] Moreau, p. 100, 101.

[2] « Ne voulant estre sujets à personne, de quoi ils se vantaient ouvertement. » Moreau, p. 92.

[3] Dom Taillandier, p. 400.

Alors les paysans s'écrient qu'on les trompe; ils refusent d'obéir à leurs capitaines, et disent qu'il faut égorger les gentilshommes, qui les ont engagés dans cette guerre, puis épouser leurs femmes, pour être les maîtres à leur tour. Sourdéac profite de ces dissensions, attaque leurs retranchements, tue plusieurs centaines de ces malheureux, et les autres, voyant qu'il était dangereux de se mêler des affaires des grands, achetèrent 8,000 écus par an une trève de huit ans[1].

Au reste, si les paysans, facilement excités contre le parti qu'ils regardaient comme celui des hérétiques et des étrangers, prenaient le plus souvent les armes contre les royalistes, plus d'une fois on les vit lutter avec le même acharnement et la même fureur contre les ligueurs eux-mêmes. Ainsi Saint-Laurent, gouverneur de Dinan, ayant été défait par les royalistes, les paysans se jettent sur les fuyards et en assomment plusieurs centaines. D'Aradon, frère de Jérôme, zélé ligueur, revenait de Guémené à Hennebont, lorsqu'il est chargé par plus de deux mille paysans; il en tue cinquante, en blesse un grand nombre, et pas un des siens n'est blessé[2].

C'est que les paysans n'étaient pas moins accablés, pillés et massacrés par les ligueurs que par les royalistes; nous avons déjà constaté le but que se proposaient la plupart des capitaines, qui couraient le pays, pour le ravager. Les excès d'hommes tels que le comte de la Magnanne ou le féroce Fontenelle réduisaient les paysans au sort le plus misérable. A Penmarc'h et aux environs, ce dernier avait fait périr plus de cinq mille hommes, mis le feu à plus de deux mille maisons, et emporté tous les meubles : la Basse-Bretagne pendant neuf années devait être ravagée par sa petite armée, qui comptait plus de 1200 hommes bien dignes d'un pareil chef.

Les paysans, furieux de souffrances, essayèrent plus d'une fois de venger les malheurs du pays; mais toujours leur indiscipline brutale les perdit. Le chanoine Moreau a décrit de la manière la plus vive cet état déplorable des paysans de la Basse-Bretagne; nous aurons occasion plus d'une fois encore de nous servir de son précieux récit.

---

1 Mézeray, t. XVI, p. 386, 387, d'après les *Mémoires* de Sourdéac.

2 *Mém.* de Jér. d'Aradon, p. 261. — *Discours véritable de la défaite du sieur de Sainct-Laurens, lieutenant du duc de Mercœur, par M. le maréchal de Brissac, lieutenant-général pour le roy en Bretagne;* à Paris, par Frédéric Morel. 1597.

La famine désolait les campagnes : le peuple, comme le dit Montmartin, ne vivait plus que d'herbes parmi les champs ; un père était puni pour avoir tué son enfant, qu'il voyait languir de faim.... *La guerre était un nouveau genre de crucifiement sur le peuple accablé de langueur*[1]. Enfin, comme le rappelaient les États de Bretagne au roi, qu'ils priaient de rétablir la paix dans la province : « Les « malheureux ont été finalement contraints de se retirer ès bois et « forêts, comme à un asyle, espérant trouver plus d'humanité entre « les bêtes brutes et farouches, et qui sont sans raison, qu'ailleurs « entre les hommes qu'ils ont trouvés sans merci et sans compas- « sion[2]. »

Je ne sais pas vraiment, si les paysans furent alors, comme le prétendent quelques écrivains, le point de mire de toutes les banales accusations dont la peur égoïste des privilégiés ne manque jamais, en pareil cas, d'accabler leurs malheureux adversaires ; je ne sais s'ils furent à la fois égorgés et calomniés : mais ce qu'il y a de bien prouvé, c'est le triste sort des habitants des campagnes pendant la Ligue ; c'est la fureur brutale qui souvent les anime, contre tous ceux qui ne sont pas, comme eux, paysans[3], et qu'ils accusent de toutes leurs misères. Assurément, leur rôle n'est point ce rôle brillant, généreux et sublime qu'on a bien voulu leur faire jouer à cette époque.

[1] Montmartin, p. 310. — De Thou, liv. 118.
[2] Mémoire au roi sur la paix, dans les *Mémoires de la Ligue*, t. VI, p. 601.
[3] « Ils ne respiroient autre chose qu'une révolte contre la noblesse et tous « autres qui n'estoient de leur qualité : ce qu'ils eussent fait, s'ils eussent trouvé « un chef pour les conduire... On voyoit leurs mauvaises inclinations, qui « estoient de tuer tous les autres, à la réserve des paysans comme eux. » (Moreau, *Hist. de la Ligue.*)

CHAPITRE VII.

Mercœur organise le gouvernement de la Bretagne. — Députés de la province aux États-généraux de Paris. — Conseil d'État à Nantes; parlement ligueur; chambre des Comptes. — États de la Ligue à Nantes, à Vannes. — Conseils bourgeois. — Succès de Mercœur dans la première période de la guerre; victoire de Craon. — La duchesse le presse de se déclarer duc de Bretagne; activité politique de Mme de Mercœur. — Nantes, capitale de la Bretagne. — Cour littéraire et poétique : Raoul le Maistre, Pierre Biré, Julien Guesdon, Nicolas de Montreux, etc.

Le duc de Mercœur semblait devoir rallier, dans l'intérêt de sa cause ou de son ambition, toutes les passions diverses soulevées en Bretagne depuis le commencement des troubles : c'est lui qui pendant neuf années reste le chef de la Ligue dans cette province; il avait tout préparé, pour atteindre le but qu'il se proposait : sa situation était excellente, quand il se déclara ouvertement contre Henri III. Comment en profita-t-il ? Quel fut son rôle pendant la guerre ?

Il était du nombre de ces princes qui voyaient dans les troubles de la Ligue une occasion magnifique de démembrer le royaume, et de reconstituer une espèce de féodalité ou de nation fédérative. Mercœur chercha à se rendre indépendant, et fut sur le point de réussir; sa tentative nous montre l'un des côtés de la Ligue qui n'a pas toujours été assez remarqué. L'assassinat de Henri III était un événement heureux pour le duc; il était délivré, par la mort de son beau-frère, de tout reproche et de tout remords d'ingratitude : jusqu'alors, il ne s'était pas encore expliqué très-ouvertement; l'indécision allait cesser. La plupart des villes et des provinces refusaient de se soumettre au roi de Navarre, chef des huguenots, solennellement excommunié par le pape : le moment était arrivé, où chacun devait songer à se pourvoir ; la royauté était véritablement déclarée vacante.

Cependant, il fallait sauver les apparences, et gagner du temps : voilà pourquoi Mayenne, lieutenant-général de l'Union, et les autres princes, maîtres des provinces, reconnurent pour roi l'oncle de Henri de Navarre, le cardinal de Bourbon, qui prit le nom de Charles X. Mercœur suivit cet exemple ; et la population de Nantes, rassemblée devant l'hôtel de ville, salua le nouveau roi de ses acclamations, en renouvelant son serment à la Ligue. Les princes craignaient sans doute de dévoiler trop subitement leur ambition ; il fallait ménager les convictions populaires : ils semblaient même, par cette déclaration, prouver leur attachement à la légitimité, au droit ; s'ils repoussaient Henri de Navarre, c'était seulement à cause de sa religion[1]. Puis, chacun d'eux s'imaginait à la faveur du désordre, pouvoir facilement réaliser ses espérances ambitieuses. Charles X ne devait gêner personne, c'était un vain nom ; le faible cardinal, vieux et malade, alors prisonnier de son neveu, mourait peu de temps après à Fontenay-le-Comte, en Poitou (9 mai 1590)[2]. Il fut enterré dans le chœur de l'église de Saint-Nicolas de cette ville, et l'on grava sur un pilier cette modeste inscription :

OBIIT : PIISSIMUS : PRINCEPS : NONA : MAII : 1590.

Les ligueurs continuèrent à dater leurs actes des années de son règne ; ainsi, Mercœur, au mois d'août 1590, fait mettre sur les lettres expédiées à la chancellerie de Nantes, *deuxième année du roi Charles X ;* bien plus, au mois de septembre suivant, le parlement ligueur de Nantes enregistre, au nom de Charles X, des lettres patentes qui ratifiaient l'établissement de ce même parlement : dès lors, il rend la justice au nom de Charles X ; et, jusqu'en 1598, l'on devait, à Nantes et à Dinan, battre monnaie à l'effigie de ce prince[3].

---

[1] P. Biré, *passim*.

[2] Voir *Notes sur la mort et la sépulture du cardinal de Bourbon*, par F. Boncenne, dans la *Revue des Provinces de l'Ouest*, 3e année, 1856, p. 328.

[3] Archives municipales de Nantes. — De Piré, t. 1er, p. 203.

Du mois de mai au mois d'août 1589, Mercœur avait fait frapper des monnaies, sur lesquelles on lit ces mots : PRO CHRISTO ET REGE ; du mois d'août 1589 jusqu'au mois d'avril 1598, les monnaies sont au nom de Charles X. (Voir Travers. *Traité* manuscrit *des monnaies de Bretagne*, p. 146.)

Pour flatter les idées démocratiques d'un grand nombre de ligueurs, on avait, dès le commencement de la lutte, souvent invoqué le nom des États-généraux; c'était l'assemblée des représentants de la France qui devait décider la grande question de la succession au trône. Aussi, Mercœur avait-il pris le titre de *gouverneur de Bretagne, audit pays, établi pour la manutention de la religion catholique, apostolique et romaine, conservation et liberté de la province, attendant l'assemblée des États-généraux.*

Au fond du cœur, il ne désirait pas voir régler l'état du royaume; c'était le démembrement et non l'unité qu'il voulait. Aussi, Mayenne n'était pour lui, comme pour beaucoup d'autres gouverneurs de province, que le chef nominal de la Sainte-Union. La Ligue, quoi qu'on en ait dit, n'avait pas de gouvernement largement organisé : chacun, dans le parti, combattait isolément, pour ses propres intérêts, pour sa province, sa ville, son château; et voilà pourquoi l'on est tombé dans de graves erreurs, en voulant juger la Ligue uniquement par ce qu'elle fut à Paris. Mercœur, tous les faits le prouvent, agit avec la plus complète indépendance : Mayenne se défie naturellement, et avec raison, de ses projets ambitieux; et Mercœur ne paraît nullement disposé à seconder les efforts de Mayenne. Le chef de l'Union, qui désirait, avant tout, conserver son pouvoir, ne faisait-il pas promettre à Philippe II, par ses agents secrets, la Provence, la Picardie, une partie de la Bretagne, s'il voulait seconder ses prétentions. « Le duc de Mercœur, écrit Duplessis-Mornay au
« Roi, est entré en jalousie que le duc de Mayenne et autres veulent
« contenter le Roi d'Espagne aux despens de la Bretagne, sur
« laquelle il a droit plus apparent, afin de sauver le reste de la
« France de sa domination, alléguant qu'aussi bien elle en a esté un
« temps distraite[1]. »

« Mayenne, dit d'autre part l'historien Davila, ne pouvoit pas non
« plus estre bien d'accord avec le duc de Mercœur. Car, ayant fait
« en son âme une ferme résolution de ne permettre jamais qu'aucune
« partie de la couronne vînt à se diviser tant qu'il gouverneroit les
« affaires, il s'affligeoit grandement de ce que Mercœur, transporté
« d'un violent désir de se rendre maître de la Bretagne, avoit avecque
« les Espagnols des pratiques et des intelligences secrettes[2]. »

---

[1] Lettre de Duplessis, 16 mars 1592.
[2] Davila, p. 851.

Aussi, les contemporains remarquaient ces divisions et les signalaient franchement, quand ils avaient assez d'indépendance pour dire la vérité. Le duc de Nevers, montrant les chefs de la Ligue ennemis les uns des autres, ajoute : « Si vous aviez envoyé rechercher
« M. de Mercœur, pour s'employer à la conduite de vostre armée,
« Mayenne ne permettroit jamais qu'il y vinst; ou bien M. de Mer-
« cœur mesme n'y voudroit venir, connaissant l'insupportable
« ambition de M. de Mayenne ; et si vous ne voulez croire à mon
« dire sans passion, proposez-le aux deux parties, et vous verrez si
« elles ne seront pas appointées contraires[1]. » Lorsque Nevers fut envoyé vers Clément VIII pour défendre les droits de Henri IV, il était chargé de lui montrer l'ambition des divers chefs de la Ligue, Mayenne, Guise, Nemours, le duc de Lorraine, Philippe II : *Monsieur de Mercœur*, disait-il, *ne veut estre le subject ni du duc de Guise, ni du duc de Mayenne; de sorte que voilà le royaume divisé en autant de factions, et c'est ce que l'Espagnol désire.*

De même, dans le *Dialogue du Maheustre et du Manant*, sans contredit l'un des plus remarquables pamphlets de l'époque :
« Vos princes ne s'entendent aucunement...... Le duc de Mayenne
« tient son rang à part, les ducs de Guise, de Nemours, d'Aumale
« et de Mercœur de mesmes..... Chacun fait du souverain en la
« province où il est, chacun en son particulier tasche à gaigner la
« bonne grâce du pape et du roi d'Espagne, duquel ne veulent
« ouïr parler que pour bailler de l'argent, afin d'entretenir leurs
« grandeurs, et parvenir au but de leur ambition, et luy torcher le
« nez de sa manche. Ils se cantonnent en leurs provinces et ne
« combattent pas hors d'icelles ; » etc., etc. Et plus loin : « Les
« ducs de Mercœur, d'Aumale et de Nemours distribuent les gou-
« vernements, particuliers offices, bénéfices, estats et dignitez à
« leurs favoris, afin de se former des créatures, qui jurent à leur
« dévotion pour leur particulier, sans se soucier de la religion ni
« du peuple[2]. »

Lorsque après quatre années d'hésitations, de délais politiques et

---

[1] Nevers, *Traité des causes et des raisons de la prise d'armes*, etc. — *Arch. curieuses*, t. XIII, p. 193.
[2] *Dialogue du Maheustre et du Manant*, dans les *Preuves de la Satire Ménippée*, t. II, p. 419-424.

égoïstes, les chefs sont enfin contraints par l'opinion publique de convoquer à Paris les États-généraux, qui devaient faire cesser l'anarchie, quelle est la conduite de Mercœur? Précédemment (18 mai 1591), le duc de Mayenne avait écrit aux échevins et conseillers de la ville de Nantes, pour qu'ils envoyassent quelques notables habitants à l'assemblée générale qui devait se tenir à Reims. La ville avait consulté Mercœur, qui s'était bien gardé de donner suite à cette demande [1]. Au commencement de l'année 1593, à l'instant où l'on parle de réunir définitivement les États à Paris, il fait faire des processions par le chapitre de Nantes (15 et 20 janvier), pour obtenir du ciel la conservation *du bon duc de Mercœur en Bretagne :* mais il ne pense point à envoyer de députés. Vainement il reçoit des lettres de Mayenne; vainement il est menacé par un bref de Clément VIII et une lettre du légat, le cardinal de Plaisance: il attend encore [2]. Cependant, les députés se réunissent peu à peu à Paris : mais comment la Bretagne, cette grande province, est-elle représentée dans ces États auxquels on a voulu donner une trop grande importance [3]? Dans la liste des députés, nous trouvons deux membres du clergé, Georges d'Aradon, l'évêque de Vannes, conseiller au parlement de la Ligue à Nantes; puis Rebuel ou plutôt Juhel (Jean), curé de Guégon, conseiller ecclésiastique au présidial de Vannes [4]; un membre de la noblesse, Louis de

---

[1] Travers, t. III, p. 59.
[2] Travers, t. III, p. 72.
[3] *Ils ne firent rien, et ce fut tout leur mérite,* dit justement Aug. Thierry.
[4] Les historiens ont commis sur cette époque les erreurs les plus grandes, qu'il serait facile d'éclaircir avec les précieux documents que possède Rennes. M. Jehan Juhel, abbé de Melleray, scholastique et chanoine de Vannes, conseiller au siège présidial de cette ville, a été député par les États tenus à Nantes en avril 1591 : dans une requête, pour être payé de ses frais, adressée aux États de 1594, il parle de ses voyages à Nantes; puis, à cause des malheurs de la guerre, il a été forcé de passer par Saint-Malo, la Normandie, la Picardie, tantôt par terre, tantôt par mer, et il a mis cinq ou six mois pour arriver à Paris : il y est resté jusqu'au 2 avril 1594, et en est sorti avec M. de Tournabon, pour revenir à Vannes, après une absence de deux ans et demi, *non sans grandes dépenses.* (Archives d'Ille-et-Vilaine : dossiers des États de la Ligue de 1594.)

Jean Juhel, pourvu en commende de l'abbaye de Melleray, prête serment à la chambre des Comptes de Nantes en 1594. (Padioleau : *Jurisdiction souveraine de la chambre des Comptes de Bretagne*).

Montigny, gouverneur de Sussinio et de Rhuys[1]; et, pour le tiers-état, Jean Berthier, sieur de la Maguette ou plutôt Mainette, conseiller au siège présidial de Dinan, et Pierre Le Bigot, sieur de Breuil, procureur de la ville de Fougères et maître particulier des eaux et forêts. Ils avaient été très-probablement désignés par les États de la province réunis à Nantes en 1591. L'évêque de Vannes et Louis de Montigny méritent seuls d'être cités, et de Thou n'a parlé que d'eux : d'Aradon, nommé promoteur de l'ordre du clergé, dispute la préséance au sieur du Villars, et l'emporte; de Montigny, l'un des principaux capitaines de la Ligue en Bretagne, est l'un des députés chargés d'entendre les propositions du duc de Féria ; il prend part également aux conférences de Suresne, entre les députés catholiques des États et plusieurs catholiques du parti royaliste. Voilà tout ce que nous savons d'eux. De Piré ajoute deux noms, la Hautière et Villefi, de l'ordre de la noblesse[2] : s'ils furent élus, ils ne se présentèrent pas du moins à l'assemblée, dit M. Bernard, dans son livre sur les États de 1593; nous avons trouvé une seule indication sur le dernier, Villefi ou Villefier. « Le vendredi, 1er jour de mai, écrit « d'Aradon dans son *Journal*, le sieur de la Villefier allait avec « mon frère du Plessiz à Paris aux États-généraux. » D'Aradon lui donne 55 écus et un *accoutrement de satin colombin :* ce gentilhomme était cousin germain des frères d'Aradon. Il parle également du sieur de la Hautière : « J'écrivis, dit-il, à M. de Mercœur par « le sieur de la Hautière. » Quinze jours après, il ajoute : « Je reçus « de Monsieur une lettre, par le sieur de la Hautière[5]. »

Les députés de la Bretagne ne paraissent pas s'être beaucoup préoccupés des intérêts de leur province : Mercœur était sans doute mieux représenté par l'italien Tournabon, son fidèle conseiller, qui devait probablement à Paris travailler à faire échouer les prétentions

---

[1] Loys de Montigny, député par les États de Vannes de 1592, est revenu de Paris en septembre 1593. (Arch. d'Ille-et-Vilaine: *Journal* de J. d'Aradon.)

[2] Dans les dossiers des États de la Ligue on retrouve plusieurs fois nommé, comme député de la Bretagne à Paris, Joachim Duguesclin ou du Clesquin, écuyer, sieur de la Rouverye, ou plutôt Roberie : il était de la famille du connétable; seigneur de Plantis, écuyer du duc d'Elbeuf, il mourut en 1597, léguant ses biens aux pauvres, à cause de la grande cherté des vivres, dit le père du Paz, p. 443.

[3] *J.* d'Aradon, p. 273, etc.

des différents rivaux, de Mayenne surtout et de Philippe II. Lorsque Mayenne convoque au palais du légat, pour y entendre les ouvertures du duc de Féria, six députés des États, les princes lorrains ou leurs agents, Tournabon parle au nom de Mercœur; c'est là que l'on commence à repousser ouvertement les prétentions de Philippe II, en faveur de l'infante[1]. « Le dimanche 19 septembre 1593, dit M. Ber-
« nard, la prédication aux États est faite par M. Christi, de Bretagne...
« On peut en induire que c'était un député nouvellement reçu dans
« la chambre du clergé, ou qu'il était attaché à quelqu'un de ses
« dignitaires, qui, par une exception assez fréquente, se faisaient sup-
« pléer. » Travers lève tout doute à cet égard : Mercœur, dit-il d'après les registres du chapitre, députe le théologal Christi à Paris; celui-ci informe le chapitre de sa mission; les ordres qu'il a reçus sont si pressants qu'il doit partir dès le lendemain. Christi sans doute devait s'entendre avec Tournabon, pour défendre les intérêts de Mercœur[2]. En vérité, il est bien difficile de soutenir et de croire que le gouverneur ambitieux de Bretagne prit au sérieux les États-généraux de Paris[3].

Il n'avait certainement pas rompu toute relation avec l'Union catholique et Mayenne, son chef : après Ivry, Mayenne écrit à Mercœur la lettre suivante : « Le malheureux événement de nostre
« bataille sera, comme j'estime, volé jusqu'à vous, et vous aura
« rendu nos misères plus extrêmes qu'elles ne sont. Grâce à Dieu, la
« longue expérience, que vous avez acquise dans le monde, vous
« donne assez de jugement des différents effects de la guerre. Et
« puisque j'ay esté réservé pour mes péchés, je vous puis assurer
« que c'est avec tant de courage et de résolution, que j'espère, avec

---

1 De Thou, liv. 106.
Tournabon, facteur de Mercœur à Paris, dit Pichart, lui écrit, le 8 mai 1593, une lettre dans laquelle il lui expose l'état des affaires : « Il y a là haut, dit-il, « une infinité de brouilleries. » La lettre est interceptée par Saint-Luc. (*J. de Pichart*, col. 1734.)

2 Jean Christi, comme on le voit dans les pièces concernant les États de la Ligue en Bretagne, est au nombre des députés qui représentent la province à Paris : il est plus d'une fois nommé avec les épithètes de *vénérable* et *discret*. (Arch. d'Ille-et-Vilaine.)

3 Bernard, *États-généraux de* 1593, p. 7, 8, 379, 382, 702, 169, 93, etc. — De Thou, liv. 105. — Capefigue, *la Réforme et la Ligue*, t. VI, p. 297. — De Piré, t. II, p. 4. — D'Aradon. *Journal*, p. 273. — Travers, t. III, p. 67. — Etc.

« l'aide de Dieu, rendre nos affaires en meilleur terme que jamais.
« (16 mars 1590.) »

Les prévôt, maire et échevins de Paris, d'Orléans, etc., écrivent à la municipalité nantaise. Les maire et échevins de Poitiers lui adressent une lettre de félicitations, au sujet de la victoire remportée par Mercœur à Craon ; cet heureux succès a été célébré par des actions de grâces et des réjouissances publiques (18 juin 1592)[1]. Mercœur correspond avec Mayenne et les gouverneurs de provinces ; le conseil d'État de la Ligue à Nantes fait même députer par la ville quelques notables, pour se joindre au corps de la Sainte-Union catholique. Mais ces rapports n'ont pas d'importance. Mercœur, dès le commencement de la guerre, se cantonne en Bretagne, et n'en sort que par occasion ; c'est dans cette province qu'il concentre tous les efforts de son ambition, car c'est là qu'il désire établir sa souveraineté. Il n'obéit ni à Mayenne, ni au conseil de l'Union : il est vraiment indépendant. Ainsi, en 1593, après les conférences de Suresne, une trêve de trois mois est conclue pour tout le royaume ; Mayenne ordonne à Mercœur de la faire publier en Bretagne : loin de souscrire à ces ordres, Mercœur, voulant profiter de l'éloignement du maréchal d'Aumont, rassemble toutes ses forces, et essaie de surprendre Rennes. Mais il échoue ; le maréchal arrive bientôt, et le contraint enfin à accepter la trêve[2]. Presque tout le pays s'était déclaré contre Henri IV ; Mercœur devait, avant tout, organiser le gouvernement et l'administration de la province ; en respectant ou du moins en ménageant les idées et les espérances de tous ceux qui pouvaient le servir, il allait chercher à confirmer son autorité, à préparer son avènement.

D'abord, Mercœur avait agi de concert avec les conseils bourgeois des villes ; mais, pour donner plus d'éclat et de force à son pouvoir, il chercha de bonne heure à régulariser le gouvernement. Ainsi, dès le mois de juin 1589, il forme un conseil d'État avec une autorité souveraine ; les bourgeois, consultés, nomment un grand nombre de personnes, parmi lesquelles le duc eut le droit de choisir les membres de l'assemblée, dont il fut le chef. Ce conseil d'État et de Finances (dont Travers a fait deux conseils séparés) devait se compo-

---

[1] Archives de Nantes.
[2] Montmartin. — De Thou, liv. 107, etc.

ser, à ce qu'il paraît, de neuf personnes, trois du clergé, trois de la magistrature, et trois des finances[1]. Les États de la province, tenus à Nantes en 1591, après avoir approuvé cette création, ordonnèrent que ce conseil eût dix-huit membres; six devaient être nommés par le duc, et douze pris dans les États, chaque ordre fournissant quatre membres. Les noms de ces membres, comme leurs délibérations, nous sont demeurés inconnus; ils remplaçaient probablement, dès le mois de juillet, l'assemblée révolutionnaire de Nantes. Les pouvoirs du conseil d'État s'étendaient sur l'administration des finances, la police des gens de guerre, les décisions à prendre au sujet des rançons et des échanges de prisonniers, etc. Il est probable que Mercœur conserva la plus grande influence sur ce conseil, qui sanctionnait toutes ses volontés: à peine est-il réuni, qu'on le voit destituer l'un des capitaines de la milice nantaise, et ordonner à la ville d'en nommer un autre; il déplaisait depuis longtemps au duc, voilà le motif de sa disgrâce. Quelques actes de ce conseil nous feront connaître ses attributions : il propose, dès le 14 juillet 1589, que la ville députe des notables bourgeois pour se joindre au corps de la Sainte-Union Catholique à Paris[2]; il rend, au mois de décembre, une ordonnance pour abattre plusieurs maisons, bâtiments, loges et boutiques, le long des portes et des murs, afin que l'on pût faire le tour de la muraille, en dehors et en dedans. Mercœur avait fait entrer dans la ville plusieurs compagnies, pour contenir les habitants; elles ne devaient rester que huit jours: en vertu d'un arrêt du conseil d'État, leur séjour est prolongé. Le conseil donne aux capitaines des commissions pour réunir des soldats. « Les gens du
« conseil d'Estat et des Finances de Bretaigne, establi à Nantes par
« l'auctorité de M. de Mercœur, gouverneur dudit pays, et de MM.
« les Estats d'icelluy, attendant la présence d'un roy recognu catho-
« lique, au sieur de Chesnevert, salut..... Nous vous mandons lever
« et mettre sus vingt-cinq hommes de guerre à cheval montez et
« armez à la légère, et trente aultres harquebusiers à cheval.... et
« iceulx conduisez à la conservation dudit plat pays et des biens et
« fruits des bons catholiques...., ainsi qu'il vous sera commandé par
« Monseigneur, nous, ou la ville[3]. »

[1] Travers, t. III, p. 24, 27.
[2] Registres de Nantes.
[3] Reg. de Nantes, 17 juillet 1591.

Mercœur établit un impôt considérable sur le vin et le sel : les habitants se hâtent de présenter une requête au conseil d'État ; et celui-ci, en présence de Monseigneur, rend un arrêt qui exempte de l'impôt, moyennant certaines formalités, les habitants du comté. C'est le conseil qui accorde les passeports pour la circulation du vin et du sel dans le comté [1].

C'est lui qui juge, condamne à mort et fait exécuter en effigie le sénéchal Julien Charrette et le prévôt de Nantes, coupables de suivre le parti du roi de Navarre [2] : c'est à lui que Mercœur s'adresse également pour vérifier et entériner les lettres par lesquelles il donne mainlevée au sieur Hector de Gausteron de la confiscation de ses biens : il a prêté serment entre les mains du sénéchal de Nantes, de vivre et de mourir au saint parti de l'Union catholique ; et c'est sur l'attestation du sénéchal que la mainlevée lui est accordée. Enfin, des arrêts du conseil d'État établissent des impôts sur les habitants pour les fortifications, etc. Plus tard, les curés du diocèse refusaient de payer les droits de visite, puisque l'évêque était absent depuis le commencement des troubles : l'official avait prononcé un jugement en leur faveur ; mais le duc, qui percevait les revenus de l'Évêché, fait casser la sentence par son conseil d'État et de Finances, et les recteurs sont forcés de se soumettre [3].

A côté du conseil d'État et de Finances, siégeait la haute cour de justice, le parlement. Dès le 9 juillet 1589, le duc de Mayenne, comme lieutenant-général de l'État et de la couronne de France, avait expédié des lettres patentes, par lesquelles il ordonnait de transférer le parlement et les autres tribunaux établis à Rennes, dans d'autres villes, au choix de Mercœur, toujours en attendant l'assemblée des États-généraux [4]. Mercœur, par ses lettres datées de Dinan, 26 septembre 1589, enjoint au parlement de Rennes de se rendre à

---

[1] Travers, t. III, p. 28, 29, 32, 84, 85. — Archives municip. de Nantes.
[2] Mellinet, t. III, p. 364.
[3] Arch. munic. de Nantes. — *Actes de Bret.*, t. III, col. 1586.
[4] Ce fut, à ce qu'il paraît, l'objet de quelques négociations ; car nous trouvons, aux Archives de Nantes, que M. Ambroise de la Motte, gentilhomme ordinaire de Mercœur, reçut 500 écus, en récompense de ses soins à Paris, pour obtenir la translation du parlement : c'était la ville qui devait payer ; mais elle ne s'exécuta pas facilement, puisque le sieur de la Motte réclame vainement l'argent qui lui est dû jusqu'à la fin de la guerre civile. (Arch. de Nantes.)

Nantes, au commencement d'octobre; déjà, dès le 15 de ce mois, le bureau de la ville faisait préparer, aux Cordeliers, une salle pour les séances du parlement : Mercœur donnait enfin satisfaction aux habitants, qui depuis si longtemps disputaient à Rennes l'honneur et l'avantage de posséder la première cour de justice de la province. Pour compléter le nombre de membres nécessaires, il fallut choisir parmi les avocats et les officiers de justice du parti de la Ligue, des conseillers et même des présidents. L'ouverture de ce parlement eut lieu le 8 janvier 1590 ; les nouveaux membres n'étaient nommés, d'abord, que par commission : le 30 avril, des lettres patentes de Charles X, données au conseil de l'Union à Paris, ratifièrent et validèrent l'établissement du parlement de Nantes, et révoquèrent solennellement celui de Rennes. Le duc de Mercœur avait composé la compagnie d'hommes dévoués à la Sainte-Union et à ses intérêts : c'étaient les présidents Jacques de Launay et Carpentier; les conseillers Charles d'Argentré, d'Aradon bientôt remplacé par Mathurin Guichard, Jacques Vallée, Bernardin d'Espinasse, Jacquelot, Becdelièvre, de Gouëllo, Gazet, Guilloby, Le Levier, Drouët, Quermeno, etc., etc[1].

Le parlement de Nantes fonctionne dès le commencement de 1590; dès le 19 janvier, il défend de prêter serment de fidélité au roi de Navarre, et ordonne à tous princes, prélats, gentilshommes et gens de guerre, de se joindre à Mercœur ; il donne une commission pour informer contre les officiers du parlement de Rennes, restés fidèles ; le 29 janvier, arrêt pour informer contre les fauteurs du roi de Navarre, avec commission à deux conseillers d'*ouïr les capitaines et cinquanteniers, commis pour s'informer dans leurs quartiers des fauteurs dudit roi ;* ordre de démolir les forteresses bâties depuis trente ans; 3 mars, arrêt défendant l'exercice de la religion prétendue réformée, et enjoignant aux prélats de nommer gens savants pour prêcher contre, etc., etc.

Le parlement de Rennes, avec la haine de légistes jaloux et menacés, rendit, le 27 février, un arrêt sanglant contre celui de Nantes : il ne fut publié qu'un mois après, quand la nouvelle de la victoire d'Ivry eut rendu quelque confiance aux royalistes découragés. Les présidents et conseillers, comme traîtres, rebelles, complices de l'exé-

[1] Registres de la ville, année 1589. — Travers, t. III, p. 32. — De Piré, t. Ier, p. 130.

crable parricide commis sur la personne du roi, sont condamnés à être pris par l'exécuteur de la haute justice; puis, en chemise, tête et pieds nus, la corde au cou, avec une torche de cire ardente du poids de quatre livres, traînés sur des claies devant la principale porte de l'église, pour y faire amende honorable et confesser leur crime: puis ils devaient être pendus et étranglés; leur postérité était déclarée ignoble et roturière, etc., etc. Le parlement de Nantes répondit par un arrêt semblable, et se contenta, en attendant, de faire brûler celui du parlement de Rennes, par la main du bourreau, sur la place du Bouffai, et d'en jeter les cendres au vent : injonction était faite à tous les sujets du roi d'envoyer ou d'apporter au procureur général les exemplaires qu'ils trouveraient, pour être pareillement brûlés [1].

Mercœur avait aussi reconstitué la chambre des Comptes, avec les maîtres et auditeurs, qui ne s'étaient pas retirés à Rennes, à l'exemple du premier président, le courageux Jean Avril : lui-même avait créé plusieurs charges nouvelles en faveur de ses partisans, Fourché de la Courousserie, François Charton, Pierre Boulin, Mathieu de Brenezay, François Baudry, Jean de la Tullaye, maîtres des comptes; Guillaume de Bruc, P. Le Mercier, François Dhariette, Jacques Macé, Pierre Monnier, Jean Escouffart, François Adam, etc., auditeurs. C'est cette chambre des Comptes qui reçoit les adhésions, prestations de serment des ligueurs; c'est elle qui enregistre les dons faits aux évêques, aux abbés, aux couvents, les exemptions de fouages accordées aux habitants des campagnes, les exemptions d'aides octroyées aux bourgeois des villes [2].

Mercœur, pour exercer tous les droits de la souveraineté, et d'ailleurs forcé de respecter l'antique constitution de la Bretagne, doit convoquer chaque année les États de la province : ils se réunissent à Nantes en 1591; à Vannes, en 1592, 1593, 1594. Ces assemblées, dont Mercœur était l'âme, ne paraissent pas avoir exercé

[1] Registres du parlement de Rennes, dans Pichart, col. 1708-1710. — Arrêt du parlement de Nantes du 29 mars, dans Travers, t. III, p. 35. — Dom Taillandier, p. 381-383. — *Table raisonnée des registres du parlement depuis sa création jusqu'en 1750.*

[2] *Hist. de la chambre des Comptes de Bretagne*, par M. de Fourmont, Paris, 1854, in-8°.

une très-grande influence sur les affaires de la Bretagne. En temps de guerre civile, de pareilles réunions perdent de leur importance : les orateurs cèdent le pas aux capitaines ; puis, les communications étaient difficiles et dangereuses, souvent même impossibles : l'esprit de localité dominait souvent ; chacun songeait avant tout à ses intérêts, et plus d'une ville de Bretagne a dû suivre l'exemple de Saint-Malo, dont nous avons parlé précédemment. Enfin, et ceci est une considération nouvelle, Mercœur ne semble pas avoir compris tout le parti qu'il aurait pu tirer de ces assemblées des trois ordres de la province, s'il avait osé s'adresser franchement au vieux patriotisme breton, et lever hardiment le drapeau de l'indépendance nationale.

Les actes de ces États de la province n'ont été publiés par aucun historien ; la plupart ont cru qu'ils étaient détruits, tandis qu'ils restent complétement ignorés aux Archives d'Ille-et-Vilaine. C'est le parlement de Rennes qui, par décision du 3 février 1600, se fit remettre les délibérations des États de Mercœur par celui qui les possédait[1].

Les députés votent habituellement les sommes d'argent que réclame Mercœur ; ou bien ils approuvent et confirment les impôts qu'il a lui-même établis sur le pays. C'est lui qui semble diriger leurs délibérations ; c'est à lui qu'ils remettent le soin de décider, sans exiger de comptes sérieux. Par exemple, Mercœur, ayant besoin d'argent pour les fortifications de Nantes, autorise les habitants à lever certains droits sur les marchandises, à l'entrée et à la sortie de la ville ; les États de 1591 donnent leur approbation : plus tard, les députés de Nantes aux états de Vannes demandent la continuation de cet impôt ; ceux-ci renvoient à Mercœur, qui renouvelle son autorisation[2]. Les États de 1591 s'ouvrent à Nantes, le jeudi matin 28 mars,

---

[1] Sismondi parle des États de la Ligue tenus à Nantes en 1593, et il ajoute que les députés *se montrèrent peu disposés à accorder de l'argent ou des soldats...!* (t. XXI, p. 235, 236.)

Depuis que ces lignes ont été écrites, j'ai lu le compte rendu de la lecture faite par M. de Kerdrel sur ces États de la Ligue, dans le *Bulletin archéologique de l'Association Bretonne*, 1854. Je regrette vivement de ne connaître qu'imparfaitement le consciencieux travail de l'habile écrivain, d'autant plus que je ne puis partager tous les jugements qu'il porte sur la période de la Ligue en Bretagne et sur le rôle de Mercœur en particulier.

[2] M. de Kerdrel exagère beaucoup, à ce qu'il me semble, l'indépendance des États à l'égard de Mercœur et l'importance de leurs décisions. *Les États constituaient-ils vraiment le gouvernement de la Ligue ?*

au couvent des Jacobins, en vertu d'une commission de Philippe Emmanuel de Lorraine, duc de Mercœur. Ils sont présidés par l'évêque de Cornouaille, Charles du Liscouet, assisté de l'évêque de Léon, Rolland de Neufville, de Melchior de Marconnay, abbé de Rillé, et du seigneur de Rieux, marquis d'Assérac : les noms des députés des trois ordres sont au procès-verbal des séances.

Il est décidé que l'édit d'Union, juré aux États de Blois, sera observé comme loi fondamentale du royaume ; que ses articles seront de nouveau jurés par M. de Mercœur et par les députés présents, entre les mains de M. l'évêque de Cornouaille : puis, par les catholiques du duché, devant les juges ordinaires ; par les ecclésiastiques, devant les évêques. Ceux qui ne prêteront pas le serment, seront poursuivis, comme perturbateurs du repos public et criminels de lèse-majesté divine et humaine.

Voici les termes du serment :

« Les Estats de ce pays, après avoir invoqué Dieu, au nom duquel
« ils se sont assemblés, enseignés par sa parole et... par les exemples
« de l'antiquité, que la vraye religion est le seul fondement solide
« des Estats, et les schismes et hérésies leur ruine, contre lesquelles
« le remède est en l'Union des Catholiques, de notre Sauveur J.-C.,
« et de son Église, et de ne communiquer avec les hérétiques et
« leurs fauteurs...

« Nous jurons et promettons à Dieu, à glorieuse vierge Marie, saints
« et saintes du Paradis, de vivre et mourir en la religion catholique,
« apostolique et romaine, sous l'obéissance d'un roi catholique, lors-
« qu'il plaira à Dieu nous le donner, et sous l'authorité de Monsieur le
« duc de Mercœur, gouverneur en ce pays ; et pour l'avancement et
« conservation de cette religion, nous joindre de bonne foi avec ledit
« sieur gouverneur, employer nos moyens et vies à extirper tous
« schismes et hérésies condamnées par les Saints Conciles et princi-
« palement par celui de Trente ; ne consentir jamais aucune paix ou
« trève avec les hérétiques et leurs fauteurs, ne reconnaître pour roi
« un prince qui soit hérétique ou fauteur d'hérétiques, n'obéir aux
« officiers ou magistrats qui ne soient catholiques, et ne souffrir être
« reçus officiers ou magistrats, qui ne soient de la religion catholique,
« apostolique et romaine.

« Nous jurons aussi n'avoir aucune intelligence, association, ligue
« avec les hérétiques ou fauteurs d'hérétiques, ni participer à leurs

« desseins et secrets contre l'Union catholique, et nous départir de
« toutes pratiques et intelligences, faites en dedans ou dehors le
« royaume...

« Jurons de nous défendre ou maintenir, sous l'autorité dudit sei-
« gneur gouverneur, les uns les autres contre les oppressions et vio-
« lences des hérétiques et leurs adhérents.

« Jurons de n'abandonner mondit Seigneur ni les Princes, Prélats,
« Seigneurs, gentilshommes, habitants des villes et plat pays, qui
« sont unis et s'uniront avec nous pour si bon sujet...

« Nous jurons et promettons d'entretenir inviolablement ce qui
« aura été arrêté et ordonné par lesdits Estats et tenir pour ennemis
« du pays ceux qui empêcheront ou s'opposeront à l'exécution de
« ses ordonnances, non préjudiciables aux priviléges des trois
« ordres. »

Cet acte curieux est suivi de nombreuses signatures des députés aux États, parmi lesquelles nous avons remarqué, après le nom de Ph. Emmanuel de Lorraine, ceux de Charles du Liscouet, évêque de Cornouaille ; de Rolland de Neufville, évêque de Léon ; de J. Christi, chanoine de Nantes ; de Touzelin, official de Nantes ; François de Kersauzon ; Fr. Riant ; de Talhouet ; de la Bouessière ; Fourché de la Courousserie ; du sénéchal de Fougères ; de Bernard Le Bihan ; de Kermadec, député d'Auray ; des députés de Redon, Guingamp, etc., etc[1].

Viennent ensuite les délibérations, décisions, arrêts des États, et surtout l'ordonnance en 77 ou 78 articles du 6 avril, concernant la religion, la justice et la police de la guerre, qui est l'œuvre capitale de l'assemblée.

Au sujet de la religion, Sa Sainteté doit être suppliée de pourvoir aux évêchés, abbayes et bénéfices abandonnés de leurs évêques et pasteurs, hérétiques ou fauteurs d'hérétiques : de plus, l'on doit prier le pape de déléguer des juges, résidant à Vannes, pour juger les appels des officiaux et juges ecclésiastiques, et pourvoir aux

---

[1] L'on peut comparer les articles de l'Union jurée et promise par les conseils, échevins, manans et habitants catholiques de tous les ordres et états de la ville de Lyon : il y a beaucoup de ressemblance. (*Mémoires de la Ligue*, t. III, p. 285.) Voir aussi le serment pour jurer l'union des catholiques, extrait des anciens registres des échevins de Chartres, et publié dans le tome troisième des *Mémoires de la Société Archéologique de l'Orléanais*, 1855, etc.

bénéfices. — N'était-ce pas soustraire la province à l'obédience de Tours? — Enfin, les ecclésiastiques seront maintenus dans leurs droits, privilèges, libertés, etc., etc.; mais, comme plusieurs ont embrassé le parti des hérétiques, *aucun d'eux ne sera reçu à jurer l'Union, qu'il n'apparoisse à M. le Gouverneur de sa conversion et profession de foi devant son évêque, grand-vicaire ou leurs délégués.*

Au reste, le règlement était tout à l'avantage de Mercœur, qui paraît en avoir au moins dicté les principales conditions : s'il était dit (art. 57) qu'aucune imposition nouvelle ne pourrait se faire sans l'autorité de Monseigneur et sans le consentement des États; si on le priait (art. 38) de rétablir la discipline militaire, et d'empêcher les exactions de toutes sortes commises par les gens de guerre (art. 23, 24, 25, 35, etc.); on lui accordait, outre le commandement des armées, outre une influence considérable dans le maniement des impôts : 1° le droit de nommer des personnes capables d'administrer la justice, et de destituer celles qui en paraîtraient indignes (art. 8, 10, 11); de pourvoir aux états et offices tant des cours souveraines, juridictions royales, des finances, que de tous autres (art. 9). — La translation du parlement, des sièges présidiaux, cour de monnaie, etc., faite par Mercœur, est approuvée (art. 12); et les provisions d'offices qu'il a accordées sont agréables aux États (art. 13).

2° le droit de donner les commissions pour la levée des deniers (art. 34), pour faire la guerre sur mer (art. 36), et celui de délivrer les passeports, sauvegardes, etc. (art. 33)[1].

3° le droit d'accorder des pensions aux gentilshommes de la province, qui seront tenus, comme pensionnaires, de lui prêter assistance (art. 77) : on approuve tous les dons faits par Mercœur sur les revenus des terres enlevées par confiscation aux hérétiques et fauteurs d'hérétiques (art. 17 et 18).

Ainsi, les attributs du pouvoir souverain étaient presque tous concédés à Mercœur; et le pape, chose assez remarquable, était supplié de *pourvoir à sa nomination, comme gouverneur et lieutenant-général en Bretagne, jusqu'à ce qu'il y eût un Roi catholique*

---

[1] Voir aux Archives de Nantes une lettre de Mercœur, au sujet des passeports, 10 fév. 1595.

en ce royaume (art. 4). Mercœur cherchait donc à donner à son autorité une sorte de consécration religieuse[1]. Quelques articles de l'ordonnance accordaient de grands avantages au commerce de la province : mais les malheurs de la guerre, et des ordonnances contradictoires de Mercœur lui-même devaient leur enlever en partie leur efficacité. Le commerce était déclaré libre en Bretagne, par mer et par terre, avec toutes personnes, tant du royaume qu'étrangers, sans passeport : il n'y avait qu'une restriction à cette liberté illimitée ; c'était pour les blés : les magistrats doivent veiller à ce qu'il ne soit pas tiré de blé des villes, à moins qu'elles ne soient suffisamment approvisionnées. Défense est faite, sous peine de la vie, aux capitaines, ayant charge sur terre ou sur mer, d'attenter à la liberté du commerce, en arrêtant les marchands ou leurs marchandises : mais la liberté du commerce n'empêchera pas de faire le procès de ceux qui seront trouvés porteurs de lettres et paquets contre le bien de la Sainte-Union (art. 63, 65).

Ensuite, les députés adressent au roi d'Espagne, Philippe II, une lettre significative, pour lui rendre grâces *de la bonne volonté, zèle et affection qu'il a de la manutention de la religion catholique, et du secours qu'il a envoyé à cet effet,* etc.

Au procès-verbal se trouvent annexées beaucoup de pièces curieuses : c'est, par exemple, l'état de la dépense nécessaire pour le paiement des gens de guerre qu'il convient entretenir en garnison dans les places de Nantes, Pirmil, Guérande, Ancenis, Saint-Mars, le Ponthus, Châteaubriant, Châtillon, Fougères, Dol, le Plessis-Bertrand, Châteauneuf, Dinan, Lamballe, Guingamp, Morlaix, Lannion, Quimper, Concq, Hennebont, Vannes, Redon, la Boissière, Suscinio, Josselin, Pontivy, La Chèze, etc. : c'est, on le voit, une énumération complète des villes alors occupées par les lieutenants de Mercœur. Puis l'on trouve la pancarte des devoirs que les gens des trois états de ce pays ont consentis être levés sur les vins et marchandises entrant aux ports et havres de la province ; — la supplique des gens des trois états à M. de Mercœur, pour la défense de la religion catholique, etc., etc. ; — les requêtes adressées aux États par différentes villes, comme Dinan, Morlaix, Redon, Guérande, Carhaix, etc., afin de demander des secours d'argent, de

---

[1] *Actes de Bretagne*, t. III, col. 1535-37.

munitions, d'hommes, etc. Ainsi, les habitants de Carhaix écrivent qu'ils ont été accablés par les royalistes; leur ville a été horriblement pillée, et ils ont été forcés de prendre la fuite : pour que leur ville, *qui est l'une des antiques du pays, soit réhabitée et remise en son premier état,* ils demandent qu'elle soit déclarée franche, libre et exempte de tailles, fouages et subsides ordinaires. Enfin, nous lisons les requêtes des communautés et des particuliers, qui s'adressent aux États pour obtenir des secours ou des emplois : les religieuses de Sainte-Claire, qui ne vivent que d'aumônes, manquent du nécessaire, depuis le commencement de la guerre ; elles demandent de l'argent, et prieront Dieu pour les députés : les bons pères de Saint-François ne peuvent plus, comme par le passé, annoncer la parole de Dieu dans les campagnes ravagées par les ennemis, et faire leurs quêtes habituelles; les villes ne leur offrent plus de ressources : les chantres et choristes de l'église de Nantes réclament de l'argent, pour avoir assisté et chanté la musique à la procession qui s'est faite aux Jacobins et à la messe du Saint-Esprit, etc., etc.

Les extraits des procès-verbaux des assemblées tenues dans les différentes villes qui ont envoyé des députés à Nantes, sont curieux à consulter, parce qu'ils nous montrent l'action de la vie municipale et bourgeoise dans les villes de Nantes, le Croisic, Vannes, Dinan, Quimper, Fougères, Morlaix, Saint-Pol-de-Léon, Guérande, Landerneau, Auray, Hennebont, Guingamp, Châteaubriant, Josselin, Ancenis, Redon, etc[1].

Plusieurs députés se font représenter aux États par procuration : ainsi, Nicolas Langelier, évêque de Saint-Brieuc, délègue, par devant notaire, à Dinan, où il s'est retiré, à cause des troubles, pouvoir de le représenter à M⁰ Christi, théologal de Nantes; le comte Paul Hector Scotti, abbé commendataire de Saint-Sauveur de Redon, constitue Pierre Porcher son procureur fiscal, pour tenir sa place aux États, etc.

L'année suivante, les députés de la province se réunissent à Vannes, et l'assemblée ouvre ses séances, le samedi 21 mars 1592, au palais royal de la ville : c'est également en vertu d'une commission du duc de Mercœur, longuement motivée, qui se trouve en

---

[1] Les pièces concernant le Croisic m'ont surtout paru belles et intéressantes.

tête du procès-verbal ; puis viennent les noms des assistants, parmi lesquels nous remarquons : Georges d'Aradon, évêque de Vannes ; Charles du Liscouet, évêque de Cornouaille ; Charles de Bourgneuf, évêque de Saint-Malo ; Gabriel de Goulaine ; Saint-Laurent ; Jérôme d'Aradon, sieur de Quinipily ; Rosampoul ; de Talhouet ; Montigny ; de Brénezay, sénéchal de Nantes ; Fourché de la Courrousserie ; L. Michel de la Garnison, procureur-syndic ; le théologal Christi, etc., etc.

Les actes sont de même nature que ceux de 1591 : on fait de nouveau jurer aux députés le serment de l'Union, devant le Saint-Sacrement, dans l'église de Saint-Pierre. Puis, à la sollicitation de Mercœur, les députés reconnaissent les décrets du concile de Trente, qui n'avait pas encore été complétement admis dans le reste de la France. L'on vote des sommes considérables pour le paiement des garnisons, pour l'entretien du gouverneur de Bretagne ; c'est pour lui complaire, par exemple, que les députés accordent 20,000 écus d'or, afin de payer vingt professeurs à l'université de Nantes, que le duc voulait rétablir : il est bon d'ajouter que la somme fut perçue, mais ne fut pas employée à cet usage.

L'assemblée s'occupe assez longtemps des affaires de Saint-Malo, qui ne voulait pas s'unir à Mercœur, et avait refusé d'envoyer des députés à Vannes. On élève des réclamations contre le duc de Mayenne, qui avait rendu des ordonnances, ou accordé à des particuliers certains avantages, lésant les droits et les intérêts de la province. On adresse une requête à M. de Bois-Dauphin, gouverneur de l'Anjou, et à Mme de Brissac, en faveur des marchands qui descendent de la Loire.

L'on cherche les moyens de porter remède aux souffrances du pauvre peuple, cruellement pillé et torturé. Les habitants de Châteauneuf-du-Faou se plaignent du capitaine la Fontenelle, *qui les a pillés, ravagés et tués à grand nombre, avec beaucoup de cruautés insolentes que les plus grands ennemis n'eussent voulu commettre :* les États ordonnent des informations contre ses brigandages, et l'on décide que l'on a bien fait de l'arrêter. Mais, à la prière des autres capitaines et des seigneurs, il était mis en liberté par Mercœur, qui d'ailleurs avait besoin de ses services [1].

[1] Moreau, p. 126.

Enfin, Mᵉ Jehan Juhel, recteur de Guégon, communiquait à l'assemblée un paquet de lettres de la part de MM. don Juan de l'Aigle (d'Aquila) et de don Diégo Brochero, généraux espagnols établis à Blavet : elles étaient ouvertes et renvoyées à Mercœur[1].

En 1593, les États se réunissent à Vannes, le 13 avril : les villes soumises à Mercœur, Hennebont, Dinan, Auray, Saint-Pol-de-Léon, Quimper, Quimperlé, Josselin, Dol, Saint-Brieuc, Nantes, Châteaubriant, le Croisic, etc., ont envoyé leurs députés ; plusieurs seigneurs, comme le duc d'Elbeuf, se font représenter par procuration.

L'assemblée doit chercher des remèdes *aux maux advenus en cette province par la faction des hérétiques et de leurs fauteurs ;* elle doit travailler à repousser *l'hérésie que l'on brûle d'y introduire,* et à procurer le soulagement du peuple et le bien du pays. Les gens des trois états supplient donc Monsieur le gouverneur de maintenir la religion, *par la force et par tout autre moyen,* contre l'entreprise des hérétiques et de leurs fauteurs, qui ont troublé la province….

Puis, l'on s'occupe surtout de la question des impôts et des droits à établir dans le pays[2].

L'année suivante, l'assemblée s'ouvre encore à Vannes, le 2 mai : parmi les pièces annexées au procès-verbal des séances, se trouvent celles qui concernent les députés envoyés par la province aux États-généraux de Paris : Georges d'Aradon ; Jehan Juhel, abbé de Melleray, chanoine de Vannes ; Jehan Christi, de Nantes, pour le clergé : Louis de Montigny, écuyer, seigneur dudit lieu ; Jouachin Duguesclin, écuyer, seigneur de la Roberie, pour la noblesse : et, pour le tiers-état, Mᵉ Jehan Berthier, sieur de la Mainette, conseiller au siége présidial de Dinan, et Pierre-Le Bigot. Ils réclament les sommes qui leur sont dues pour les frais de leur voyage, et signent, chacun, la quittance détaillée de ce qui leur est alloué par les États.

L'on s'occupe surtout, dans cette réunion, des souffrances que les gens de guerre faisaient endurer aux malheureux habitants : ainsi, l'on accueille les humbles remontrances des nobles bourgeois de Fougères contre les gouverneurs des places, qui usent et abusent de

---

[1] Le dossier renferme le procès-verbal, en 32 feuilles, plus 127 pièces.
[2] Le dossier renferme le procès-verbal, en 46 feuilles, plus 63 pièces.

leurs forces pour piller tout le pays : l'on envoie des députés vers le sieur don Juan d'Aquila, pour le prier de faire observer la discipline aux Espagnols qu'il commande, etc., etc[1].

Mais déjà commençait la décadence de la Ligue en Bretagne : les progrès des royalistes étaient alors considérables ; et Mercœur, se renfermant de plus en plus dans son rôle d'ambitieux égoïste, ne s'adressait plus aux représentants de la province, et poursuivait la guerre civile par lui-même et pour lui-même. Si Mercœur avait été noblement inspiré, s'il n'avait songé qu'à défendre la cause du catholicisme, ou à faire revivre l'indépendance de l'antique Bretagne, il aurait facilement trouvé d'immenses ressources dans le dévouement et le patriotisme des États de la province, et leur rôle aurait été bien plus considérable et bien plus décisif ; mais le politique prétendant manquait de franchise et de résolution : il ne comprenait ni les regrets, ni les espérances des populations bretonnes, ni leur haine vigoureuse contre la domination française ; il protestait maladroitement et sans aucune sincérité contre toute pensée de démembrement. Il ne se servait des États que pour se procurer les impôts dont il avait besoin, et, après quelques jours de séance, il semblait avoir hâte de congédier les députés. C'est ainsi que, par la faute de Mercœur, la guerre sera de moins en moins nationale en Bretagne, la résistance de moins en moins patriotique.

C'était surtout aux conseils bourgeois que Mercœur s'adressait, pour obtenir les secours dont il avait besoin. Aussi, l'ordonnance de 1591 recommande aux capitaines des villes *d'appeler au conseil nombre d'habitants des trois ordres, dans toutes les affaires qui se présenteront, excepté celles de guerre;* sans l'avis des magistrats et habitants, ils ne pourront ordonner des fortifications et démolitions (art. 55 et 56).

Mercœur était tout-puissant dans ces conseils, principalement dans celui de Nantes, grâce aux partisans dévoués qu'il y comptait : pour avoir plus de membres à sa dévotion dans le bureau de cette ville, il rétablit en 1594 l'ancien nombre de dix échevins[2]. Le chef du conseil de Mme de Mercœur, le président Carpentier, propose aux habitants rassemblés (28 décembre 1590) de conserver le maire André

---

[1] Le dossier renferme le procès-verbal, en 38 feuillets, plus 108 pièces.
[2] Travers, t. III, p. 77.

du Tertre, général des finances, tout dévoué à la Ligue : la recommandation était trop pressante ; il fut réélu, et, pour célébrer cet heureux événement, le jour de son installation, on vit se déployer trente-six panonceaux : six grands en taffetas, l'un aux armes de M. de Mercœur ; trois à celles de Mmes de Mercœur, de Martigues et de Joyeuse ; deux aux armes du président Carpentier et du maire ; enfin, trente petits, aux armes de la ville[1]. Les mêmes hommes, dévoués à Mercœur, par sympathie ou par intérêt, sont continués pour la plupart dans leurs charges municipales, pendant plusieurs années : on ne change que ceux qui donnent quelques signes de tiédeur.

Le duc a coutume de faire proposer ce qu'il désire par l'un de ses agents ou de ses partisans ; les conseils ne résistent pas : ce sont eux qui votent et font payer les impôts ordinaires et extraordinaires, qui commandent les corvées personnelles, qui ordonnent les entreprises de la milice bourgeoise : les Nantais, sur la proposition du grand-vicaire de Courans, décident le siége de Clisson et celui de Blain ; les habitants de Vannes offrent de l'argent à Mercœur, pour qu'il les délivre de la garnison de Malestroit ; aussitôt, il écrit à ses officiers de justice d'établir un impôt extraordinaire de 6,000 écus sur les habitants et manants de Vannes, en contraignant *de payer chaque cotte par toutes voyes, mesme par emprisonnement de personnes*, etc. Souvent même, on voit Mercœur ordonner des levées d'impôts, sans qu'il paraisse avoir obtenu la permission soit des États, soit des conseils bourgeois[2].

L'on avait jadis murmuré et réclamé contre les contributions demandées par l'autorité royale ; les dépenses et les souffrances de toute nature étaient maintenant bien plus grandes : dans les premiers moments qui suivirent la prise d'armes, bien des irrégularités, bien des exactions même avaient pu se justifier ; mais les excès continuaient, sans que personne osât se plaindre. Quiconque aurait élevé la voix, même avec timidité, aurait immédiatement été accusé et condamné, comme ennemi de la religion et fauteur de l'hérésie ; d'ailleurs, les soldats de Mercœur remplissaient les villes, et leur présence prévenait tout mécontentement. Les hommes modérés, les riches bourgeois, les négociants aisés, étaient considérés comme suspects ; *car qui a*

---

[1] Travers, t. III, p. 49.
[2] Travers, t. III, p. 38. — *Actes de Bret.*, t. III, col. 1543, 44.

de quoi est de la Ligue par deçà, et par delà est royaliste ; partant, est heureux qui n'est que bélistre[1]. Mercœur avait-il besoin de 20.000 écus, pour payer la solde de quelques compagnies? on décidait que cet argent serait levé par un emprunt volontaire ; sinon, les bourgeois aisés seraient forcés par contrainte et par emprisonnement de payer cette somme, qui certainement ne devait jamais être rendue ; c'est un expédient révolutionnaire très-fréquent à cette époque. Ou bien l'on enjoignait à tel membre de la chambre des Comptes de prêter de la même manière 2,500 écus ; à Nantes, on prenait les fonds destinés aux jeux du papegault, pour punir les chevaliers du papegault, sorte de compagnie d'élite de la milice bourgeoise, suspecte de modérantisme[2]. Aussi, beaucoup d'habitants quittaient le pays, par crainte de traitements encore plus durs : mais les biens de ces émigrés étaient considérés comme susceptibles de confiscation ; il était expressément défendu de les acheter, sans permission. « Permission donnée par le duc de Mercœur à François « Macé, sieur de la Vallée, d'acquérir la maison d'Ollivier de la « Boissière, tenant party contraire à la Saincte-Union des Catholi- « ques, tout ainsi que s'il l'avait acquis de gens de ce saint party, « sans que, pour estre ledit de la Boissière de party contraire, ledit « Macé y puisse estre aucunement troublé et empesché (2 mars « 1593)[3]. »

Mais ces expédients ne suffisaient pas, et l'on avait recours aux assemblées délibérantes, pour obtenir plus facilement de nouveaux sacrifices. En 1589, dit Travers, les dépenses portées sur les registres communaux donnent lieu de croire que la levée fut de plus de cent mille écus sur la seule ville de Nantes ; et ce n'était qu'une partie des contributions de toute nature auxquelles les bourgeois étaient soumis. Le procès-verbal d'une de ces assemblées nous montre clairement quelle méthode l'on suivait, et quelle part était laissée à la liberté des habitants. Mercœur s'adresse au sénéchal de Nantes, Antoine de Brénezay, pour obtenir de la ville 5.200 écus destinés à l'entretien de la garnison. Le sénéchal *mande et ordonne de faire le département de cette somme sur les paroisses*

---

[1] Pichart, col. 1716.
[2] Arch. de Nantes.
[3] Arch. de Nantes. — Travers, t. III. p. 27, 71. 72.

de la ville. Alors, le 21 juin 1590, les paroissiens de Saint-Nicolas se réunissent dans l'église même, *en forme de corps politique;* et les trois fabriqueurs de la paroisse demandent que l'on nomme des *égailleurs et collecteurs pour égailler, serrer et recueillir la somme de 554 écus avec 9 deniers pour écu, en quoi ladite paroisse de Saint-Nicolas a été taxée pour sa part et portion.*

Les paroissiens, continue le procès-verbal, *après avoir vu l'ordonnance dudit sieur sénéchal et désirant obéir à icelle, ont présentement choisi des égailleurs, savoir,* etc[1].

Faut-il regarder cette réunion comme une assemblée de citoyens appelés à délibérer sur les affaires communes? A quoi se borne l'intervention des paroissiens de Saint-Nicolas, si ce n'est à obéir sans discussion, et à nommer les collecteurs de l'impôt, qui devait atteindre les exempts et non-exempts, les privilégiés et les non-privilégiés; les derniers mots semblent même menacer les exempts et les privilégiés, plus que les autres habitants[2]. C'est ainsi que Mercœur procède habituellement : en 1592, par exemple, il avait, par ses lettres de commission, ordonné de lever un impôt pour les fortifications; l'argent étant épuisé...., *à ces causes,* dit franchement Mercœur, *Nous, pour l'absence d'un Roy catholique, vous mandons qu'ayez à départir, esgaillir et faire lever la somme de,* etc[3]. C'est véritablement Mercœur qui règle et ordonne presque toujours les impôts et les dépenses : chaque année, des lettres patentes établissent *les devoirs des deniers imposés* sur les marchandises entrant à Nantes ou sortant de la ville; chaque année, il renouvelle ou prolonge la levée de ces impositions, régulièrement, à peu près à la même époque, *en attendant l'assemblée des États de la pro-*

---

1 Mellinet, t. III, p. 366, 367.

2 Par une délibération du 18 octobre 1591, il est décidé que deux ou trois des plus riches de chaque paroisse seront contraints de faire l'avance de la cotisation de leur paroisse. (Arch. de Nantes.)

3 *Actes de Bret.,* t. III, col. 1634.
Impôt de 46,940 écus 9 sous 8 deniers établi par le duc de Mercœur sur les habitants de Nantes et des pays environnants, pour rembourser les avances faites pour les frais de la prise des châteaux de Blain, la Bretesche, Saint-Florent, Vue, etc. — Commission donnée au sénéchal par Mercœur, pour la répartition de cet impôt (24 janv. 1592). — Nombreuses réclamations des contribuables. (Arch. de Nantes.)

vince : 18 avril 1592; 10 mai 1593; 10 avril 1595; 27 avril 1596; 20 avril 1597, etc[1].

Mercœur se trouvait donc tout-puissant en Bretagne; il n'y avait, dans tout le parti, aucun nom aussi illustre que le sien, aucun seigneur capable de lutter contre son influence : les grandes familles n'existaient plus, ou leurs descendants se trouvaient dans le parti contraire; et Mercœur, par sa femme, duc de Penthièvre, aurait été, à ce seul titre, le premier de tous. Tous les corps de la province, États, parlement, chambre des Comptes, municipalités, paroisses, lui laissaient une autorité que n'avaient exercée précédemment ni roi, ni duc souverain.

Les royalistes se défendaient avec beaucoup de peine contre les troupes de la Ligue, et perdaient chaque jour quelques châteaux, quelques petites villes qui faisaient défection, même Quimper et Saint-Malo. Le prince de Dombes, qui les commandait, très-jeune d'âge et de caractère, ami du plaisir, des tournois et des belles dames de Rennes, très-souvent en querelle avec le parlement royaliste et les seigneurs de son parti, ne rachetait ses défauts que par son courage. Henri IV avait envoyé tout récemment en Bretagne, pour guider son inexpérience, le sage et brave La Noue Bras-de-fer; mais ce héros avait été, dès son arrivée, tué au siége de Lamballe (août 1591). Enfin, le prince de Dombes venait de réunir ses forces à celles du prince de Conti, qui commandait en Anjou; ils avaient conçu les plus grandes espérances, et se préparaient à frapper un coup décisif : déjà ils assiégeaient la place importante de Craon, sur la frontière des deux pays, quand, surpris par le duc de Mercœur, ils furent complétement mis en déroute (23 mai 1592). Des deux côtés, les forces étaient assez considérables : les plus braves capitaines de Mercœur étaient venus le rejoindre du fond même de la Bretagne, et don Juan d'Aquila était à la tête des Espagnols; dans l'autre parti, les Anglais de Norris soutenaient les royalistes : il y avait à peu près huit à dix mille hommes de part et d'autre. La bataille fut gagnée par Mercœur, malgré le courage de la Tremblaye et du Liscoët, qui arrêtèrent les vainqueurs à la tête de la cavalerie, tandis que le duc s'écriait, comme Henri IV à Ivry, qu'on eût à sauver les Français et à se

[1] Arch. de Nantes.

ruer sur les Anglais[1]. La division des chefs dans le conseil de guerre, les défiances parmi les soldats, qui se croyaient trahis, les mauvaises dispositions, furent la cause de la défaite; et tandis que les royalistes fuyaient dans le plus grand désordre, Mercœur rentrait en triomphe à Nantes, avec onze canons, vingt-quatre drapeaux, des cornettes et un grand nombre de prisonniers : les drapeaux blancs des royalistes étaient placés dans la cathédrale ; un *Te Deum* célébrait la victoire, et l'on posait la première pierre d'une chapelle dédiée à Notre-Dame de Victoire[2]. La défaite des royalistes était si complète, que les habitants de Rennes se voyaient déjà bloqués et contraints de se rendre; et si Mercœur eût aussitôt marché sur la ville, il est très-probable qu'il l'aurait prise, sans grande difficulté : mais il alla perdre son temps au siége de Châteaugontier, ce qui permit aux royalistes de reprendre courage et de se fortifier. Pour quelque temps ceux-ci furent tellement abaissés, qu'ils renoncèrent à tenir la campagne et se contentèrent de mettre des garnisons dans les principales villes[3].

La victoire de Craon, en rehaussant la gloire de Mercœur, réduisait les royalistes à la défensive. Henri IV était trop occupé lui-même à combattre le duc de Mayenne et l'habile Alexandre Farnèse, pour pouvoir envoyer des secours en Bretagne. Il se contentait de nommer gouverneur de la province le maréchal d'Aumont, avec Saint-

---

[1] Moreau, p. 127-129.

[2] Voir la description de cette chapelle dans un mémoire de V. Dupas, publié en 1853 dans les *Annales de la Soc. Acad. de Nantes*, p. 378.

D'après les comptes de la ville (29 mai 1592), le maire et les échevins donnèrent une chaîne d'or, du prix de 300 écus, au capitaine qui avait apporté 14 enseignes des gens de pied et 2 cornettes de cavalerie, *du nombre de celles que Mercœur avait gagnées sur les Princes, fauteurs des hérétiques et ennemis de la Sainte-Union des catholiques* (Arch. de Nantes). — L'on porta également à Paris des enseignes, qui furent placées à Notre-Dame. (L'Estoile, *Journal de Henri IV*, p. 86.)

[3] Il y avait alors à Rennes, malgré la vigilance du parlement, un assez grand nombre de ligueurs qui n'attendaient que le moment d'agir : c'est vers cette époque que le grand-vicaire de l'évêché ordonne une réunion du clergé de la ville; le parlement s'y oppose, et lance même un décret de prise de corps contre lui (30 juillet 1592). Plus tard, le parlement, par un arrêt du 11 février 1595, prononce le bannissement des prêtres et écoliers du collége de Clermont et de toute la société des Jésuites. (Registres du parlement de Bretagne. — Montmartin, p. 294. — D'Aubigné, t. III, p. 270. — Moreau, p. 131, etc.)

Luc, comme lieutenant-général, pour réparer les fautes du prince
de Dombes, qui, par la mort de son père, devenait alors duc de
Montpensier[1]. Avec un peu d'audace, Mercœur pouvait se déclarer
complétement indépendant. Sa femme, la belle duchesse Marie,
excitait son ambition trop prudente ou trop timide ; elle regardait la
province comme son héritage, et, depuis le commencement des
troubles, elle avait déployé la plus grande activité pour atteindre le
but qu'elle s'était de bonne heure proposé : d'un caractère hardi et
entreprenant, elle semblait combattre pour sa propre cause ; et
depuis qu'elle avait décidé le soulèvement de Nantes en faveur de
la Ligue, son ardeur ne s'était pas ralentie. Elle avait son conseil
particulier, dont le président Carpentier était le chef ; elle donnait
des ordres aux capitaines de Mercœur, aux conseils des bourgeois ;
ainsi Messire d'Aradon prend note des lettres qu'il reçoit de la duchesse ; et nous savons par lui qu'elle ne craignait pas d'inventer de
fausses nouvelles pour ranimer ou exciter son courage[2]. Elle lui écrit
également, pour qu'il prête main-forte au receveur des fouages, qui
venait à Hennebont *enlever les deniers*. Elle s'occupe activement
des opérations de la guerre, fait passer des renforts et des munitions
à Mercœur, prépare et décide des expéditions ; avertie de la prise
de Saint-Nazaire, à l'embouchure de la Loire, par les ennemis, elle
se hâte d'envoyer des troupes par terre et par le fleuve, pour chasser les royalistes de cette importante position[3]. Elle invente, avec
une habileté toute féminine, des stratagèmes de guerre ; rien n'est
plus curieux que le projet formé par elle pour reprendre le château
de Blain, et longuement raconté par les historiens de cette guerre.
L'on avait arrêté, d'après le désir de Mercœur, qu'une compagnie de
cent hommes serait formée ; elle devait être composée de quarante
cuirassiers et de soixante arquebusiers, qui ne seraient employés
que par ordre de la ville de Nantes, sous l'autorité et bon plaisir de
M. et de Mme de Mercœur ; elle change d'elle-même ces dispositions ;
augmente la dépense, en augmentant le nombre des cuirassiers, et
donne une commission pour lever sur les paroisses du comté 1,900

---

[1] De Thou, liv. 103.
[2] *Mém.* d'Aradon, p. 261, etc.
[3] Pamphlet intitulé : *Deffaite de l'armée du prince de Dombes au pays et duché
de Bretaigne par Monseigneur de Mercueur*, Paris, 1589. — Crevain, p. 280-283.

écus, afin de subvenir à leur entretien. L'impérieuse dame, comme dit Travers, sans craindre aucune opposition, ordonnait sans cesse de nouvelles taxes, de nouvelles levées de troupes : elle enjoignait aux Nantais de travailler sans relâche à leurs fortifications ; elle faisait démolir devant elle les édifices qui lui paraissaient devoir gêner la défense ; *le pont qui est vis-à-vis du fort Saint-Léonard sera démoli par commandement de Mme de Mercœur, pour éviter l'inconvénient qui pourrait en arriver, et sera fait un corps de garde à la tour de l'Arbalestrerie*[1]. Elle posait bravement la première pierre d'une casemate pour les soldats, au bruit du canon et des fanfares guerrières. Le conseil bourgeois de Nantes la prie d'exempter les habitants d'aller au siége de Blain, qu'elle a ordonné ; elle refuse, et dès le lendemain vingt hommes sont pris par compagnie de la milice, et dirigés vers Blain. Le conseil d'État avait arrêté d'abattre les fortifications de la maison de Lucinière, paroisse de Nort, aux dépens de la propriétaire, la dame de la Tousche-Cornulier : celle-ci a l'heureuse idée de s'adresser à Mme de Mercœur ; sa maison est sauvée, rien ne sera abattu, et même quelques soldats y sont placés pour la défendre. Elle donne des exemptions, elle accorde des récompenses à ceux qu'elle affectionne ou qui lui rendent des services[2]. Mercœur avait ordonné à son lieutenant de Goulaine de se rendre dans l'Anjou avec ses soldats ; mais les habitants de Nozay réclamaient des secours : comment faire dans cet embarras ? On s'adresse à la duchesse, qui fait même attendre plusieurs jours sa réponse. Des auxiliaires Espagnols viennent-ils d'arriver en Bretagne ; c'est elle qui annonce cette nouvelle à la ville ; c'est elle qui les accueille, qui leur fait donner des secours, et qui les dirige dans leur marche. Malgré les édits qui défendaient de laisser sortir le blé du pays, elle accordait, ainsi que son mari, des permissions qu'elle savait bien faire payer. Quelques marchands faisaient des achats de bœufs pour Tours : le conseil de Nantes la supplia de s'y opposer ; elle n'en fit rien, et pour de bonnes raisons. Le même conseil, après avoir pris connaissance d'un traité de commerce proposé par le

---

1 Extrait des registres de la ville, 17 déc. 1590.

2 Ainsi, priviléges et faveurs concédés par Mme la duchesse aux sieur et dame du Plaisir-Roussillon (31 juillet 1589) : Mercœur les confirme en 1591. (Arch. de Nantes.)

marquis de Belle-Isle, entre le pays de Retz et Nantes, laissait Mme de Mercœur maîtresse de l'accepter, de le rejeter ou de faire, s'il était possible, des conditions meilleures pour la ville. Si la mairie et le parlement se disputaient la préséance ou l'honneur des hallebardes dans les cérémonies publiques, c'était son autorité toute-puissante qui tranchait la difficulté d'une question assurément très-délicate. Elle dispose des prisonniers; elle les rend à la liberté, moyennant rançon, s'ils sont riches et gentilshommes : ou les condamne à la plus dure captivité, surtout s'ils sont hérétiques; c'est ainsi qu'elle jette sur les galères de Mercœur, ou sur celles du roi d'Espagne, pour y ramer comme forçats, plusieurs des prisonniers de Blain : le fils de Faucon de Ris, premier président du parlement; le frère de du Goust; le juge de Guérande, pris au château de la Bretesche, etc. Malheur à ceux qui osaient lui résister : un des lieutenants de la Tremblaye lui est présenté; elle connaissait son courage, et le sollicite de changer de parti et de religion. Comme il répond fièrement à ses promesses et à ses menaces, elle jure que Dieu ne le sauvera jamais de ses mains, et l'envoie aux galères, en ordonnant de le traiter durement. C'est elle qui découvre l'entreprise que tramaient des soldats, pour rendre à la liberté deux prisonniers détenus au château de Nantes; elle s'était elle-même cachée derrière une tapisserie, pour connaître les détails du complot : les coupables sont aussitôt arrêtés par ses ordres, et pendus à la porte du château [1]. Elle excite les prédications du clergé, elle préside aux processions. La conduite de son mari était-elle attaquée ? elle prenait la plume, écrivait elle-même ou faisait écrire et répandre des mémoires pour le justifier [2]. Mme de Mercœur, sa mère Marie de Beaucaire, Marguerite de Lorraine, duchesse de Joyeuse, sœur du duc, le duc lui-même et les grands seigneurs de sa suite, tenaient sur les fonts baptismaux les enfants de quiconque avait tant soit peu d'accès auprès d'eux. Mme de Mercœur ne dédaignait pas d'être, le 11 juillet 1592, marraine d'un enfant sans aveu, trouvé dans les vignes, près des fossés que le duc faisait alors creuser vers Saint-Similien.

Mme de Mercœur savait aussi oublier, par moment, son orgueil, sa fierté et ses nombreuses occupations; elle cherchait surtout à

---

1 Crevain, p. 310-324. — *Deffaite de l'armée du prince de Dombes*, etc., p. 15.
2 Travers, t. III, *passim*. — Dom Taillandier, p. 377.

gagner le peuple, de tout temps si facilement séduit par les avances des hauts personnages : elle avait fait de la motte Saint-Pierre et de la motte Saint-André un lieu de divertissement ; et là, la puissante et noble princesse ne craignait pas, suivie de quelques dames de sa cour, de venir se mêler aux danses populaires ; elles les excitait, les provoquait même, en entonnant ces rondes bretonnes, qui rappelaient l'ancienne nationalité ; et le peuple, émerveillé d'un tel spectacle, croyait, en poussant le vieux cri de *Vive notre duchesse*, revoir la duchesse Anne, la duchesse Nantaise, comme l'était aussi madame de Mercœur[1]. La duchesse, au milieu de ses plus vives préoccupations politiques, avait mis au monde un fils, le 21 mai 1589 ; c'était à la protection du ciel, disaient les ligueurs, et surtout à l'intercession de Saint-François, qu'il fallait attribuer cette naissance inespérée : « Dieu, écrit Jacques Le Bossu, n'a point manqué à vous
« donner des arguments bien évidents qu'il a agréable la justice de
« la cause que vous défendez. Il a béni et vous et Madame la
« duchesse vostre très-chaste et très-chère compagne d'un beau fils
« masle, gage certain de vostre fidélité, pendant qu'il a frappé ses
« adversaires de la plaie de stérilité[2]. » L'argument du prédicateur était établi sur des bases fragiles, puisque le jeune prince mourut peu après ; les troubles de cette année avaient fait retarder les cérémonies du baptême ; au commencement de 1590, le duc écrit au conseil bourgeois de Nantes qu'il pense à *faire célébrer les solennités du baptême du petit prince son fils en cette ville, avec l'assistance de toutes les autres bonnes villes catholiques unies de ce païs, et qu'il prioit de délibérer des cérémonies, solennités et autres actes requis en telle affaire, et comme il faudra soy y gouverner pour le debvoir de la ville* (lettre du 15 février 1590). On s'informe des cérémonies observées, l'an 1562, au baptême de Mme de Mercœur ; et l'on décide d'en conférer avec le duc, pour augmenter encore la pompe et la magnificence. Ce n'était pas certes sans intention que M. de Mercœur s'adressait ainsi à toutes les bonnes villes de Bretagne ; ce n'était pas non plus seulement pour obtenir de riches présents : il y avait là une intention politique, qui n'échappait pas aux contemporains ; et le bourgeois de Rennes, Pichart, écrivait alors que la duchesse faisait appeler le jeune enfant *Prince et Duc de Bretagne*.

---

[1] Ogée, *Dictionn.*, nouv. édit., t. II, p. 183.
[2] *Épistre dédicatoire des deux Devis.*

Mais le jeune prince mourut avant la cérémonie; il fut enseveli dans l'église de Sainte-Claire, et sur une tombe en pierre calcaire, dans un caveau au-devant du grand autel, la duchesse fit graver cette inscription significative :

> CY-DEDANS GIST LE CORPS
> DE LOUIS PRINCE ET *DUC DE BRETAGNE*
> FILS AINÉ DE PHILIPPE-EMMANUEL DE LORRAINE
> DUC DE MERCOEUR
> GOUVERNEUR GÉNÉRAL EN BRETAGNE
> ET DE MARIE DE LUXEMBOURG
> DUCHESSE D'ETAMPES ET DE PENTHIÈVRE
> VICOMTESSE DE MARTIGUES
> NÉ LE 21 MAI 1589
> ET TRÉPASSÉ LE 21 DÉCEMBRE 1590.

Le 5 novembre 1592, après la victoire de Craon, la duchesse accoucha d'un fils et d'une fille. « Le baptesme de ces deux « gémeaux[1] ne fut si superbe que celui de leur mère, laquelle, « pour mériter davantage la faveur céleste, mesprisant l'hon- « neur et pompes du monde, print pour ses compères et commères, « trois pauvres hommes et autant de pauvres femmes nécessi- « teuses de ceste dicte ville[2]... Elle fait baptiser Messieurs ses « enfants le jour mesme qu'ils furent nez, avec autant d'humilité « que pourroit faire le moindre gentilhomme du monde[3]. » Avec l'argent que l'on aurait pu dépenser à la cérémonie, elle accordait des pensions viagères à ces pauvres gens. Était-ce uniquement par humilité ? n'était-ce pas plutôt désir de popularité, adresse politique, comme le remarquèrent plusieurs des contemporains ? Aussi, les acclamations du peuple ne cessaient pas de retentir autour de la maison de l'accouchée : la duchesse ne s'en trouvait nullement fatiguée ; son ambition lui faisait tout accepter avec joie, et aussitôt qu'elle pouvait sortir, elle allait elle-même remercier ceux qu'elle appelait ses fidèles Nantais. Le jeune fils recevait également le nom de Prince ou Duc de Bretagne.

---

1 Le jeune prince, nommé François, doit mourir peu de temps après ; sa sœur Françoise de Lorraine, épousera plus tard César de Bourbon, duc de Vendôme, fils de Henri IV.

2 L'usage était alors de donner deux parrains avec une marraine à un garçon, et deux marraines avec un parrain à une fille.

3 Biré, p. 186. — Extrait des registres de l'église paroissiale de Saint-Vincent, de Nantes, pour l'an 1592 : V. *Annales de la Soc. acad. de Nantes*, 1853, p. 37.

Ainsi, le duc de Mercœur hésitait à se déclarer lui-même souverain de la province ; mais il avait soin de présenter ses fils, comme les héritiers des anciens ducs, comme les princes légitimes de la Bretagne[1].

Déjà en relation directe avec les étrangers, avec le pape et le roi d'Espagne, qui lui envoyait des secours d'hommes et d'argent, tout-puissant dans la province, tandis que les royalistes, vaincus et affaiblis dans le duché, luttaient péniblement en Normandie et aux environs de Paris, Mercœur voyait son rêve se réaliser chaque jour ; et les Bretons, séduits par les souvenirs toujours vivaces de leur vieille indépendance, le regardaient (beaucoup du moins) comme le digne représentant de leur nationalité. Sous toutes les passions de nature diverse, bonnes ou mauvaises, qui agitaient leurs cœurs et les poussaient au combat, fermentait toujours le vieux levain de la résistance bretonne : c'était une protestation réelle contre la réunion ; c'était la dernière tentative un peu sérieuse faite pour échapper à la vaste unité française. La situation de la Bretagne, environnée de presque tous les côtés par la mer, et qui pouvait facilement recevoir des secours étrangers, donnait à Mercœur les moyens de profiter de ses victoires, de s'établir fortement dans la province, et peut-être même, si l'occasion était favorable, de s'étendre sur les pays voisins. Le duc et la duchesse avaient déjà leur capitale et leur cour, leurs historiens, leurs panégyristes et leurs poètes ; Nantes, la première ville de l'Union dans la province, toute dévouée à Mercœur depuis l'emprisonnement, l'exil ou le silence forcé des modérés ; Nantes catholique, en face du Poitou protestant, sans cesse en relations d'intérêts et de commerce avec les sujets de Philippe II ; Nantes, la rivale, l'ennemie de Rennes, devait, la dernière des villes de France, résister à Henri IV, partout ailleurs reconnu et victorieux. C'est là que Mercœur résidait, près de l'ancien et vaste château des ducs souverains de Bretagne ; c'est là qu'il avait établi les principales autorités de la province : c'était de Nantes et du pays voisin qu'il

---

[1] Dans ses actes, il prenait ordinairement le titre de gouverneur de Bretagne ; cependant l'on a plusieurs fois affirmé qu'il fit frapper des monnaies à son effigie, avec ces mots :

PHILIPPE-EMMANUEL Ier, DUC DE BRETAGNE.

M. P. Chevalier a écrit qu'il possédait une de ces pièces, en or, de la valeur de deux louis.

tirait ses principales ressources ; et, à la faveur des galères qu'il avait fait équiper sur la Loire, il faisait des bénéfices considérables.

A Nantes se trouvaient, sous les yeux du duc et de la duchesse, le conseil d'État, le parlement, la cour des Comptes, l'hôtel des monnaies, etc., etc. C'est également, pour augmenter la gloire de la ville, c'est pour obtenir d'utiles auxiliaires de sa cause, c'est aussi poussé par un noble désir de protéger la culture des lettres et le développement de l'intelligence, que Mercœur cherche à relever l'université nantaise, tombée depuis les guerres civiles. Avec le consentement des États de Bretagne, assemblés à Vannes, il ordonnait de lever des impôts pour constituer une rente de 4,000 livres, afin d'entretenir et payer quatre docteurs en chacune des facultés de théologie, de droit civil et canonique, de médecine et des lettres humaines ; et il promettait de construire à *ses propres frais des bâtiments considérables dans la Ville neuve, pour les leçons y estre dictes et faictes, ainsi qu'elles ont accoustumé aux meilleures et plus fameuses universités de l'Europe*[1]. Les vicissitudes et plus tard les revers de la guerre civile empêchèrent sans doute Mercœur de réaliser toutes ses généreuses intentions ; mais les cours reprirent avec un certain éclat, grâce à l'impulsion donnée par le Duc : nous le voyons, par exemple, assister à la première leçon sur le droit civil, faite par le président Carpentier sur ce texte du code Théodosien :

Eum qui leges facit, pari majestate legibus obtemperare convenit (15 octobre 1593)[2].

Mercœur, nous l'avons déjà remarqué, était un prince très-instruit, connaissant plusieurs langues anciennes et modernes. « Ronsard était « son poète, écrit un de ses biographes, Guichardin son historien, « Sénèque son philosophe, Plutarque son politique, Clavius son ma- « thématicien. Sa bibliothèque était composée de 18,000 volumes, dont les sieurs Fumée et Saint-Remi avaient la garde[3]. » Mercœur avait très-probablement formé cette magnifique collection avec les livres qui provenaient de la bibliothèque de Pierre le Gallo, alors en vente, et que la ville ne sut ou ne put pas acheter, malgré les pres-

---

1 Biré, p. 248.
2 Travers, t. III, p. 77.
3 *Vie de Mercœur*, p. 259.

santes réclamations de l'université, qui se trouvent consignées dans les registres[1].

Mercœur était poète lui-même, et composait des odes, des sonnets, des stances dans le goût de l'époque : ordinairement, après le repas, l'on agitait et l'on traitait au long une belle matière dont lui-même avait proposé le sujet ; après avoir attentivement écouté les différentes opinions, il parlait à son tour, *et les périodes de ses discours contenoient autant de sentences et résolutions*. Il dépensa même jusqu'à 4,000 écus pour faire représenter, deux nuits de suite, dans la grande salle du château de Nantes, une pastorale ingénieuse ; il prenait beaucoup de plaisir à entendre les pièces de Valéran (quel est ce Valéran ?) et lui faisait de beaux présents ; sa générosité était grande, puisque l'un de ses historiens, Fumée, son bibliothécaire, raconte avoir entendu dire à son trésorier qu'il payait chaque année, par les ordres du duc, plus de 50,000 écus aux réfugiés de Nantes[2].

Mercœur et la duchesse, également instruite et protectrice des lettres, trouvaient avantage à s'entourer d'hommes capables de soutenir leurs droits par leurs écrits, et de célébrer leur puissance[3].

Quelques détails pourront nous donner une idée de l'influence que devait exercer sur les esprits cette petite cour littéraire et poétique

---

[1] Il semble résulter des pièces nombreuses, concernant cette affaire, que la bibliothèque fut enfin adjugée à M. Jean Cousin de la Roche, receveur des finances : n'agissait-il pas au nom de Mercœur, dont il était la créature ? (Archives municip. de Nantes.)

[2] *Vie de Mercœur*, p. 259.

[3] « Tesmoin la louable curiosité qui la portoit à faire amas des plus beaux et « plus rares livres, particulièrement manuscrits, pour les resserrer et conserver « dedans sa bibliothèque. » — *La vie et mort de feue Mme de Mercœur*, par M. Ch. François d'Alra de Raconis, docteur en théologie, conseiller et prédicateur ordinaire du roy ; Paris, 1625.

J'avais espéré tirer quelques renseignements nouveaux de ce livre : je n'y ai trouvé que l'éloge pompeux, vague et pédantesque de la duchesse ; c'est une amplification de plus de trois cents pages, passablement écrite, mais vide d'idées et de faits. Le panégyriste, après avoir célébré la naissance de Mme de Mercœur, sa modestie, son humilité, sa grandeur de courage, *sa largesse et parcimonie*, son *action* et *contemplation*, compare la mort de son héroïne avec celle du Fils de Dieu, et consacre les six derniers chapitres de son œuvre diffuse à des rapprochements singulièrement prétentieux et forcés avec la passion de Jésus-Christ.

du duc de Mercœur. Nous l'avons vu, Bertrand d'Argentré était accusé, peut-être à tort, d'avoir écrit sa grande histoire de Bretagne à son instigation.

Parmi les livres qui lui furent dédiés, rappelons les *Devis d'un Catholique et d'un Politique,* par maître Jacques Le Bossu. Un docteur en médecine de l'université de Nantes, médecin du duc de Mercœur, et souvent chargé de missions politiques par lui et par la duchesse, Louis Vivant, lui offrait également un traité scientifique et politique, au sujet d'un tremblement de terre ressenti à Nantes. C'était un prodige menaçant : bien plus, on avait vu des hommes en feu se battre dans les airs ; on était donc à la veille de grands et terribles événements : il fallait reconnaître ses fautes, faire pénitence, et servir la cause de Mercœur, en combattant les hérétiques :

« Citoyens, savez-vous quel prodige menace
« Nos murs, notre cité, nos biens et notre sang ?
« C'est le péché qui tient parmi nous tout le rang :
« Péché, dont justement se doit venger la trace. »

Car le médecin Vivant était lui aussi un poète, dont un contemporain stimulait ainsi la verve :

« Je ne m'étonne plus, Vivant, si tu demeure
« Si longtemps endormy à composer des vers ;
« La muse n'ayme pas un règne si pervers,
« Au lieu de s'esjouyr, nos malheurs elle pleure, etc[1]. »

Le vieux capitaine Gassion, l'un des serviteurs les plus dévoués de la maison de Martigues et de Luxembourg, employait ses derniers efforts à la célébrer dans ses mémoires.

Un docteur en théologie, Raoul le Maistre, prédicateur renommé, se servait principalement de ces mémoires, pour publier, en 1592, à Nantes, un ouvrage considérable, dédié à Mesdames Marie de Beaucaire et Marie de Luxembourg[2]. Il se propose surtout de célé-

---

1 *Mém. de la Ligue,* t. II, p. 301, 302. — *Journal* de Jérôme d'Aradon, p. 266. — *Les Regrets d'Ottonix du Mont-Sacré,* sonnet 161e.

2 En voici le titre exact : *Original des troubles de ce temps. Discourant briefvement des princes les plus illustres de la très-ancienne et très-illustre famille de Luxembourg et de leurs alliances généalogiques, et principalement de Charles et Sébastien, frères germains, et princes de Martigues, et des guerres où ils se sont trouvez, tant dedans que dehors le royaume de France.* — Il renferme, outre l'épître dédicatoire, un prologue de l'auteur, trente chapitres

brer l'illustre origine de madame de Mercœur, qui par son père descend de Pharamond : c'est un fait bien certain, comme l'auteur le démontre par la plus savante, la plus fabuleuse, la plus politique des généalogies : « Ceux qui ont lu les histoires de France, écrit-il « bravement, sçavent que Pharamond espousa Argotte, fille aînée du « roi des Chambriens... ; de ce mariage sortit Clodion, qui eut deux « fils, dépouillés du trône par les Mérovingiens. » Puis il nous montre, sans omettre la moindre particularité, leurs glorieux descendants, maîtres des Ardennes, de l'Alsace et autres lieux, s'unissant par des mariages aux princes ostrogoths, aux empereurs d'Orient, devenant sénateurs de Rome, ducs d'Aquitaine, marquis de l'empire sur l'Escaut, par la grâce de Justinien, et donnant naissance aux maires d'Austrasie, Saint-Arnould, Pépin de Héristal, Charles Martel. Les Carlovingiens sont donc les princes légitimes ; avec Pépin le Bref la couronne *retourne à la lignée des Clodions* : c'est d'un prince de cette famille, Recuin, que descendent les branches de Lorraine, de Bar et de Luxembourg, et c'est aux princes lorrains qu'ont passé tous les droits des Carlovingiens, dépouillés à leur tour par Hugues Capet. « Ainsi, dit-il, en résumant son œuvre, Madame « Marie de Luxembourg, fille d'un si grand nombre de ducs, « marquis, comtes, barons et grands seigneurs, et à présent mariée « avec Monseigneur Philippe-Emmanuel de Lorraine, duc de Mer- « cœur et de Penthièvre, est sortie en droicte ligne de Pharamond, « premier monarque et roi des Français. »

L'on ne se contentait pas de donner l'héritage de Bretagne aux descendants des Penthièvre ; c'était même la couronne de France dont on les jugeait dignes : si l'on en croit certains écrivains de l'époque, Mercœur n'était déjà rien moins que le roi Très-Chrétien ; la duchesse avait été plusieurs fois appelée la Reine, et Nantes devenait la capitale du royaume catholique [1].

---

et la généalogie de la maison de Luxembourg ; en tout, 336 pages. Chez Nicolas des Marestz et François Faverye, Nantes, 1592.

[1] L'on connaît les livres de même nature, publiés déjà depuis longtemps sous le patronage de Guises : l'ouvrage de Champier, intitulé *Genealogia Lotharingorum*, avait été imprimé à Lyon en 1537; plus récemment, François de Rozières avait voulu également prouver, dans ses *Stemmata Lotharingiæ*, que les princes lorrains descendaient directement de Charlemagne ; l'auteur et le livre avaient été solennellement condamnés en 1583. — L'on peut consulter, sur cette question, plusieurs pièces curieuses insérées au premier volume des *Mémoires de la Ligue*.

Raoul Le Maistre était d'ailleurs l'ennemi déclaré de toute réconciliation avec les hérétiques, et fort mal disposé à l'égard des Bourbons, leurs fauteurs ; en racontant l'histoire des troubles depuis leur origine, il manifeste franchement son opinion. « Loger discorde en
« une cité, et penser mettre en sûreté un peuple de diverse religion
« sous un monarque chrétien, c'est vouloir marier le loup avec les
« brebis, et accommoder ensemble les deux hérissons, celuy de la
« mer avec celuy de la terre... Y eut-il jamais Prince qui ait permis
« l'exercice de deux diverses religions en ses terres, sans en estre
« chastié, ou qui n'en ait vu sortir sa ruine ?.... O François ! vostre
« ruine procède d'une même source, c'est la liberté de conscience
« qui vous a ruinez..... Prenez exemple sur l'Angleterre, et croyez
« que si vous estes gouvernez par un Roy catholique, vous serez
« catholiques ; si par un Roy hérétique, vous deviendrez enfin hérétiques
« comme luy. Vous ferez bien quelque résistance au com-
« mencement, trouvant le changement fort estrange ; mais ce ne
« seront que bouffées de vent ; enfin il faudra plier sous le joug,
« ainsi que vous voyez l'exemple des Anglois. »

Un autre docte et savant personnage avait également composé un petit traité pour prouver que le duché de Lorraine faisait partie de l'ancien domaine de la couronne, et que les princes lorrains étaient vraiment princes français ; il l'avait dédié au jeune François, duc de Penthièvre ou de Bretagne, fils de Mercœur : nous ne savons s'il a jamais été publié [1].

Mais nous avons conservé l'un des nombreux ouvrages écrits sous l'inspiration de Mercœur ; il est peu connu, et n'en est pas moins assez remarquable, et par le but que se propose l'auteur, et par la verve avec laquelle il défend sa cause : nous y avons déjà fait plusieurs emprunts. Ce sont les *Alliences généalogiques de la maison de Lorraine, illustrées des faits et gestes des Princes d'icelle, ensemble de ceux de Bar, Vaudemont, Luxembourg, etc., etc., et le sommaire des guerres qui ont esté en France depuis l'an 1560 jusques en l'an 1593* [2].

---

[1] Biré, p. 66.

[2] Ce livre très-rare est à la Bibliothèque de Nantes ; il est divisé en deux parties : la première, de 348 pages ; la seconde de 134, avec préface : il a été imprimé à Nantes, par Nicolas des Marestz et François Faverye, 1593.

L'auteur, Pierre Biré, sieur de la Doucinière, était avocat du roi au siége présidial de Nantes, d'une ancienne famille nantaise, dévouée à la Ligue, et l'un de ceux qui formaient la cour du duc de Mercœur. C'est à ce prince *très-hault, très-illustre et très-vertueux* qu'il dédie son ouvrage. Biré semble s'être entendu avec Raoul Le Maistre, comme celui-ci paraît le dire quelque part : ce dernier a fait surtout l'éloge des ancêtres de Mme de Mercœur; Biré s'occupe principalement de la maison de Lorraine et de l'illustration du gouverneur de Bretagne. Il se propose de répondre à tous ceux, qui dans ces derniers temps, ont contesté l'origine française des princes de cette noble maison; il attaque surtout, avec assez de haine et de mépris, l'*Antiguisard*, pamphlet calviniste de l'époque[1]. C'est, en réalité, le panégyrique continuel, la glorification pédantesque des princes lorrains et surtout de Mercœur, pour lequel il proteste lui-même travailler. Après avoir rappelé l'origine des Français, qu'il fait très-facilement remonter jusqu'aux Troyens, il prouve, à sa manière, que les princes de Lorraine sont issus en ligne masculine de Pharamond et d'Anthénor, venus de Francion, fils d'Hector, fils de Priam. Francion, fuyant de Troie, serait passé en Pannonie, et se serait établi à Sicambrie (Bude), avec sa femme, fille de Rhemus (fondateur de Rheims), fils lui-même de Nannès (fondateur de Nantes).

Depuis, ces princes illustres ont exercé les premiers et plus honorables états et dignités de la couronne de France, et peuvent être appelés à juste titre princes du sang des premiers rois de France et de Charlemagne; « à moins, ajoute-t-il, que l'*Antigui-* « *sard* ne publie par ses écritures que Charlemagne et Hugues « Capet, princes de grande et admirable réputation, n'étaient que « potirons venus en une seule nuit[2]. » Développant sa thèse, Biré

---

1 L'*Anti-Guisart*, qui fut imprimé à Paris, sans nom de ville ou d'auteur, se trouve au tome premier des *Mémoires de la Ligue*, p. 355.

2 C'est ce que doit à peu près répéter le père du Paz, dans son *Histoire généalogique* : « Ledit Philippe-Emmanuel est issu de deux maisons des « plus illustres et anciennes d'entre les princes de l'Europe. Car, du côté « paternel, l'origine de la maison de Lorraine est si ancienne, qu'elle se peut « vanter en vérité d'estre issue des anciens roys de France de la première et « seconde lignée, et du sang de Charlemagne, du costé des femmes, etc., » p. 122. — Cf. *Satire Ménippée*, harangue de M. d'Aubray, p. 145, éd. de Labitte.

montre surabondamment combien sont glorieuses les différentes branches de la maison de Lorraine : il défend la mémoire des Guises, soutiens généreux des rois contre les attaques ambitieuses des princes de la maison de Bourbon ; ils ont sauvé le royaume et la religion catholique. Et maintenant les catholiques ont bien raison de rejeter un prince huguenot ; « car c'est une chose très-certaine
« que tout Prince, monarque, roi ou autre, qui viole les lois fonda-
« mentales de son Estat, se rend privé et indigne de toute obeyssance,
« honneur, respect et fidélité, et qu'en ce cas ses subjects le peuvent
« chasser, et procéder à l'eslection et réception d'un autre, qui
« mérite le glorieux nom de Roy[1]. »

Biré, s'il n'est pas complétement hostile aux princes de la maison de Bourbon, réfute surtout avec force, quoique d'une manière indirecte, les prétentions du roi d'Espagne, qui commençaient à inquiéter l'ambition de Mercœur ; à propos de la biographie romanesque de Pharamond, il soutient la loi salique, *vray fondement et pilier de l'État*, et déclare que ni les femmes, ni leurs descendants, ne peuvent avoir aucun droit sur la couronne de France[2].

Son livre, écrit avec une certaine verve de style, avec un étalage curieux de prétendue science, et souvent avec une habile modération à l'égard de Henri de Bourbon, était principalement destiné à rehausser la naissance, les services et les talents du duc de Mercœur. Comme le remarque avec raison M. Bizeul, l'une des parties les plus curieuses de cette œuvre, ce sont les articles concernant Sébastien de Luxembourg, vicomte de Martigues et le duc de Mercœur son gendre ; il écrit tout à fait dans le sens des prétentions de Mercœur sur le duché. Biré n'hésite pas à dire que le vicomte et Charlotte de Brosse, sa mère, étaient du sang royal des vrais et légitimes ducs de Bretagne, représentant le fils aîné de Charles de Blois et de Jeanne la Boiteuse, héritière du duché de Bretagne. La prise de possession du duché par Jean de Montfort, en 1365, est qualifiée par lui *d'usurpation*, le traité de Guérande non avenu. « Ce vieux procès non jugé, ajoute
« M. Bizeul, le consciencieux et savant écrivain, et que les Valois
« eux-mêmes craignaient tant de voir relever, qu'ils demandaient, à
« chaque règne, des ratifications aux descendants vaincus de Jeanne

---

[1] Biré, liv. II, p. 49.
[2] Biré, liv. II, p. 11, 13.

« la Boiteuse, ne pouvait être reproduit avec plus de faveur et peut-
« être plus de justice qu'à l'époque même où Henri IV venait de suc-
« céder à ces mêmes Valois, très-légitimement pour la France, mais
« non pour la Bretagne ; car ils ne descendaient ni de la duchesse
« Anne, ni de la femme de Charles de Blois... Mercœur pouvait donc
« assez naturellement rappeler et faire valoir des droits héréditaires
« concentrés sur la tête de sa femme, et qui ne lui avaient été enle-
« vés que par une longue prescription, maintenue par la force[1]. »

L'ouvrage de P. Biré était destiné à la plus grande publicité ; il était lu et goûté en Bretagne, au moins tant que Mercœur fut puissant ; et l'auteur fut célébré, suivant la mode du temps, par des élégies, des sonnets surtout, en latin comme en français. Déjà les poètes qui chantaient l'éloquence de J. Le Bossu, nous ont donné quelque idée de la littérature et du goût nantais à cette époque ; quelques nouvelles citations nous feront voir comment était accueilli le panégyrique des princes lorrains.

Voici la fin d'un sonnet :

« Ton nom parmy le leur doit florir immortel,
« Puisque par toy leurs noms sont escrits dans le ciel,
« Et que leurs faits divins sont chantez en ton œuvre.
« Grands ces Princes lorrains, docte et grand ton labeur ;
« Admirables leurs faits, et divin ton honneur,
« Puisqu'un nouveau Francus en nostre duc tu treuve. »

Biré, dit un autre poète de la pléiade nantaise, Jean Callo, sieur de la Ramée :

« Biré, tu ne pouvais mieux orner tes escrits,
« Que de ce nom Lorrain tant aymé de la France ;
« Tu n'as que trop caché ta divine science,
« Au regret desplaisant de tous les bons esprits
. . . .
« Toy, contre tant d'erreurs plein de mémoire heureuse,
« Tu nous faits veoir au vray ceste maison fameuse
« De ce grand Pharamond prendre son tige et nom, etc. »

Biré, c'est la gloire de l'antique Armorique : *Biræe, Armorici lausque decusque soli;* c'est la splendeur de sa maison, *stirpi suæ ebur,* comme on le répète spirituellement dans un anagramme, qui

---

[1] *Biographie bretonne*, article *Biré*.

paraît avoir été très-apprécié. Un autre poète, Simon Simson, termine ainsi une longue élégie :

« *O quantùm gens Galla tibi, Lotharenaque debet*
« *Gloria? Tùm civi terra Britanna suo?* »

Patrice Martin, procureur du roi à Guérande, René Michel de la Garnison, rivalisent avec Adamus Scotus, professeur de philosophie et de mathématiques. Michel Biré, sieur des Brosses, célébrait ainsi l'historien, comme l'avait également fait Jean Biré, sieur de la Grenotière, frère de l'auteur :

« L'Egiptien jadis s'acquéroit la créance
« Par la garde des corps de ses prédécesseurs :
« Ce recueil donnera aux justes successeurs
« De nos princes Lorrains, le crédit et puissance.

« Ce recueil nous faict voir florissante l'engeance
« De ces princes Troyens, généreux agresseurs,
« Assaillis en tous lieux, généreux deffenseurs,
« Des Lorrains contenant l'histoire et alliance.

« Achille ne fut plus d'Homère éternisé,
« Que des Lorrains le nom est immortalisé,
« Par ton discours, mon frère, autheur de ceste histoire :

« Histoire qui faict veoir que ce n'est point en vain
« Que du Clergé l'appuy on nomme le Lorrain,
« Lorrain dont à jamais l'Église aura mémoire. »

L'un des poètes les plus remarquables de cette cour du duc de Mercœur, était sans contredit Julien Guesdon, qui lui aussi dédiait naturellement son recueil au très-illustre et magnanime prince Philippe-Emmanuel de Lorraine, duc de Mercœur : ce sont des pastorales, à la manière des Bucoliques de Virgile, des élégies, des sonnets amoureux surtout[1]. Les misères du pauvre royaume de France le touchent et l'inspirent ; il s'adresse à Mercœur lui-même :

---

[1] Ce livre rare, dont un exemplaire se trouve à la bibliothèque d'Angers, a pour titre : *Les Loisirs de Rodope, premières œuvres poétiques de Julien Guesdon, sieur du Haut-Plessis, angevin;* etc., etc. — *Eglogues ou Pastoralles; amours d'Euryclès; épigrammes et madrigalles;* etc.; — à Nantes, chez Nicolas des Marestz et Faverye, 1593.

« Voyant toute la France
« N'avoir l'esprit bandé qu'au malheur qui l'offence,
« Que tout chacun n'y bruit que d'horreur, que de sang,
« J'ai pensé qu'entre ceux qui y ont un beau rang,
« A vous seul que je tiens pour seigneur et pour maistre,
« Je devais adresser ce mien discours champestre,
« Où ces deux contadins, ces deux simples pasteurs,
« Devisans, sans flatter, de nos communs malheurs,
« Peut-estre pourront bien remuer quelque chose
« De ce que votre esprit plus haultement compose.
« Je l'ai faict seulement afin que quelques fois,
« Lorsque, poudreux, aurez devestu le harnois,
« Ou qu'estant retourné d'une brave rencontre,
« Ne preniez à dédain que quelqu'un vous le monstre.
« Voyez-le, je vous pry, doncques d'aussi bon cœur,
« Comme je pryrai Dieu qu'il vous fasse vainqueur. »

Parmi ses pastorales, on remarque le devis bucolique entre Philon et Érastin ; c'est une imitation continuelle et facile, mais sans force, des églogues de Virgile. Philon faict les plus belles protestations d'amitié au berger Érastin :

« On pourra voir la rivière de Loire
« Plus tost sans eaux, sans sable, sans poissons,
« Les champs privez de leurs jaunes moissons,
« L'air sans oiseaux, et le ciel sans estoiles,
« La mer sans flots, sans vaisseaux porte-voiles ;
« Plus tost les prez demeureront sans fleurs,
« L'Anjou sans vin, l'Égypte sans chaleurs;
« Plus tost Cérès quittera les campagnes,
« Les animaux leurs fidèles compagnes,
« Qu'on puisse voir nostre saincte amitié
« Se refroidir par quelque inimitié. » Etc.

Mais Érastin est accablé de tristesse :

« Voyant gaster ainsi la pauvre France
« Par nos mutins, que j'en perds patience,
« Voyant pays que le monde vantoit,
« Que l'estranger de tout temps redoutoit,
« Estre aujourd'huy quasy réduit en proye
« Et par les siens dévoré jusqu'au foye.
« Aussi chacun, du plus grand au petit,
« Ne faict plus rien sinon que par despit.

« Tout va, tout court, s'en dessous, pelle melle,
« Ce n'est plus rien que discord, que querelle ;
« Car tout chacun, contre droict et raison,
« Veut commander à sa discrétion.
« Je dy pour ceulx qui ne veulent cognoistre
« Pour gouverneur, ce prince tant honneste,
« Ce grand Mercœur, que Dieu nous a donné,
« Que les hauts cieux nous avoient ordonné
« Pour nous régir, et en tout temps défendre
« Contre ceux-là qui nous veulent surprendre. »

Le poète maudit les huguenots, et déplore, en style pastoral, les malheurs de la guerre civile ; parfois il développe en vers longs et fatigants le *Fortunatos nimiùm* du poète latin :

« Bien heureux est celui qui, loin de toute affaire,
« Vit franc d'ambition et n'a point d'adversaire ;
« Qui, comme les anciens, cultive de ses bœufs,
« Sans tromper son voisin, le champ de ses aïeux ;
« Qui n'est point esveillé par l'esclatant tonnerre
« Des tambours, des clairons, pour marcher à la guerre. » Etc.

Julien Guesdon est aussi galant ; il n'a garde d'oublier les dames, et surtout Mme de Mercœur :

« Madame, je ne puis, ayant servy mon maistre,
« Monseigneur de Mercœur, presque trois ans entiers,
« Échappé maints dangers par maints et maints sentiers,
« Ne vous prier aussi de me vouloir cognoistre ;

« Non que digne j'en sois, ou que pour plus paroistre
« Je veuille vous flatter, loûant vos devanciers,
« Qui eux-même ont acquis leurs immortels lauriers,
« Sans que je puisse rien à leur grandeur accroistre.

« Toutefois, je veux bien, malgré tous mes envieux,
« Dire que je vous suis très-humble obséquieux
« Et que je vous consacre à jamais mon service.

« Un plus savant que moi se pourra bien vanter
« De vouloir vos vertus et vos grâces chanter,
« Mais peut-estre il n'aura si secret artifice. »

Au milieu de ces sonnets galants, dédiés à la duchesse et destinés à célébrer les dames, nous trouvons parfois des épigrammes, comme celle-ci, qui est assez piquante :

« Et la femme et la mer sont une mesme chose,
« Tous deux sont dangereux, tous deux sont inconstants,
« Tous deux sont sans mercy, tant plus l'homme flattants,
« Qu'un beau temps calme et doux à ses gents se propose.

« Celuy qui sur la mer voyager se dispose,
« Et qui veut femme oymer, sont comme bois flottants
« Qui contre les rochers souvent vont esclattans,
« Par leur porte perdant le bien qu'on y dépose.

« Si la mer belle on voit, le gouster est amer,
« La femme est tout ainsy à qui la veut aymer.
« Donc, pour estre certain de ne faire naufrage,

« Marche toujours sur terre, en ayant le moïen,
« Et sois toujours garçon si tu as quelque bien :
« Car tout homme d'esprit t'en estim'ra plus sage. »

Mais le poète élégiaque et galant n'oublie pas les intérêts politiques de ses bienfaiteurs et maîtres : leurs ennemis sont les auteurs de tous les maux qui désolent la patrie ; qu'ils soient maudits, qu'ils disparaissent, et qu'avec le triomphe de Mercœur renaissent les temps heureux de l'âge d'or :

« François, où courez-vous ? contre vostre patrie,
« Contre la mesme foy qu'observaient vos aïeux,
« Dont la simple bonté valoit mille fois mieux
« Que les desguisements dont pleine est vostre vie.

« Le traistre huguenot, bouffi d'orgueil, d'envie,
« A coullé ce poison dans vos cerveaux vanteux,
« Qui, ayant faict de vous, vous rendra malheureux,
« Vous faisant comme il faict à quiconque s'y fie.

« S'y fie qui voudra, nous ne le croirons poinct :
« Il y a trop longtemps que debastons ce poinct ;
« Puis nous sommes certains d'avoir la vraye église,

« Dont Christ nous a basti l'assuré fondement,
« Qu'il a promis garder inviolablement,
« En despit de Calvin et du roi qui le prise. »

Beaucoup des ouvrages alors composés dans l'intérêt de la gloire ou de l'ambition de Mercœur, ne sont pas parvenus jusqu'à nous ; c'est à peine s'il existe quelques rares exemplaires de ceux que nous avons pu consulter : ils disparurent, pour la plupart, quand le triomphe de Henri IV eut condamné à un oubli éternel la cause et les prétentions ambitieuses du prince lorrain. Ainsi, nous ne connaissons ni les sermons du théologal Christi, ni ceux du jacobin Le Maistre : nous ne retrouverons jamais, probablement, les œuvres poétiques de Callo, sieur de la Ramée ; de M. de la Porte, médecin de Mercœur ; du frère carme Nicolas Dadier ; de M. de Saint-Remy, l'un des capitaines du château de Nantes ; de la Roche-Cousin ; de Michel de la Garnison ; de Gendronnière ; du Tertre, etc., etc., serviteurs du duc ou notables Nantais [1]. L'on peut affirmer qu'au point de vue littéraire, nous avons peu à regretter, si l'on en juge par l'un des plus féconds et des plus célébrés, dont les œuvres restent complétement ignorées, comme celles de Julien Guesdon, mais ne sont pas encore perdues.

C'est Nicolas de Montreux, gentilhomme du Maine, né à Sablé, vers 1561, qui prend le nom d'Olenix du Mont-Sacré. Malgré ses nombreux et volumineux ouvrages, il est si mal connu, que les plus savants bibliophiles pensent qu'il a été calviniste, et lui font composer à dix ans un ouvrage qu'il a publié à Nantes, lorsqu'il avait trente ans. Des malheurs l'avaient forcé de se réfugier dans cette ville, où, grâce à la protection de M. de Bois-Dauphin, il avait été bien accueilli par le duc de Mercœur. C'est là qu'il compose plusieurs poèmes, en l'honneur ou pour l'agrément de son noble protecteur : ainsi il lui dédie l'*Arimène, ou le Berger désespéré*, longue pastorale en 7500 vers, et en quatre actes, que le duc fait représenter dans la salle du château de Nantes, avec une grande magnificence ; toute la noblesse avait été conviée à ce spectacle vraiment royal, qui durait deux jours [2]. Il publiait encore à Nantes un poème en deux volumes, intitulé : l'*Espagne conquise par Charles-le-Grand, roi de France*. Enfin, son ouvrage peut-être le plus rare et le plus curieux pour nous, sous le rapport historique, sortait des presses de Nicolas des Marestz et de François Faverye, dès 1591. Ce sont les *Regrets d'Olenix du Mont-Sacré*, dédiés à *très-illustre, vertueuse et catholique princesse*, Mme Marie de Luxembourg, duchesse de Mercœur

---

[1] L'on trouve quelques pièces de vers de ces poètes ignorés dans les œuvres de P. Biré, de Le Bossu, d'Olenix du Mont-Sacré, etc.

[2] Le 25 février 1596. — In-12, 1597, Nantes, chez Pierre Doriou.

et de Penthièvre, comtesse de Martigues : dans la dédicace, naturellement louangeuse, il proteste qu'il ne servira jamais qu'elle, *non en souvenance de sa courtoisie, mais en l'honneur de sa vertu.*

C'est un recueil de près de trois cents sonnets, fort peu remarquables, adressés à la plupart des personnages qui formaient la cour politique et poétique de Nantes : M. et Mme de Mercœur, Mme de Martigues, Mme de Joyeuse, M. et Mme de Bois-Dauphin, etc., sont surtout célébrés ; puis ce sont les capitaines du château de Nantes, MM. de Saint-Rémy, de Mauléon, Carys, et spécialement M. de Bardin, *premier valet de chambre à Monseigneur, commandant sous son autorité dans le château de Nantes, dont la main libérale a fait les frais de l'impression, parce que l'auteur était sans moyen*[1] : ce sont les familiers de Mercœur, Péchin, son secrétaire ; la Ragotière, son négociateur ; du Pas[2] ; de la Ramée, de la Porte et Vivant, ses médecins ; du Guébriand, Loys de la Morissière, sieur de Vicques, Blanchard, ses capitaines ; de Marconnay, abbé de Rislé, le prieur de Saint-Hylaire, le chanoine des Courans, Christi, Nicolas Dadier, Raoul Le Maistre, frère Le Bossu, etc., ses religieux et ses prédicateurs. C'est là ce qui rend le recueil d'Olenix curieux pour l'historien de cette époque ; car il nous fait connaître, en quelque sorte dans l'intimité, tous ces personnages, qui jouaient alors leur rôle, plus ou moins glorieux, dans la guerre civile. S'adressant à notre maître Christi, il lui dit :

« Belle âme, de ce feu immortel inspirée,
« Qui reschauffe nos sens au brasier de la Foy,
« Bel esprit catholic, deffenseur de la Loy,
« Au sang de Jesus-Christ sainctement inspirée, etc. »

A Le Maistre :

« J'ayme et crains tes discours ; leur doctrine est utile
« Et cruel le tourment qu'ils donnent au pervers,
« Doublement au public, outre cela tu sers,
« En preschant, par ta voix, escrivant par ton stille..... »

---

[1] « Mauléon, aussi courtois que son compagnon Bardin estoit rude et barbare. » Montmartin, p. 315.

[2] Est-ce le père Augustin du Paz, qui prêchait le carême à Blain, dès 1584, comme il nous l'apprend lui-même dans son *Histoire généalogique*, et qui était prieur du couvent de son ordre en 1592 ?

A M. notre maître Le Bossu :

« Esprit, du Sainct Esprit la divine trompette,
« Combien as-tu de cœurs endormis réveillez,
« Par toy sont les mortels du vice rappelez,
« Bien heureux d'escouter ta doctrine parfaicte..... »

A M. de Courans :

« Guide de ce troupeau délaissé, misérable,
« Par son pasteur, qui a du loup vestu la peau,
« Tu paiz divinement ce mesme sainct troupeau,
« Plain de los est le camp dont le chef est louable. » Etc., etc.

Enfin, il célèbre pompeusement la catholique Nantes, qui a bien voulu l'accueillir :

« Catholique cité, brave ville fidèle,
« Nantes, port assuré des serviteurs de Dieu,
« Qui peut trop te louer ? Ton los sainct, chaste et vieu,
« Luist de tout temps au ciel, faict lumière immortelle :

« La foudre du discort n'a peu briser ton zelle,
« Ferme comme un rocher, il n'a changé de lieu,
« Ta constance a passé par le fer, par le feu,
« Passant, elle t'engendre une gloire éternelle.

« O que divinement Dieu bénira tes faicts,
« Qu'ils seront honorez des esprits plus parfaicts,
« Le pays t'est obligé, et les bons redevables :

« Ton nom ne mourra point, les bons vivent toujours ;
« Les bons te vont louant. Ainsi ton los, tes jours,
« Seront comme les cieux, sacrés, saincts, perdurables. »

Citons encore, pour terminer, ces vers qu'il adresse également à Messieurs de Nantes :

« Invaincuz fils de Dieu, qui réputez victoire
« De mourir, de pâtir, pour deffendre sa Loy ;
« Indigne d'un tel bien, hélas! permettez-moy
« D'avoir part, en souffrant, à vostre saincte gloire.

« O que douce sera de vos faicts la mémoire,
« Ayans deffaict, vaincu, un hérétique Roy ;
« De ceux qui, comme vous sont pilliers de la Foy,
« Le los malgré le temps est aux justes notoire.

« Poursuivez, fils de Dieu, ceste belle vertu,
« C'est beaucoup que d'avoir pour son Dieu combattu,
« Mais plus encor d'user pour ce subject sa vie :

« Dieu vous assistera ; de vous craint, adoré,
« Nostre Prince en sera à jamais honoré,
« Ma muse en vostre los, sera toute ravie. »

Aussi, Nantes donnait facilement droit de cité à son poète louangeur, par l'organe de F.-N. Dadier[1].

« Docte du Mont-Sacré, sacré mignon des Dieux,
« De qui l'esprit sacré sainctement se récrée
« Dessus le sacré mont, où la bande sacrée
« Des neuf vierges t'aprist ton mestier glorieux.

« D'un homme, comme toy zélé, docte et pieux,
« La nantoise cité devoit estre honorée,
« Car c'est des gens de bien la retraicte assurée,
« Et l'effroy des pervers de ce règne odieux.

« Doncques or' que tu es affranchy de l'orage,
« Et des tristes horreurs de l'hérétique rage,
« Avecque nos Nantois séjourne heureusement.

« Et comme un beau Phœbus descendu du Parnasse,
« Fay nous veoir de tes vers l'inimitable grâce,
« Vers qui feront ton nom vivre éternellement. »

Faut-il ajouter que le catholique ligueur, le serviteur dévoué de Mercœur a changé de sentiments et d'opinion, quand la fortune changea : il était poète, ou du moins se croyait doué du génie poétique, il ne pouvait vivre probablement sans faire de vers ; et il recommença à rimer tant bien que mal, dédiant ses livres à Henri IV victorieux, et le félicitant d'*être passé invinciblement à travers les montagnes armées de ses adversaires*[2].

---

[1] Dadier, docteur en théologie, était, dit-on, un poète facile et agréable, dont la réputation avait franchi les limites de la province, et qui publia, au commencement du XVIIe siècle, plusieurs ouvrages. Voir la *Biographie bretonne*, qui ne parle pas de son rôle à l'époque de la Ligue.

[2] Les bibliophiles, Barbier, Quérard, etc., ne parlent pas d'Olenix du Mont-Sacré : les notices de MM. Peignot, Brunet, sont très-incomplètes : celles de M. Desportes (*Bibliographie du Maine*, 1844) et surtout de M. Hauréau (*Hist.*

Telle était la cour de Nantes, au moment des triomphes de Mercœur; tous célébraient ses exploits et vantaient ses vertus, tous paraphrasaient en vers plus ou moins communs ce qu'écrivait l'un d'eux avec plus de concision :

> « Sainct Mercœur est beaucoup honoré de l'Église ;
> « Car Julien l'Apostat rendre mort il advise ;
> « Le preux duc de Mercœur ainsi loué sera,
> « Qui d'un Roy apostal les fauteurs chassera
> « Du païs à luy commis par sa valleur exquise [1]. »

N'est-il pas facile de reconnaître le but et les espérances de celui qui s'écriait, un peu plus tard, lorsqu'on lui parlait de son pouvoir souverain : *Je ne sais si c'est un rêve, mais il dure depuis dix ans.*

---

littéraire du Maine, 1852, t. II) sont plus satisfaisantes, mais encore fautives. Ils ne connaissent pas le livre *des Regrets*, que M. le baron de Wismes, son spirituel possesseur, se propose d'apprécier au point de vue littéraire. — Voir aussi la *Croix du Maine*, t. II, p. 171 et 172, notice incomplète et inexacte.

[1] Vers placés à la fin d'un sermon de Le Bossu.

CHAPITRE VIII.

Faiblesse des royalistes en Bretagne; divisions entre les catholiques et les calvinistes du parti. — Les gouverneurs ne sont pas à la hauteur de leur mission; le prince de Dombes est toujours en lutte avec le parlement et les États; mort de La Noue Bras-de-fer; le maréchal d'Aumont est peu populaire; Saint-Luc. Brissac. — Rôle difficile des États royalistes réunis à Rennes; ils défendent les intérêts et les droits de la province.

Jamais peut-être la royauté ne s'était trouvée en France dans un état plus désespéré qu'au début du règne de Henri IV; jamais l'unité nationale n'avait été plus gravement compromise. Mercœur, grâce aux circonstances exceptionnelles de sa position, semblait surtout assuré de réussir; le parti royaliste paraissait encore plus faible en Bretagne que dans le reste du royaume. Cependant, après quelques années de guerres civiles et de malheurs, Henri, triomphant de tous ses ennemis, devait être reconnu roi légitime par toute la France et par toute l'Europe; et Mercœur, le dernier des princes, il est vrai, était forcé de se soumettre, sans même oser un dernier effort, une tentative glorieuse de résistance. Nous avons vu la puissance de la Ligue en Bretagne; il nous faut assister à sa triste décadence : mais le tableau ne serait pas complet, si nous ne disions quelques mots de l'état du parti royaliste dans la province pendant les troubles; il en ressortira pour nous cette vérité, qu'il ne fut jamais assez fort pour empêcher la réalisation des projets de Mercœur, et qu'il faut chercher autre part les causes de sa ruine.

Aucune partie de la Bretagne ne devait soutenir franchement et par conviction la cause des Français royalistes : presque toute la province était entrée facilement dans le mouvement de la Ligue. Les royalistes, peu nombreux, peu populaires, n'étaient pas d'ailleurs parfaitement unis, parfaitement dévoués au roi : ainsi, les huguenots du parti étaient fort mal vus et souvent fort maltraités par les catholiques leurs alliés ; on peut en juger par les nombreux arrêts du parlement de Rennes contre ceux de *la prétendue religion réformée*. Les plaintes du royaliste Pichart nous semblent bien exprimer les sentiments des plus modérés eux-mêmes, à l'égard des huguenots : un libraire de Rennes, Bertrand Avenel, avait publié un pamphlet peu catholique ; l'affaire avait fait beaucoup de bruit dans la ville, et il avait été seulement banni pour deux ans, *au grand scandale et murmure du peuple*. Il est vrai que défense était faite à tout libraire ou imprimeur d'imprimer ou d'exposer en vente un libelle contre la religion catholique, apostolique et romaine, sous peine d'être pendu et étranglé. Maître Pichart ajoute tristement : « Aujourd'hui, les plus vicieux ont leur règne ; car si le plus saint « homme qui soit vivant avait rien dit à un huguenot, il est aussitôt « déclaré et approuvé de la Ligue ; et oultre il est exposé à perdre « tous ses moyens, et estre misérablement retenu prisonnier et « gehenné : il est en grand danger d'estre pendu et estranglé, » etc., etc[1]. L'exagération partiale du catholique est ici évidente. Au reste, les huguenots, sauf d'honorables exceptions, comme La Noue, Montmartin[2], se distinguaient souvent par d'odieux excès, capables d'exciter et d'envenimer bien des haines. Ainsi, même parmi les royalistes, on parlait avec terreur des ravages commis, dans tout le diocèse nantais[3], par Le Goust, maître de Blain, *gentilhomme cruel, barbare*

---

1 Pichart, col. 1714-1716.

2 Montmartin lui-même, comme tous les capitaines de cette époque, calvinistes ou ligueurs, ordonne de cruelles exécutions : voir ses *Mémoires*, le *Journal* de Pichart et les textes cités par M. de la Borderie, dans *le Calvinisme à Vitré*, p. 32 : « Il s'est commis, dit-il lui-même, plusieurs autres actes pleins d'inhu- « manité, lesquels il vaut mieux taire que dire. » Seulement, Montmartin ne fait pas cette réflexion à propos des excès des calvinistes de Vitré, mais après avoir raconté les exploits des ligueurs.

3 Voir Moreau, Travers, *passim*, etc. Beaucoup d'écrivains disent que du Gouz ou Le Goust était protestant (ainsi Moreau, p. 118); d'autres le font catholique (d'Aubigné, Crevain, p. 278) : c'est l'opinion de M. Bizeul, de Blain, dont l'érudition est si grande.

et insolent plus que vaillant, extorquant promesse de rançon impossible; et ses prisonniers ne pouvant payer souffraient de grands *tourments jusqu'à la mort.* De la Tremblaye n'était pas moins redoutable, lui qui *faisait de terribles besognes* et rapportait une si grande *infinité de bribes* de ses courses aventureuses : on disait qu'il avait mis dans un bissac la tête du capitaine de Saint-Nazaire, et qu'il avait offert ce hideux trophée au prince de Dombes lui-même. Du Liscoët, Tremblaye, Bastinaye et autres, étaient tous gens de main qui avaient grande envie de mordre[1] : Liscoët, qui s'était fait huguenot, pour épouser une belle demoiselle de l'Anjou, *qui avait mieux aimé, le misérable, faire banqueroute à Dieu et à son salut qu'au beau nez d'une femme,* dit Moreau, était habituellement suivi d'un assez grand nombre de soldats de la même religion : ils pillaient de préférence les églises, et maltraitaient les prêtres ; ils ouvraient les tabernacles, et prenaient plaisir à jeter à terre les hosties consacrées ; un prêtre, qui se prosternait pour ramasser pieusement l'une de ces hosties, était cruellement tué à coups d'épée[2].

Ajoutez à cela les pillages affreux dont se rendaient coupables les lansquenets allemands, les soldats suisses et les auxiliaires anglais qui venaient au secours du parti royaliste en Bretagne, et l'on comprendra le mécontentement et l'irritation des catholiques, qui rougissaient souvent d'avoir de pareils compagnons, et qui prenaient toutes les mesures possibles pour bien prouver leur foi et montrer qu'ils ne méritaient pas les calomnies des ligueurs. Les registres du parlement, des États, des villes, les mémoires des contemporains, sont remplis de faits qui montrent les désordres de cette époque : Requêtes adressées au parlement contre les capitaines et soldats des garnisons de Paimpol et la Roche-Jagu, *qui font exactions sur le peuple, enlèvent les paysans, les battent, les tourmentent et même les pendent de leur autorité privée* : le parlement ordonne des informations (1591). Mémoire et instructions des plaintes et doléances que font journellement les sujets du roi :

..... *Il y a peu d'églises où l'armée ait passé, qui n'aient été pil-*

---

[1] Pichart, col. 1704. — Moreau, p. 84.
[2] Moreau, p. 137, 139. — De Piré, t. 1ᵉʳ, p. 377-78. — *Prise de Carhaix,* t. III de la collection manuscrite des *Blancs-Manteaux.*

lées, *les ornements et les calices et les croix emportées ; les fonts baptismaux rompus, les images brûlées et la sainte hostie, sanctuaire de notre religion, foulée aux pieds.*

Les compagnies d'Anglois, étant sur les champs, ne se contentant pas de voler, piller et ravager le pauvre peuple, se sont depuis peu de jours attaqués aux gens d'église, et ont accablé de coups plusieurs prêtres dans les paroisses circonvoisines de Châteaugiron, où ils sont en garnison ; tellement qu'ils sont en danger de mort.... Et ce qui est encore plus déplaisant à Dieu, ils sont entrés dans les églises, ont emporté les ornements, donné la sainte hostie à leurs serviteurs, même aux bêtes.... (1591.)

Le parlement adresse de vaines représentations au duc de Montpensier (23 juillet 1592) : des plaintes sur de nouvelles violences se font entendre dès le 27 août, etc., etc[1].

C'est pour cette raison surtout que le parlement de Rennes se montre si sévère à l'égard de la religion réformée ; depuis le commencement des troubles, il déclare d'une manière formelle qu'il ne souffrira pas d'autre culte que le culte catholique : lorsque Henri IV, à son avénement, promet solennellement de maintenir le catholicisme et même de se faire instruire au plus tôt, les membres du parlement prêtent serment de fidélité au roi, mais à la condition qu'il sera supplié de renoncer à ses erreurs[2]. A Rennes, comme dans beaucoup de villes, ceux qui se réunissent pour faire la prière en commun sont mis en prison ; le parlement recherche avec soin tous les livres qui concernent la religion réformée, faisant défense, sous peine de la vie, d'en imprimer, vendre, ou garder aucun ; il défend également, sous peine d'être pendu et étranglé, de manger ou de vendre de la viande en carême[3]. *Une inquisition presque espagnole*, dit une requête des protestants à Henri IV, *est dressée, qui ne laissait coin à fouiller, pot à découvrir ;* l'arrêt commandait aux sénéchaux des juridictions royales et aux autres agents judiciaires de visiter les maisons une fois toutes les semaines. Dans l'enceinte du parlement, dit encore la même requête, pleine de faits de cette nature, *on a souffert qu'à l'audience on nous ait appelés chiens,*

---

[1] *Table raisonnée des registres du parlement de Bretagne.*
[2] Voir *Hévin sur Frain*, p. 498, Rennes, 1684.
[3] Pichart, col. 1727. — *Table raisonnée des registres du parlement.* — *Hévin.*

Turcs, hérétiques, hétéroclites de la nouvelle opinion, schismatiques dignes d'être poursuivis à feu et à sang, et entièrement chassés du royaume. Le parlement refuse d'enregistrer l'ordonnance de Henri IV qui révoquait les édits de la Ligue de 1585 et 1588. Partout, dans la province, les calvinistes étaient également repoussés et poursuivis : se rendent-ils à Vitré, la seule place qui leur restât, ils sont attaqués par les paysans soulevés ; c'est ainsi que le sieur du Bordage[1] est assailli par les paroisses en armes, qui disaient avoir reçu du parlement l'ordre de ne laisser passer personne ; et il leur échappe avec beaucoup de peine. Du Bordage, désireux de se venger, retournait quelques jours après avec ses soldats contre les paysans de Cens et de Romasin (ou plutôt Sens et Romazy), et, dit Pichart, *ses gens de guerre et autres bons vauriens bruslèrent nombre de maisons et tuèrent douze ou quinze personnes qui toutefois et peut-estre n'en pouvoient mais. Ce fait scandalisa beaucoup de peuple et jusques aux plus grands.* Le parlement ordonna d'informer au sujet de tous ces excès[2]. Les États royalistes suppliaient le roi de réduire par la force tous ses sujets à ne suivre que la religion catholique, et, dans tous les édits partiels de capitulation, une clause spéciale proscrivait le culte calviniste, soit dans la ville qui traitait, soit même dans tout l'évêché[3].

Pour bien diriger les efforts du parti royaliste en Bretagne, il aurait fallu, avant tout, un chef respecté et intelligent, bon politique et habile capitaine : or, les gouverneurs, successivement chargés de ce commandement difficile, ne furent pas à la hauteur de leur mission. Ainsi, Henri III, après avoir trop tardé, envoie comme son lieutenant en Bretagne, le comte de Soissons, second fils du prince de Condé ; celui-ci ne peut même arriver jusqu'à Rennes ; il se

---

[1] Ogée, dans son *Dictionnaire*, à l'article *Romazi*, nomme René de Montbarot, probablement par erreur, au lieu de René de Monbourcher, seigneur du Bordage.

[2] Pichart, col. 1750.

[3] L'on trouve surtout des détails curieux sur l'état des protestants en Bretagne, dans les *Plaintes des églises réformées de France*, insérées dans les *Mémoires de la Ligue*, t. VI, p. 428-487 : c'est un mémoire important par les faits nombreux qui y sont relatés, et par la force du raisonnement ; il y a quelques passages pleins d'énergie. — Voir aussi la dernière partie du livre de Crevain, qui est bien incomplet et bien faible pour cette période.

laisse honteusement surprendre à Châteaugiron, par Mercœur, qui le conduit prisonnier au château de Nantes. Il est remplacé par le prince de Dombes, vers l'époque de l'assassinat de Henri III. Mais le jeune gouverneur, à peine âgé de dix-huit ans, n'avait pas l'autorité nécessaire pour dominer toutes les passions, pour réunir tous les intérêts ; et il ne sut pas la conquérir par ses talents : brave, mais inexpérimenté; libéral, mais surtout prodigue; dédaigneux, fanfaron et surtout trop ami du plaisir, il devait exciter le mécontentement et les plaintes du parlement et même de beaucoup de gentilshommes. Depuis le premier jour, pour ainsi dire, jusqu'à son départ de la province, le prince de Dombes est sans cesse en hostilité avec les magistrats : le peuple souffrait beaucoup de la guerre ; on se plaignait des pillages des soldats, de leur licence extraordinaire, des levées continuelles d'impôts ; on était irrité de voir le jeune prince se livrer gaiement aux plaisirs de son âge, mais non de sa position, courir la bague ou passer son temps à courtiser les dames de Rennes. « M. le duc est entré en la Court pour demander de l'argent; mais « on espère que Messieurs lui ont respondu, qu'on lui en avoit baillé « à suffisance, et que le peuple murmuroit qu'il s'amusoit à courir « la bague. » « M. le duc, depuis son arrivée devant Craon, n'a fait « que faire l'amour jusqu'à icy; quand à la guerre, il n'en faut pas « parler, et semble, à voir nos Messieurs, qu'il n'y a plus de guerre « en Bretagne, encore que tous les jours passez l'ennemi a donné « près de nos portes[1]. »

Le parlement, dont le pouvoir politique grandissait au milieu des troubles, se faisait l'organe infatigable du mécontentement général, d'autant plus volontiers que le prince de Dombes ne respectait pas souvent la juridiction de la cour, jalouse de ses droits. Dès 1590, comme nous l'apprennent les registres du parlement, le sieur de Bourgneuf est chargé par la cour d'adresser les plaintes du peuple au prince de Dombes; *le désordre provient de deux ou trois causes principales : 1° les soldats licencieux et sans discipline militaire, pillards, ravageant tout, exercent toute inhumanité sur le peuple, sans que l'on gagne rien sur l'ennemi; 2° on fait des levées extraordinaires de deniers, pour les frais des garnisons qui sont aux maisons de plusieurs gentilshommes, payées sur le sang du peuple,*

---

[1] Pichart, col. 1728, 1729, etc.

outre les énormes extorsions et pillages qu'ils font, etc., etc; 3° le conseil du prince révoque des juridictions ordinaires et s'attribue connaissance des causes appartenant tant à la cour qu'aux juges ordinaires. Or, le peuple est déjà assez indigné et conçoit peu à peu une haine fomentée par les damnables artifices des ennemis. (30 mai 1590.)

Quelques jours après, la cour arrête que *très-humbles remontrances seront faites au Roi pour luy faire entendre l'estat piteux et misérable de ceste province, plus affligée que aultre qui soit en son royaume, et que à ses pauvres subjects en icelle il ne reste que la parolle pour représenter à Dieu et à luy leurs justes plaintes et doléances; et que ledict seigneur Roi soit supplié voulloir faire assister le prince de Dombes de conseil pour les finances, composé d'hommes ayant en haigne l'avarice et choisissant plustost le bien de son service et soulagement de ses dicts subjects que leur profict* (mercredi 11 juillet 1590). Enfin, huit jours après, dans une assemblée solennelle du parlement, à laquelle assistait le prince de Dombes, Faucon de Ris, premier président, lui adresse les plus pompeuses exhortations, mais aussi l'expression des plaintes de ses collègues et du peuple; s'il l'engage à se rendre immortel comme Alexandre le Grand, il lui expose longuement les causes nombreuses de mécontentement : l'on se plaint du peu de discipline de ses troupes; la campagne a été mal conduite : en résumé, le parlement s'offre pour diriger l'inexpérience du jeune prince; c'est son désir, c'est même son devoir[1]. Mais le gouverneur de Bretagne n'était nullement disposé à se mettre sous la tutelle des graves et ennuyeux magistrats qui prétendaient le régenter; et nous le voyons, dans ce moment même, passer gaiement son temps à Rennes, avec les gentilshommes qui l'accompagnent, tandis que Mercœur, profitant de son inaction, essaie encore une fois de prendre Vitré. Depuis ce temps, la bonne harmonie est sans cesse troublée entre le prince de Dombes et le parlement, au préjudice du parti royaliste : le conseil particulier du prince continue d'empiéter sur les attributions de la cour souveraine, les avis et les remontrances des magistrats sont généralement dédaignés. Mais

---

[1] *Registres* manuscrits *du parlement de Bretagne*, t. VII : à la bibliothèque du cercle du Château, à Nantes.

le prince de Dombes demande-t-il de l'argent? on repousse ses demandes, ou l'on déclare que l'on en référera au roi ; ou bien on ne lui répond même pas ; le prince, à son tour, annonce au parlement que, manquant d'argent, il a été forcé, à son grand regret, de toucher aux gages des officiers. Le parlement, justement irrité des duels nombreux qui décimaient la noblesse royaliste, fait défense à tous gentilshommes et autres personnes de se battre ou appeler *en duel et combat, sous peine d'être pendus et étranglés, et déclare eux et leur postérité innobles et roturiers, et ceux qui mourroient aux combats déchus de sépulture :* le prince de Dombes est mécontent de cet arrêt, et déclare que la justice ordinaire n'a pas à s'occuper des actions des gens de guerre[1]. A plusieurs reprises, il chasse de Rennes certains membres du parlement, qu'il accuse d'intelligence avec les ennemis ; à toutes les réclamations du parlement, il répond qu'il ne doit compte de ses actions qu'au roi lui-même. Souvent, Henri IV doit intervenir, par ses conseils, entre ses officiers et les royalistes ; ainsi, en 1591, il écrit aux habitants de Rennes : « Ayant esté adverty que en nostre ville
« de Rennes, il y a quelques jalousies et divisions entre les habitants
« d'icelle, chose grandement préjudiciable au bien de nostre service,
« conservation et repos de ladicte ville, nous vous exhortons de
« fuir telles divisions et embrasser l'union et concorde comme
« celle qui peut, plus que toute aultre force, empescher les perni-
« cieux desseings de nos ennemys et les ruiner[2]. »

Lorsque, après la mort de son père, le prince de Dombes, devenu duc de Montpensier, quitta le gouvernement de la Bretagne, pour celui de la Normandie, personne ne le regretta ; le dernier acte de son administration avait irrité tous les esprits. Le parlement et même la noblesse mécontente avaient, à plusieurs reprises, envoyé des députés à Henri IV: le baron de Crapado, l'un des principaux seigneurs royalistes, avait été plus spécialement chargé de porter les plaintes dirigées contre le prince de Dombes ; et celui-ci avait même été forcé de se justifier ; il avait conservé contre le baron un vif ressentiment. Mercœur, voulant profiter du mécontentement des royalistes, chercha, à ce qu'il paraît, à gagner le baron de

---

1 Arrêt du 3 août 1590. — Pichart, col. 1717. — *Hévin sur Frain,* p. 412.
2 Lettre du 7 septembre 1591.

Crapado. Y eut-il complot organisé, ou seulement mauvaise intention ? C'est ce qui n'est pas éclairci.

Le ligueur Moreau ne doute pas que le baron de Crapado ne soit coupable : « Cette année, fut découverte une entreprise sur la ville « de Rennes, de laquelle le seigneur de Crapado était le chef, qui « était de rendre la ville au seigneur de Mercœur, en saisissant la « porte de Toussaint. Les troupes de l'Union s'avançaient vers « Rennes par divers endroits, et dans vingt-quatre heures se devait « jouer la tragédie, lorsque quelqu'un découvrit le tout. » Il ajoute : « Le sieur de Crapado est saisi, mis prisonnier, et, la chose étant « avérée, il fut trouvé coupable, et comme tel condamné à être « traîné sur une claie, à la queue d'un cheval, jusques au champ « Jacquet, et là y avoir la tête tranchée, ce qui fut exécuté. Et « encore que l'offense fût grande, néanmoins plusieurs en eurent « compassion de voir traîner un vieillard de quatre-vingts ans, des « meilleures familles de France, et qui même touchait de parenté « au seigneur de Dombes, qui assista à sa mort. » Etc., etc [1].

Le roi lui-même n'approuva pas la précipitation du prince, qui aurait dû laisser au parlement la connaissance de cette importante affaire. Déjà l'on avait été très-mécontent, à Rennes et dans le parti royaliste, de la condamnation d'un gentilhomme breton qui avait rendu d'importants services à la cause de Henri IV, et que le prince de Dombes avait fait arrêter sur de vagues soupçons; quoiqu'il n'eût rien avoué au milieu des tortures de la question, il avait été déclaré, par le conseil de guerre, coupable d'avoir conspiré contre la vie du prince, et décapité : ce jugement avait fait beaucoup d'ennemis à ceux qui dirigeaient la conduite du jeune gouverneur [2]. La cour souveraine aurait sans aucun doute manifesté hautement son irritation, si le nouveau duc de Montpensier n'avait quitté la province peu de jours après : « Il prit alors congé de la « cour et des habitants, écrit Pichart, pour s'en aller en France « trouver le Roi : Dieu le conduise [3]. » (14 fév. 1593.)

Depuis quelque temps, le parlement pressait vivement le maréchal d'Aumont de venir prendre possession de son gouvernement de

---

[1] Moreau, p. 116. — Pichart, col. 1732.
[2] De Thou, liv. 99. — Moreau, p. 115.
[3] Pichart, col. 1732.

Bretagne ; et le prince de Dombes avait été tellement irrité de cette marque évidente de défiance, qu'il avait, à plusieurs reprises, intercepté les lettres envoyées au maréchal par les magistrats. Ceux-ci s'étaient alors opposés aux levées de deniers que le prince avait ordonnées : pour se venger, il faisait chasser de Rennes, comme ligueur, l'un des présidents, Bruslon de la Musse ; puis il avait refusé de donner aucune explication à ce sujet, et avait même, pour toute réponse, fait exiler un conseiller appelé Raoul, menaçant d'agir de la même façon à l'égard de beaucoup d'autres. Le parlement fut extrêmement choqué de cette conduite, que rien ne justifiait[1].

Henri IV voyait assurément avec peine ces funestes dissensions ; il avait même envoyé, pour les faire cesser, l'un des hommes les plus estimables et les plus respectés de ce temps, qui devait guider l'inexpérience du prince de Dombes, et réunir tous les royalistes de la Bretagne. C'était le célèbre François de La Noue Briord, dont il nous est impossible de ne pas saluer le noble caractère, au moment où il rentrait dans son pays natal, pour y mourir en brave et loyal soldat. Né près de Nantes en 1531, il avait, l'un des premiers de la province, embrassé le calvinisme au château de la Bretesche, sous l'inspiration de son ami Dandelot ; et, dès lors, il n'avait cessé de soutenir sa cause par l'épée et par la plume, toujours ennemi de la politique immorale de Catherine de Médicis, de l'ambition des Guises, toujours honnête homme et bon Français, au milieu des excès de la guerre civile. Les calvinistes étaient persécutés ; à ce seul titre, La Noue les aurait défendus. « Saint Augustin l'a dit, répétait-il fré-
« quemment, celui qui persécute est du diable ; celui qui est persé-
« cuté est de Dieu. » Son cœur saignait, lorsqu'il voyait les Français armés les uns contre les autres : « Pendant que la discorde tient nos
« épées dégaînées, s'écriait-il, nous ne faisons autre chose qu'éta-
« blir un règne d'impiété, d'injustice, de cruauté et de brigandage...
« N'écoutez pas ceux qui crient qu'on tue, qu'on détruise sans misé-
« ricorde.... La moitié de la noblesse a péri dans nos misérables
« querelles, les guerres civiles ont ravagé la population, les finances
« sont épuisées, les dettes accrues, la discipline militaire renversée,
« la piété languissante, les mœurs débordées, la justice corrompue,
« les hommes divisés. » Mais lorsque le devoir l'exigeait, il était le

---

[1] Pichari, col. 1730, 31.

premier au champ d'honneur; car il préférait encore la guerre au lâche égoïsme. Elles sont de lui ces nobles paroles, qu'il sera toujours utile de répéter : « Il y a une manière de gens qui, indifféremment, trouvent toutes paix bonnes et toutes guerres mauvaises ; « et quand on les assure de les laisser en patience manger les choux « de leur jardin et serrer leurs herbes, ils coulent aisément l'un et « l'autre temps, dussent-ils encore, aux quatre fêtes de l'année, recevoir quelque demi-douzaine de coups de bâton. Ils ont, à mon avis, « empaqueté et caché leur honneur et leur conscience au fond d'un « coffre. Le bon citoyen doit avoir zèle aux choses publiques, et « regarder plus loin qu'à vivoter en des servitudes honteuses. »

Le vaillant capitaine était assurément l'homme le plus capable de ranimer les royalistes de Bretagne, et de leur donner l'exemple des plus nobles vertus : il était à peine remis des blessures qu'il avait reçues au siège de Paris, lorsqu'il fut envoyé dans la province par Henri IV. Les chefs de guerre voulaient que l'on établît de nouveaux impôts, pour subvenir à leurs dépenses : La Noue s'y oppose, et se rend personnellement responsable : « C'est, dit-il, une maxime « véritable, que nos biens et nos vies sont au roi : il faut faire « paraître que nous le croyons en cette circonstance. Pour moi, tant « que j'aurai une goutte de sang et un arpent de terre, je l'emploierai « pour la défense de l'État où Dieu m'a fait naître. Garde son « argent, quiconque l'estime plus que son honneur. » Il tint parole alors, comme toujours ; car il engagea ses biens et donna sa vie.

Par une sorte de fatalité, il était tué dès ses premiers pas dans la province, au siège de Lamballe, regretté et estimé de tous, même de ses ennemis. Henri IV, en apprenant cette mort, s'écriait : « Nous « perdons un grand homme de guerre, et encore un plus grand « homme de bien. On ne peut assez regretter qu'un si petit château « ait fait périr un capitaine qui valait mieux que toute une province. » La mort de La Noue était assurément un grand malheur pour le parti royaliste, pour la Bretagne tout entière[1].

Le maréchal d'Aumont, l'un des capitaines les plus dévoués à Henri IV, était déjà, depuis plusieurs mois, nommé gouverneur de

---

[1] Voir un court et bel éloge de La Noue, dans Mézeray, t. XVI, p. 220-222. Montmartin, son ami, qui fut blessé avec lui et l'assista à ses derniers moments, a raconté, mieux que tout autre, ce triste événement, avec une dignité touchante.

Bretagne, lorsqu'il se rendit enfin aux instantes prières du parlement, des États, de tous ceux qui voyaient avec douleur la province, sans chef, exposée aux ravages des ennemis. C'était un brave général ; mais, au dire même de ses panégyristes, il était plus propre pour l'exécution que pour le conseil : il était aimé des gens de guerre ; mais son caractère violent et parfois difficile devait lui susciter plus d'un ennemi dans une province susceptible qu'il ne connaissait pas. Lui-même était plein de défiance à l'égard des Bretons : il se regardait comme abandonné, perdu, pour ainsi dire, lorsqu'il aurait franchi les limites de l'Anjou, et il hésita longtemps, malgré les promesses de dévouement qu'on lui prodiguait. Une fois dans la province, le maréchal d'Aumont, comme jadis le prince de Dombes, fut bientôt en lutte avec le parlement, et même avec les députés des États. Un capitaine ligueur venait de se soumettre, et s'était rendu à Rennes avec un sauf-conduit ; le parlement le fait arrêter, et le garde prisonnier, malgré les réclamations et les ordres du maréchal : alors, il se rend lui-même à la prison, fait enfoncer les portes en sa présence, et remet le prisonnier en liberté. Quelques jours après, pour se venger, le parlement accueille une requête des habitants de Rennes, que le maréchal voulait soumettre à un emprunt extraordinaire ; le maréchal est appelé au parlement, et invité à laisser les habitants en repos[1]. Déjà, l'année précédente, il y avait eu une correspondance assez vive entre le maréchal et les députés des États ; d'Aumont demandait, pour l'entretien de ses soldats, de grosses sommes d'argent qu'on lui avait promises : les États, qui voulaient ménager les deniers de la province, si appauvrie, ne l'avaient pas complétement satisfait : « Si on ne me paie d'une fort
« bonne raison, écrivait le maréchal (1ᵉʳ juin 1593), je ne suis nulle-
« ment délibéré permettre que cela se passe de la façon, et serois
« bien marry que l'autorité que le Roy vous a attribuée à ma solli-
« citation et pour le désir que j'ai eu de vous rendre clairvoyans au
« maniement du pays, apportast néanmoins plus de dommaige et
« longueur aux affaires du pays que de utilité et advancement... etc. »
Les députés répondent, en expliquant leur conduite ; ils donnent au maréchal les meilleures raisons : mais il n'est pas convaincu ; et, le 4 juillet, il écrit une nouvelle lettre encore plus dure que la première.

---

[1] Juin 1594. Pichart, col. 1750-51.

Les députés l'ont trompé; pour l'attirer en Bretagne, ils lui ont promis de l'argent, et ils le laissent maintenant en nécessité : « Je ne « vous veux point payer en paroles, ajoute-t-il ; je vous prie, ne me « payez pas aussi de cette monnoye-là. L'on fait courir un sourd « bruit que je ne demeurerais guères en Bretagne, et que d'autres « y viennent commander : ce sont mauvaises gens qui font semer « ce bruit-là, et qui ne veulent que altérer les affaires du Roy. Je « vous puis assurer que cela ne sera point, et que je y demeureray « tant que je donnerai occasion au pays de m'aimer et n'avoir point « de regret que je y aye esté. » Les députés des États s'adressent alors au roi lui-même, et le *supplient vouloir, nonobstant toutes lettres données en son conseil, mander auxdits sieurs le maréchal et de Saint-Luc tenir la main à ce que lesdits deniers levez extraordinairement par les États soient reçus et maniés par leur trésorier, et dépensés par les ordonnances desdits sieurs, suivant la parole qu'il lui a plu leur donner dernièrement à Tours, pour en tenir compte en ce pays, etc*[1]. (10 juillet.)

A la même époque et plus tard, la reine d'Angleterre faisait tous ses efforts pour que le maréchal fût révoqué de son gouvernement; elle insistait auprès des États, auprès du roi, mais sans réussir. Toujours est-il que ces divisions étaient fâcheuses, et que Mercœur avait les plus belles chances de succès, s'il avait su en profiter.

Enfin, au moment où le maréchal d'Aumont venait de faire une brillante et fructueuse expédition jusqu'à l'extrémité occidentale de la Bretagne[2], il était blessé mortellement au siége du petit château de Comper, auquel il s'acharnait par des motifs tout personnels (1595). Il mourait, lorsque ses victoires lui donnaient une autorité nécessaire pour terminer heureusement la lutte. « Il fut fort regretté des gens « de guerre, dit Mézeray, pour sa libéralité et pour son humeur « franche et active, quoique pleine de boutades ; et de la province « aussi, parce qu'il l'avait délivrée d'une quantité de brigandages « qu'y exerçoient, sous le manteau de la Ligue, quelques gentilshom- « mes qu'on devoit plutôt nommer chefs de voleurs que capitaines

---

[1] Registres des États. — Actes de Bret., t. III, col. 1562-68.
[2] Je ne sais pourquoi Sismondi écrit que le maréchal éprouva des revers constants, attirés surtout par la jalousie des Bourbons (t. XXI, p. 172).

« de gens de guerre, etc[1]. » Son armée se disperse presque immédiatement : la Bretagne n'est plus gouvernée, les principaux capitaines royalistes sont en lutte les uns contre les autres ; et une année se passe avant que le maréchal de Brissac vienne prendre le commandement. Pendant ce long intervalle, le parlement et les États veulent s'emparer du pouvoir, ou du moins réprimer les abus dont ils s'étaient plaints tant de fois ; l'occasion leur semble bonne, et les registres de cette époque, surtout ceux des États de Rennes, en 1595, sont remplis des tristes détails de ces luttes, source d'anarchie et d'affaiblissement pour les royalistes. Saint-Luc, lieutenant-général, lorsqu'il n'est pas occupé de ses plaisirs ou de ses amours avec la comtesse de Laval, pour laquelle était mort le vieux maréchal d'Aumont[2], soutient les prérogatives de sa charge, et repousse, par toute espèce de moyens, les prétentions des États, qui s'immiscent dans les affaires financières, militaires et politiques de la province : Montbarot, l'un des principaux capitaines royalistes, gouverneur de Rennes, s'oppose à la trêve que le parlement a cru devoir faire publier, etc., etc. L'on avait même, chose remarquable, tenté d'assembler les États à Rennes, sans attendre et sans demander l'autorisation du roi : le parlement se hâta de rendre deux arrêts qui faisaient défense de se réunir, et la tentative d'indépendance n'eut pas de suite, à ce qu'il paraît. Mais lorsque le maréchal de Brissac arriva dans la province (octobre 1596), le découragement était grand dans le parti royaliste[3] : il avait fort peu de troupes à sa disposition, fort peu de ressources ; et il est certain qu'il lui aurait été difficile de lutter contre Mercœur, si le parti des ligueurs n'avait été désorganisé par des causes indépendantes de l'habileté et de l'énergie des royalistes. En 1597, Schomberg, par l'ordre du roi, parcourt la Bretagne, pour rétablir la concorde entre les chefs ; il donne de très-sages conseils à Brissac, qui était fort embarrassé, mais ne peut que remédier faiblement aux maux de la province[4].

Le peuple souffrait des maux extrêmes ; et les chefs, chargés de défendre ses intérêts, ne songeaient qu'à leur fortune ou à leurs

---

[1] Mézeray, t. XVII, p. 337.

[2] Pichart, passim.

[3] Lettre du roi à la ville de Rennes, pour donner avis de la nomination du comte de Brissac comme lieutenant-général en Bretagne (8 septembre 1596).

[4] De Thou, liv. 118.

plaisirs. Le clergé, les bourgeois, les officiers de justice, beaucoup de nobles, désiraient ardemment la fin de la guerre; seulement, les *gouverneurs des places, qui ont les principales charges, qui ne participent point aux frais, mais en tirent pour la plupart de l'utilité*, voulaient la continuation des hostilités[1]. Le bourgeois royaliste Pichart interrompt un instant son triste récit des calamités de la province, pour consigner le fait suivant, qui est assez significatif. « M. de Brissac, M. de Montbarot et autres chefs de la
« noblesse et capitaines se donnent du bon temps en cette ville, et
« font faire mascarades et jeux de plaisir à ce Caresme-prenant....
« Je vous laisse à penser l'opinion que le vulgaire a de telles joies,
« estimant qu'il vaudroit beaucoup mieux employer l'argent à donner
« aux pauvres, qui sont réduits à si grande calamité par l'injure du
« temps, ou bien à payer les soldats, qui, par faute de paye et de
« règlement, sont contraints s'attaquer aux plus simples pauvres
« paysans. Il se trouva donc quelques-uns à qui le fait desplaisoit,
« qui jettent une nuit tous les pots, carreaux et pièces de bois
« (servant aux jeux) dans le puits du Champ-Jacquet, etc., etc[2]. »
Brissac ne faisait que suivre l'exemple de ses prédécesseurs, du prince de Dombes surtout et de Saint-Luc, qui aimait à célébrer de véritables tournois, à la manière antique, avec accompagnement de feux d'artifice[3].

Ainsi, les chefs du parti royaliste en Bretagne ne savaient ou ne pouvaient pas exercer une influence supérieure, de manière à rallier, sous une direction forte et intelligente, tous ceux qui dans la province luttaient pour divers motifs contre les ligueurs et leur chef ambitieux ; aucun assurément ne possédait la popularité, la puissance presque absolue dont Mercœur était investi.

Plus d'une fois, surtout en 1596, le politique prétendant s'était efforcé de jeter la discorde entre le parlement et les États de Rennes, d'une part, et les représentants de la royauté, de l'autre[4]. C'est ainsi

---

[1] Lettres des députés du roi à Henri IV, novembre 1596 : dans les *Mém.* de Duplessis, t. VI, p. 35-42.

[2] Pichart, col. 1752.

[3] Pichart, col. 1748.

[4] Si l'on ajoute foi à une anecdote rapportée par le chanoine Moreau, quelques-uns même des plus éminents de la cour du parlement découvraient au duc de Mercœur les affaires et les desseins des royalistes (p. 332).

qu'il s'adressait à ces deux assemblées, dans les termes les plus modestes et les plus flatteurs, pour rejeter tous les malheurs de la guerre sur les chefs royalistes, et pour leur faire croire qu'il agissait avec le désintéressement le plus pur, dans l'intérêt seul des libertés de la province et pour le salut de la religion catholique : il fallut toute la vigilance des partisans de Henri IV pour déjouer les ruses de Mercœur, et raffermir l'union qu'il se proposait de détruire[1].

La Bretagne était un pays d'États ; ses franchises et ses libertés, quoique souvent attaquées par les Valois depuis la réunion, rappelaient les temps de l'indépendance : mais, au moment où la guerre civile troublait tout le royaume et en particulier l'ancien duché, les États, composés des députés royalistes, se trouvaient dans une position très-embarrassante. Il ne s'agissait pas, en effet, pour eux, de défendre les droits et les intérêts de la province contre un pouvoir plus ou moins suspect, plus ou moins menaçant ; c'était au contraire l'autorité du roi qu'il fallait sauver, c'était pour la cause de l'unité française qu'ils devaient déployer tous leurs efforts. Ce qu'ils pouvaient faire et ce qu'ils firent, c'était de protéger, autant qu'il était en eux, au milieu du tumulte et du désordre de la guerre, les intérêts de leurs concitoyens. Leur concours fut sans aucun doute très-utile à Henri IV ; mais il leur était difficile d'obtenir la moindre popularité, car ils ne pouvaient être considérés comme les représentants des idées, des passions ou des espérances de la Bretagne : ils étaient forcés de voter des impôts considérables, pour soutenir la cause royale ; et leurs plaintes, malheureusement trop fondées, devaient être rarement entendues au milieu du bruit des armes. Disons cependant, en quelques mots, ce qu'ils firent pendant la guerre civile.

Il avait été impossible de les rassembler en 1589 ; mais, dès le milieu de l'année 1590, le parlement de Rennes, par ses arrêts solennels et par les instances des députés qu'il avait envoyés au roi, réclamait leur convocation. Ils se réunissent à la fin de décembre, au couvent des Jacobins ; les députés étaient bien peu nombreux : l'ordre du clergé n'était représenté que par cinq personnes d'un rang secon-

---

[1] Voir, dans les *Mémoires* de Duplessis, les lettres de Mercœur au parlement, et les lettres assez nombreuses concernant cette affaire, t. VI, *passim*, et t. VII, p. 42-44, 47. — La lettre de Mercœur au parlement de Rennes, du 24 novembre 1596, est curieuse à plus d'un titre.

daire; il y avait tout au plus quarante gentilshommes [1]; quelques villes seulement, Rennes, Ploërmel, Vitré, Tréguier, Saint-Brieuc, Moncontour, Quintin, Malestroit, avaient pu envoyer leurs représentants; enfin, l'on avait admis plusieurs réfugiés des villes du parti de la Ligue, sans leur assigner de place. Dans la quatrième séance, les États votèrent une adresse au roi, pleine d'affection et de dévouement; puis ils dressèrent le cahier de leurs remontrances, en quinze articles : ils commençaient par confirmer, dans une déclaration solennelle, l'Union de 1532, que beaucoup dans la province par esprit de patriotique indépendance, que Mercœur et les Espagnols par ambition, étaient disposés à considérer comme brisée par la mort de Henri III. « Vos très-humbles et très-fidèles sujets, disaient-« ils, vous reconnaissent pour leur Roi légitime et naturel, par les « lois fondamentales du royaume et couronne de France, par l'heu-« reuse et perpétuelle union du duché de Bretagne à l'État; jurent « et promettent vous demeurer à jamais fidèles et obéissants, et « employer leurs biens, vies et moyens à la conservation de votre « personne et état; et comme tels, et ainsi qu'ont fait vos prédé-« cesseurs rois, supplient Votre Majesté de garder, entretenir et « conserver inviolablement les anciens droits, libertés et priviléges « dudit pays, selon les promesses jurées entre les rois vos prédé-« cesseurs et lesdits États. » Parmi les articles des remontrances, il en est plusieurs que je remarquerai : les États suppliaient le roi de réduire tous ses sujets à ne suivre que la religion catholique; puis ils demandaient avec instance qu'il hâtât la venue du sieur de La Noue ou de quelque autre bon capitaine, pour diriger le prince de Dombes; c'était une marque de défiance assez éclatante. Ils suppliaient aussi le roi de n'admettre aux charges militaires, aux dignités ecclésiastiques de la province, que des Bretons; d'ôter, dans le parlement, la distinction fâcheuse qui se trouvait entre les étrangers et les originaires du pays, etc., etc[2].

1 C'est à partir de cette époque que la simple noblesse put entrer dans les États. Les chefs des deux partis appelèrent alors, dans les assemblées qu'ils réunirent, tous les gentilshommes qui leur étaient attachés; ce qui fut cause plus tard d'abus considérables, auxquels Louis XV chercha à remédier par son ordonnance du 26 juin 1736. (D. Morice, préf. du IIIe vol. de *Preuves*, p. VI.)

2 *Registres des États de Bretagne*, aux Archives d'Ille-et-Vilaine

Les États ne se réunirent que deux ans plus tard, le 28 décembre 1592 : cette fois, ils se plaignirent de tous les excès auxquels se livraient les gens de guerre et surtout les étrangers ; ils demandèrent que l'on diminuât le nombre des garnisons, qui écrasaient le pauvre peuple, et que l'on démolît les châteaux des seigneurs qui ne seraient pas responsables de leurs soldats ; ils réclamèrent le droit de percevoir les impôts votés, et d'en surveiller l'emploi par leurs officiers ; puis, ils nommèrent une sorte de commission de permanence, sous le nom de *députés sédentaires*, qui devait défendre les intérêts de la province dans l'intervalle des assemblées ; d'autres députés devaient aller porter et soutenir devant le roi les remontrances des États[1]. Cette commission accomplit honorablement sa mission : ainsi, lorsqu'au mois de juillet 1593, une trêve générale est établie pour trois mois par tout le royaume, le lieutenant-général Saint-Luc demande aux députés de faire un fonds de deniers, *pour au besoin résister aux entreprises de l'ennemi*. L'abbé de Saint-Mélaine, président de la commission, répond que les sommes d'argent déjà votées et levées ne peuvent avoir encore été dépensées, et seront suffisantes ; d'ailleurs, ils n'ont pas *le pouvoir de consentir aucune nouvelle imposition*. Sur les observations pressantes, et d'ailleurs spécieuses, de Saint-Luc, les députés se retirent pour conférer ensemble ; puis ils lui répondent que, si cela était nécessaire, ils *donneroient ordre de trouver des deniers par les moyens qu'ils avoient entre eux advisés, desquels moyens ils réservoient à lui déclarer, lorsque l'occasion de nécessité le requerroit, le suppliant se vouloir contenter pour le présent,* etc., etc[2].

Les États du mois d'octobre 1593 s'occupèrent presque exclusivement des impôts et des négociations, pour obtenir les secours d'Élisabeth d'Angleterre et de la république des Provinces-Unies ; les députés sédentaires prirent alors surtout une grande part à toutes ces affaires. Comme l'année précédente, ils se montrèrent les gardiens vigilants des deniers de la province, et les défendirent même avec courage contre le maréchal d'Aumont, alors victorieux dans la Basse-Bretagne ; on peut en juger par la lettre

1 *Registres des États*, année 1592.
2 *Registres des États*, 27 juillet 1593.

triste et menaçante qu'il leur adresse le 25 octobre 1594, en apprenant qu'ils se sont opposés à une levée ordonnée par lui : *il en a été tout ébahi ; il s'aperçoit, mais bien tard, de leur ingratitude : pour leur faire plaisir, il s'est rendu ennemi de tous les financiers de la cour…. Mais puisqu'ils en usent de cette façon, il fera observer les arrêts du Conseil, et si son armée vient à se dissiper et à se débander, ils en seront cause, et cause par conséquent du malheur qui en arrivera*[1].

Les États, qui devaient se réunir le 28 décembre 1594, ne s'ouvrirent que le 23 janvier de l'année suivante : les députés furent beaucoup plus nombreux ; le roi s'était déclaré catholique ; le parti de la Ligue se désorganisait, et les plus sages du clergé et de la bourgeoisie, fatigués des malheurs de la guerre et éclairés sur l'ambition personnelle des chefs de la Ligue, commençaient à se rallier à la cause de l'ordre et de l'unité. Ainsi, l'évêque de Quimper, Charles du Liscoüet, prêtait serment de fidélité au roi dans le parlement, et venait présider l'ordre du clergé, à la place de l'abbé de Saint-Mélaine. Les États accordaient encore les impôts considérables réclamés par les commissaires royaux ; mais ils demandaient, si la guerre se prolongeait, une armée soudoyée par le roi, vu que la province était épuisée : ils exposaient tous les abus, toutes les malversations qu'ils reconnaissaient dans les dépenses et les levées d'impôts ; dans leurs lettres au roi, ils le priaient de trouver bon que toutes les sommes destinées à la guerre, fussent déposées entre les mains de leur trésorier, et dépensées seulement suivant les ordonnances du gouverneur et de ses lieutenants-généraux, avec examen de la chambre des Comptes[2]. Puis, avant de se séparer, ils nommaient treize députés sédentaires, chargés de veiller, avec le procureur-syndic des États, à la conservation des privilèges du pays, et d'empêcher toute levée extraordinaire, etc., etc[3].

Au mois de novembre de la même année, les députés des trois ordres de la province se réunirent régulièrement à Rennes ; les États furent surtout remarquables par la vigueur de leurs remon-

---

[1] *Registres des États,* ann. 1593, 1594.

[2] Les seules dépenses régulières de l'armée, d'après un curieux exposé fait par le maréchal, devaient s'élever à 46,316 écus par mois, pour l'année 1595. (*Actes de Bret.,* t. III, col. 1626.)

[3] *Registres des États,* ann. 1595.

trances et la ténacité de leurs efforts. Ils défendaient, avec une constance vraiment digne d'estime, les intérêts et les droits de leurs concitoyens, même à l'égard du pouvoir dont ils voulaient le triomphe. Leur indépendance mérite les plus grands éloges, surtout lorsque l'on compare leur conduite à la faiblesse des États de la Ligue en Bretagne, à l'incapacité des États-généraux réunis à Paris. On dirait vraiment que les députés de Rennes pressentaient le régime absolu que la royauté triomphante allait inaugurer avec Henri IV; et ils protestaient à l'avance contre les tendances trop manifestes des officiers qui la représentaient, également ennemis de la licence des révolutionnaires de la Ligue et du despotisme du gouvernement monarchique. Après la lecture des lettres de Henri IV, qui réclamait de nouveaux sacrifices, après un discours de Saint-Luc, lieutenant-général, et du premier président Faucon de Ris, le procureur des États répondit qu'ils étaient disposés *à se saigner jusqu'à la dernière goutte de leur sang,* pour acheter leur liberté sous l'obéissance du roi; mais il se plaignit des ravages inouïs que les gens de guerre exerçaient sur le pauvre peuple. Puis, le syndic déclara qu'il s'était opposé à l'enregistrement au parlement d'un édit et de lettres du roi, pour la vente de ses domaines dans la province; il avait agi ainsi pour conserver les droits et priviléges du pays : l'assemblée approuva son opposition, et lui ordonna d'empêcher encore la publication de cet édit, *comme préjudiciable au service du roi, dommageable à la Bretagne et tendant à fouler le peuple.*

Les députés demandèrent ensuite un état exact et complet des garnisons, de l'armée, des officiers, des pensions et appointements, etc.; un état de la recette et dépense des deniers qu'ils avaient précédemment accordés, et de toutes les sommes levées extraordinairement sans leur consentement et contre leurs droits, etc., etc. Après de longues altercations, Saint-Luc envoie des états incomplets; l'assemblée mécontente réclame. Miron et Cebere, greffier du conseil, en apportent d'autres, qui ne paraissent pas encore satisfaisants; les commissaires du roi renvoient Miron avec *ses lambeaux de recettes.* Alors, les députés protestent, par écrit, que, si on ne leur donne pas de meilleurs comptes, ils ne prendront aucune délibération, et seront obligés d'adresser leurs plaintes au roi lui-même.

Les États, justement irrités des malversations commises par les financiers, chargèrent leur syndic d'en demander justice au parlement, et nommèrent des députés des trois ordres pour l'assister dans les poursuites ; en même temps, ils priaient Saint-Luc de faire arrêter ceux qui n'étaient pas domiciliés dans la province. En outre, ils voulaient que, pour la dépense et distribution des deniers, et pour le contrôle des gens de guerre, les députés de la province fussent reçus avec voix délibérative, sans que l'on pût accorder d'autres impôts que ceux qui avaient été votés dans l'assemblée générale. Saint-Luc fut très-mécontent de ces demandes, qui limitaient son pouvoir, et manifestaient clairement la défiance des États à l'égard de son administration : il consentait bien à livrer les financiers; mais il ne voulait pas admettre les députés dans ses conseils et leur donner une part du gouvernement. Enfin, après un long et pénible conflit entre le pouvoir exécutif et l'assemblée, le gouverneur fut contraint de céder ; et il fut décidé que, lorsqu'il serait question de finances, on appellerait dans les conseils trois députés des États, n'ayant aucun intérêt aux finances ; qu'ils auraient voix délibérative ; que l'un d'eux tiendrait registre des expéditions et ordonnances concernant les finances, qui seraient chaque jour signées par les secrétaires du conseil et paraphées au dos par l'un des trois députés : sans ces formalités, les ordonnances ne seraient pas valables.

Les États montrèrent la même fermeté pendant tout le cours de la session, comme on peut le voir dans les registres détaillés de leurs délibérations : ainsi, ils forcèrent les commissaires du roi, à leur grand déplaisir, de venir faire l'adjudication des impôts dans la salle même de leur assemblée générale, en présence des députés nommés par eux, avec voix délibérative ; ils nommèrent des gentilshommes, pour assister aux montres des gens de guerre, etc.; enfin, avant de se séparer, ils chargèrent leur syndic de s'opposer à toute levée extraordinaire. Leurs réclamations, leurs plaintes, ne furent pas sans effet; et nous savons que les députés purent assister au supplice du financier Copin, qui fut pendu à Rennes (18 décembre), après avoir été convaincu d'avoir tiré des quittances doubles de ce qu'il avait payé. Les députés défendaient aussi leurs priviléges contre les gouverneurs; en 1595, indignés de ce qu'on avait emprisonné deux d'entre eux, au mépris de leurs droits, ils envoyèrent vers Saint-Luc pour se plaindre, et obtinrent la liberté des deux prisonniers; en 1597, ils s'adressèrent également au maréchal de

Brissac, pour réclamer le sieur de Varière, arrêté à la poursuite d'un particulier[1].

Les États se réunirent encore deux fois, avant la fin de la guerre civile. Au mois de décembre 1596, ils votèrent les sommes que demandait le roi, mais tout en renouvelant leurs plaintes au sujet des abus et des exactions de toute nature dont souffrait le peuple de la province. L'année suivante (21 décembre 1597), les États de Rennes s'entendirent avec le parlement, la chambre des Comptes, etc., pour hâter la venue si désirée du roi en Bretagne ; ils accordèrent 200.000 écus, mais à la condition que « le payement de ladite « somme, en tout ou partie, ne se fera, pour quelque cause et à « quelque effet que ce soit, que sadite Majesté avec son armée ne « soit actuellement en cette province. » Le trésorier des États devait donner quittance des deniers, à mesure qu'ils seraient perçus ; cette quittance serait contrôlée par leurs députés, puis déposée dans un coffre, à la garde du sieur de la Cotardaye, sous quatre serrures et trois cadenas, dont les clefs furent partagées entre les présidents du parlement et de la chambre des Comptes et le trésorier[2].

C'est ainsi que jusqu'au dernier jour les députés royalistes de la Bretagne défendaient les droits et les intérêts de la province contre les exigences des gouverneurs et des officiers royaux : leurs sentiments étaient purs, leur conduite irréprochable ; car toutes leurs plaintes étaient malheureusement trop fondées, leurs défiances trop faciles à justifier. Cependant, ces conflits continuels ne pouvaient manquer d'affaiblir le parti qui luttait contre le duc de Mercœur ; c'est ce que nous voulions constater : c'est ce que reconnaissaient les royalistes eux-mêmes, et l'on applaudissait aux paroles d'un président du parlement, qui disait, dans l'assemblée des États, que la présence du roi pouvait seule mettre fin aux divisions, même à celles qui étaient entre ceux de son parti[3].

Mais au moment même où la soumission de Mercœur amenait le triomphe de la royauté, les Bretons royalistes, après avoir une

---

1 *Registres des États,* ann. 1595. — *Actes de Bret.*, t. III, p. xx.

2 *Registres des États,* ann. 1596, 1597. — *Table raisonnée des registres du parlement,* 20 décembre 1597.

3 Voir *Remontrances au roy Henry IV, contenant un bref discours des misères de la province de Bretagne, des causes d'icelles et du remède que Sa Majesté y a apporté par le moyen de la paix,* Paris, 1598, in-8°.

dernière fois rappelé leurs longues misères, suppliaient le roi de ne pas changer leurs lois et leurs ordonnances : « Ne nous ôtez pas, « disaient-ils, nos priviléges et immunités, qui ont été donnés à nos « prédécesseurs pour récompense de leur vertu, à laquelle nous « n'avons encore dérogé. » Et ils ajoutaient : « L'appréhension nous « a quelquefois saisis, et volontiers sans sujet, qu'il se fût trouvé « quelqu'un si mal affectionné au bien de votre province de Bre- « tagne, si envieux de son repos et si ennemi des gens de bien, que « de vous donner avis de changer les lois anciennes et les droits et « priviléges qui nous ont été continués par une si longue suite « d'années par vos prédécesseurs [1]. »

[1] *Remontrances au roi*, dans les *Mémoires de la Ligue*, t. VI, p. 612.

CHAPITRE IX.

Les Anglais en Bretagne; motifs qui décident Élisabeth à envoyer des secours dans la province. — Mission de Drake vers le prince de Dombes; les États de Rennes traitent avec l'Angleterre. — Norris débarque à Paimpol (1591); prétentions d'Élisabeth; les Anglais convoitent Brest, Morlaix; habile politique de Henri IV. — Ils quittent la Bretagne (1595).

Il était de la plus haute importance, pour la province comme pour la France entière, que la Ligue, unie aux Espagnols, ne triomphât pas dans un pays aussi considérable et aussi disposé à la séparation. Henri III l'avait compris, et voulait, dit-on, marcher vers la Bretagne, lorsqu'on le décida à venir attaquer Paris : Henri IV avait manifesté plusieurs fois le désir d'aller combattre les ennemis de l'unité française dans cette province; mais il était contraint de concentrer tous ses efforts autour de la capitale, et dans les contrées voisines de la frontière, sans cesse menacées par les troupes de Philippe II.

Pour sauver la Bretagne, il dut s'adresser de bonne heure à la reine Élisabeth : et ce fut comme auxiliaires du roi de France, comme défenseurs de son territoire, que les Anglais combattirent pendant plusieurs années dans cette province, où jadis ils avaient si souvent lutté contre la France, en faveur de l'indépendance bretonne. Quelques détails sur cette intervention anglaise, trop négligée par nos historiens, nous montreront :

1° Les véritables motifs qui décidèrent l'habile Élisabeth à donner des secours à Henri IV;

2° Les difficultés de la position du roi, qui avait le plus grand besoin de ces secours, et qui, comprenant les intentions secrètes d'Élisabeth, désirait cependant sauvegarder les intérêts de son royaume;

3° La vigilance des représentants du parti royaliste en Bretagne à défendre la province contre les entreprises de leurs dangereux alliés.

Depuis longtemps, les Anglais connaissaient le chemin de cette terre de Bretagne, jetée par la nature comme une menace continuelle en face de leurs rivages : ils avaient fait les plus grands efforts soit pour la soumettre à leur domination, soit pour l'arracher à l'action envahissante de la France; ils n'avaient pu réussir. Aussi, depuis l'époque de la réunion, n'avaient-ils cessé de l'attaquer, comme pour la faire repentir d'être française; mais les marins bretons, dès le XVIe siècle, s'étaient déjà montrés plus d'une fois les dignes adversaires des marins anglais. En 1512, Henri VIII avait préparé une flotte considérable pour tenter une descente en Bretagne; les Bretons se défendaient courageusement près de Brest, et la victoire qu'ils remportaient sur les ennemis, en 1513, était à jamais illustrée par l'héroïque dévouement du capitaine de la Cordelière, André Portzmoguer ou Primoguet [1].

Dix ans plus tard, la riche ville de Morlaix était prise et pillée par les Anglais. Sous Henri II, toutes les côtes méridionales, Locmariaker, Houat, Hœdic, Belle-Isle, étaient également ravagées (1548) : ils restaient même pendant quelque temps maîtres de cette dernière position, si importante (1557). L'année suivante, une flotte très-considérable s'empara du Conquet; les Anglais brûlèrent les églises, ravagèrent les villages voisins et commirent d'horribles excès [2] : ils avaient même déjà formé le projet de prendre Brest; mais les milices du pays s'étaient réunies au son du tocsin, sous la conduite d'un brave gentilhomme, et les avaient forcés à se rembarquer (1558) [3]. Enfin, profitant des guerres civiles qui désolaient la France, les Anglais, sous prétexte de soutenir les calvinistes,

---

[1] *Actes de Bret.*, t. III, col. 903, 906. — D'Argentré, liv. XIII, ch. 66.

[2] Sur quatre cent cinquante maisons, il en resta huit debout; à Plougonvelin, sur près de cinq cents maisons, il en échappa douze. — V. notice de M. Le Jean, dans le *Bull. archéol. de l'Association Bretonne*, t. III, p. 137.

[3] Dom Taillandier, p. 250, 260, 264.

avaient, à diverses reprises, ravagé toutes les côtes, pillé les villages, et pris les bâtiments marchands : Saint-Malo, Morlaix et Nantes avaient surtout souffert.

Mais, depuis l'alliance intime des ligueurs et de Philippe II, la situation était bien changée pour Élisabeth. Le roi d'Espagne s'était hautement déclaré l'ennemi mortel des calvinistes dans toute l'Europe; partout, au contraire, la reine d'Angleterre les soutenait. La mort de la catholique Marie Stuart avait été comme un défi menaçant, auquel l'ambitieux Philippe avait répondu par l'Invincible Armada ; cette flotte immense avait été vaincue, plus encore par les tempêtes que par les Anglais : mais l'opiniâtre Philippe persistait dans ses efforts ; ses intrigues troublaient l'Angleterre, soulevaient l'Irlande, et mettaient en péril la couronne, la vie même d'Élisabeth. Elle lui rendait haine pour haine, soutenait la rébellion des Flamands, dirigeait des expéditions destinées à enlever à Philippe II le Portugal, récemment conquis ; tandis que ses hardis marins poursuivaient sur toutes les mers les riches galions de l'Espagne. Au milieu de ces luttes, au premier abord purement religieuses, Élisabeth avait deviné le génie de sa nation, l'avenir de son pays ; et déjà c'était l'empire de l'Océan qu'elle disputait aux Espagnols, jusqu'alors sans rivaux. La grande affaire, pour le gouvernement anglais, était donc de résister aux projets ambitieux des Espagnols, d'affaiblir leur puissance, de leur nuire par tous les moyens imaginables, en toute espèce de rencontres. Élisabeth ne pouvait rester indifférente aux événements importants qui se passaient en France; elle devait prendre part à nos malheureuses guerres civiles. Était-ce par conviction ou par politique religieuse? Non sans doute ; car il serait facile de prouver qu'elle n'a cessé, pendant son long règne, d'être dirigée par le mobile unique de l'intérêt. Elle a soutenu Henri IV catholique, comme elle l'avait soutenu avant sa conversion : elle n'a pas sans doute espéré que la France pût devenir protestante avec Henri de Navarre ; elle n'a même jamais défendu les intérêts politiques et religieux des calvinistes, et sa prétendue douleur en apprenant la conversion de son allié, toutes ses lettres, toutes ses démarches à ce sujet, ne sont, en réalité, que des mensonges officiels. Si Élisabeth fut mécontente de cet événement, depuis longtemps prévu, c'est qu'il devait hâter la fin des guerres civiles et rendre la paix à la France ; or, la reine, en bonne Anglaise, avait toujours vu avec une joie secrète les divisions qui ruinaient un pays rival de l'Angleterre. Si elle a secouru Henri IV de son argent et de ses soldats, nous ne lui devons qu'une très-faible reconnaissance, et nous ne pouvons nous associer aux éloges que souvent les historiens et les poètes, l'auteur de *la Henriade*, par exemple, ont accordés à sa généreuse assistance.

Nous croyons qu'Élisabeth, dans l'intérêt de l'Angleterre, ne songeait qu'à profiter des troubles de la France ; mais ce qu'elle craignait, ce qu'elle devait craindre surtout, c'était le triomphe des ligueurs et de Philippe II. Si Henri IV était vaincu, c'était le roi d'Espagne qui profitait plus que tout autre du démembrement de la France : et quel danger immense pour l'Angleterre, si son redoutable ennemi devenait seulement maître de la Bretagne et de la Normandie ! Les Anglais étaient chassés de l'Océan, et la conquête de leur pays n'était plus impossible. Voilà le motif réel, l'unique motif des secours que Henri IV obtint d'Élisabeth, et encore avec les plus grandes peines, par les prières et les flatteries les plus humbles. Henri avait un extrême besoin de ces secours ; aussi déploya-t-il une rare habileté, une souplesse à toute épreuve dans ses relations diplomatiques avec son excellente alliée la reine d'Angleterre.

Dès le commencement de son règne, Henri IV avait réclamé les secours d'Élisabeth contre les Espagnols ; et elle avait envoyé, après quelque hésitation, 20,000 livres sterling en or, et quatre mille Anglais, sous le commandement de lord Willoughby. Mais le tout-puissant ministre Burghley les avait fait revenir, au commencement de 1590 ; car il regardait la continuation de la guerre civile en France comme un avantage pour l'Angleterre[1]. Aussi fallut-il de nouvelles instances et de nouveaux dangers, pour décider Élisabeth à secourir le parti royaliste en Bretagne.

Le chevalier Roger Williams adressait à la reine une relation détaillée sur l'état des affaires de France, et lui montrait les Espagnols menaçant surtout la Bretagne : « Alors, disait-il, il nous fau-
« dra avoir des garnisons dans tous nos ports, et envoyer toujours
« nos vaisseaux de guerre pour escorter nos vaisseaux marchands :
« mais l'ennemi jure que si nous envoyons notre flotte en Bretagne,
« il la fera périr, nous battra et entrera dans notre pays. » Il ajoute plus loin ces paroles remarquables, qui expliquent parfaitement les

---

[1] Lingard, t. IV, p. 369 ; édition Charpentier, 1843.

dispositions du gouvernement anglais : « Le prince de Parme ne se
« met pas en peine de voir la France déchirée ou divisée, pourvu
« que son parti soit le plus fort; et nous ne devons non plus nous
« embarrasser que du crédit et de la puissance des Espagnols. Mais
« quel avantage nous reviendra-t-il que la France soit en guerre
« continuelle, si les Espagnols sont maîtres des ports de mer? Il
« vaudrait mieux pour nous qu'ils eussent cinq autres provinces,
« que d'avoir la Bretagne ; car tous les meilleurs ports de France
« sont dans cette province.... Après tout, il n'y a aucun moyen
« de nous sauver, qu'en envoyant incessamment 8,000 hommes
« ou en Bretagne ou dans les Pays-Bas[1]. »

Telles sont, en réalité, les préoccupations de la reine et de ses ministres : ils connaissent et ils craignent les projets ambitieux de Philippe II ; c'est la cause de l'Angleterre qu'il s'agit de défendre, en soutenant contre lui la province française de Bretagne. Bien plus, profitant de la malheureuse situation de Henri IV, les Anglais ne pourront-ils pas former eux-mêmes en France quelque établissement de grande importance, qui fasse oublier à leur amour-propre national la perte de Calais ? « J'aimerais mieux, écrit lord Burghley « à l'ambassadeur d'Angleterre, qu'on eût laissé Paris et Rouen, « sans les recouvrer, que de perdre la Bretagne. » Et, au même moment, lorsque le parti royaliste, après la malheureuse journée de Craon, a surtout besoin de secours, et ne paraît pas devoir se montrer difficile sur les conditions, le même ministre déclare qu'il faut absolument un port de mer pour les Anglais en Bretagne. Voilà la générosité des alliés de Henri IV[2].

Déjà, dans les derniers mois de l'année 1589, l'ambassadeur de France auprès d'Élisabeth, Beauvoir La Nocle, avait engagé la reine à octroyer des lettres de représailles contre Mercœur et les Nantais, qui avaient vexé les pauvres marchands anglais[3] : mais le duc de Mercœur était moins à craindre que Philippe II, et l'on dut être bien effrayé, à la cour d'Élisabeth, lorsque l'on apprit que les

---

1 Rymer, t. VII, p. 47 : *Fœdera, conventiones, litteræ, etc.*; accur. Th. Rymer, edit. tert., 1742.

2 Lettres du prince de Dombes pour réclamer des secours, 21 mai 1592. — Lettres de Burghley à l'ambassadeur, 29 mai et 6 juin 1592. — Rymer, t. VII, p. 94-95.

3 Rymer, t. VII, p. 12.

chefs de la Ligue étaient disposés à le reconnaître protecteur du royaume de France. Entre autres secours, il avait promis d'envoyer à Nantes 500 chevaux, 3,000 hommes de pied, un navire chargé de munitions de guerre, et dix chargés de grains, etc[1]. L'on était alors généralement persuadé, en Angleterre, que le duc de Parme devait, pour obéir aux ordres de son maître, faire une expédition à travers la France, jusqu'en Bretagne, s'unir aux Espagnols venus à Nantes, et soumettre toute la province. Élisabeth écrit à Henri IV, pour le supplier d'empêcher par tous les moyens une jonction si funeste. Beaucoup de lettres répètent ces paroles : « Une flotte s'apprête à « sortir d'Espagne ; et alors le duc de Parme ira tout droit en « Bretagne : il fait tous ses préparatifs ; les Anglais savent que « cela a été décidé[2]. » La reine est très-inquiète, comme on le voit dans ses instructions à Edmond Yorke qu'elle adresse à Henri IV ; elle parle déjà d'envoyer des secours. Celui-ci connaît aussi le danger qui le menace ; mais, dès le premier jour, en habile politique, tout en protestant, dans ses lettres pleines de flatterie adroite, qu'après Dieu, c'est à la reine d'Angleterre qu'il devra son royaume, il lui fait voir qu'elle est au moins aussi intéressée que lui à empêcher le triomphe de Philippe II. Par exemple, dès le 7 décembre 1589, il écrit à ses ambassadeurs Beauvoir La Nocle et de Fresnes, une lettre destinée sans doute au gouvernement anglais ; il leur annonce que, du Mans, il va se diriger vers la Basse-Normandie, « sur l'avis qu'il a de quelque entreprise qu'il y a, mesme de la « part des Espaignols, entres aultres places en celle de Saint-Malo, « sur laquelle ils ont fait particulier desseing, comme lieu qu'ils ont « estimé propre en leur entreprise d'Angleterre[3]. » Dans plusieurs de ses lettres, il a soin d'entretenir les craintes, d'ailleurs assez fondées, du gouvernement anglais : il annonce qu'une armée espagnole se réunit à la Corogne, et qu'elle menace les côtes de Bretagne[4] ; bientôt même, les Anglais apprennent qu'elle vient de débarquer et qu'elle commence à s'établir. A cette nouvelle, Élisabeth ordonne à l'un de ses plus braves capitaines, François Drake,

---

[1] Rymer, t. VII, p. 17.
[2] Lettres du 30 janvier 1590 : Rymer, t. VII, p. 48, 49, 50.
[3] *Lettres missives de Henri IV*, t. III, p. 98.
[4] *Lettres missives de Henri IV*, 6 mai 1590, p. 191.

la terreur des Espagnols, d'aller reconnaître ce qui se passe en Bretagne. Il se hâte d'accomplir sa mission, et s'adresse au prince de Dombes, pour obtenir les renseignements qu'il désire.

« *Au prince de Dombes, François Drake.*

« Aussitôt que le bruit s'est ici répandu, que l'ennemi commun de
« l'un et l'autre royaume avait débarqué ses troupes à Nantes, de
« l'avis de son conseil, la reine sérénissime, ma maîtresse, m'a
« donné l'ordre d'équiper un navire très-rapide, pour aller m'in-
« former, dans les villes de Bretagne, des projets de ces Espagnols ;
« des lieux où ils se sont établis, de leur situation?

« J'ai pensé que personne ne pourrait avec plus de certitude que
« votre Grandeur, me donner ces renseignements, etc., etc. »

Le prince de Dombes lui répond :

« Que votre Seigneurie sache que l'ennemi commun assiége main-
« tenant la ville d'Hennebont et s'est établi dans le port, peu éloigné
« de là, que nous appelons Blavet ; il y fait construire une citadelle
« très-forte, etc. » Le prince de Dombes réclame des secours, et le prie d'appuyer ses demandes auprès d'Élisabeth. Il a bien soin de montrer les Espagnols tout disposés à faire une expédition contre l'Angleterre[1].

Quelques jours après, excités sans doute par le prince et par les représentants du pouvoir royal en Bretagne, les députés des trois états de la province, réunis à Rennes, supplient le roi de les aider à obtenir le secours de l'Angleterre, pour repousser l'Espagnol, ancien ennemi du royaume, et le duc de Mercœur ; « car le mal croist,
« disent-ils, et a já occupé toute vostre dite province, ne restant plus
« de ville de retraite à vos fidelles sujets que Rennes, Ploërmel,
« Vitré et Malestroit. » Ils offrent de rembourser les frais des armées qui seront employées à leur délivrance, et donnent à leur trésorier, Gabriel Hux de la Bouschetière, tous les pouvoirs nécessaires (30 déc. 1590)[2]. Il part de Rennes le 10 janvier 1591. Henri IV adresse les députés bretons à son ambassadeur, le priant d'insister auprès d'Élisabeth pour obtenir les secours qu'ils doivent lui demander ; en même temps, il écrit à la reine une lettre affectueuse et pressante,

---

[1] Rymer, t. VII, p. 46-47 (ces lettres sont en latin).
[2] *Registres des États.* — *Actes de Bret.*, t. III, col. 1515-16, 1532.

pour lui apprendre l'état malheureux de la Bretagne, les projets menaçants des Espagnols, et pour lui remontrer combien leurs intérêts sont unis dans cette lutte contre l'ennemi commun (30 janvier 1591)[1].

Élisabeth, depuis le rapport de Drake et les lettres du prince de Dombes, n'était pas moins inquiète ; et, le jour même où Henri lui écrivait, elle donnait des instructions détaillées à Edmond Yorke, qu'elle envoyait auprès de lui en mission extraordinaire. Elle s'étonne que le roi ne lui ait pas communiqué ses desseins pour chasser les Espagnols de Bretagne ; d'autant plus que Philippe II fait de grands préparatifs, en Espagne et en Portugal, pour prendre toute la province : le prince de Dombes lui a demandé un secours, que Henri devrait bien plutôt lui envoyer ; elle est d'ailleurs surprise qu'un sujet ose ainsi s'adresser de lui-même à une reine étrangère, à l'insu de son souverain, et sans l'intermédiaire de son ambassadeur. Cependant, comme elle apprend les progrès des Espagnols, elle est disposée à envoyer des vaisseaux et des soldats, mais à certaines conditions, pour la sûreté de ses sujets : « Vous tâcherez, dit-elle, de vous « procurer pour nos vaisseaux et nos gens *l'usage du port de Brest;* « et la commodité des rades pour nos vaisseaux, et la ville et les « logements pour notre monde ; sans laquelle assurance il n'y « aurait aucune sûreté ni pour les vaisseaux, ni pour les gens. »

Dans toutes ces instructions, l'on voit combien le gouvernement anglais est préoccupé des affaires de Bretagne : le roi d'Espagne fait de grands préparatifs au Ferrol, à la Groyne (Corogne ?) en Biscaye, à Saint-Sébastien ; quand la flotte sera sortie d'Espagne, le duc de Parme doit marcher aussitôt sur la Bretagne, en traversant la France[2].

Burghley remettait peu après à l'ambassadeur français un mémoire détaillé, renfermant les promesses et les conditions d'Élisabeth ; Henri IV répond à ces différentes demandes.

Il la supplie de lui accorder, pour ce pays particulièrement, jusqu'à 3,000 hommes de pied : — Les Anglais pourront descendre à Brest, à Granville ou à Cherbourg. — Ils seront nourris comme les soldats

---

[1] *Actes de Bretagne*, col. 1519, 1520. — *Lettres missives de Henri IV*, t. III, p. 331, 332.

[2] Rymer, t. VII, p. 50.

français, « bien que, pour le regard des boissons, ladite dame et les
« seigneurs de son conseil seront avertis, et considéreront, s'il le
« plait, que ladite province n'en est si bien fournie, qu'il ne soit peut-
« être besoin leur en faire venir d'Angleterre. »

Il accepte avec reconnaissance l'offre que lui fait Élisabeth de
faire croiser sur les côtes 25 ou 30 bons navires ; d'autant plus
qu'elle apportera par là plus de sûreté à son propre royaume,
« auquel les coups, que le roy d'Espagne donne par deçà, ont impli-
« citement leur but et leur visée. » Il regrette de ne pouvoir l'aider
d'une flotte ; et il ordonne que les vaisseaux anglais soient reçus
dans tous les ports et havres du pays : il désigne en particulier Brest;
mais il supplie la reine « de prendre en bonne part, pour le regard
« du château, ce qui a été remontré audit seigneur d'Yorch, pour le
« lui représenter sur les respects avec lesquels la condition du temps
« veut qu'il se conduise, pour ne donner ombrage ni mécontente-
« ment à sa noblesse catholique. »

Si, avec le secours des Anglais, on peut reprendre Blavet, le port
le meilleur et le plus commode de la province, la flotte d'Élisabeth
y trouvera toute sûreté.

Quant au remboursement des frais de l'expédition, il envoie
les députés bretons en Angleterre ; et il charge son ambassadeur de
passer tous les actes et contrats nécessaires (4 mars 1591)[1].

Le même jour, en effet, il donne à Beauvoir le pouvoir de traiter
avec la reine d'Angleterre[2]. Un mois après, le contrat est signé
en bonnes formes avec toutes les garanties possibles, pour que les
Anglais soient remboursés de toutes les avances qu'ils pourront faire
(4 avril 1591). Le 6, l'ambassadeur et le trésorier des États de
Bretagne font un nouvel accord, par lequel celui-ci, au nom des
États, s'engage à payer tous les frais des secours en hommes et en
munitions[3].

On le voit, la conduite d'Élisabeth n'est rien moins que généreuse,
malgré les flatteries politiques de Henri IV. Le roi, qui connaissait
les appréhensions d'Élisabeth et de son conseil, faisait des efforts de
toute nature pour vaincre leur indécision ; ainsi, le prince de Dom-

---

[1] *Actes de Bret.*, t. III, col. 1516, 19. — Rymer, t. VII, p. 51.

[2] *Actes de Bret.*, t. III, col. 1521-1523.

[3] *Actes de Bret.*, t. III, col. 1523, 1529.

bes, écrit-il à la reine, a appris, par des lettres interceptées et des prisonniers, que les Espagnols ont reçu l'ordre de fortifier Blavet, « pour servir de retraicte aux forces que ledit roy y veult envoyer, « et mesme pour l'armée qu'il dresse pour faire passer, cest esté, en « Angleterre. » Il demande qu'Élisabeth hâte le départ du secours convenu. « J'espère, dit-il, qu'elle et moy nous sçaurons garantir « du préjudice que la dicte place nous pourroit apporter ; car si la « noblesse s'y voit assistée de ce renfort, cela l'encouragera et tous « mes aultres bons serviteurs de la province, de soustenir mon ser-« vice avec leurs libertez, ce que la pluspart n'osent entreprendre « ouvertement, se voyans les plus foibles[1]. »

Cependant, c'est à regret, dit Lingard d'après le chancelier Egerton, que l'on annonce un prêt d'argent, que l'on accorde la permission d'exporter des munitions de guerre, et que l'on prépare une armée de 3,000 hommes. Et quelles précautions minutieuses, pour que les Anglais ne perdent rien[2]! Le brillant comte d'Essex avait sollicité le commandement de l'expédition, et, pendant des heures entières, supplié la reine, à genoux, de lui accorder sa demande. Il ne put rien obtenir, probablement parce qu'il ne ménageait pas assez le sang de ses soldats, comme Élisabeth le lui avait reproché; et, par les avis de Burghley, l'on conféra cette mission difficile à sir John Norris. C'était un vieux capitaine, plein d'expérience : deux ans auparavant il était avec Drake, à la tête de l'expédition qui avait ravagé toutes les côtes de l'Espagne et du Portugal; il était l'ennemi des Espagnols, qu'il combattait alors dans les Pays-Bas, et les ministres anglais espéraient sans doute qu'il saisirait, mieux que tout autre, l'occasion de s'établir dans quelque position importante de

---

1 Lettre pressante de trois pages, 19 avril 1591: *Lettres missives*, t. III, p. 381, 3.

2 *Omnes sumptus bonâ fide, juste ac realiter restituantur et persolvantur in civitate Londinensi secundùm valorem monetæ Angliæ infrà spatium duodecim mensium aut citiùs, si citiùs Britannia libera futura sit ab invadentibus Hispanis.* — Et plus loin, après avoir énuméré dans le contrat toutes les garanties données aux Anglais, l'ambassadeur s'engage lui-même, ses héritiers et tous ses biens, comme caution : *Obligo me, et hæredes meos, ac omnia bona mea, tàm futura quàm præsentia*, etc.: contrat fait entre le sieur de Beauvoir et la reine d'Angleterre: *Registres des États*, dans les *Actes de Bret.*, t. III, col. 1523, 1525.

Bretagne[1]. Aussi, dans une lettre à Henri IV, Beauvoir La Nocle, tout en rendant justice à sa bravoure, ajoutait qu'il *voulait plutôt commander qu'être commandé, et qu'il fallait se défier de ses entreprises*[2]. L'armée anglaise débarquait à Paimpol, le 12 mai 1591; mais, au lieu de 3,000 hommes, comme on était convenu, 2,500 seulement arrivaient, sous les ordres de Norris. Le trésorier des États, qui les avait accompagnés, se hâtait de prévenir le prince de Dombes que 500 hommes avaient débarqué à Dieppe, pour la Normandie; il était nécessaire de prendre des précautions, pour que la Bretagne ne se trouvât pas chargée de tous les frais de l'armement[3].

Les Anglais s'annonçaient assez tristement sur le territoire français; conduits par quelques gentilshommes royalistes, ils avaient enlevé l'île de Brehat, poste important du duché de Penthièvre : ils avaient rencontré peu de résistance, car la plupart des habitants avaient fui; mais quelques soldats se défendirent, et bientôt, pressés par la faim, furent contraints de se rendre : Norris, par un supplice recherché, les faisait périr, en les pendant aux ailes des moulins[4]. A cette nouvelle, les Malouins furent effrayés pour leur commerce, et leurs vaisseaux chargés de l'or espagnol cherchèrent en toute hâte un refuge à Blavet, où ils furent très-bien accueillis. Mais l'effroi ne devait pas longtemps durer; les Malouins profitaient de la négligence des Anglais, et, quelques jours après, un de leurs armateurs reprenait l'île de Brehat, et s'y fortifiait.

Norris avait rejoint le prince de Dombes près de Guingamp; et la ville était tombée en leur pouvoir, par la trahison du capitaine La Cointerie, fils d'un pâtissier d'Angers, élevé par la faveur de Mercœur, mais qui voulait se venger de lui, depuis qu'il avait été forcé de céder le gouvernement de Vannes à la puissante famille d'Aradon[5]. Alors commencent des marches et des contre-marches, qui n'amènent aucun résultat sérieux : plusieurs fois, Dombes et Mercœur, les Anglais et les Espagnols, sont en présence; des deux côtés, dit-on, l'on brûle du désir d'attaquer l'ennemi; des deux côtés, on évite en réalité une bataille décisive; et la mort de La Noue, au

---

[1] Lingard, t. IV, p. 369.
[2] Papiers manuscrits de Thomas Egerton.
[3] Certificat du prince de Dombes : *Actes de Bret.*, t. III, col. 1531-33.
[4] Montmartin, p. 287.
[5] Moreau, p. 109-114.

siége de Lamballe, semble surtout paralyser le parti royaliste (août 1591). Les Anglais sont très-fatigués ; beaucoup, comme l'écrit Montmartin, *à cause de leur gloutonnerie, tombent en de grandes langueurs*[1] : le général, d'ailleurs, veut ménager ses troupes ; à Saint-Meen, à Saint-Jouan, il s'oppose à ce qu'on attaque Mercœur ; puis, il ne voudrait pas s'éloigner de la mer. De là des divisions entre Norris et le prince de Dombes ; de là des plaintes d'Élisabeth et de ses ministres. On peut lire, à ce sujet, les objections respectueuses, mais fermes, de Norris, qui déclare au prince ses raisons pour ne pas le suivre dans le haut pays : il demande une autre place que Morlaix, pour servir de retraite à ses soldats pendant l'hiver, et il désire être le maître ; *car il est assés notoire par tout avec quelle devotion ils reçoivent les soldats étrangers* : d'ailleurs, il attend les volontés de la reine, à qui il en a référé[2]. Élisabeth ne veut pas, en effet, que ses soldats aillent combattre autre part que sur les côtes ; quel profit en retirerait-elle ? Aussi lui ordonne-t-elle d'aller s'établir dans quelque place maritime, et déjà même elle menace de rappeler ses troupes de Bretagne. Burghley énumère les griefs des Anglais à l'ambassadeur Henri Unton : « Si les Français, ajoute-t-« il, prétendent qu'Élisabeth a autant d'intérêt que Henri à défendre « la Bretagne, qu'il réponde que cela n'est pas ; qu'elle a eu plus de « troupes que le roi en Bretagne ; que celles de Dombes sont si « incertaines, que quelquefois, de toute une semaine, il n'y a point eu « 100 hommes au lieu de 1,000 ; et quelquefois ceux qui se viennent « joindre au prince, n'y restent ordinairement pas plus de quinze « jours, etc., etc. »

Élisabeth garde encore moins de ménagements, lorsqu'elle termine ainsi l'une de ses lettres à Henri IV : « Pour conclusion, je « veulx que cognoissiez que nos gens ne demeureront une heure, si « Mr Dombes leur délaisse ; m'asseurant que les Espaignolz ne tar« deront à y venir ; et pour ce, si je ne m'asseure que Mr Dombes « n'y demeure, et soit plus fortifié de plus grandes forces, nos gens « ne seront sacrifiés pour le plaisir des nonchallans.

« Prenez en bon gré mes rondeurs, ma patience n'est que trop « esprouvée. « Votre bonne sœur[3]. »

---

[1] Montmartin, p. 288, 289.
[2] *Actes de Bret.*, t. III, col. 1538, 40.
[3] Lettres du 3 août, du 18 août, 1591, etc. : Rymer, t. VII, p. 60, 64.

Le chevalier Roger Williams, qui accompagne Henri IV, au nom d'Élisabeth, se plaint continuellement au roi. Mais, à toutes ses plaintes, il répond « que l'état de toute la France est tel, qu'il ne « peut commander absolument sa noblesse, ni en disposer comme « il le voudrait ; d'autant qu'ils servent sans paie et à leurs propres « frais, et qu'ainsi ils s'en retournent chez eux, lorsqu'il leur sem- « blait bon[1]. »

L'année suivante, la douleur d'Élisabeth fut bien plus grande, ses récriminations plus amères et ses demandes plus impérieuses, après la malheureuse défaite de Craon. Les Anglais qui se trouvaient à la bataille, avaient été très-maltraités ; jamais, depuis le commencement de son règne, elle n'avait éprouvé pareille humiliation : ses soldats avaient laissé leurs drapeaux au pouvoir de Mercœur, qui les portait triomphalement à Nantes. A la journée de Craon, Mercœur s'écriait qu'on eût à sauver les Français et à se ruer sur les Anglais ; aussi la plupart des étrangers furent tués, soit pendant la bataille, soit par les paysans, qui les poursuivaient dans les blés où ils se cachaient, soit par les Espagnols, qui les massacraient sans pitié jusque dans les bras des Français. « L'on estime qu'ils y « perdirent cinq mille hommes, dit Moreau. Pas un ne fut réservé « par les Espagnols pour prisonniers, se souvenant de beaucoup « de maux qu'ils avaient reçus des Anglais[2]. » Les débris de leur armée se retirèrent avec peine dans un des faubourgs de Vitré, où Montmartin les traitait avec le plus grand soin, d'après les ordres de Henri IV[3]. Bientôt, les Anglais s'ennuyèrent à Vitré, et voulurent sortir de la place : ils se plaignaient de ne pas avoir de vivres en assez grande abondance ; aussi, après avoir commis toutes sortes de profanations et de sacriléges à Châteaugiron, ils s'avançaient vers la Normandie, au-devant de Norris, qui devait arriver de Caen avec un secours de 800 hommes. En vain le duc de Montpensier les avait avertis de ne pas s'aventurer ainsi à travers un pays occupé par les ennemis : ils s'arrêtent au nombre de huit cents à Ambrières, à trois lieues de Mayenne, et restent quinze jours sans prendre beaucoup de précautions. Deux cents d'entre eux

[1] Rymer, t. VII, p. 75.
[2] Moreau, p. 129, 130.
[3] Montmartin, p. 296.

s'étaient avancés vers Caen, pour y acheter des vivres, lorsque leurs compagnons sont enveloppés par Bois-Dauphin, qui avait réuni les garnisons de Craon, de Laval et de Fougères : ils résistent vaillamment, mais succombent pour la plupart; et leurs drapeaux, enlevés par les ligueurs, sont réunis à ceux qu'ils avaient déjà perdus à la défaite de Craon. Norris arrivait trop tard pour les sauver; mais il venait s'établir dans le Maine, et les vengeait en ravageant impitoyablement tous les villages des environs; au reste, *ils vivaient*, dit le loyal Montmartin, *comme Anglois ont accoutumé de faire en France*[1].

Élisabeth et le gouvernement anglais avaient dû naturellement s'affliger de ces désastres; ils comprenaient sans doute que Mercœur et les Espagnols avaient alors plus de chances que jamais pour réduire la Bretagne : le danger était grand pour l'Angleterre, on l'avouait; et, cependant, c'est avec peine que Henri IV obtient quelques secours bien nécessaires. Vainement, afin de montrer aux Anglais l'importance de la question, désigne-t-il le brave maréchal de Biron pour remplacer le duc de Montpensier et réparer ses fautes[2]; vainement, lorsqu'il connaît la mort de Biron, écrit-il à M. de Beauvoir, pour le prier de chercher à apprendre d'Élisabeth *si elle auroit pour ceste dicte charge plus tost acception de l'un que de l'aultre;* vainement répète-t-il, dans ses lettres à son ambassadeur, qu'il est tout disposé à marcher lui-même en Bretagne[3]: les Anglais font la sourde oreille, ou plutôt ils veulent profiter de l'occasion pour s'établir dans quelque forte position, que leur allié, dans sa détresse, ne saurait leur refuser. Ainsi, Burghley, lorsque le prince de Dombes lui apprend la défaite de Craon et lui demande des secours, commence par déplorer ce désastre : « Les méchantes nouvelles de Bretagne nous mettent
« dans un si grand embarras, que nous ne saurions nous en con-
« soler, quelque rude accident que le duc de Parme eût reçu....
« J'aurais mieux aimé qu'on eût laissé Paris et Rouen sans les
« recouvrer, que de perdre la Bretagne.» C'est là ce qu'il écrit à son

---

1 De Thou, liv. 103. — Montmartin, p. 297. — D. Taillandier, p. 422.

2 Biron venait d'être nommé amiral de France et de Bretagne : *Actes de Bret.*, t. III, col. 1551.

3 *Lettres missives de Henri IV.* 7, 10 juillet, etc., t. III, p. 646, 842, etc.

ambassadeur. Puis il déclare qu'Élisabeth veut bien envoyer des secours dans cette province, mais à la condition expresse que le roi lui remettra telle ville qu'elle demandera, pour la retraite de ses soldats; il faut que ce soit un port de mer, et elle recevra toutes les taxes et impositions qui sont dues au roi, pour le remboursement de ses frais : tel est le sens de toutes les lettres écrites alors par les ministres anglais; tel est le sens de la mission dont est chargé auprès de Henri IV le sieur de Sidney, gouverneur de Flessingue[1]. Celui-ci même s'explique d'une manière plus claire, et demande positivement la ville et le port de Brest, dont les Anglais ont reconnu dès lors toute l'importance, et que depuis bien longtemps déjà ils auraient voulu posséder. Henri IV renouvelle ses protestations d'amitié et de tendresse politique : mais il ne cède pas, il ne trahit pas les intérêts de la France; il résiste à toutes les prières, comme à toutes les menaces : « Je vous diray, écrit-il à Élisabeth, pour le « regard de Brest, qu'il m'a encore faict grande instance de bailler « pour la retraite de vos trouppes, que cela apporteroit un tel « degoustement à mes aultres serviteurs, qu'il m'en pourroit adve- « nir beaucoup de mal davantage en mes affaires[2]. »

Le duc de Montpensier était moins clairvoyant, ou moins soucieux des intérêts de la France ; il avait envoyé un ambassadeur à Élisabeth, pour lui exposer l'état de la Bretagne, énumérer tous les succès obtenus sur les ennemis depuis la journée de Craon, et demander de nouveaux secours, cinq mille hommes, des canons, de la poudre. Après avoir adressé maintes flatteries à la reine d'Angleterre, le duc offrait l'île de Bréhat, qui venait d'être reprise, « très- « propre pour la retraite des vaisseaux; » le château de Tonquedec, pour l'artillerie et les munitions ; Morlaix et Lannion, pour rafraîchir les soldats ; et il ajoutait : « Est à noter que mondit seigneur « le duc en son conseil baille à monsieur Norris ladite ville de Mor- « laix pour retraite, laquelle estant fortifiée se peut rendre en un « mois imprenable à vingt canons, à raison de la mer; au reste, « c'est un très-bon port[3]. »

Le gouvernement anglais fut mécontent de Henri IV, et n'envoya

---

[1] Lettre du prince de Dombes à Burghley, datée de Vitré, 26 mai 1592; lettre de Burghley, du 29 mai, etc. : Rymer, t. VII, p. 91, 95, etc.
[2] Rymer, t. VII, passim. — *Lettres missives de Henri IV*, t. III, p. 642, 643.
[3] *Actes de Bret.*, t. III, col. 1551, 1556.

en Bretagne que les forces strictement nécessaires pour prolonger la guerre civile et empêcher le triomphe redouté des Espagnols. Norris, qui les commandait encore, recevait des instructions particulières, qui montrent la défiance et l'irritation des Anglais : on lui ordonne de vivre aux dépens du pays, d'écrire en chiffres au lord trésorier d'Angleterre ; enfin, on lui enjoint de s'emparer, s'il le peut, de *Trumpington* ou d'*Islington* : était-ce Brest et Morlaix que l'on indiquait ainsi [1]? Les Anglais combattent dans le Maine avec les troupes du lieutenant-général Saint-Luc, en Bretagne sous les ordres du maréchal d'Aumont ; leur nombre diminue, et, à la fin de 1593, de nouveaux secours sont réclamés d'Élisabeth.

Pendant toute cette année, les Anglais n'avaient cessé de se plaindre de leurs alliés ; le conseil privé de la reine était d'avis qu'il ne fallait plus donner aucun secours, faire même aucune avance d'argent à la France : les soldats anglais n'étaient-ils pas abandonnés? ne leur refusait-on pas méchamment une ville murée, où ils pussent s'établir tout à leur aise ? le nouveau gouverneur de Bretagne, le maréchal d'Aumont, n'avait-il pas l'impudence d'unir ses plaintes à celles de tout le pays, que désolaient les excès des compagnies de Norris, livrées à la plus triste indiscipline [2]? Les députés des États s'adressaient en effet au roi, et lui disaient que le maréchal avait, sur leurs plaintes, plusieurs fois envoyé, mais en vain, des personnes de qualité pour arrêter les ravages, taxes, levées de deniers des troupes anglaises en Bretagne, pillages et saccagements des églises, au grand scandale de la religion catholique ; ils le priaient d'écrire à la reine ou à Norris, afin que le peuple demeurât ferme au devoir de l'obéissance (7 février 1594).

Avec l'année 1594 commence une nouvelle série de prétentions ambitieuses de la part du gouvernement anglais ; son égoïsme est encore plus manifeste, à mesure que la royauté française se relève, quoique bien lentement encore.

Mercœur et les Espagnols étaient toujours très-puissants ; Henri IV ne pouvait disposer de ses troupes, peu nombreuses, pour aller délivrer la province : aussi, était-on contraint de réclamer encore,

---

[1] Rymer, t. VII, p. 99, 100.

[2] Rymer, t. VII. — *Lettres missives de Henri IV*, t. III, p. 851. — *Actes de Bret.*, t. III, col. 1585.

mais à regret, les secours des Anglais, de plus en plus mal vus dans la catholique Bretagne. Jadis, Henri IV, au moment de ses bons rapports avec Élisabeth, s'était adressé directement à elle : maintenant, il s'efface ; il craint l'humiliation d'un refus, ou plutôt il aime mieux voir les représentants eux-mêmes de la Bretagne traiter avec Élisabeth, et défendre contre elle les intérêts et les droits de leur province. Aussi, laisse-t-il agir les députés des États ; il se contente de les appuyer. Déjà, les députés sédentaires avaient écrit à Élisabeth une lettre, dans laquelle ils la remerciaient de ses bienfaits et la suppliaient de ne pas retirer ses soldats : ils réclamaient un secours sans lequel « ils seraient comme la proye des Espaignols, qui dési-
« rent engloutir la Bretaigne pour s'avoisiner de plus près vostre tant
« florissant et heureux royaume, pour exercer en tous les deux pays,
« s'il leur estoit possible, non moindres et accoustumées tirannies et
« cruautez que celles qui seignent encore au nouveau monde et en
« toutes les conquestes, » etc[1].

Les États de Rennes, réunis quelques jours après, se décident à envoyer une députation à Élisabeth et aux États-généraux de Hollande, pour obtenir des secours, et négocier surtout un emprunt ; les Hollandais, malgré leur bonne volonté, et malgré les instances des députés, ne purent que promettre leur appui auprès d'Élisabeth, seule capable de les secourir[2]. Montmartin et François de la Piguelaye, vicomte du Chenay, pour la noblesse ; Pierre Bonnier, sieur de la Mabonnière ou Maboulière, et Guillaume Lorel, sieur des Hayes, étaient les députés qui, après avoir reçu l'autorisation et les pouvoirs nécessaires du roi, partirent de Rennes en février 1594. Ils s'embarquèrent à Granville, et, après avoir séjourné à Jersey, ils arrivèrent en Angleterre. Henri IV les avait instamment recommandés, non-seulement à son ambassadeur, mais au grand amiral, au grand trésorier, au comte d'Essex, le puissant favori, enfin à Élisabeth elle-même[5]. Les députés bretons exposèrent à la reine le sujet de leur mission, l'engagèrent à se souvenir des dangers que lui avait

---

1 Lettre du 15 octobre 1593 : *Actes de Bret.*, t. III, col. 1572, 73.

2 Lettres du roi à MM. des États des Pays-Bas (20 nov. 1593), à Maurice de Nassau, à la princesse d'Orange.—Lettres des députés des États de Bretagne à MM. des États des Pays-Bas, à Maurice de Nassau. — Réponse des États de Hollande (19 mai 1594) ; de la princesse d'Orange, Louise de Coligny (8 juin 1594).

3 Lettres du 20 nov. et du 15 déc. 1593 : *Actes de Bret.*, t. III, col. 1577, 1582, 85.

fait courir la grande Armada espagnole, et lui demandèrent des secours en hommes, en munitions, en argent : Élisabeth se plaint alors de la mauvaise direction de la guerre ; elle déplore l'état de la Bretagne, mais elle ne peut pas envoyer de soldats, et il lui est impossible de prêter l'argent qu'on lui demande ; elle consent à ne pas rappeler Norris, qui avait déjà reçu l'ordre de s'embarquer, mais elle réclame de nouveau avec instance un endroit sûr et commode pour ses malades [1].

Il est évident, en lisant la correspondance au sujet de cette affaire, qu'Élisabeth veut amener les députés à lui faire quelque grande concession : Montmartin, de son propre mouvement, lui offre de nouveau l'île de Bréhat et Paimpol, places que les Anglais pourraient fortifier : Élisabeth refuse ; les travaux seraient trop longs, et d'ailleurs ses soldats ne seraient pas en sûreté à Paimpol, trop éloigné de la mer et dans une position malsaine [2]. C'était Brest que voulaient les Anglais : « Ce qui arreste et traverse toutes nos affaires, c'est
« une certaine attente que S. M. et Messieurs de son conseil ont
« conceue d'avoir Brest, alléguant que Paimpol ne se peut défendre
« contre une armée, s'il estoit assailli ; et le grand trésorier de ce
« pays en plein conseil nous a dit en ces termes : *que maintenant*
« *ils verroient la bonne volonté du Roy, et que de celle de Monsieur*
« *de Sourdéac ils estoient bien assurés.* Sur quoi nous leur avons
« répliqué que ledit sieur de Sourdéac ne bailleroit jamais Brest, et
« que c'estoient des espérances mal fondées [3]. » Élisabeth avait même envoyé à Sourdéac un gentilhomme, nommé Saint-Jean, pour lui offrir ses secours contre les Espagnols, qui commençaient à fortifier Crozon. Le brave gouverneur de Brest ne voulut le recevoir qu'en présence de ses principaux officiers. Saint-Jean déclara que le roi s'était engagé à livrer la ville aux Anglais, comme garantie des sommes qu'ils avaient avancées; Élisabeth, pleine d'estime pour Sourdéac, le laisserait volontiers gouverneur de la place, s'il voulait recevoir les Anglais. Alors, il répondit brusquement que le roi pouvait disposer de la ville, mais qu'il n'y resterait pas un seul instant, si

---

1 De Thou, liv. 107.
2 Lettre de la reine aux États (29 mars 1594): *Actes de Bret.*, t. III, col. 1587.
3 Lettre des députés à Messieurs des États (21 avril 1594) : *Actes de Bret.*, t. III, col. 1588.

elle était au pouvoir des étrangers ; et il ajouta qu'il aimait mieux mille fois mourir sur la brèche, que de manquer à ses devoirs [1].

Élisabeth avait envoyé vers Henri IV Montmartin, celui des députés en qui elle avait le plus de confiance, pour obtenir de lui des conditions avantageuses ; le roi, alors occupé à combattre les ennemis en Picardie, le charge de retourner en Angleterre, de renouveler ses instances auprès d'Élisabeth, et de presser le départ des secours qu'elle promettait enfin d'envoyer en France. La reine et son conseil étaient mécontents, surtout lorsqu'ils apprenaient les dispositions des représentants de la Bretagne : P. Bonnier et G. Loret venaient de rendre compte de leur mission en Angleterre ; on leur reprochait très-vivement d'avoir excédé leurs pouvoirs, en demandant à emprunter 150,000 écus, et en offrant à Élisabeth Paimpol et l'île de Brehat : pour s'excuser, ils rejetaient la faute sur Montmartin, qui, disaient-ils, prétendait agir par ordre du roi. Ainsi, les États de Bretagne commençaient aussi à se montrer défiants à l'égard de leurs alliés intéressés, qui causaient tant de maux et inspiraient tant de mécontentement dans la province [2]. Élisabeth envoie elle-même à plusieurs reprises, pour presser Henri IV de lui livrer Brest : l'un de ses agents a même visité ce port, et reconnu l'état dans lequel il se trouvait. Pour empêcher les Espagnols de s'en emparer, elle offre au roi de lui envoyer bon nombre de ses meilleurs vaisseaux et jusqu'à sept mille hommes, ou plus s'il est besoin, etc., etc. Le politique Henri IV, dans une lettre curieuse qu'il adresse à son ambassadeur Beauvoir, semble très-bien comprendre l'intention cachée d'Élisabeth, et, tout en lui rendant les plus grandes actions de grâces pour la remercier de ses faveurs, il élude habilement la difficulté [3]. Henri IV avait, par sa prudence, déjoué les projets ambitieux de la reine son alliée ; et les Anglais, malgré tous leurs efforts, n'avaient pu s'établir dans aucune position menaçante, au moment même où les ligueurs dans toute la France, et Mercœur surtout en Bretagne, trahissaient honteusement les intérêts de leur patrie, en mendiant les secours des Espagnols, et en leur livrant des

---

[1] Matthieu, *Hist. de Henri IV*, t. II, p. 247.

[2] Lettre du roi aux États (28 mai 1594), de M. de Saint-Luc (4 juin) : *Registres des États*, 28 juin. — *Actes de Bret.*, t. III, col. 1593, 4, 6, 7. — Montmartin, p. 299, 300.

[3] *Lettres missives de Henri IV*, t. IV, 17 juin 1594.

provinces ou des places très-importantes. Henri IV et les royalistes de Bretagne refusaient avec persévérance et Morlaix et Brest aux soldats d'Élisabeth, tandis que Mercœur établissait lui-même les soldats de Philippe II soit à Blavet, soit dans la presqu'île de Crozon, près de Brest.

Cependant, la crainte que les Espagnols inspiraient aux Anglais, avait empêché Élisabeth de retirer ses troupes de Bretagne; et Norris, quoique en assez mauvaise intelligence avec le maréchal d'Aumont, était venu se joindre à lui, pour attaquer et soumettre la Basse-Bretagne : Mercœur et les Espagnols avaient reculé, et la place importante de Morlaix venait de se rendre aux royalistes. Aussitôt, les Anglais demandent qu'on remette la ville entre leurs mains ; ils se rappelaient la promesse imprudente que jadis leur avait faite le duc de Montpensier; l'occasion leur semblait favorable pour en réclamer l'exécution.

La situation était embarrassante : les Anglais avaient rendu de véritables services à la cause royaliste; comment leur refuser ce qu'ils demandaient? Mais aussi comment leur accorder une ville aussi considérable, aussi bien située que Morlaix, sans compromettre la sûreté de la France et surtout les intérêts de la province ? C'est là le sujet de nombreuses négociations, curieuses à plus d'un titre, et propres à nous montrer quelles étaient les relations des royalistes et de leurs alliés.

Le maréchal d'Aumont était moins disposé que son prédécesseur à faire des concessions aux Anglais. Il s'était formellement opposé à leurs désirs, lorsqu'ils voulaient emporter d'assaut Quimper, moyennant le pillage de la ville : *Le roi*, leur dit-il, *n'a que faire de villes désertes, et son intention est de conserver ses sujets et non de les détruire.* Plus tard, il engageait les Quimpérois à se tenir sur leurs gardes; car les Anglais étaient gens fort cupides, et il lui serait impossible d'empêcher qu'ils ne pillassent la ville, quand bien même il y aurait dix capitulations[1]. Aussi se hâte-t-il d'écrire, pour annoncer les prétentions de Norris, et pour engager les États à s'y opposer de tout leur pouvoir : *Que l'on fasse diligence; car c'est le meilleur, le plus beau havre de toute la Basse-Bretagne; et le roi semble sur le point de céder aux suggestions de quelques-uns de*

---

[1] Moreau, p. 220.

ses conseillers. Les États s'empressent de député vers Henri IV le sieur de la Noë, chargé de leurs lettres et de leurs remontrances[1].

La lettre qu'ils adressent au roi est pleine de noblesse et de dignité; ils lui expriment surtout leur crainte de voir d'autres, que ses fidèles sujets, occuper des villes, ports, etc., dans la province, principalement Morlaix, que l'on vient de reprendre, contrairement aux lois et aux droits du pays… « Et regretteroient vos fidelles subjets de se
« voir commander par ceux qui exercent religion contraire à celle
« de laquelle Votre Majesté a faict heureuse profession, et en laquelle
« eux et leurs prédécesseurs ont esté instituez et nourris pour y
« vivre et mourir, » etc. (18 octobre 1594).

Dans une lettre à M. de Saint-Luc, dont ils réclament l'appui, ils ajoutent : « Nous désirons surtout voir l'humeur Espaignolle entière-
« ment épuisée entre nous et ne plus faire à l'Angloise, pour estre
« l'une et l'autre une antipathie aux qualitez nécessaires au repos de
« nostre Estat » (18 oct. 1594). Dans leurs remontrances détaillées, ils supplient le roi de considérer que, par les lois et droits du pays, jurés et maintenus par ses prédécesseurs, le commandement et le gouvernement des villes, havres et places fortes ne doivent être confiés à aucun étranger. « Voire mesme, portent lesdits droits,
« de ne pourvoir auxdites places autres que les naturels dudit pays.»
Ainsi, le sentiment de la nationalité bretonne se retrouve toujours, même chez les royalistes défenseurs de l'union avec la France. S'ils ont eu recours à la reine d'Angleterre contre l'ennemi commun, *ils n'ont jamais promis ni entendu qu'elle eût ni demandât aucune ville, havre ou place forte, pour y faire entrer aucun des siens pour commander… Leurs considérations ne peuvent être que justes, à cause de la proximité et jalousie ancienne des deux États, dont les guerres passées donnent ample témoignage, les exemples tout récents du Havre de Grâce rafraîchissent la mémoire et causent leur crainte.* Ils énumèrent les effets désastreux de la cession de Morlaix pour la liberté, la religion, la justice, les finances, le commerce du pays et les intérêts de la royauté : Norris ne peut-il pas se contenter de Paimpol et de Lanvollon, qui lui ont été accordés (19 oct. 1594)[2] ?

---

[1] Lettre à l'abbé de Saint-Mélaine : *Actes de Bret.*, t. III, col. 1613.
[2] *Actes de Bret.*, t. III, col. 1613, 16.

Il s'agissait, avant tout, de gagner du temps ; malgré le mécontentement des Anglais, le maréchal d'Aumont se servait heureusement de leur présence dans son armée : il les avait conduits au siége de Quimper ; avec eux, il avait soumis plus de soixante lieues de pays, à l'extrémité de la péninsule. Les Espagnols étaient partout vaincus et chassés, et il venait, pour terminer cette belle campagne, mettre le siége devant la citadelle importante de Crozon, qu'ils fortifiaient alors, près de la rade de Brest. Vainement Élisabeth irritée demandait le rappel du maréchal [1]; ses succès le défendaient contre ses ennemis, et il n'en continuait pas moins de soutenir et d'exciter les États dans leur lutte contre les prétentions de l'Angleterre. Au moment même où Norris et ses soldats contribuaient par leur valeur à la prise de Crozon, et rivalisaient glorieusement d'ardeur avec les Français, il renouvelait ses instances, écrivait aux États, envoyait lui-même au roi des serviteurs de confiance, pour sauver Morlaix. Les députés des États pressaient également et Saint-Luc et Henri IV de leurs plaintes et de leurs remontrances : *Le pays*, disaient-ils, *est plein de clameurs ; les villes voisines sont disposées à persister dans leur rébellion ; les villes depuis peu soumises vont peut-être changer de volonté, dans la crainte d'être soumises à tel commandement* [2].

Cependant, le roi, dans sa réponse en novembre 1594, leur déclarait qu'il voulait tenir sa parole et rester fidèle à ses engagements avec la reine, qui les avait si bien secourus, au moment du danger : « *Ce seroit trop préjudicier à nostre honneur et réputation, que de leur manquer en chose que ce soit.* »

Élisabeth s'était plainte très-vivement à Henri IV, dans une longue lettre, et réclamait l'exécution des promesses qu'on lui avait faites. Le roi fait attendre la réponse deux mois (septembre à novembre) : il n'a reçu la lettre que depuis deux jours, déclare-t-il effrontément ; il la supplie de l'excuser, et de croire à sa reconnaissance inaltérable ; il lui annonce qu'il a expressément commandé au maréchal d'Au-

---

[1] Duplessis croit même, pendant quelque temps, que le maréchal est remplacé par le duc de Montpensier ; mais les instances de l'ambassadeur de France et la prise de Morlaix par d'Aumont apaisent la reine, au moins pour le moment. (Lettres de Duplessis, 9 août 1594, 22 août, 4 et 16 octobre.)

[2] *Actes de Bret.*, t. III, col. 1617, 18.

mont *de satisfaire sincèrement à toutes les choses promises*[1]. Et cependant, malgré cette affirmation, les Anglais ne devaient pas être satisfaits. Henri se contentait probablement de faire remettre quelques marchands anglais, emprisonnés à Morlaix, parce qu'ils n'avaient pas acquitté certains droits, et de faire rendre à Norris deux canons qui appartenaient à Élisabeth[2].

L'habile Henri IV, par ces déclarations officielles de dévouement et de reconnaissance, n'avait sans doute pour but que d'allécher la convoitise des Anglais, et de traîner l'affaire en longueur : car, après ces belles paroles, il ne s'expliquait pas, et se contentait d'avertir les députés qu'il chargeait le maréchal d'Aumont et Saint-Luc de ses volontés à ce sujet, en leur défendant expressément de rien faire *au préjudice de la liberté, du repos et de la sûreté de la province*. Il paraît bien que son intention n'était pas de livrer Morlaix aux Anglais ; le sieur de la Noë l'assurait formellement aux États, et Saint-Luc, leur écrivant peu de temps après, disait : « Pour le fait « de Morlaix, je crois que vous en aurez le contentement que vous « en désirez[3]. » Ce qu'il y a de certain, c'est que Henri IV, désormais supérieur à ses ennemis, et moins à la merci des Anglais, ne leur fit aucune nouvelle concession : le sieur de Coëtinizan, nommé gouverneur de la ville et du château de Morlaix, gardait cette charge, et la transmettait même à ses descendants. Le temps était proche où l'on pourrait enfin se passer des secours humiliants et dangereux que la nécessité seule avait pu faire demander aux alliés intéressés de Henri IV. Depuis la prise de Crozon, la guerre et surtout les maladies avaient singulièrement diminué le nombre des Anglais auxiliaires : ceux qui avaient échappé à l'épidémie meurtrière de Quimper[4], s'étaient retirés à Paimpol ; de là ils ravageaient impitoyablement tous les environs, sans que le maréchal d'Aumont pût les contenir. Norris, de plus en plus irrité, demandait instamment son congé : vainement Saint-Luc, son ami, cherchait à le retenir ; ses prières obte-

1 *Lettres missives de Henri IV*, t. IV; 14 novembre 1594.
2 *Lettres missives de Henri IV* : lettre à d'Aumont, t. IV; nov. 1594.
3 *Actes de Bret.*, t. III, col. 1619-1623. — *Lettres missives de Henri IV*; 10 nov. 1594.
4 « Ils y moururent en si grand nombre, que leurs gens les enterraient à « monceaux dedans les jardins, et n'allaient chercher églises ni prêtres. » (Moreau, p. 263.)

naient avec peine un délai d'un mois. Enfin, les Anglais, au milieu de l'année 1595[1], quittaient la Bretagne, sans avoir pu s'établir dans aucune de ces places importantes qu'ils avaient si souvent essayé d'arracher aux royalistes : sans doute leur départ affaiblissait beaucoup les forces de Henri IV dans la province ; mais ils n'étaient pas regrettés : leur ambition égoïste, leur orgueil insolent, leur licence effrénée, avaient excité trop d'antipathie contre les ennemis de l'ancienne France et de la vieille religion[2].

[1] Montmartin, p. 306.
[2] Voir, sur les dernières opérations des Anglais en Bretagne, un mémoire baillé par M. de La Roche Giffard, le 17 mars 1595, dans les *Mémoires* de Duplessis.

CHAPITRE X.

Décadence de la Ligue en Bretagne. — Mercœur n'a pas sincèrement défendu la cause catholique : il n'a pas su combattre pour relever la nationalité bretonne. — Depuis la conversion de Henri IV, le clergé doit abandonner le parti de Mercœur. — Les gentilshommes se rallient peu à peu au roi : leurs motifs; leurs capitulations intéressées.

Malgré la faiblesse du parti royaliste en Bretagne, Mercœur, que nous avons vu si puissant, surtout après la victoire de Craon, ne doit pas triompher. Il succombera, non pas en chef convaincu, qui lutte jusqu'au dernier jour pour défendre ses convictions; non pas en glorieux représentant de la nationalité bretonne, qui un instant avait espéré en lui; non pas écrasé par les forces supérieures de la France, réunie sous Henri IV: car c'est au moment même de son triomphe éphémère que commence la décadence de son parti; et lorsque enfin il ne lui est plus permis de tergiverser, lorsqu'il lui faut renoncer à ses rêves ambitieux, il termine cette longue lutte par un traité, dans lequel il ne semble préoccupé que de ses intérêts particuliers. Fin digne de son égoïsme politique, préparée par toutes ses fautes, mais bien en contradiction avec ses déclarations solennelles de dévouement, et qui donne un démenti complet au caractère de noble héroïsme que quelques écrivains ont voulu prêter au duc de Mercœur.

« Les prétendants à la couronne, a dit Montaigne, trouvent tous
« les eschelons jusques aux marchepieds du trône, et petits et aisés;
« mais le dernier ne peut se franchir par sa hauteur. » Cela est vrai

de Mercœur : à la fin de l'année 1592, il semble n'avoir plus qu'à prendre le titre de duc de Bretagne; mais il n'ose pas : ses convictions ne sont pas assez fortes, son ambition manque de hardiesse et de décision.

Mercœur était d'un esprit lent et irrésolu; craignant toujours de se hasarder, il n'avait ni l'audace ni l'énergie capables de le faire triompher : « La vérité est, écrit Duplessis au roi, qu'il est naturellement
« long et irrésolu, attendant toujours quelque chose; opiniastre
« néanmoins au dessein qu'il a une fois conçu, qu'il ne veut desmor-
« dre que le plus tard qu'il peut. » (Lettre du 1ᵉʳ juillet 1595.)

Aussi, il ne fonda rien, il ne tenta rien de grand; et sa conduite, irrésolue dans son opiniâtreté, contribua pour beaucoup à désorganiser le parti de la Ligue en Bretagne.

D'abord, quel intérêt Mercœur représentait-il? Était-ce la cause de la religion catholique qui lui avait mis les armes à la main, et le forçait de combattre Henri IV jusqu'en 1598? S'il agissait par conviction religieuse, ne devait-il pas non-seulement défendre son parti dans la province dont il était le chef, mais travailler de tous ses efforts à s'unir aux catholiques des autres provinces, pour triompher de leurs ennemis communs et fonder un gouvernement légal et régulier? Que fait Mercœur, au contraire? Il s'isole dans la Bretagne; il n'en sort que pour aller piller dans le Poitou, le Maine et l'Anjou; il néglige à dessein toutes relations, pour ainsi dire, avec Mayenne et les autres chefs de la Ligue : partout et toujours, il tranche du duc de Bretagne, sans se préoccuper véritablement des intérêts de la France et de la religion.

Dans une lettre fort remarquable, qui devait être soumise à Mercœur, Duplessis-Mornay réfute en peu de mots toutes les objections sérieuses que le duc pouvait faire, pour ne pas accepter la paix qui lui était offerte : « S'il parle du scrupule de traitter avec un
« Prince de différente religion; les prédécesseurs Papes ont bien
« traicté avec lui, avant mesme son avenement à la couronne : le
« roy d'Espaigne l'a bien voulou faire pour l'armer contre le feu
« Roy; et encores présentement il traicte de paix avec ses subjects
« de Hollande et Zeelande, sans préjudice de leur religion. Ce sont
« donc scrupules vains et empruntés.

« S'il veult avoir seureté en la religion catholique, il y auroit plus
« d'apparence que le roy en demandast pour la sienne. Toutesfois ils

« doivent peser la foi et parole du roy, non jamais violée; la force
« du roy, qui consiste ès catholiques; le conseil du roy, qui en est
« composé, qui ne consentiront pas à la ruyne de leur religion. Joinct
« que le roy est trop prudent pour ne cognoistre qu'en remuant cela,
« il tireroit sa ruyne sur sa teste.

« S'il insiste sur la religion pour la personne du roy, il n'est rai-
« sonnable que le changement précède l'instruction, ni selon le droict
« humain, ni selon le divin. Il n'est honorable qu'il se fasse par
« traicté, les armes en la main, et comme par force ou par justice,
« mesmes du subject au prince. Il n'est utile, ni pour le roy, ni pour
« l'Estat que son peuple ait subject de croire qu'il n'ait religion que
« son intérest.

« Mais, pourvu que ses subjects le recognoissent ainsi qu'ils doib-
« vent, il leur promettra de se faire instruire, prendra un terme
« préfix pour ce faire, et recherchera tous moyens à ceste fin, con-
« venables à sa dignité et conscience.

« Consentira mesmes aux seigneurs catholiques qui l'ont suivi et
« assisté d'envoyer vers le pape pour conférer des moyens de ladicte
« instruction avec lui.

« Pour le particulier de M. de Mercœur, M. Meslier le pourra
« asseurer que Sa Majesté entend le maintenir en son gouvernement,
« en l'auctorité accoustumée à sa charge et dignité, et désire en
« oultre l'honorer ès occasions qui se pourront présenter à l'avenir.

« Toute guerre veut estre finie par une paix : celle-ci ne peut estre
« finie ni plus tôt ni plus à propos qu'en traictant avec le roy; tout
« aultre traicté ne pouvant estre que ruyneux à l'Estat, et suspect à
« eux-mesmes.

« Que le roy est prince bening, non vindicatif, non motif de ceste
« guerre...

« Lui alléguer le bon traictement faict au comte de Chaligny, son
« frère; l'honneur et l'advantage faict encore naguères à la royne.

« Qu'il ne permette qu'il soit dict à la postérité qu'il ait mescogneu
« les honneurs que leur maison, eulx particulièrement, ont receu en
« France.

« Qu'il est trop sage pour s'élever du succès de Craon. Que ces
« heurs sont glissants et passent vollontiers de main à aultre; et que
« les plus sages font leurs conditions bonnes, lorsque leurs affaires
« se portent bien...

« Que la royne d'Angleterre envoyera de grandes forces en Bre-
« taigne; le roy mesme y viendra.....

« Et lors, pour s'en défendre, il sera contrainct d'y mettre l'Espai-
« gnol si fort, qu'il ne l'en pourra tirer par après, tellement que la
« Bretaigne sera en danger de se perdre et pour l'un et pour l'autre.

« Qu'une médiocrité en somme vault mieulx bien asseurée, qu'une
« grandeur oultre mesure sans fondement[1]. »

Les raisons du sage Duplessis étaient fortes; mais enfin Henri IV, malgré ses promesses, était toujours calviniste : on conçoit que Mercœur ait encore hésité. Quand le roi s'est converti au catholicisme, Mercœur ne veut pas le reconnaître : c'est une conversion mensongère, dit-il, et qui d'ailleurs n'est pas encore acceptée par l'Église. Quand Henri IV est complétement réconcilié, quand le pape a prononcé l'absolution solennelle du roi soumis, Mercœur suit l'exemple du roi d'Espagne; il résiste au chef de la chrétienté lui-même, montrant ainsi jusqu'au dernier instant que la défense de la religion n'a été pour lui qu'un moyen, qu'un prétexte pour mieux réussir dans ses projets ambitieux.

Dans le mouvement de la Ligue en Bretagne, nous l'avons plus d'une fois fait remarquer, il y avait une protestation, souvent déguisée, mais très-réelle, contre la royauté française. Mercœur a-t-il compris quelles ressources il aurait pu se procurer, en s'adressant au patriotisme breton? A-t-il osé suivre les conseils de sa femme, bien plus intelligente que lui de la situation, et se déclarer l'héritier des anciens ducs? A-t-il franchement essayé de profiter des troubles qui déchiraient la France, pour briser une union encore impopulaire, encore mal affermie? Nous avons vu où s'arrête son courage : il se déclare, à la mort de Henri III, gouverneur de la province, au nom de Charles X ; commettant, comme les autres chefs de la Ligue, et plus qu'eux-mêmes, la grande faute de reconnaître les droits des Bourbons. Il proclame continuellement, avec une hypocrisie que l'on peut appeler habileté, et qui n'est à mes yeux que maladresse, son attachement, son respect infini pour la couronne de France : il proteste hautement contre toute idée de séparation; et, cependant, il désire séparer à son profit la Bretagne de la France. Aussi, comme on l'a bien dit, il n'offrait point à la popu-

---

[1] Instruction à M. Meslier, du 1ᵉʳ août 1592.

lation bretonne d'issue pour sortir de la guerre civile ; et quand on combat sans but, l'on est déjà à moitié vaincu.

Toujours réservé, toujours affectant la modération et le désintéressement, quand la franchise était si nécessaire, quand l'ambition avait un si grand besoin de hardiesse, Mercœur doit exercer une assez faible influence sur la population bretonne, qui bientôt ne croit plus ni à la sincérité de ses convictions religieuses, ni à l'énergie de ses prétentions politiques. Alors, chacun songe à ses propres intérêts : les croyances s'affaiblissent, les ressources du dévouement s'épuisent ; l'égoïsme produit la dissolution, et amène la décadence et la ruine sans gloire du parti.

C'est la désorganisation de la Ligue en Bretagne qu'il faut maintenant étudier : nous allons voir les diverses classes de la population, bourgeois, paysans, clergé, noblesse, se séparer successivement de la cause de Mercœur ; c'était le résultat fatal de sa politique sans franchise et sans résolution. Ses relations avec les Espagnols, qu'il appelle maladroitement dans la province ; ses négociations hypocrites avec les ministres de Henri IV, achèveront de nous faire connaître le prétendant à la couronne de Bretagne et les causes de sa ruine bien méritée.

Au premier moment de la lutte, tant qu'il s'agit seulement d'attaquer et de défaire, les ligueurs furent heureux et triomphants ; mais les divisions commencèrent le jour où la victoire sembla possible, et où chacun songea à réaliser ses espérances particulières : alors, les ambitions, bientôt rivales, se séparèrent, et la désorganisation fut imminente. Comme l'a dit un contemporain, comme l'ont si bien montré les auteurs de la *Ménippée*, « la Ligue était un parti enflé « d'intérêts et d'espérances particulières ; et, sur la difficulté de nom- « mer un roi, on permettait à plusieurs ce qui ne se pouvait attribuer « à un. On apprenait les droits d'un roi de Provence, d'un autre « d'Austrasie, quelques vieilles leçons du duché de Bourgogne ; mais « de bien plus expresses pour celui de Bretagne, dont la duchesse « de Mercœur montrait des titres étranges[1]. »

Après la mort de Henri III, Mercœur avait été soutenu dans sa lutte contre Henri IV et contre la France par la puissante influence de la grande majorité du clergé breton. Alors, comme à d'autres

[1] D'Aubigné, t. II, p. 288.

époques, beaucoup d'hommes, excités sans doute par l'exaltation religieuse du siècle le plus révolutionnaire, s'étaient laissé entraîner, par la fougue impétueuse de quelques-uns, au delà des limites de la sage modération. Beaucoup, égarés par les intrigues des partisans de la maison de Lorraine, avaient cru véritablement qu'il ne s'agissait que de sauver la religion catholique, menacée d'une ruine prochaine; beaucoup, par timidité, par faiblesse, avaient craint de paraître tièdes, et même partisans secrets de la réforme; et ils avaient abandonné le premier rôle, sans protester, aux plus emportés et aux plus ambitieux.

Mais cet état ne pouvait durer longtemps ; l'exagération devait bientôt s'épuiser : la fougue des prédicateurs se lassait; les insultes passionnées lancées du haut de la chaire évangélique contre les ennemis de la Ligue, étaient trop contraires à l'esprit du christianisme; les saluts, les *Te Deum*, les prières de quarante heures, les processions bizarres, extraordinaires, puissants moyens pour soulever la multitude, devaient perdre bientôt presque toute leur influence, par l'abus même qu'on en faisait; et, malgré tous les efforts des ligueurs intéressés, des partisans de Mercœur en Bretagne, par exemple, l'exaltation religieuse tombait peu à peu. Après quelques années de lutte, les hommes modérés, désormais plus éclairés et moins craintifs, commençaient à renoncer à leurs erreurs, et comprenaient chaque jour davantage, que le rétablissement de l'autorité royale avec Henri IV n'était nullement inconciliable avec l'existence respectée et florissante du catholicisme en France.

Henri, dès son avénement, s'était efforcé de ramener vers lui les différentes classes de ses sujets, en aplanissant tous les obstacles, en ménageant toutes les susceptibilités, en gagnant tous les intérêts. Ainsi, ne pouvant, à la mort de Henri III, changer brusquement de religion, il avait déclaré hautement son intention bien arrêtée de s'instruire, et sa ferme volonté de protéger dès lors, comme un roi devait le faire, la croyance de la majorité des Français. Cette conduite, la seule qu'il pût honnêtement et utilement adopter, avait réuni autour de lui les catholiques et les calvinistes, assez tolérants et assez intelligents pour comprendre qu'il s'agissait, avant tout, de défendre, à la fin du XVIe siècle, la grande œuvre de l'unité nationale. Grâce à leur appui, Henri, à force de courage et d'adresse, s'était soutenu péniblement, mais avec succès cependant; il avait donné à ses ennemis le temps de se diviser, de se montrer les uns aux autres leurs intérêts divers, leurs ambitions opposées : puis, il les avait vaincus; et maintenant qu'il n'était plus considéré par personne comme un chef de parti, mais comme un roi victorieux, il avait pu adopter la religion du plus grand nombre, sans renoncer à la tolérance pour la minorité qui l'avait si longtemps soutenu, et qui ne devait plus espérer que sa protection. Le 25 juillet 1593, le Béarnais entendait à Saint-Denis sa première messe, célébrée par Philippe du Bec, l'évêque exilé de Nantes : peu après, il était sacré et couronné roi de France, suivant les cérémonies antiques du catholicisme; et là encore nous retrouvons Philippe du Bec, qui remplaçait, comme pair du royaume, l'évêque-duc de Laon.

C'était un coup terrible pour les chefs de la Ligue ; Mercœur en fut sans doute profondément attristé : pendant quelque temps, il cacha ou du moins fit nier par ses agents et ses prédicateurs la grande nouvelle, qui se répandait trop vite jusqu'au dernier hameau de la Basse-Bretagne. « Les livres et écrits qui publioient la conver-
« sion du roi sont condamnés pour libelles factieux; les hommes qui
« en parloient, punis comme criminels de lèse-majesté[1]. » Mercœur avait souvent déclaré qu'il n'avait pris les armes que pour la défense de la religion catholique; il avait maintes fois répété que, aussitôt après la conversion du roi, il serait l'un des premiers à le reconnaître et à le servir. Maintenant, il ne se hâtait pas de remplir ses promesses : « Au contraire, dit Montmartin, se roidissant en l'opi-
« niastreté de ses injustes armes, sesdits prescheurs commencèrent
« à heurler et à escrire que ce n'estoit que hypocrisie ce qu'en fai-
« soit Sa Majesté, et par leurs malicieuses raisons l'imprimoient,
« tant aux Espagnols qu'aux partisans faux François dudit sieur de
« Mercœur[2]. » Mais ils répétaient vainement que ce retour simulé ne tendait qu'à tromper les catholiques, que la religion courait plus de dangers que jamais, et *qu'il fallait se donner garde du loup qui voulait entrer dans la bergerie sous la peau d'une brebis* : une cruelle expérience avait rendu les peuples moins faciles à se laisser séduire; ils n'ajoutaient plus foi à ces déclamations évidemment intéressées. Vainement Mercœur soutenait que la conversion de Henri

---

1 *Mém.* de Duplessis, t. VI, p. 393.
2 Montmartin, p. 300.

était nulle aux yeux des bons catholiques, puisque le pape ne l'avait pas relevé des excommunications lancées depuis longtemps contre lui ; l'on reconnaissait que son ambition était désormais le seul motif de la lutte. Vainement, pour montrer son dévouement au Saint-Siége, pour obtenir l'appui du pape, et peut-être aussi pour ranimer le zèle religieux, faisait-il solennellement adopter en Bretagne les décrets du concile de Trente; l'opinion publique restait froide, malgré l'éloquence du président Carpentier, malgré les éloges qu'il adressait aux princes lorrains, descendants de Charlemagne, et surtout à M. de Mercœur, le glorieux défenseur de la religion [1].

Au reste, Mercœur et les membres du clergé eux-mêmes qui soutenaient encore la Ligue, malgré la conversion de Henri IV, n'étaient pas toujours aussi dévoués au Saint-Siége, quand il s'agissait de leurs intérêts personnels. Ainsi, le chapitre de Nantes avait demandé au légat, le cardinal de Plaisance, la confirmation des deux grands-vicaires, nommés, depuis 1590, pour remplacer l'évêque dans l'administration du diocèse. Le légat, après avoir envoyé ces lettres à Rome, et consulté le pape, choisit, au grand déplaisir du chapitre (6 avril 1593), un étranger, Julien Cormerais, docteur de Paris, qui prêchait alors le carême à Nantes : lorsque celui-ci présenta la copie des lettres qui le nommaient vicaire général, les membres du chapitre lui firent l'affront d'exiger l'original. Il fallut obéir, mais ce fut à regret; et, dès lors, il y eut des rapports assez froids, souvent même hostiles, entre le clergé nantais, d'une part, son chef Cormerais, de l'autre, et la cour de Rome. Le légat s'en plaignait assez vivement au chapitre le 13 septembre 1593, par l'organe de Georges d'Aradon : le chapitre se contentait de répondre qu'il était toujours parfaitement soumis au pape, malgré l'injure qu'il venait de recevoir. Plus tard, le grand-vicaire reprochait aux chanoines d'avoir agi sans le consulter; ceux-ci lui déclaraient que ses fonctions cessaient avec la légation du cardinal de Plaisance, à moins qu'il ne leur montrât un nouveau bref du pape. Julien Cormerais était en règle; et le chapitre se soumettait encore une fois, mais de mauvaise grâce. Lorsque le pape Clément VIII, par un bref célèbre et par les lettres de son légat, ordonnait de députer aux États de

[1] Le texte de son discours a été publié dans le *Dictionnaire de Bretagne* d'Ogée, t. I, p. 209 de la nouvelle édition.

Paris, pour l'élection d'un roi catholique, le chapitre, se conformant aux intentions de Mercœur, se gardait bien d'obéir. Mais quoique les décrets du concile de Trente eussent été promulgués en Bretagne, les chanoines, contrairement à ses décisions, voulaient unir aux canonicats des cures et des bénéfices, afin d'améliorer leur fortune; les conseillers de l'évêque, disaient-ils, ne devaient pas être moins bien traités que les conseillers du roi. Enfin, quand le pape lui-même eut solennellement réconcilié Henri IV avec l'Église, le légat écrivit à Mercœur, qu'il n'avait plus aucun prétexte de résistance, et qu'il l'excommunierait s'il refusait de se soumettre (2 août 1596). Alors, le duc trahit ouvertement la nature de son opposition, en continuant la guerre, et en bravant lui-même les foudres du Saint-Siège, qu'il affectait jadis de tant respecter. Mercœur en est alors réduit à soutenir que le roi n'est pas converti de bonne foi; le pape et les cardinaux se sont laissé abuser; ils ont manqué de franchise ou de prudence; les catholiques ne peuvent en conscience le reconnaître, que lorsqu'il aura donné, par la destruction des hérétiques, une preuve certaine de sa conversion[1]. « Quant à l'absolution, il décla-
« roit qu'elle estoit nulle contre le canon de l'Église, jusqu'à s'en
« prendre au pape et au consistoire, jusqu'à la nommer hérésie[2]. »
Mais comment pouvait-il encore publier des ordonnances, avec cette clause, *jusqu'à ce qu'il y ait en France un roi catholique*, puisqu'il ne pouvait douter que le légat ne fût envoyé vers le roi et le royaume par le souverain pontife?

Quels étaient les hommes consciencieux, dans les rangs du clergé, qui pouvaient désormais soutenir le parti de ce prince tristement opiniâtre dans son ambition? Aussi, beaucoup désiraient vivement le rétablissement de l'ordre et de la paix, la réconciliation complète du trône et de l'Église. Dès l'année 1594, l'on faisait à Nantes, au grand mécontentement des chefs, des processions pour demander à Dieu un heureux succès des conférences d'Ancenis au sujet de la paix. Le célèbre ligueur Aimar Hennequin, lui-même, donnait un exemple que beaucoup devaient imiter; il rentrait franchement dans le parti du roi, et, à sa mort, en 1596, il méritait les regrets de ceux dont il avait été longtemps l'ennemi acharné. Charles de Liscoüet,

[1] De Thou, liv. 117.
[2] *Mémoires* de Duplessis, t. VI, p. 408.

évêque de Quimper, qui n'avait pas voulu prêter serment lors de la soumission de cette ville, venait à Rennes, au commencement de 1595, entrait au parlement, jurait fidélité au roi, et depuis lors présidait l'ordre du clergé dans les États royalistes de la province.

Mercœur n'ignorait pas les sentiments et les dispositions de la plupart : soit par mécontentement, soit par nécessité, il contribuait encore à les irriter, en ne ménageant pas assez ses auxiliaires, jadis si utiles ; en les obligeant à supporter les charges dont il accablait la bourgeoisie. Les ecclésiastiques devaient payer pour les fortifications, pour l'entretien des troupes, etc ; et il paraît que plusieurs bénéficiers étaient forcés d'aliéner une partie de leur temporel, pour s'acquitter des taxes : aussi de fréquentes réclamations s'élevaient; l'on refusait même de payer, malgré les ordres formels de Mercœur, et l'on invoquait les bulles pontificales. Un jour, le duc fait venir devant lui le doyen du chapitre de Nantes et l'archidiacre : il leur manifeste assez durement sa surprise extrême et son mécontentement; en les congédiant, il leur ordonne d'assembler le clergé et de faire savoir ses volontés : on obéit; mais, pour gagner du temps, l'on envoie à Mercœur des députés, chargés de lui représenter la pauvreté du clergé et de réclamer son indulgence. Mercœur n'en persistait pas moins à exiger les impôts dont il avait besoin, et les ecclésiastiques, sans aucune exemption, étaient assujettis au service militaire et surtout à la garde des portes, sous les peines les plus sévères.

Aussi, quand Henri IV s'avança vers la Bretagne, le clergé des villes et des pays qui résistaient encore, devait facilement se soumettre. « Ceux de Nantes, écrit Villeroy, ont déclaré en public à
« Mercœur vouloir envoyer vers le Roi pour la paix : même les
« ecclésiastiques lui ont protesté qu'ils ne pouvoient plus, en saine
« conscience, s'abstenir de prier Dieu pour le Roi, puisque le pape
« l'avoit approuvé et commandé[1]. » A Nantes, pour que la soumission parût plus complète, l'on implorait celui-là même qui jadis avait été indignement outragé, et le chapitre écrivait à Philippe du Bec, maintenant archevêque de Reims, pour le prier d'intercéder auprès du roi[2].

Si le clergé, surtout depuis l'heureuse conversion de Henri IV et sa réconciliation avec l'Église, désirait la fin d'une guerre désormais

---

1 Lettre de Villeroy à MM. de Bellièvre et Sillery; 16 février 1598.

2 Registres du chapitre de Nantes : Archives municip. de Nantes. — Travers, t. III, *passim*. — Mellinet, t. IV, p. 26, 34, etc. — Dom Taillandier, p. 453.

sans cause légitime, les gentilshommes qui avaient pris les armes contre la royauté, ne devaient pas faire une résistance bien opiniâtre, ni surtout bien héroïque. Plusieurs avaient été séduits par les promesses de Mercœur, quelques-uns avaient saisi l'occasion de lutter encore une fois dans l'intérêt de la vieille indépendance bretonne; mais la plupart n'avaient vu dans la guerre qu'une magnifique occasion d'agir et de s'enrichir par le pillage ou la rançon des prisonniers. Il aurait fallu un chef capable, par son énergie et par son intelligence, de les contenir et de les diriger; ils ne le trouvèrent pas dans Mercœur : ils combattirent au hasard, sans but déterminé ; ils firent leur soumission, en ne consultant que leurs intérêts, sans attendre les ordres ou l'exemple de celui qui n'avait pas su les conduire.

Si Mercœur n'avait aucune de ces grandes qualités qui subjuguent les hommes, Henri IV, à mesure qu'il était plus connu, gagnait en considération et en popularité. La Bretagne était sans doute bien isolée, bien ignorante de ce qui se passait dans le reste de la France : cependant, au milieu des calomnies que les chefs du parti répandaient dans le pays, quelques nouvelles véritables pénétraient jusqu'aux extrémités de la péninsule. Henri n'était-il pas le vaillant soldat et l'habile capitaine d'Arques et d'Ivry; le chef chevaleresque de la noblesse, qui, de bonne heure, s'était sentie attirée et séduite par les qualités brillantes du Béarnais ? On répétait quelques-unes de ces paroles, qui sont restées si populaires : après la victoire d'Arques et le siège de Paris, le roi s'était avancé jusqu'à Laval; et beaucoup de seigneurs bretons, guidés par le prince de Dombes, s'étaient réunis pour voir le prince, dont tous parlaient : ils admiraient son affabilité, sa bonne humeur, ses saillies spirituelles, et le suivaient partout, jusqu'à l'empêcher d'avancer. Le capitaine des gardes voulait les éloigner : «Laissez-les faire, dit gracieusement « Henri, ce n'est point importunité à ceux qui me ressemblent; « car tandis que je serai pressé et aimé de ma noblesse, je serai un « mauvais garçon et ruinerai mes ennemis. » *Ce qui*, ajoute l'historien Matthieu, *apporta un tel contentement et applaudissement à ces pauvres Bretons, qu'il n'y avait péril ni précipice qui les eût effrayés pour porter ses commandements où il eût voulu*[1].

---

[1] Matthieu, *Hist. de Henri IV*, t. II, p. 213. — Montmartin, p. 284. — *Mém.* de Duplessis, t. IV, p. 433.

D'ailleurs, lorsque les gentilshommes du parti de Mercœur reconnurent qu'ils avaient plus à gagner en vendant leur soumission, qu'en persistant dans la défense d'une cause qui n'avait pas pour elle l'avenir, les défections commencèrent, chacun cherchant à traiter aux meilleures conditions. Beaucoup même n'auraient pas si longtemps attendu, s'ils n'eussent espéré obtenir des avantages plus considérables par une paix générale. « Plusieurs places sont en traicté avec « M. le mareschal, et les deux partis de la noblesse ne sont maintenus du duc de Mercœur, que par l'apparence qu'il donne de « voulloir entendre à la paix[1]. » Mais les lenteurs et les tergiversations de Mercœur les décourageaient ; et la plupart n'attendirent pas la fin de la guerre, pour se ranger sous le drapeau de Henri IV. Les gentilshommes du pays de Léon traitaient avec Sourdéac, le gouverneur de Brest ; un grand nombre de nobles de Cornouaille, réfugiés à Quimper, cherchaient à s'emparer de la ville et à la livrer au roi, dès l'année 1594 ; Fondebon remettait le château de Guébriac, etc[2]. Tous, et principalement les plus puissants, avaient soin de stipuler en leur faveur les plus grands avantages ; et ce qui était l'un des plus tristes résultats de la guerre civile, c'est que le roi, en Bretagne, comme partout en France, était obligé de payer bien cher la soumission de ces hommes, qui tant de fois avaient proclamé leur dévouement et leurs convictions désintéressées. Donnons quelques exemples pour la Bretagne : Lezonnet, gouverneur de Concarneau, et Jean de Talhouet, gouverneur de Redon, s'étaient rendus auprès de Mercœur, après la conversion du roi, et avaient osé lui rappeler que c'était là l'occasion si désirée de mettre fin à une guerre cruelle, qui désolait le pays. Mercœur avait cherché à leur persuader que le roi n'était pas véritablement converti, et *que ce n'étoit que simulation, pour plus facilement tromper les catholiques et esteindre leur religion;* il les priait de ne rien précipiter, et de ne pas ternir, par une démarche inconsidérée, la gloire qu'ils avaient acquise.

Mais tous deux connaissaient bien le duc ; et dès lors, par l'entremise de Montmartin, ils négocièrent un traité avec le maréchal d'Aumont. Lezonnet se soumettait, à de bonnes conditions, dès 1594, et déployait immédiatement la plus grande activité pour le service du

---

[1] Mémoire baillé par M. de la Roche-Giffard, le 17 mars 1595.
[2] Moreau, p. 292, 293.

roi : « Après avoir bien fait ses affaires au service de Mercœur, dit
« Moreau, duquel il avait reçu tant d'honneurs et de profits qu'il en
« était envié par les autres seigneurs, pratiqué par certains charla-
« tans, qui promettaient des montagnes d'or à un avare, il tourne
« casaque et se déclare du parti des royalistes[1]. » Talhouet, qui
avait sous ses ordres douze cents hommes de pied et quatre cents
chevaux, après avoir tardé quelque temps, par intérêt, venait trouver le maréchal d'Aumont au camp devant Comper, et se rangeait
définitivement sous les ordres du roi, prêt à combattre, dès le premier jour, ses anciens compagnons d'armes. On lui promettait
l'expectative de l'abbaye de Redon pour l'un de ses enfants ; une
somme de vingt mille écus ; le gouvernement de Redon lui demeure-
rait, avec la survivance pour son fils aîné ; enfin, il serait nommé
maréchal de camp dans l'armée du roi[2].

Le marquis de Belle-Isle et M. de Bois-Dauphin, gouverneur de
Château-Gontier et de Sablé, étaient dès cette époque en relation
avec Duplessis-Mornay et avec le duc de Montbazon : ils n'attendaient qu'une occasion favorable pour traiter ; ou plutôt, ils traînaient
les négociations, dans l'espoir d'obtenir des conditions plus avantageuses. Bois-Dauphin le premier retire sa femme et ses enfants
de Nantes ; puis il se soumet au roi, et obtient le bâton de maréchal de France. Le marquis de Belle-Isle aurait désiré pareille
récompense ; il déclarait qu'il était tout disposé à combattre Mercœur : mais Henri IV, qui ne l'estimait pas, trouvait qu'il exigeait
un prix trop élevé. Le marquis venait de se faire nommer gouverneur de Fougères par Mercœur, qui lui avait également donné le
gouvernement du Mont-Saint-Michel, s'il pouvait en tirer le sieur de
Kermartin, dont la fidélité lui était suspecte. Belle-Isle était décidé à
livrer au roi ces deux places importantes, et à mériter par là même
une grande récompense, lorsqu'il fut tué sans gloire, au moment où
il essayait de surprendre le Mont-Saint-Michel (22 mai 1596). Dès
cette époque, les dispositions des gentilshommes n'étaient plus incertaines, et Duplessis, qui engageait le roi à venir en Bretagne, lui
écrivait avec raison : « La noblesse accourra toute à Votre Majesté :

---

[1] Moreau, p. 162.
[2] Montmartin, p. 300. — De Thou, liv. 111. — Duplessis, lettres du 23 et du 24 février 1595.

« ne leur reste à tous qu'un scrupule, c'est que Mercœur ait à
« demeurer leur gouverneur après qu'ils l'auront irrité; lequel levé,
« tous se mettroient au même devoir que celle de Bourgogne[1]. »

Aussi, lorsque Henri IV, après avoir heureusement terminé la guerre avec les Espagnols, se dirigea vers la Bretagne, les derniers défenseurs de la Ligue, les plus entêtés ou les plus compromis, perdant désormais toute espérance de pouvoir résister, ne songèrent plus qu'à déposer les armes, sans attendre ni les ordres, ni l'exemple de Mercœur. « Il est abandonné de tous les siens ; car il n'y a pas
« un des gouverneurs des places qui l'ont suivi, qui n'ait envoyé à
« part devers Sa Majesté, pour se mettre à couvert sans lui : je
« vous dis jusques à ses plus intimes amis et serviteurs, etc[2]. » Le sieur de l'Isle-Aval, l'un de ses plus anciens partisans, recevait ses lettres d'abolition, dès le mois de novembre 1597; les frères d'Aradon envoyaient secrètement vers le roi, lui promettant de traiter, dès qu'il tournerait la tête vers la province, et ils remettaient sous son obéissance Vannes, Hennebont et le Sussinio; Villebois rendait Mirebeau, Champagnac, Tiffauges[3]. A Thouri, dans la Beauce, il recevait la soumission de Duplessis de Cosme, qui livrait Craon et Montejean[4]; à Chenonceaux, les frères de Saint-Offange traitaient pour leurs places de Rochefort et de Saint-Symphorien; Bourcani, pour Ancenis; de la Pardière, pour Machecoul et Belle-Isle. A Angers, les sieurs de Goulaine, de Favonnel et de Quinipily obtenaient des lettres d'abolition; Fontenelle lui-même, la honte de la Ligue en Bretagne, qui pouvait livrer Douarnenez aux Espagnols et que l'on redoutait, fut confirmé dans le gouvernement de cette ville, et même nommé capitaine de cinquante hommes d'armes[5].

« Tous, dit Montmartin, au lieu de donner de l'argent au roi, lui
« en demandèrent : voilà le zèle qu'ils avaient à la religion catho-

---

[1] Duplessis, lettres du 22, du 24 mars, du 25 décembre 1594; du 1ᵉʳ juillet 1595, etc. — Lettres de Henri IV, 20 mars, 27 avril 1594. — Montmartin, p. 309.

[2] Lettre de Villeroy à MM. de Bellièvre et de Sillery, 7 mars 1598. — Henri IV dit la même chose dans une longue lettre qu'il leur adresse le 4 mars.

[3] *Hist.* de Duplessis, p. 227.

[4] Dès le mois d'avril 1595, Henri IV écrit une lettre pleine d'affabilité à Duplessis, pour le décider à faire sa soumission : *Lettres missives*, 17 avril 1595.

[5] *Actes de Bret.*, t. III, col. 1675, etc. — De Thou, liv. 120.

« lique¹. » Ces paroles sont vraies ; elles sont la condamnation de tous ces gentilshommes aventureux, de tous ces capitaines ambitieux et pillards, qui avaient soutenu Mercœur tant qu'ils avaient trouvé profit à le soutenir. Tous ont bien soin de stipuler de nombreux avantages pour eux et leurs partisans ; non-seulement ils demandent des gouvernements et des honneurs, il leur faut encore de l'argent : Mercœur, leur chef, ne se distinguera de ses lieutenants qu'en demandant et en obtenant pour lui des sommes plus considérables. Ainsi, la Pardière reçoit 20,000 écus ; le capitaine Montigny et les frères d'Aradon, ces zélés catholiques, doivent se partager 64,000 écus ; après leur soumission, ils se rendaient adjudicataires, pour la somme de 115,000 écus, du bail à ferme de l'entrée sur le vin dans l'évêché de Vannes². La plupart s'étaient donc vendus. Au reste, dans les différents traités, capitulations, lettres d'abolition, il n'est fait nulle mention des sommes d'argent que chacun tirait ainsi secrètement du roi ; mais ces traités n'en sont pas moins curieux : tous renferment trois parties distinctes : 1° les avantages détaillés qui sont accordés à ceux qui se soumettent ; 2° l'abolition de tous les excès, de tous les pillages, de tous les crimes, dont ils se sont rendus coupables ; 3° enfin la déclaration solennelle du prétexte honorable qui leur a mis les armes à la main. La capitulation de Jérôme d'Aradon, gouverneur d'Hennebont, l'une des plus courtes, n'occupe pas moins de quatre pages in-folio des *Actes de Bretagne* :

« Le sieur de Quenipilly, y est-il dit, nous a très-humblement
« fait remonstrer, que dez le vivant du feu Roi, ceux qui sont
« autheurs des troubles de ce royaume, ayant mis en avant qu'ils
« prenoient les armes pour la conservation de la religion, et soubz
« divers spécieux prétextes persuadé la plupart de nos subjects
« que leur seul but et dessein estoit directement à la piété ; il se
« seroit laissé aller avec plusieurs autres, trompez et deceus de
« mesmes artifices, à faire la guerre contre l'aucthorité dudit
« deffunt roi et la nostre, sans jamais néanmoins avoir eu intention
« quelconque de quitter la foi qu'il doibt à la conservation de l'Estat,
« et de consentir à quelque chose que ce soit qui pust advantager

---

1 Montmartin, p. 314.

2 De Piré, t. II, p. 357. — « Ils eurent 80 ou 100,000 écus, qui leur ont été « payés sur la ferme de six écus pour pipe de vin de l'évêché de Vannes, » dit Montmartin, p. 314.

« nos ennemis ou estrangers en l'usurpation d'icellui......, etc. » —
Ces considérations ne semblent-elles pas un peu ironiques?

Le roi accepte la soumission : il accorde qu'il ne *soit fait aucun exercice de religion dans Hennebont et ses faubourgs, que de la catholique*, etc. Quinipily et ceux qui l'assistent sont remis ou confirmés dans la possession de tous leurs biens; ils sont déchargés des *prises des levées et deniers publics et particuliers, saisies et jouissances de rentes, revenus, obligations, prises et ventes de biens meubles, bagues et joyaux, abat de bois de haute futaie, des décimes, traites et impositions mises sur les denrées, coltes sur les paroisses, emprisonnemens de leurs personnes*, etc.; *prises de villes, châteaux, maisons, forts, rançons, fortifications, démolitions d'églises, faubourgs, commissions particulières, sentences. et jugements donnés..., voyages, assemblées, desseins, intelligences, négociations et traités tant dedans que dehors le royaume*, etc. Par une autre ordonnance, Jérôme d'Aradon était nommé capitaine de cinquante hommes d'armes, en récompense de ses bons services[1]. Les capitulations accordées au sieur Duplessis de Cosme et aux frères de Saint-Offange, sont beaucoup plus détaillées, mais présentent les mêmes particularités : seulement on entre dans les détails les plus circonstanciés au sujet des crimes commis durant la guerre, dont ils demandent l'abolition... « *Embrasemens, démolitions et rasemens*
« *de clochers, églises, fauxbourgs, chasteaux et maisons en ville et*
« *aux champs, encore qu'elles fussent à ceux de mesme parti....;*
« *prises de personnes faisant la guerre ou non, estant du parti*
« *contraire ou demeurant en villes et lieux dudit parti, pillages*
« *des marchands et des marchandises...; jugements et exécutions*
« *de mort par droit de guerre, sans forme de procez,* etc.
« *Demeurera aussi supprimée et abolie la mémoire de l'acte advenu*
« *au lieu de la Chasteigneraie, au mois d'aoust de l'an 1595, où il*
« *fut par quelques gens de guerre de la garnison dudit Rochefort*
« *tué nombre des huguenots trouvez en un presche public qui s'y*
« *faisoit, et mesme quelques femmes et enfants tuez à la meslée et*
« *par inadvertance*, etc[2]. »

Assurément, il devait coûter beaucoup au roi de proclamer ainsi,

---

[1] *Actes de Bret.*, t. III, col. 1677, 1681.

[2] *Actes de Bret.*, t. III., col. 1653, 1657, et col. 1667, 1675. — De Thou, liv. 120.

en les récompensant, la loyauté et l'honnêteté de ces capitaines coupables de tant d'excès ; mais la nécessité lui dictait sa conduite : parfois, cependant, son langage est plus sévère, même lorsqu'il pardonne : « Encore, dit-il, que nous eussions juste occasion de
« rechercher sévèrement la longueur et remise que aucuns de nos
« subjets apportent à la reconnaissance de nostre autorité, bien
« éloignez du debvoir auquel comme bons Français et fidelles subjets
« ils sont naturellement obligez, et que pour le mespris qu'ils sem-
« blent avoir fait de tant de commandements exprès qui leur ont esté
« faits par nos édits et déclarations, ils deussent encourir les peines
« portées par iceux; toutes fois, etc[1]. »

Mais à qui Henri IV n'était-il pas forcé de faire les plus grandes concessions, puisque la Fontenelle lui-même obtenait des lettres d'abolition et des récompenses considérables ? « Nostre cher et bien
« amé Guy Eder, sieur de la Fontenelle, nous a fait congnoistre,
« que son intention a toujours esté de n'adhérer à estranger ou
« autre quelconque personne qui veuille attenter à l'usurpation et
« démembrement de cet État..... Nous avons eu agréable sa très-
« humble submission. » Le roi, sur la requête du brigand, ordonne qu'il ne se *fera aucun exercice que de la religion catholique, apostolique et romaine*, dans la ville de Douarnenez et dans les autres lieux de l'île Tristan et pays circonvoisins. Puis, il accorde à Fontenelle et à ses officiers les mêmes grades dont ils jouissaient; enfin, il les décharge de *tous crimes, malefices, meurtres, bruslemens*, etc[2].

Après la lecture de pareils traités, peut-il rester le moindre doute sur la nature des motifs qui avaient dirigé les principaux chefs de la Ligue en Bretagne ? Que l'on ne dise pas que ce sont là les exceptions; que, dans toute guerre, il y a des excès; dans tout parti, des hommes indignes. Non, ce ne sont pas des exceptions; ce que l'on rencontrerait au contraire difficilement, c'est la noblesse des sentiments, la pureté des convictions, l'élévation du désintéressement. Que l'on ne vante donc pas, de nos jours, cette triste époque de la fin du xvie siècle; et que l'on ne métamorphose pas en héros, nobles défenseurs de la religion et de la patrie, ces hommes dont nous avons vu les exploits, dont nous avons apprécié la conduite.

[1] *Actes de Bret.*, t. III, col. 1674.
[2] *Actes de Bret.*, t. III, col. 1647, 83.

CHAPITRE XI.

Les bourgeois, opprimés, mécontents, perdent leurs illusions et leurs espérances. — Souffrances des populations des campagnes. — Défection des villes, soumission de Saint-Malo, de Morlaix, de Quimper, de Dinan, de l'évêché de Léon. — Dispositions des Nantais; Mercœur implore lui-même l'appui de la bourgeoisie; l'on députe vers le roi.

« La guerre, écrivait Montmartin, était un nouveau genre de « crucifiement pour le peuple. » En effet, les souffrances de la Bretagne furent alors à leur comble; et l'excès de la misère dut faire disparaître les illusions et les espérances qui avaient jeté les populations bretonnes dans le parti de la Ligue. Les bourgeois des villes reconnaissaient, un peu tard il est vrai, qu'ils étaient surtout les malheureuses victimes de l'ambition des chefs, et que la défense de la religion n'était qu'un prétexte : ce n'était pas pour cette noble cause qu'on leur imposait chaque jour de nouveaux sacrifices; ce n'était pas même pour assurer leurs franchises, pour augmenter leurs priviléges : franchises et priviléges étaient au contraire bien plus menacés par les gouverneurs militaires des villes, par Mercœur et ses officiers : la loi du plus fort devenait le seul droit reconnu; l'insolente tyrannie des temps féodaux semblait reparaître.

Ainsi, Nantes même, la capitale de Mercœur, la ville qui méritait le plus d'être ménagée par le duc, était soumise à une véritable terreur, depuis que les principaux de la bourgeoisie, avec le maire Charles Harrouys, avaient été jetés en prison : les habitants étaient écrasés d'impôts; l'on exigeait des plus riches des emprunts forcés; l'on vendait les biens de ceux qui étaient attachés au parti contraire;

il y avait des suspects, et un système complet d'espionnage avait été organisé; des capitaines et des cinquanteniers, choisis parmi les plus exagérés, avaient été chargés de s'informer, dans leurs quartiers, de ceux qui pourraient avoir des intrigues avec le roi de Navarre, et des visites domiciliaires étaient souvent faites par les délégués de la Ligue[1].

La milice était continuellement sous les armes; ce qui n'empêchait pas Mercœur d'entretenir dans l'enceinte même de la cité de nombreux soldats, chargés surtout de surveiller les habitants ; et ceux-ci, qui avaient si souvent réclamé sous les Valois contre ces abus, payaient maintenant des impôts beaucoup plus lourds que jamais, étaient pillés plus que jamais, et chaque jour voyaient diminuer leurs ressources. Le commerce était, sinon interrompu, au moins très-entravé : le bas de la Loire était menacé par les ennemis; toute communication avec les villes qui n'étaient pas de l'Union, était défendue; et, d'ailleurs, les relations n'étaient nullement assurées, au milieu des désordres de la guerre. Puis, les monnaies étaient décriées : le parlement de Nantes avait fait frapper des pièces au nom de Charles X; mais leur valeur était tombée en peu de temps : dès 1591, le bureau représentait au conseil d'État que le peuple refusait de les recevoir, et il fallait des ordonnances sévères pour leur donner cours forcé[2]. Ajoutez à cela que les terres étaient mal cultivées; que la disette et de terribles maladies épidémiques venaient encore se joindre aux autres maux qui accablaient la bourgeoisie.

Nantes était la ville privilégiée de la province, les autres places étaient plus malheureuses encore : ou bien elles gémissaient sous la domination brutale des gens de guerre, qui y tenaient garnison, et qui rançonnaient les habitants à plaisir; ou bien il leur fallait continuellement repousser les attaques des ennemis, soutenir

---

[1] Plusieurs procès-verbaux de ces visites domiciliaires se trouvent aux Archives municipales de Nantes : 10, 12, 13, 17, 20 janvier 1592, par exemple.

[2] Travers, t. III, p. 60. — Id. Traité des monnaies de Bretagne, p. 147. Arrêt du parlement de Nantes, qui défend de faire circuler les pièces de 2 sous 6 deniers et de 15 deniers, qui ne sont pas marquées aux armes de France, et autorise à recevoir les demi-réales d'Espagne, jusqu'à concurrence du $\frac{1}{2}$ de la dette (14 août 1591). — Arrêt du parlement qui défend, sous les peines les plus sévères, de refuser les pièces marquées aux coins de France et d'Espagne, et les demi-réales (19 août). (Archives de Nantes).

des siéges désastreux, et subir le pillage ou le massacre, ordonné par les vainqueurs, quand l'on n'avait pu obtenir de capitulation. Presque toutes les villes de Bretagne furent, pendant la guerre, prises et reprises plusieurs fois par les partis opposés, et nécessairement leurs habitants durent toujours payer les frais de la guerre. La ville de Malestroit tombe au pouvoir de Mercœur en 1589, puis est reprise par les royalistes; elle est encore assiégée par les ligueurs en 1591, et maltraitée, comme la première fois; elle subit un troisième siége en 1592, et elle est de nouveau pillée par Mercœur, qui doit encore la perdre. Tréguier est une première fois ravagé par les ligueurs, à la fin de 1589; les soldats fouillent les tombeaux, enlèvent les ornements des églises et les vases sacrés, pillent la ville et en brûlent une partie. En 1591, Tréguier et les environs sont ruinés par les royalistes et les ligueurs : en 1592, les Espagnols descendent sur les côtes, et achèvent de détruire ce qui avait été épargné; ils emportent même un bras de saint Tugdual et un bras de saint Yves, d'abord à Bréhat, ensuite en Espagne ; ils embarquent tout ce qu'ils peuvent prendre, puis ils mettent le feu à la ville, et « furent brûlées sept cent vingt maisons des plus belles, « qui se trouvaient, et se voient les ruines et triste spectacle d'icel- « les encore à présent. » La ville ne devait jamais recouvrer sa splendeur passée [1].

Ainsi l'on pouvait apprécier les résultats d'une lutte qui se prolongeait sans issue. Mercœur, il est vrai, avait considérablement augmenté sa puissance : sa vanité devait être satisfaite ; plusieurs de ses capitaines avaient gagné de bonnes places, et s'étaient enrichis par le pillage. Mais le pays était désolé par ces mille combats que se livraient sans cesse, sur tous les points de la province, les hommes des deux partis ; par ces surprises continuelles, ces ravages de chaque jour, ces massacres cruels, qui ne laissaient à personne dans les campagnes un seul moment de repos et de sécurité. Nous avons déjà vu l'état misérable dans lequel étaient réduites les populations de la Bretagne par les bandes de soldats qui la parcouraient en tous sens : la Magnanne, la Fontenelle et tant d'autres brigands attaquaient sans pitié royalistes et ligueurs, pourvu qu'il y eût à

---

[1] Enquête faite par les ordres de Sully après la guerre civile, dans Habasque, *Notions historiques*, etc. *sur le littoral des Côtes-du-Nord*, t. I, p. 91.

piller ; puis les Anglais au nom du roi, les Espagnols au nom de la Ligue, semblaient rivaliser de zèle et de fureur pour ruiner la malheureuse Bretagne. Partout on ne rencontrait plus que villes brûlées, châteaux abattus, villages en cendres, récoltes perdues ou terres en friches. Les paysans se réunissaient par troupes armées, pour pouvoir récolter quelques grains de blé noir à moitié mûr, ou relever un reste d'épis broyés contre le sol. On voyait ces malheureux, décharnés par la souffrance et la faim, mettre le feu aux ajoncs des landes, pour y jeter en tremblant quelques semences, s'atteler comme des bêtes de somme à la charrue commune, ou même creuser la terre avec leurs ongles. « La plupart des chaumières étaient
« incendiées ou désertes, *le tout étant brûlé ou emporté par les*
« *hommes de guerre : aussi, un grand nombre de menu peuple,*
« *tant à la ville qu'aux champs, pâtirent beaucoup, et bonne*
« *partie moururent de nécessités, sans qu'il y eût moyen de les sou-*
« *lager.* Car les pauvres gens n'avaient pour retraite que les buis-
« sons, où ils languissaient pour quelques jours, mangeant de la
« vinette (oseille sauvage) et autres herbages aigrets ; et même
« n'avaient moyen de faire aucun feu, crainte d'être découverts par
« l'indice de la fumée ; et ainsi mouraient dans les parcs et les fossés,
« où les loups, les trouvant morts, s'accoutumaient si bien à la chair
« humaine, que, dans la suite, pendant l'espace de sept à huit ans,
« ils attaquèrent les hommes étant même armés, et personne n'osait
« aller seul. Lorsque la nuit était venue, le cri sinistre *Arz-ar-bleiz*
« (arrête le loup), retentissait dans les campagnes[1]. »

Le chroniqueur ajoute : « Pendant cette cruelle famine, en quel-
« ques endroits aux champs, les uns faisaient bouillir avec de la
« vinette des orties, et allongeaient leur chétive vie de quelques
« jours ; les autres mangeaient lesdites herbes toutes crues, et d'au-
« tres mangeaient de la graine de lin, qui leur donnait une puanteur
« d'haleine qu'on sentait de huit à dix pas ; après quoi ils venaient
« à enfler par tout le corps, et de cette enflure peu échappaient qui ne
« mourussent. On ne trouvait autre chose dans les fossés et par les
« chemins que morts de faim, partie ayant encore la vinette ou
« graine de lin dans la bouche, partie déjà mangés des loups[2]. »

[1] Moreau, p. 335. 337.
[2] Moreau, p. 337.

Tels sont les récits lamentables du chanoine Moreau, témoin de toutes ces calamités, et qui, ligueur assez convaincu lui-même, n'avait pas intérêt à exagérer les souffrances du peuple. D'ailleurs, tous les contemporains confirment les détails que nous venons de transcrire ; des deux côtés, l'on fait le triste aveu de l'état déplorable dans lequel se trouvait la Bretagne à la fin de cette malheureuse guerre civile. Mercœur, dans des lettres qui établissent un nouvel impôt pour le siége de Malestroit, déclare que ceux du plat pays sont contraints *abandonner leurs demeures et se retirer aux forteresses, tellement que les champs demeurent déserts et les terres non cultivées*[1]. Nous avons déjà rappelé les tristes doléances des ligueurs eux-mêmes, surtout aux États de Vannes de 1592, 1593, 1594.

Les députés des trois ordres de l'évêché de Léon disent, en se soumettant, *que le pays est réduit en toute désolation, tant par la peine et mort des hommes, que par la ruine et ravage des biens*[2] (1594). *Le seigle et le blé*, écrit le bourgeois Pichart, *valent douze à quinze fois leur valeur ordinaire : c'est pitié du pauvre peuple des champs que l'on voit venir en cette ville demander l'aumône ; mais ce n'est rien, au prix de ce que l'on voit sur les champs*[3]. *Le peuple*, ajoute Montmartin, *dans plusieurs endroits, ne vivait plus que d'herbes, parmi les champs, pour la grande stérilité des blés ; et il y a eu père châtié pour avoir tué son enfant, le voyant languissant de faim.*

Le parlement de Rennes, dans ses doléances au prince de Dombes, expose les misères des paysans pris, jetés dans les cachots et mis à rançon : « On les force aussi à aller travailler aux fortifications ; et
« le capitaine a fait pendre des laboureurs, pour ne s'être pas trou-
« vés au jour assigné à travailler auxdites fortifications, réputées
« inutiles. Une infinité de voleurs, sous le nom de soudards, bat la
« campagne, tourmente le pauvre peuple, oblige les laboureurs à se
« réfugier dans les villes ; et comme ces brigands enlèvent de
« force tout le bétail, et que la terre n'est plus labourée, il ne
« peut manquer de s'ensuivre une disette générale[4]. » Voilà ce que

---

1 *Actes de Bret.*, t. III, col. 1543.
2 *Actes de Bret.*, t. III, col. 1599.
3 Pichart. — *Actes de Bret.*, t. III, col. 1752.
4 *Table raisonnée des registres secrets du parlement*, t. V, p. 602.
 « Les soldats se répandaient par bandes, dans les campagnes, sans chefs, sans

les magistrats écrivent au commencement de la guerre. Trois ans plus tard, les États adressent au roi les remontrances les plus douloureuses. « La licence des gens de guerre en vostre dit pays a esté
« et est telle et si déréglée sur vostre pauvre peuple, qu'ils n'ont
« obmis ni espargné aucune espèce de violences, pour espuiser sa
« substance; et ont exercé toutes les cruautez que la corde, le fer
« et le feu ont pu administrer pour rançonner le paisan laboureur et
« le marchand du plat pays innocent; et après les avoir misérable-
« ment tourmentez et gehennez en leurs personnes pour extorquer
« leurs deniers, pillé, bruslé les maisons et meubles qu'ils ne pou-
« voient emporter, ont finalement pris le bestail jusqu'aux porcs, et
« icelui rançonné par teste; et non contents de tant d'oultraiges, ont
« violé femmes et filles sans aucune considération d'âge; encore ont
« contraint les pères de rachepter leurs enfants pupilles, et les maris
« leurs femmes; et réduit vostre peuple à telle extrémité, qu'il a esté
« contraint d'abandonner maisons et familles, et chercher l'espoir de
« la sûreté aux forests entre les plus cruelles bestes, néantmoins la
« rigueur de l'hyver, aimant mieux habiter avec les animaux sau-
« vaiges et chercher leur vie, que de languir et mourir prisonniers
« entre les mains des gens de guerre, de tourmens, de faim et d'ennui,
« par faulte de moyens pour se rachepter; et se sont tellement des-
« pouillez de toute humanité et laissé aller à la cruauté, qu'ils ont
« dénié les corps morts en leurs prisons à la parentelle pour les
« inhumer, jusqu'à les rachepter, faisant languir les vivans avecque
« les corps des morts en leurs dites prisons, ce qui a tellement
« ruiné vostre peuple, que les paroisses entières se voient désertes,
« les grosses bourgades abandonnées de tous habitans, etc[1]. »

Est-il possible de rien ajouter à ce tableau lamentable, présenté au roi par les députés de la province? et le chanoine Moreau peut-il être accusé d'exagération?

Quatre ans plus tard, les mêmes États de Rennes répètent leurs doléances, pour ainsi dire dans les mêmes termes : « Le pauvre
« peuple a été réduit à telle extrémité, qu'il semble maintenant avoir

---

« discipline, tuant, pillant, selon leurs caprices, et cela au mépris de la trêve,
« faisant beau ménage tout à leur aise, suivant les paroles d'un contemporain,
« sans distinction de ligueurs et de royalistes. » *Notice sur Mordelles*, par M. l'abbé Oresve, dans le *Dictionnaire de Bretagne*.

1 *Registres des États*, 4 janvier 1593 : dans les *Actes de Bret.*, t. III, col. 1557.

« déposé toute humanité pour vivre à la façon des brutes, ne res-
« tant que bien peu de noblesse et d'habitans audit pays[1]. » En
effet, le chanoine Moreau, résumant, à la fin de son lamentable récit,
les malheurs de la guerre, affirme que dans telle paroisse où il y avait
jadis plus de douze cents communiants, *il ne s'en trouve pas douze*,
surtout dans les cantons éloignés des villes et des places de retraite[2].

Dans une remontrance au roi sur les misères de la province, les
mêmes douleurs sont vivement rappelées : « L'on a vu les labou-
« reurs, les veuves, les orphelins et autres personnes misérables,
« fuir dans les champs, et périr sous les coups des soldats. Et si
« d'aventure il s'en est trouvé qui aient pu éviter telles cruautés, ils
« ont été finalement contraints de se retirer ès bois et forêts, comme
« à un asyle, espérant trouver plus d'humanité entre les bêtes brutes
« et farouches, qu'ailleurs entre les hommes qu'ils ont trouvés
« sans merci et sans compassion[3]. »

Cette grande misère qui désolait les campagnes était l'une des
causes de la misère des villes. « Elles fourmillaient, dit Moreau, de
« pauvres qui s'y jetaient de toute part, en si grand nombre qu'il
« était impossible d'y subvenir à tous ; de manière qu'il était néces-
« saire tôt ou tard qu'ils mourussent pauvrement, et principalement
« en hiver, étant mal nourris, presque tout nus, fors quelques dra-
« peaux pour couvrir leur honte, sans logemens ni couvertures que
« les étaux ; et où ils trouvaient des fumiers, ils s'enterraient dedans
« comme pourceaux, où toutefois ils n'étaient guère de temps qu'ils
« n'enflassent fort gros avec une couleur jaune qui les faisait inconti-
« nent mourir..... Le mal jaune, comme on appelait cette terrible
« maladie, emportait son homme en vingt-quatre heures ; et si le
« malade passait le troisième jour, il en échappait[4]. »

---

[1] *Registres des États,* Arch. d'Ille-et-Vilaine. — De Piré, t. II, p. 298.

[2] Moreau, p. 344.

[3] *Mém. de la Ligue,* t. VI, p. 601.

[4] Moreau, p. 338. — Les *Registres du parlement de Rennes* sont remplis de tristes documents de cette nature : Remontrances sur les misères de la province (5 août 1593). — Plaintes des délégués de la Basse-Bretagne (févr. 1595). — Désordres des gens de guerre (24 mars 1597). — Rennes surchargée de pauvres mendiants (27 mars). — Misère incroyable de l'évêché de Cornouaille : *les malades et les enfants, qui ne peuvent se retirer dans les villes, meurent de faim et leurs corps sont dévorés des chiens et des loups* (17 avril), etc., etc.

L'histoire particulière des villes vient confirmer l'exactitude de ce récit : à Nantes, par exemple, les pauvres affluaient de toutes parts, et ne trouvaient pas où s'abriter pendant la nuit; on les parquait dans les cimetières (ordonnance du 2 septembre 1596); on leur distribuait quelques morceaux de pain de seigle, au delà des portes de Saint-Pierre, de Saint-Nicolas, de la Poissonnerie; et comme le miseur déclarait que les ressources de la ville étaient épuisées, on forçait tous les malheureux qui n'étaient pas du diocèse, à se retirer dans les vingt-quatre heures. Les hôpitaux ne pouvaient suffire aux malades ; on les entassait jusque dans les greniers : vainement, Mercœur réunissait les médecins, pour conjurer les épidémies par des ordonnances sanitaires; vainement on multipliait les processions à travers la ville, et jusqu'à Saint-Sébastien; le mal poursuivait ses ravages. A Quimper, la mortalité était si grande, en 1594 et 1595, que l'on ne trouvait plus de place dans les églises, dans les cimetières de la ville et des faubourgs, pour enterrer les morts, etc. A cette époque l'on fait remonter l'érection des croix de pierres *écotées*, que l'on rencontre dans les campagnes de la Basse-Bretagne, et qui y sont connues sous le nom de *croix de la peste*[1]. Aussi, même avant la conversion du roi, la souffrance avait déjà dissipé bien des illusions : « Le peuple, las de la guerre et des grands subsides, écrit « Duplessis dès le mois de septembre 1592, commence à détester le « nom du duc, tellement que Mr de Mercœur n'oseroit ouvrir la « bouche de ses prétentions[2]. » A plus forte raison, lorsque la nouvelle de son abjuration se fut répandue, beaucoup d'hommes, dans les villes surtout, furent ébranlés dans leurs anciennes convictions; beaucoup, s'ils l'avaient osé, se seraient empressés de reconnaître, comme roi légitime, le Béarnais catholique. L'on n'ajoutait plus foi aux déclamations de Mercœur et de ses partisans intéressés; *à Nantes même, malgré les prescheurs qui continuent tousjours leur stile, le peuple crie la paix*[3]. Beaucoup de villes commençaient à se détacher du parti de la Ligue ; et là même où de nombreuses garnisons faisaient encore redouter la puissance du prétendant, des voix s'élevaient pour exprimer les sentiments de la bourgeoisie, ses douleurs et ses vœux.

---

[1] Travers, t. III, *passim*. — Moreau, p. 262. — Note de M. Paul de Courcy.
[2] Mémoire au roi, 2 septembre 1592.
[3] Lettre de Duplessis à Villeroy, 1er janvier 1595.

Je trouve la preuve de ce que j'avance dans un livre, assurément peu connu, mais curieux à plus d'un titre : ce n'est pas un pamphlet; c'est un ouvrage sérieux, composé par un grave et savant magistrat, Regnault Dorléans, conseiller au siége présidial de Vannes[1]. Mercœur a lui-même engagé l'auteur à publier le résultat de ses études et de ses observations; c'est à Mercœur que le livre est dédié : dans cette dédicace, où perce une certaine ironie, Dorléans se proclame *bon Français*, et ennemi des Espagnols, qui veulent ruiner ce royaume de France, jadis si florissant. Ce sont les prétentions de Philippe II qu'il attaque principalement ; c'est la loi salique qu'il soutient; c'est la royauté légitime de Henri IV, qu'il proclame *le plus beau et le plus parfait de tous les États, gouvernements et républiques du monde*. Si, passant en revue les différents ordres de l'État, il signale les abus et les vices, sources de nos malheurs, et les moyens d'y porter remède et de gouverner les Français, au milieu de ses dissertations politiques, la voix de la bourgeoisie mécontente éclate, ses plaintes douloureuses vont frapper l'oreille de Mercœur lui-même.

« Maintenant, s'écrie-t-il, les François ne répètent la justice que
« par duels, ne recognoissent supérieur sinon que lorsqu'ils sont
« contraints; chacun se veut dire libre, grand et digne de comman-
« der. Le roy n'est plus que le valet ; les princes ne sont plus que
« subjets; et la justice demeure enfermée soubz les fers de silence
« et de crainte. Nous sommes, dit-il autre part, les misérables spec-
« tateurs de ceste Tragédie qui se voit au théâtre de la France,
« chacun y jouant son personnage, qui d'espérance, qui de déses-
« poir, qui de rapine, qui de ruyne, comme la saison le porte. »

Et plus loin : « Malheur, dit le Sauveur, sur le royaume divisé en
« soy, car il tombera en désolation; et n'y demeurera pierre sur
« pierre. Nous en pouvons sçavoir les expériences par la longueur
« du temps qui nous y a consummez, et ne pense homme, fust-il de
« fer ou de diamant, qui ne se sente lassé de ceste maudite guerre

---

[1] *Les observations de diverses choses remarquées sur l'Estat, couronne et peuple de France, tant ancien que moderne;* par noble homme Regnault Dorléans, sieur de Since, conseiller au siége présidial de Vennes (sic) en Bretagne; à Vannes, de l'imprimerie de Jan Bourrelier, 1597. — Le livre contient, outre la dédicace, 270 pages; il est divisé en 26 chapitres.

« civile, qui ne sert que de risée aux peuples estrangers, qui nous
« mangent et se mocquent de nous à nos despens. »

C'est le peuple qui souffre surtout de ces misérables discordes :
*Il sert de bœuf, d'asne, et de cheval de louage aux Roys, aux Princes,
et aux Nobles : mais encore fault-il luy laisser quelque repos, et
ne pas le travailler, comme on faict ordinairement. — Quel plaisir
y a-t-il de voir un seigneur riche, et tous ses subjects coquins et
belistres ? Autant qu'à voir un petit bossu maigre et contrefaict,
qui n'a pas les jambes plus grosses que fuzeaux, et porte sa bosse
plus grosse et grande que le reste du corps. Si quelqu'un veut
prendre garde à l'excessive levée des tributs, il trouvera qu'il n'y
a rien qui puisse tomber au commerce des hommes, qui ne soit
chargé de gabelle; les choses sont réduictes à ce point qu'il ne reste
plus au pauvre peuple que la voix pour se plaindre de son
malheur* [1].

Voilà quels étaient les sentiments de la plupart : les vieilles
espérances de l'indépendance bretonne s'affaiblissaient ; et les habitants des villes apprenaient chaque jour, au milieu des souffrances
et des horreurs de la guerre, que la domination royale, capable de
faire respecter l'ordre et la justice, valait en définitive beaucoup
mieux que le despotisme insolent des chefs militaires.

Les habitants de Saint-Malo, depuis la mort du comte de Fontaines,
formaient une véritable république, obéissaient seulement à leurs
lois et à leurs magistrats, et songeaient avant tout à étendre leurs
relations commerciales et leur puissance maritime. Mais de bonne
heure ils reconnaissaient la faiblesse du parti ligueur, et se soumettaient à Henri IV, en obtenant, par un traité solennel, ce qu'ils
désiraient surtout, le maintien et l'extension de leurs priviléges et
de leurs franchises. D'abord, leurs députés, venus à Rennes, avaient
reçu du maréchal d'Aumont mainlevée de leurs biens saisis ; puis
ils avaient envoyé au roi des notables de la ville pour traiter avec
lui. Henri IV crut ne pouvoir payer trop cher une ville aussi
importante par ses richesses, sa position et la bravoure de ses habitants : aussi, leur accorda-t-il une capitulation très-avantageuse. Le
préambule est d'un singulier ton d'emphase triomphante : « Le
« mesme rayon de ce soleil divin et tout-puissant, seul auteur et

---

[1] Dorléans, p. 211, 131, 232, 238, 240, 246.

« protecteur de cette monarchie françoise, qui a dissipé les nuages
« desquels nostre âme auroit été circonvenue, incontinent après
« nostre naissance jusqu'à nostre conversion,...... a dessillé les yeux
« de nos subjects offusquez d'infinis artifices et faux prétextes...
« Maintenant, la pluspart de nos subjects qui sembloient les plus
« éloignez de nostre recognoissance, se sont trouvez sans force,
« promesse ni espérance. » Il veut bien rejeter leur faute sur l'ardente dévotion que les Français portent au service de Dieu, et lui rend des grâces infinies d'avoir sauvé l'État ravagé et presque détruit par les étrangers, qui espéraient profiter de *la simplicité* des ligueurs, pour démembrer la France. Il reconnaît que les Malouins, quoique un peu tard, « se sont courageusement opposez à diverses
« pratiques secrètes, intelligences et entreprises ouvertement ten-
« tées sur ladite ville par les ennemis de la royauté........ Ils se sont
« garantis de la puissance et violence de nos ennemis, lesquels, sous
« l'apparence de la religion et d'une feinte amitié et communication
« familière, s'en vouloient emparer, etc. En conséquence, mettant
« sous le pied toutes choses à son préjudice, il leur accorde : »

1° Que la religion catholique sera seule exercée dans la ville, ses faubourgs et à trois lieues à la ronde; l'édit de 1577 sera d'ailleurs observé; il prend sous sa protection tous les ecclésiastiques, et ordonne de leur rendre leurs biens, franchises et immunités.

2° Il ne veut *autre garnison, pour la sûreté de ladite ville, que la bonne volonté et affection des habitants ;* le gouverneur sera catholique et agréable aux habitants.

3° Ils seront exempts pendant six ans de toutes tailles et emprunts, excepté de l'imposition levée en dernier lieu par Henri III, pour la garnison et les besoins de la guerre.

4° et 5° Ils obtiennent l'abolition complète de tout ce qu'ils ont fait pendant la dernière guerre ; et ici l'édit entre dans les détails les plus minutieux.

6° Ils sont confirmés pour dix ans dans la jouissance pleine et entière de tous les priviléges, franchises, libertés et droits accordés par les ducs de Bretagne et les rois de France.

7° Ils exerceront librement le commerce avec tous les États, républiques et royaumes quelconques, conformément aux traités faits avec les princes ou pays étrangers.

9° Le conseil établi par les habitants doit continuer comme par le passé; tous les jugements rendus par lui seront confirmés.

14° Le roi crée un prieur et deux consuls pour juger en première instance les procès concernant le commerce, à l'instar de ceux qui déjà sont établis à Rouen.

15° Il est permis aux habitants de fondre les pièces d'artillerie dont ils pourront avoir besoin soit pour leur défense, soit pour les nombreux vaisseaux qui courent sur les mers[1].

18° Pour récompenser les artisans de leurs peines et fatigues, *il ne se pourra habiter en icelle aucun artisan ou gens de mestier estrangers de quelque art, qualité et condition qu'ils soient, sans la volonté et consentement du corps et communauté de la ville, et par requeste présentée en assemblée générale desdits habitants, et qu'ils n'y puissent lever boutique qu'en faisant chef-d'œuvre et par leur consentement, etc*[2].

C'est bien là, comme l'a dit Châteaubriand avec un orgueil patriotique, une belle capitulation; la ville traitait de puissance à puissance avec le roi de France lui-même[3]. Quelques jours après, les Malouins obtiennent du roi de nouvelles concessions ; par un privilége spécial, il accorde aux juges de Saint-Malo le pouvoir de connaître et de décider en première instance tous cas royaux qui surviendront en l'étendue de leur juridiction ; ainsi, la ville avait le grand avantage de se soustraire à la juridiction du parlement de Bretagne[4]. Les Malouins reçoivent encore du roi des lettres par lesquelles il était défendu aux étrangers de faire dans la ville le même commerce que les habitants : ils conservaient donc toujours ce même esprit d'intérêt local et exclusif qui les avait dirigés pendant les troubles de la Ligue.

Un écrivain breton, que son amour souvent aveugle des temps passés entraîne parfois au delà des limites de la vérité, M. de Courson, après avoir rappelé et interprété à sa manière la conduite des Malouins, s'empresse d'attaquer sans explication les progrès de la liberté moderne, l'optimisme des politiques et des légistes actuels :

---

[1] Philibert de la Guiche, grand-maître de l'artillerie de France, en vertu de cet article, leur permet de faire fondre cent pièces de canon, à la condition toutefois qu'elles seront marquées et armoriées de France.

[2] L'édit est enregistré au parlement de Rennes, le 5 décembre 1594 : *Actes de Bret.*, t. III, col. 1605, 1612.

[3] *Mémoires d'outre-tombe.*

[4] *Actes de Bret.*, t. III, col. 1617.

« Nous nous permettrons d'observer, ajoute-t-il, qu'en fait de carac-
« tères, le dix-neuvième siècle nous semble fort inférieur au
« seizième. » Je comprends fort peu cette observation ; seulement,
sans vouloir déprécier en rien le caractère des Malouins du XVIᵉ
siècle, je les vois, avant tout et toujours, préoccupés des intérêts de
leur commerce et de leur richesse : c'est là leur premier principe ;
leur histoire pendant la guerre le prouve suffisamment. Après leur
soumission, ils sont toujours les mêmes[1] ; ainsi, lorsque Henri IV
déclare la guerre à l'Espagne, ils sont très-mécontents, à cause de
leurs relations commerciales, qu'ils ne voulaient pas interrompre, et
l'on engage même le maréchal d'Aumont à surveiller leurs démarches[2]. L'année suivante, après la prise de Calais par les ennemis,
craignant de perdre leur trafic d'Espagne, *ils furent*, dit Pichart, *en
grand branle de se donner à l'Espagnol, et y eut grand murmure
en la ville, mesme à mettre d'aucuns des prisonniers plus mutins;
et toutefois ils demeurèrent en leur debvoir, soit par crainte ou
autrement*. Ce ne sont pas là sans doute les caractères que le XIXᵉ
siècle aurait à envier à un siècle qui eut, lui aussi, ses misères et
ses tristes passions[3].

La reddition de Morlaix n'est pas moins curieuse et instructive :
c'était la seule place de l'évêché de Léon que l'activité de Sourdéac,
le brave gouverneur de Brest, n'eût pas soumise à l'autorité du roi ;
tout le monde reconnaissait l'importance de cette position : les États
de Bretagne avaient écrit à Henri IV que la prise de Morlaix avan-
cerait de *beaucoup la réduction des trois évêchés les plus rebelles
et au meilleur pays de la province, à savoir : Léon, Cornouaille et
Tréguier*[4]. Aussi, le maréchal d'Aumont, après la soumission de
Guingamp, s'était dirigé vers cette ville. Les habitants de Morlaix
avaient jadis déployé le plus grand zèle contre les royalistes ; le
conseil de la Sainte-Union, qui se réunissait trois fois par semaine,

---

1 Ils s'adressent fréquemment à Henri IV, pour soutenir leurs réclamations
auprès du gouvernement anglais ; c'est ainsi qu'il demande en leur faveur, à
Élisabeth, la faculté de pouvoir naviguer et trafiquer librement dans tous les
pays et villes de l'obéissance de la reine d'Angleterre. (Lettres du 15 février, du
29 novembre 1595 ; — lettres du 11 juin et du 17 novembre 1596, etc.)

2 Lettre de Duplessis, 29 février 1595.

3 Pichart : *Actes de Bret.*, t. III, col. 1749.

4 *Actes de Bret.*, t. III, col. 1605.

dans la salle des Jacobins, avait gouverné la ville et les paroisses voisines avec une autorité souveraine, réglant les impôts et les cotisations, distribuant les armes, organisant les compagnies urbaines et les contingents des paroisses, emprisonnant les suspects, accordant de véritables certificats de civisme[1]. Mais cette ardeur s'était peu à peu calmée; et l'on était forcé, pour la ranimer, de faire un règlement condamnant à l'amende les membres qui feraient défaut aux séances du conseil.

En 1594, beaucoup de bourgeois étaient disposés à abandonner le parti de la Ligue : la guerre les fatiguait; et, malgré l'approche du maréchal, ils n'avaient pas voulu recevoir dans leurs murs le comte de la Magnanne et son régiment. Mais ils redoutaient le gouverneur du château, François de Carné, seigneur de Rosampoul, homme fier et absolu, qui profitait de sa position pour s'enrichir, exigeait des habitants une obéissance servile, et les maltraitait avec un orgueil insolent. Il avait même dernièrement menacé de faire pendre Bernard le Bihan, seigneur du Randour, vieillard respectable, qui exerçait les fonctions de sénéchal[2]. Mercœur, pour retenir les habitants dans son parti, les exhortait par ses agents à la patience, leur annonçant qu'il espérait conclure bientôt une paix générale qui leur serait très-avantageuse.

Cependant, le maréchal s'était avancé jusqu'à Lanmeur, et les avait invités à se soumettre au roi. Alors, les principaux bourgeois se réunissent secrètement, et arrêtent de se rendre sous certaines conditions : ils font décider, dans une assemblée générale à la maison de ville, que l'on enverrait quatre députés vers le maréchal, pour lui offrir dix mille écus, s'il voulait s'éloigner pendant quinze jours, en attendant l'issue des négociations de Mercœur au sujet de la paix; et l'on s'arrange de manière à choisir pour la députation quatre de ceux qui voulaient rendre la ville. Tel était l'expédient auquel on

---

[1] « Sera baillé atestation au sieur de Coatlesper qu'il a toujours favorisé le « parti de l'Union et les habitants de ceste ville. » (Extrait du registre de la Ligue à Morlaix, au *Coyer pour les affaires de la ville.*)

[2] Moreau dit que ces menaces furent faites par une espèce de gentilhomme, confident de Mercœur, et envoyé tout exprès par lui pour défendre Morlaix contre les royalistes. Il ajoute : « Plusieurs, indignés de l'affront fait à leurs juges et « à eux-mêmes, se résolurent le même jour de changer de parti, et d'envoyer « vers le sieur maréchal à Guingamp. » (P. 183.)

avait recours pour tromper les nobles et les gens de guerre, qui se seraient opposés à la capitulation. Mais le gouverneur, instruit de leur départ et se défiant de leurs intentions, envoie des cavaliers à leur poursuite ; les députés avaient eu soin de prendre des chemins écartés, et le soir même ils arrivèrent au camp du maréchal. Au lieu de s'acquitter de leur mission officielle, ils lui présentèrent les articles du traité qui avaient été rédigés à l'avance dans l'assemblée secrète. D'Aumont se hâta d'accorder ce qu'on lui demandait, et l'on se prépara pour le lendemain (25 août) à pénétrer dans Morlaix. L'affaire était délicate ; il fallut recourir encore à la ruse. Deux députés restèrent auprès du maréchal, pour le guider et lui servir d'otages en même temps : les deux autres, de retour à Morlaix, affirmaient qu'il avait accepté les dix mille écus, et que l'on devait seulement se mettre en garde contre le gouverneur. N'avait-il pas envoyé ses gens de guerre pour les arrêter et leur faire un mauvais parti, quoiqu'ils fussent les députés de la ville ? Ne songeait-il pas à se réunir au comte de la Magnanne, dont on connaissait les exploits, pour se jeter sur les bourgeois et les massacrer ? Pendant la nuit, les maisons restaient éclairées par des lanternes, de peur d'une surprise ; et des gens dévoués aux bourgeois du complot, occupaient en armes deux des portes de la ville. Le lendemain, au point du jour, le maréchal d'Aumont entrait par l'une de ces portes avec son armée : le procureur des bourgeois, suivi de douze des principaux habitants, après une courte harangue, lui présentait les clefs de la ville ; les rues et les places étaient occupées sans résistance, et la plupart des bourgeois venaient saluer le maréchal et prendre l'écharpe blanche. Le gouverneur, le comte de la Magnanne, qui arrivait du pays de Tréguier, et bon nombre de soldats et d'habitants s'étaient retirés dans le château, et s'y défendaient courageusement. Le duc de Mercœur accourait avec des forces considérables : il avait donné rendez-vous au général espagnol don Juan d'Aquila, à l'abbaye de Rellec, à trois lieues de Morlaix ; puis il sommait le maréchal d'abandonner la ville, et de consentir à une trêve de trois mois, disant que telle était l'intention du roi ; sinon, il lui offrait la bataille. D'Aumont eut le bon esprit de continuer le siège du château, tout en se préparant à repousser l'attaque de Mercœur : heureusement pour lui, les deux chefs ennemis entrèrent bientôt dans de grandes contestations, dont nous indiquerons plus tard l'origine et le caractère. L'Espagnol voulait le pillage de la ville, et Mercœur s'y opposait ; enfin, don Juan d'Aquila, malgré les prières de ses alliés, se retira avec ses 5,000 soldats, et Mercœur fut contraint d'abandonner Morlaix. Les défenseurs du château avaient épuisé leurs dernières ressources : vainement ils avaient mis dehors toutes les bouches inutiles ; vainement ils en étaient réduits à manger leurs chevaux ; les provisions avaient bientôt disparu, car Rosampoul s'était précédemment montré fort avide et fort négligent, et il avait gardé pour lui l'argent que Mercœur lui avait envoyé pour ravitailler la place. Le château capitula le 21 septembre ; d'Aumont y laissa une garnison ; peu de temps après, M. de Boyseon, seigneur de Coëtinisan, fut nommé gouverneur de la ville par lettres patentes du roi (16 novembre 1594); deux ans plus tard, il reçut également le gouvernement du château. Les Morlaisiens sont dès lors fidèles : eux, qui naguère offraient à Rosampoul, le ligueur, un beau buffet doré, dépensent avec joie plus de 500 livres pour célébrer le baptême du fils de Coëtinisan, payer la sage-femme, la nourrice, les violons et le déjeuner de l'archidiacre[1].

Les habitants de Morlaix, en capitulant, avaient obtenu des conditions avantageuses, que le roi devait légèrement modifier, lorsqu'il approuva le traité fait par le maréchal. Ainsi, ils avaient demandé que l'exercice de la religion catholique fût seul permis, et qu'il ne fût fait aucun exercice de la religion prétendue réformée, ni dans la ville, ni dans tout le bailliage de Morlaix, ni dans celui de Lanmeur : le roi restreignait cette concession à la ville, château, faubourgs et autres lieux défendus par l'édit de 1577 (art 1). Ils voulaient qu'on n'établît aucun gouverneur dans la ville, qui ne fût catholique et du pays ; le roi déclarait seulement que, l'occasion s'offrant, il serait pourvu au contentement des habitants (art 3). Ils sont d'ailleurs maintenus dans tous leurs priviléges; *le fort du Taureau doit être manié suivant les anciens usages et priviléges de la ville par tels que bon leur semblera;* enfin, tout ce qui a été fait à l'occasion des troubles est déclaré aboli (art. 2, 6, 7, etc.)[2]. La prise de Morlaix était un événement très-avantageux au roi; Mercœur perdait une ville forte, qui lui procurait beaucoup de ressources : comme le disait le maréchal, « *je lui ai osté cent mille escus de rente tous les ans.* » Ce succès

---

[1] De Piré, t. II, p. 32-50. — Moreau, 181-184, 196. — Dom Taillandier, p. 435.
[2] *Actes de Bret.*, t. III, col. 1601, 1602.

amenait la soumission de toutes les places, de tous les ports que le duc avait encore dans le bas pays ; enfin depuis ce jour, la défiance ne fit que s'accroître entre les Espagnols et Mercœur[1]. La ville de Morlaix, ruinée par la guerre, la peste, la famine, accablée par une dette énorme, comme le prouvent les comptes du miseur, encombrée par une population dont les émigrations rurales avaient augmenté le nombre et la misère, ne s'est jamais relevée depuis cette malheureuse époque de son histoire.

Quimper ne tarde pas à tomber également entre les mains des royalistes ; depuis le commencement de la guerre, cette ville se gouvernait comme une sorte de république indépendante. Jean du Quellenec, seigneur de Saint-Quérec, qui y commandait, avait su, par la prudence de son administration, maintenir la paix et la tranquillité. Seulement, le conseil de la ville, trompé par les promesses perfides du comte de la Magnanne, avait eu l'imprudence de lui ouvrir les passages que l'on gardait aux environs de Quimper, et les villages voisins avaient été impitoyablement ravagés par ce chef de ligueurs pillards. Mercœur n'était pas très-satisfait de cette indépendance des habitants ; il aurait désiré mettre à la place du gouverneur un homme qui lui fût plus dévoué, et il avait même nommé à ce poste important le seigneur de Goulaine, l'un de ses fidèles lieutenants. Mais celui-ci n'avait pas été accepté ; et les Quimpérois avaient déclaré qu'il ne fallait rien changer à ce qui était établi, que la ville était capable de se garder elle-même : *et quand bien même*, ajoutaient-ils, *il eût été nécessaire de pourvoir un autre du gouvernement, il le fallait prendre du diocèse ou du langage du pays, et non pas un étranger, qui peut-être ôterait la liberté aux habitants, et les rendrait de libres, esclaves.* Preuve nouvelle de cet esprit d'indépendance locale, que nous avons plus d'une fois signalé ! A Quimper, comme dans les autres villes, beaucoup de bourgeois désiraient abandonner le parti de la Ligue ; une première tentative pour livrer la ville avait échoué (juillet 1594) : Lezonnet, gouverneur de Concarneau, jadis homme de confiance de Mercœur, maintenant réuni aux royalistes, déployait la plus grande activité pour donner Quimper au maréchal d'Aumont. Il avait dans la ville de nombreux amis : des négociations furent immédiatement entamées ; et les par-

[1] *Actes de Bret.*, t. III. col. 1611.

tisans de la soumission eurent assez de hardiesse pour se réunir dans une grande assemblée publique, au présidial même, sous la présidence du sénéchal Guillaume Le Baud. Celui-ci engage alors ceux qui l'entendent à reconnaître Henri IV, comme roi légitime ; son discours est l'expression franche et complète des sentiments qui animaient la bourgeoisie ; il parle surtout des malheurs de la guerre civile, dont ils sont les victimes, et des grands avantages que la paix doit leur procurer. « Quoique notre prétexte, ajoute-
« t-il, ait été spécieux de prendre les armes pour la défense de notre
« religion, par succession de temps, l'expérience nous a fait connaî-
« tre qu'il n'y a que de l'ambition parmi les chefs ; il faut une fois
« revenir au principe de reconnaître un roi ; c'est le vrai moyen de
« nous délibérer de tous nos maux ; la plupart des autres villes de
« la province se sont déclarées pour le roi, comme Saint-Malo,
« Hennebont, Guingamp, Morlaix, Redon et autres, même Messieurs
« les ducs de Guise et de Mayenne, qui étaient les principaux chefs
« du parti en France...... Notre voisin le sieur de Lezonnet, voyant
« bien que le duc de Mercœur n'avait les moyens de résister à la
« puissance du roi, s'est rendu avec la place de Concarneau sous
« l'obéissance du roi : aussi nous conseille-t-il d'en faire autant, sans
« attendre d'y être forcés... Il ne respire que notre bien, et assure
« obtenir du roi que chacun demeure en ses charges, sans aucune
« finance, outre que la ville pourrait obtenir quelques priviléges
« par rapport à sa prompte obéissance. » Le chanoine Moreau, qui raconte tous ces événements, et un autre conseiller, s'opposèrent seuls à cette résolution. Cependant, ceux qui ne voulaient pas se soumettre étaient encore nombreux dans la ville ; aussi les négociations et les exhortations échouèrent. Au commencement de septembre, Lezonnet vint attaquer la place, et fut même sur le point de la prendre ; mais elle fut secourue par la Grandville, jeune frère de Quinipily : Lezonnet y reçut la blessure dont il mourut plus tard, et fut contraint de se retirer ; la perte des royalistes aurait été considérable, si ceux des habitants, qui étaient d'intelligence avec eux, et qui étaient les plus empressés à garnir les murailles, n'eussent tiré à poudre sur leurs alliés secrets.

Après la prise de Morlaix, le maréchal d'Aumont, excité par Lezonnet et par les émissaires qui lui venaient de Quimper, se dirige vers cette ville, et arrive le 9 octobre au matin ; le siége commence immédiatement. Les deux partis qui divisaient la bourgeoisie étaient en présence ; les ligueurs espéraient qu'on allait leur annoncer la conclusion de la trêve promise, et que quelques jours de résistance les sauveraient. Dans une assemblée populaire sur la place publique, les ecclésiastiques étaient d'avis de ne pas se rendre, et s'offraient eux-mêmes pour défendre la ville ; les jeunes gens, entraînés par leur ardeur, étaient naturellement pour la résolution la plus courageuse. Mais les bourgeois les plus modérés, et les plus compromis par leur désir de la paix, étaient décidés à tout tenter pour soumettre Quimper au maréchal ; ils avaient eu l'adresse de faire envoyer à d'Aumont des députés, tous choisis dans leur parti, à l'exception d'un seul, qui devait les surveiller : ceux-ci avaient rapporté de belles promesses du camp des royalistes ; la ville était dans l'agitation. Alors ceux qui voulaient profiter de l'occasion pour se rendre, se réunissent dans une assemblée secrète, à laquelle assistaient les plus notables et même le gouverneur de Saint-Quérec : l'on envoie de nouveaux députés au maréchal, pour lui affirmer que la ville était prête à traiter, et pour le prier de donner à quelques personnes de confiance la mission de dresser les articles de la capitulation. D'Aumont, qui avait hâte d'entrer dans une place qui pouvait si bien se défendre, accorde les plus belles conditions, sauf à ne pas les exécuter toutes à l'avenir.

1° En tout l'évêché de Cornouaille, ne se fera aucun exercice de religion que de la catholique.

2° Les officiers de judicature, de guerre, de finances et autres seront catholiques ; le roi ajoute seulement cette restriction, que l'édit de 1577 sera observé.

7° La ville sera maintenue en ses priviléges, etc., et ce qui a été fait à l'occasion des troubles aboli.

10° Les gens de guerre de la garnison sortiront avec leurs armes et bagages.

11° Le maréchal lèvera le camp sans frais, et n'entreront aucunes gens en la ville, et ne feront dégast dans la campagne.

17° Le trafic dès à présent sera libre par mer et par terre[1].

Mais lorsque le maréchal fut dans la place, comme la fidélité d'un grand nombre d'habitants lui était toujours suspecte, il se hâta, pour

---

[1] Chambre des Comptes de Nantes : *Actes de Bret.*, t. III, col. 1602, 1603.

les contenir, d'y élever une forteresse. Il était d'ailleurs entré dans la ville avec ses gens de guerre, Français et Anglais, qu'il avait peine à contenir, et qui voulaient piller : puis il avait fait lever un impôt de 11,000 écus, un autre de 6,000, payables dans huit jours, sous peine de prison. Enfin les habitants furent forcés de prêter serment de fidélité, sous peine d'être traités en prisonniers de guerre, chose bien pénible pour beaucoup, puisqu'un vieillard, chanoine de Saint-Corentin, qui regardait encore le roi comme huguenot, eut tant de remords d'avoir souscrit à ce serment, qu'il en mourut, dit-on, de douleur[1].

C'est ainsi que partout, dans les villes de la Ligue, un peu plus tôt ou un peu plus tard, selon que les circonstances le permettaient, les bourgeois se ralliaient au parti de l'ordre, de l'unité, de la royauté, et retrouvaient même parfois du courage, à cause des vexations excessives que leur faisaient éprouver les chefs et les capitaines de la Ligue.

Dinan, ville alors très-forte, défendue d'un côté par la Rance, de l'autre par une muraille considérable, avait été livrée à Mercœur, dès l'année 1585; il y avait transféré le présidial de Rennes, et il y faisait battre monnaie. C'était la ville la plus importante qu'il possédât au nord de la province, et il y avait placé une grosse garnison, sous le commandement de son lieutenant dévoué Saint-Laurent. Les habitants, opprimés par les soldats, forcés de payer des taxes énormes, étaient fatigués de la domination de Mercœur, surtout depuis la conversion du roi; et les plus sensés désiraient qu'on se hâtât de se soumettre, pour obtenir de meilleures conditions. Mais l'activité et les forces de Saint-Laurent rendaient l'entreprise difficile : une première conspiration avait échoué; et ceux qui avaient essayé d'arborer le drapeau blanc avaient été pendus. C'est à cette occasion que Duplessis écrivait au maréchal de Schomberg : « Mercœur a
« pensé enrager de ce qu'entre les principaux entrepreneurs de
« Dinan, il s'en trouve deux qu'il a nourris pages, parce qu'il ne sait
« tantost plus à qui se fier, et n'est plus suivi qu'à graisse d'argent.
« Toutes les garnisons sont paiées douze mois, le moindre soldat à

---

[1] Moreau, p. 160-180, 205-241. — De Piré, t. II, p. 57-74. — Dom Taillandier, p. 436, 440.

« cinq écus, le chevau-léger à quinze; et est merveille qu'il nous en
« demeure un seul, vu l'humeur des soldats de ce temps[1]. »

Un second complot fut formé par les habitants eux-mêmes, pour leur délivrance : Raoul Marot, sieur des Alleux, sénéchal et capitaine de la ville; François de Saint-Cyr, prieur de Saint-Malo de Dinan, et Robert Hamon, sieur de la Grange, syndic de la ville, entrèrent en relation avec le roi, et avec Saint-Malo, qui avait surtout souffert des courses de Saint-Laurent.

Pour éloigner le gouverneur de Dinan, on contrefit avec habileté des lettres de Mercœur, qui l'appelait vers lui en toute hâte, avec la plus grande partie de ses soldats. Saint-Laurent s'empresse de se mettre en route, sans plus de réflexion : mais c'était l'hiver; les chemins étaient rompus, les eaux débordées; il lui fallait faire un grand détour loin de Rennes; aussi les conjurés pouvaient-ils compter sur plusieurs jours, avant que le mensonge ne fût découvert. Pendant son absence, au jour convenu, les principaux officiers du château sont invités à un bal, où on les retient, les portes fermées, sous prétexte d'un réveillon; les soldats de garde à la porte de la ville sont surpris par les bourgeois, et huit cents hommes venus de Saint-Malo sont introduits dans la place : Dinan tombe, presque sans combat, au pouvoir des royalistes. Les gens de la campagne, qui avaient beaucoup souffert des pillages de la garnison, accourent en foule, disant qu'il ne fallait pas faire quartier aux voleurs; et le château, mal fortifié, est forcé de se rendre quelques jours après. Le roi, en apprenant cette heureuse nouvelle, confirma tous les priviléges de la ville, conservés dans la capitulation que lui avait accordée le maréchal de Brissac[2]. Quelques ligueurs seulement furent exclus de

---

[1] Duplessis à M. de Schomberg, 29 mai 1597.

[2] Le premier qui apprit cette heureuse nouvelle à Henri IV, fut l'un des notables Malouins dont nous avons déjà parlé, le capitaine Pépin : « Sire, dit-il, « tout hors d'haleine, au roi, j'avons pris Dinan. — Cela ne se peut, reprend le « maréchal de Biron. — Vay, répond Pépin, d'un ton railleur, il le sçara mieux « que mai, qui y étas. » — Puis il demanda si l'on était dans la maison du bon Dieu, où l'on ne boit ni ne mange. — Le roi le fit régaler, et rit beaucoup de son langage et de sa franchise. Le lendemain, Henri lui demande, s'il veut qu'il le fasse noble. — « Neuny, sire, répond Pépin, je les chassons de notre « ville, à coups de bâton ; mais faites-moi donner un cheval de votre écurie, car « le mien a crevé comme un porc. »

cette capitulation, et entre autres Guillaume d'Argentré, fils du célèbre historien, alors à la tête du présidial de Dinan[1].

Dans toutes ces capitulations, l'on retrouve à peu près les mêmes articles : l'exercice de la religion catholique sera seul permis, tout ce qui a été fait pendant la guerre sera aboli ; mais surtout l'on insiste sur le maintien des priviléges et franchises de chaque ville. A l'instant même de leur soumission, les bourgeois défendaient encore leurs libertés locales, qu'ils désespéraient de sauver en continuant de servir les intérêts ambitieux de Mercœur.

L'une des capitulations les plus curieuses est assurément le traité conclu entre le gouverneur de Brest, Sourdéac, et les députés des trois ordres de l'évêché de Léon. Les habitants de ce pays étaient depuis longtemps pillés et rançonnés par les gens de guerre qui suivaient la bannière de Mercœur ; au commencement de juillet 1594, ils s'étaient réunis en grand nombre et avaient attaqué une de ces bandes dévastatrices, qui s'était retranchée dans la chapelle de Creachmiquel : les ligueurs s'étaient rendus ; mais les paysans furieux s'étaient jetés sur les pillards vaincus, et en avaient massacré plus de deux cents, dont quarante gentilshommes.

Déjà les députés des trois états de l'évêché s'étaient rassemblés pour délibérer sur les intérêts du pays ; et, dès le 23 août 1591, ils avaient déclaré à Sourdéac qu'ils n'avaient jamais eu l'intention de se séparer de l'État et couronne de France ; mais qu'ils ne voulaient pas tomber sous la domination de l'hérésie. Trois ans plus tard, le 8 et le 9 août 1594, ils se réunissent, avec l'autorisation de Sourdéac, au bourg du Folgoët ; et, après avoir délibéré sur les propositions qui leur étaient faites, ils décident qu'ils se soumettront au roi, depuis que, par sa conversion et ses actes publics, il a montré qu'il voulait vivre dans la religion catholique. S'ils ont jadis prêté serment à Mercœur, c'était pour défendre leurs croyances ; *car ils pensent bien qu'il n'a été conduit et poussé à se porter chef en cette province du parti de l'Union des catholiques, que pour le respect de ladite religion.....* Ils réclament *la remise de tout ce qui s'est passé*

---

[1] De Piré, d'après un manuscrit contemporain, t. II, p. 309, 324. — Montmartin. — De Thou, liv. 120. — Dom Taillandier, p. 473, 474. — *Capitulation accordée par le maréchal de Brissac aux capitaines et soldats de la garnison du château de Dinan*, dans les *Mém. de la Ligue*, t. VI, p. 570, 571.

pendant les troubles : si les châteaux de Kerouzeré et de Kermilin ont été démolis, c'est à leur grand regret; mais le tout *a été fait de l'exprès commandement de Monseigneur le duc de Mercœur et par ses commis.*

Ils supplient M. de Sourdéac de faire sortir tous les gens de guerre de l'évêché, et de n'y retenir aucune garnison, hors celle de Brest, *parce que ceux dudit évêché l'assisteront et serviront toutes les fois que requis seront, et qu'il les voudra commander,* etc.

Ils font encore plusieurs demandes de cette nature, qui, pour la plupart, sont renvoyées au bon plaisir du roi. Et le traité est solennellement juré à Lesneven, en Léon, par les *nobles et partables, en présence de Sourdéac, de Liscouet, maréchal de camp, des bailli et procureur du roi en Léon*[1].....

Dans toutes les parties de la province, dans toutes les villes, nous voyons les mêmes misères produire les mêmes sentiments, amener les mêmes résultats. A Nantes même, la capitale de Mercœur, où jadis il était tout puissant, l'on commençait à désespérer de sa fortune; le parti des politiques modérés faisait chaque jour de nouveaux progrès, même dans le conseil de la commune : le maire Dubot de Launay adoptait la neutralité, ce qui était déjà de la hardiesse ; et le duc et la duchesse intriguaient dans les élections, pour faire nommer à sa place Fourché de la Courousserie, ce même magistrat qui n'avait pas craint de porter le dévouement jusqu'à remplacer Charles Harrouys, au moment de son arrestation. Enfin, dès 1596, plusieurs bourgeois poussaient l'audace jusqu'à s'associer à un projet formé par Duplessis-Mornay pour enlever le duc de Mercœur[2]: le complot était découvert; plusieurs de ceux qui y étaient entrés, étaient saisis et punis de mort. Mais ces faits significatifs montraient évidemment que Mercœur n'avait plus pour lui la bourgeoisie, et que la bourgeoisie commençait à oser. Si elle n'avait pas redouté, et avec raison, les excès de la populace, si facile à soulever, et qui naturellement aime

---

[1] Matthieu, p. 248. — *Actes de Bret.*, t. III, col. 1598-1601.

[2] Le capitaine Salinière, fort et vigoureux, promettait de prendre Mercœur, quand il serait à Indret, dans son ermitage, à l'extrémité de l'île; on devait le jeter dans une chaloupe, le conduire à Beauvoir-sur-mer et de là à Saumur : le roi avait accordé la permission à Duplessis, qui la lui avait demandée; une circonstance fortuite vint faire échouer le complot. — (*Hist.* de Duplessis, p. 238. — Travers, t. III. p. 88.)

les troubles et les révolutions, si elle n'avait pas été sans cesse contenue par les soldats nombreux qui gardaient la ville, elle se serait assurément déclarée d'assez bonne heure. « Le peuple de Nantes, « dit Montmartin, désiroit infiniment la paix, et la plupart avaient « l'âme royale et étoient en très-grande crainte que Mercœur ne « voulût mettre les Espagnols dans la ville; il y en avoit plus de « 2000 au Pellerin, et l'agent d'Espagne à Nantes pressoit Mer- « cœur d'y faire entrer ses soldats : j'ai ouy dire à plusieurs per- « sonnes de marque qu'il avoit offert au sieur de Mauléon, gou- « verneur du château, 100,000 écus pour leur bailler le château. » Puis il ajoute qu'un membre de la chambre des Comptes se glissa secrètement dans son logis, au moment où il arrivait à Nantes, pour lui dire que les habitants étaient résolus de mourir plutôt que de continuer la guerre, et qu'ils se rendraient dès l'approche du roi[1].

Moreau confirme les assertions du capitaine royaliste : « Le duc, « dit-il, ne se fiant pas trop aux Nantais, qu'il connaissait désireux « de la paix et très-ennuyés de la guerre, commença à s'étonner et « à se repentir d'avoir si tard pensé à ses affaires, etc[2]. »

L'on avait déjà fait des processions et adressé des prières publiques à Dieu, principalement pendant le jubilé de 1597, pour obtenir la paix, depuis longtemps si vivement désirée : Mercœur était mécontent ; mais il ne pouvait s'y opposer, lui qui déclarait vouloir traiter avec Henri IV; il se contentait d'accabler des charges les plus pesantes la classe bourgeoise et même le clergé, qui réclamait vainement[3].

Il fallut l'arrivée de Henri IV avec une armée, pour enlever à Mercœur ses dernières espérances; c'est alors qu'il s'adressa lui-même à cette bourgeoisie si souvent maltraitée, pour en obtenir aide et protection. Les bourgeois étaient depuis si longtemps façonnés à l'obéissance, ils avaient d'ailleurs un si vif désir de tout faire, pour arriver à la fin de leurs misères, qu'ils ne songèrent pas même à se venger, en lui refusant leur concours : d'ailleurs, comme le fait remarquer Mellinet, nous avons vu plus d'une fois des regrets exprimés par les mêmes moyens, lors même

---

[1] Montmartin, p. 315.
[2] Moreau, p. 330.
[3] Travers, t. III, p. 92, 93. — Mellinet, t. IV, p. 26.

qu'on désirait le plus le renvoi des administrateurs auxquels on donnait volontiers cette consolation, parce qu'on avait la certitude de n'être pas écouté[1].

Sur l'invitation de Mercœur, cent vingt-cinq notables se réunissent, le 4 février 1598, à l'hôtel de ville, pour nommer des députés, qui se joindront à ceux qu'il envoie vers le roi ; ils chercheront tous ensemble à obtenir les conditions les plus avantageuses pour leur ville et pour le gouverneur de la province. Les délibérations des bourgeois nantais sont curieuses à plus d'un titre :

« Après que mondit seigneur a déclaré à ladite assemblée sa
« volonté et intention d'incliner à la paix, laquelle de longue main il
« a recherchée avec l'honneur de Dieu et conservation de la reli-
« gion catholique, apostolique et romaine, mais que pour avoir prins
« les armes pour la défense de ladite religion on lui veult tenir cette
« rigueur au traité qu'il faict que de le priver de son gouvernement,
« et principalement de celui de cette ville et chasteau, où il n'a
« jamais vécu que comme concitoïen, avec toute la douceur qu'il lui
« a esté possible d'aporter au contentement du peuple, et que pour
« conclure ce traicté on lui a envoié des passeports par le sieur de
« Montmartin, lesquels il n'a encore toutes fois reçus ; il désire
« afin que les habitans cognoissent de quelle affection il procède en
« ceste affaire, qu'ils eslisent des députez qui aillent avec les siens,
« afin que tous joints ensemble ils puissent impétrer et obtenir des
« conditions qui soient plus avantageuses que faire se pourra pour
« l'honneur de Dieu, conservation de la religion, manutention de
« son gouvernement, seureté et liberté de ceste ville et habitans
« d'icelle, et par M. le sénéchal il a esté remercié de l'honneur
« qu'il a fait à la ville de s'estre si familièrement communiqué à elle
« des affaires de telle importance, etc. »

Alors, Mercœur se retire humblement, et l'on nomme plusieurs députés chargés de mémoires et instructions pour le roi. Puis l'assemblée « à commune voix des assistants, a résolu et arresté que
« Sa Majesté (c'est la première fois que la ville donne ce nom à
« Henri) sera suppliée, au nom desdits habitans, par lesdits députés,
« de voulloir maintenir mondit seigneur le duc de Mercœur en son
« gouvernement et particulièrement de cette ville et chasteau, et y

---

[1] Mellinet, t. IV, p. 30.

« conserver la religion catholique, apostolique et romaine, pour tout
« cest évesché et comté, sans qu'il y soit souffert aucun exercice
« de la religion prétendue réformée, soit en public ou en privé, par
« quelque personne que ce soit, et confirmer les priviléges de ladite
« ville[1]. »

Mais, en présence du roi, le langage des représentants de la cité
était loin d'être aussi ferme et aussi fier; les bourgeois, malgré eux
sans doute, avaient tardé trop longtemps pour conserver quelque
dignité : ils avaient conscience de leurs erreurs, de leurs fautes; et
leurs députés adressèrent à Henri IV cette humble supplication, qui
terminait assez mal une période de discours injurieux et de clameurs
menaçantes contre l'autorité royale :

« Sire, vos très-humbles et très-obéissans serviteurs et subjets les
« habitans de vostre ville de Nantes, n'appréhendent pas que Vostre
« Majesté ne veuille facilement esteindre aux pleurs et lamentations
« publiques la colère que les guerres civiles vous auroient pu allu-
« mer contre eux; mais bien craignent-ils que ne preniez en bonne
« part qu'ils viennent, après tous vos aultres subjets, s'humilier aux
« pieds de Vostre Majesté, et qu'ils semblent estre les derniers à
« s'esjouir de la faveur singulière que Dieu a fait à la France, luy
« donnant un si grand roy, lequel, comme un bel astre, illuminé des
« rayons de son Saint-Esprit, dissipast les ténèbres des dissensions
« qui obscurcissoient la splendeur de la religion, et conséquemment
« de la paix en ce royaume. Sire, vos très-humbles subjects vous
« supplient voulloir imputer cette faulte à je ne sçay quel malheur
« de ce siècle, plutost qu'au deffaut de bonne volonté d'obéir et
« recognoistre Vostre Majesté, laquelle se laissera persuader, s'il
« luy plaist, que combien qu'ils soient les derniers à vous offrir leur
« recognoissance, ils espèrent, par le moyen de vostre clémence,
« estre à l'advenir les premiers en obéissance, fidélité et persévé-
« rance, et croient, les voulant Vostre Majesté regarder de bon
« œil, que vous jugerez, comme ont fait tous les roys vos prédé-
« cesseurs, que en tout vostre royaulme il n'y a point de plus
« fidelles et de plus obéissans subjects que vos habitans de Nantes,
« lesquels, soubs le bon plaisir de Vostre Majesté, nous ont chargé

---

[1] Extrait des registres de la ville, 4 février 1596, fol. 7.

« de leurs très-humbles remonstrances, pour la supplier de les voir
« et les considérer[1]. »

Puis viennent les instructions données aux députés, et les demandes qu'ils doivent adresser à Henri IV. Le roi, qui arrivait alors vers la Bretagne avec une armée, devait accepter la paix que Mercœur lui demandait humblement, et il accueillit favorablement les représentants de la ville de Nantes; mais les notables habitants durent venir à Angers, où il s'était arrêté, pour signer le traité : les anciens maires, les capitaines, les lieutenants, les enseignes et plusieurs autres personnages distingués se hâtèrent d'obéir aux ordres du roi, et la ville se prépara, avec un empressement extraordinaire, à faire à Henri IV une entrée magnifique. « C'est un des miracles de ce
« temps, écrit de Nantes Duplessis à sa femme, qu'à peine se trouve-
« t-il ici un homme de la Ligue, tant chacun en a honte. C'est certes
« une belle ville, surtout pour l'assiette, mais qu'ils avaient mal
« ménagée pour la défense[2]. »

Ainsi se terminait, pour la bourgeoisie, cette lutte, qu'elle avait si souvent déplorée, contre la royauté; au sortir des excès et des misères de la Ligue, elle tendait les bras au pouvoir absolu.

[1] Registres de la ville, 7 février 1598.
[2] Lettre de Duplessis du 11 avril 1598.

CHAPITRE XII.

Prétentions de Philippe II sur la Bretagne. — Mercœur introduit les Espagnols dans la province, et les établit à Blavet. — Politique ambitieuse du roi d'Espagne; Mercœur est délaissé après la victoire de Craon; don Juan d'Aquila refuse de combattre les royalistes près de Morlaix. — Les Espagnols élèvent le fort de Crozon, près de Brest; Mercœur, à son tour, ne soutient pas les Espagnols, qui perdent Crozon; défiances réciproques.

L'une des plus grandes fautes de Mercœur, c'est d'avoir introduit les Espagnols dans la Bretagne : rien ne le justifie, rien ne l'excuse. Mercœur ne devait pas ignorer les intentions ambitieuses de Philippe II, qui depuis si longtemps voulait soumettre, ou du moins affaiblir et démembrer le royaume. Depuis un siècle, les rois d'Espagne étaient les ennemis acharnés de notre pays; et, dans ces derniers temps, Philippe II avait assez clairement proclamé ses prétentions sur la couronne de France, et sur la province de Bretagne en particulier. Comme prince français, Mercœur devait généreusement repousser les tentatives avouées du roi d'Espagne; « et cependant « il fut le premier de ceux de son parti (qui doit estre noté) qui « ouvrist nostre frontière et nostre mer aux Espaignols.[1] » Comme prétendant secret au duché de Bretagne, il était intéressé, plus que tout autre, à éloigner Philippe II de la province. Le salut de la religion catholique exigeait-il cette alliance coupable? Qui pourrait le soutenir? Qui, du moins, pourrait croire consciencieusement que

[1] *Mém.* de Duplessis, t. VI, p. 392.

les catholiques de France en étaient alors réduits à la dure extrémité de réclamer humblement, pour sauver cette noble cause, le secours des ennemis de la France? Mercœur, en s'unissant aux Espagnols, doit montrer son imprévoyance, et trahir les faiblesses peu honorables de son ambition. Au moment où commençait la huitième guerre civile, Philippe II avait déjà demandé la couronne de France, pour sa fille aînée, l'infante Isabelle-Claire-Eugénie, petite-fille de Henri II par sa mère, et nièce des trois derniers rois; mais il soutenait avoir des droits plus incontestables encore sur le duché de Bretagne[1]. En effet, sa fille descendait directement d'Anne de Bretagne et de Claude de France; et, à défaut d'héritier mâle, la province, fief féminin de temps immémorial, devait lui revenir par droit de succession, quand bien même Henri de Navarre monterait sur le trône de France. Philippe II faisait bon marché de la réunion du duché à la couronne en 1532; et les défenseurs de ses droits publiaient de nombreux écrits pour soutenir ses prétentions[2]. Alors, comme l'écrit Duplessis, au nom de Henri de Navarre : « Les ligueurs le
« leurrent d'un espoir de faire tomber la couronne en la main de ses
« filles; et, pour le commencement, le debvoient introduire en la
« Bretaigne. Choses découvertes par leurs lettres et mémoires... jus-
« ques là que le roy d'Espaigne a eu quelque temps son armée preste
« et à la voile, pour y fondre : mesmes avoit jà ses manifestes
« prests et composés par les docteurs d'Espaigne, par lesquels il pré-
« tendoit justifier sa descente en Bretaigne, et comme à lui de droict
« appartenant, tout ainsi qu'il avoit faict son usurpation en Por-
« tugal[3]. » De bonne heure il avait espéré pouvoir s'emparer d'une position aussi importante; de là il lui serait facile d'attaquer la France et de profiter des circonstances favorables; de là surtout il menacerait

[1] La question des droits de l'Infante sur la Bretagne fut alors plus d'une fois discutée : l'on peut consulter la remontrance ou discours du procureur général J. de la Guesle contre ces prétentions. — *Remontrances de J. de la Guesle*, p. 479-547.; Paris, 1611.

[2] De la Guesle parle, dans ses remontrances, d'un livre adressé à l'Infante, sous *les qualités de duchesse de Bretaigne, comtesse de Blois et de Montfort,* et d'une lettre très-significative écrite à Philippe II par le comte d'Olivarez, le 5 août 1589, au sujet des droits de la princesse. — Voir Nevers, *Traité de la prise d'armes.* — *Remarques sur la Satire Ménippée*, t. II, p. 143, etc.

[3] *Remontrances à la France, faites par Duplessis, après la bataille de Coutras :* t. IV, p. 8 de ses *Mémoires.*

continuellement les côtes de l'Angleterre, cette rivale désormais si redoutable de l'Espagne. Au moment où il réunissait l'Invincible Armada, il reprenait son dessein, et faisait paraître un nouveau manifeste de ses droits sur la province : la tempête brisait la grande flotte qui devait soumettre l'Angleterre, et Philippe était encore forcé d'ajourner ses espérances. Déjà cependant il était entré en relation avec Mercœur sous d'assez tristes auspices : don Antonio, prétendant à la couronne de Portugal, s'était retiré dans un château de Bretagne : Philippe II, dit-on, s'adresse alors à Mercœur, qui s'engage à lui livrer le malheureux fugitif ; et des soldats, conduits par le capitaine de Montigny, étaient sur le point de prendre don Antonio, lorsqu'il fut prévenu et sauvé par Françoise de Rohan ; plus tard, il parvenait à gagner la Rochelle et à fuir en Angleterre [1].

Après la mort de Henri III, les prétentions du roi d'Espagne deviennent nécessairement plus sérieuses et plus menaçantes : vainement les raisons qu'il avançait dans plusieurs écrits étaient-elles facilement réfutées ; Philippe II espérait, maintenant plus que jamais, réussir, au milieu des fatales divisions qui semblaient devoir ruiner la France. C'est alors qu'il écrit à son ambassadeur, en approuvant l'élection du cardinal de Bourbon, qu'il *ne manque pas d'insinuer adroitement les droits de l'Infante, que lui ont acquis les alliances et mariages de familles royales : mais tout cela doit être dit avec une bonne dissimulation, pour sonder le terrain et les esprits, et voir quel effet cela produira, sans toutefois indisposer personne* (1589). Après la mort de Charles X, il est plus pressant : « *La seule personne à qui revienne la couronne de ce royaume, est « sans doute l'Infante. Quant à l'objection de la loi salique, la « réponse est facile : de l'aveu des Français, cette loi fut une vio- « lence sans cause ni fondement..... Il faut absolument que les « Français, obéissant à la justice, la déclarent reine propriétaire « de France : si cette condition leur paraît dure, qu'ils fassent au « moins, sous les apparences d'une élection, ce qui appartient par « droit de succession.* » Aussi Philippe II devait-il accueillir avec empressement les avances de Mercœur, qui, dès l'année 1590, lui demandait des secours, et offrait d'introduire les Espagnols dans la province dont ils ambitionnaient surtout la possession.

---

[1] D'Aubigné, t. II, liv. v, ch. 3. — *Remarques sur la Satire Ménippée*, t. II, p. 209. — *Mém. de la Ligue*, t. IV, p. 191, etc.

C'était le Florentin Lorenzo de Tornabuon, l'homme d'affaires de Mercœur, qui avait négocié le traité en Espagne ; il avait été facilement conclu : « Je suis infiniment aise, écrivait le duc à sa femme, « de la bonne espérance que le sieur de Tornaboni nous donne des « régiments d'Espagne ; s'ils viennent durant cette belle saison, je « m'assure que, avec l'ayde de Dieu, je les employray si bien que « leur maistre recevra contentement et que je gagneray ses bonnes « grâces, autant et plus que nul des autres qui sont en ceste cause. « Mandez à Tornaboni que 6,000 hommes seront bien nécessaires en « ceste province, afin que je puisse reconquérir tout le pays du « Maine, où j'ay d'assez bonnes intelligences ; mandez-lui aussi que « s'il avoit moyen d'avoir quelques chevaux, cela m'accommoderoit « de beaucoup, car je n'en ay plus [1]. »

Conformément au traité conclu par Mercœur, les Espagnols devaient être postés à l'embouchure de la rivière du Blavet, sur la côte méridionale de la Bretagne : là se trouvait le bourg fortifié de Loc-Péran ou Blavet. Le duc François II avait déjà, dès le XVᵉ siècle, reconnu l'importance de cette belle position ; et, après une enquête solennelle, il avait résolu d'y établir une ville et un port de commerce : mais les troubles et les malheurs de la Bretagne avaient empêché la réalisation de ce projet. Au XVIᵉ siècle, et surtout depuis la guerre, le bourg était occupé par de braves marins, bretons, rochelais et même anglais, qui, par leurs courses le long des côtes, désolaient le commerce des ligueurs ; si l'on en croit même l'historien Biré, il était alors défendu par deux ou trois cents pièces de canon. Ce qu'il y a de certain, c'est que les Espagnols avaient habilement choisi « ce port, le meilleur et le plus assuré de la province, situé sur une « pointe aisée à fortifier par un retranchement d'avec la grande « terre, dans lequel les vaisseaux peuvent entrer de tous vents et de « toutes marées, et y sont en toute sûreté et toujours à flot, quelque « grands qu'ils soient [2]. »

Mercœur, pour tenir sa promesse, vint attaquer la place par terre et par mer ; malgré le courage héroïque des habitants, que leurs femmes elles-mêmes excitaient au combat, en donnant l'exemple, elle fut prise, et le massacre fut horrible : « L'insolence de ceux de

---

[1] Davila, p. 839. — *Arch. de Simancas*, dans Capefigue, t. VI, p. 127, 128. Je cite avec défiance les pièces contenues dans les ouvrages de cet écrivain : car l'on y trouve à chaque instant de graves erreurs, qui font douter du reste.

[2] Moreau, p. 105.

« l'Union fut grande; car, étant d'assaut, ils passaient tout au fil de
« l'épée, se souvenant des maux qu'ils avaient reçus aux tranchées,
« aux assauts, et quelques capitaines qu'ils avaient perdus qu'ils
« regrettaient fort. » Pour toute excuse de ce fait, que l'on a sans
bonne raison mis en doute, le ligueur Biré dit que les assiégeants
étaient très-irrités de ce qu'un des maîtres de camp de Mercœur
avait été tué. L'on raconte encore que quarante jeunes filles se
jetèrent sur un vaisseau, pour échapper à la brutalité furieuse des
vainqueurs; sur le point d'être prises, elles préférèrent la mort au
déshonneur, et, se tenant toutes par la main, elles se précipitèrent
dans les flots (juin 1590)[1].

Les Espagnols pouvaient arriver : ils avaient mis à la voile dès le
mois d'août; mais, dans le golfe de Biscaye, ils avaient été attaqués
et repoussés par une flotte anglaise: au mois de septembre, ils s'embarquaient de nouveau en Biscaye, et, après une heureuse traversée,
ils prenaient terre à Saint-Nazaire, vers l'embouchure de la Loire; ils
étaient au nombre de 5,000, commandés par don Juan d'Aquila. La
flotte, composée de quatre galions et de trente-six navires, sous les
ordres de don Diégo Brochero, se dirigeait ensuite vers le Blavet, et
y arriva le 28 octobre 1590. On célébrait à Nantes cet heureux
événement par des processions, un Te Deum solennel et des réjouissances publiques. Puis les Espagnols, conduits par Jérôme d'Aradon
et plusieurs autres capitaines royalistes, marchaient par la Roche-
Bernard vers Vannes[2], et, après avoir aidé Mercœur à reprendre
Hennebont, ils s'établissaient à Blavet, et s'empressaient de s'y fortifier, de manière à pouvoir envahir la Bretagne, quand ils le voudraient:
« ils bâtissaient, par exemple, dit un historien, deux forts royaux à
« l'entrée du port; remparant la place, le mieux qu'ils purent, de
« fossés, de bastions, et de toute sorte d'architecture militaire, du
« côté de la terre[3]. »

---

1 Montmartin, p. 285. — Moreau, p. 107. — De Thou, liv. 99. — *Dict.* d'Ogée, art. *Port-Louis*. — P. Cayet, collect. Petitot, t. XI., p. 163.

2 Quelques soldats de ces vieilles bandes castillanes sont restés dans le pays : près de Brandu et de Piriac, on reconnaît leurs descendants à leur physionomie et à leurs noms d'origine espagnole. Ces Espagnols avaient commencé par soumettre à Mercœur tout le pays entre Loire et Vilaine ; c'est ainsi qu'ils prirent et détruisirent, dans la paroisse de Mesquer, le château de Causillon, qui appartenait au seigneur de Tournemine.—(Améd. de Francheville.—Crevain, etc.)

3 Davila, p. 840. — *Journal* d'Aradon.

Pendant quelque temps, Mercœur s'applaudit de cette alliance :
« Sire, écrivait-il à Philippe II, pour le remercier, le secours qu'il
« a plu à Vostre Majesté m'envoyer pour ayder aux catholiques de
« cette province est tel, qu'il rend beaucoup de contentement à tous,
« pour l'espérance qu'ils ont que par l'assistance d'iceluy, les affai-
« res iront bien et la religion catholique y sera assurée. »

Il réclame même de nouveaux secours : « car nettoyant bientôt
« ceste province, comme j'espère faire, par la grâce de Dieu, et
« l'appuy qu'il plaira à Vostre Majesté me donner, l'on pourra tirer
« des commodités non-seulement pour la conserver, mais aussi pour
« employer au service de l'Espagne dans l'entreprise d'Angleterre
« ou autre, ainsi qu'elle voudra commander, tant pour lever des
« gens de pied et de cheval que pour armer des navires. J'ay donné
« charge à ce porteur de vous faire entendre particulièrement toutes
« les affaires qui se passent par-deçà et les nécessités qui y sont,
« afin qu'il vous plaise me secourir, conformément à la promesse
« que Vostre Majesté m'a faicte, et le tout sera employé pour la
« manutention de la religion catholique et le service du magnanime
« roy d'Espagne[1]. »

Grâce aux soldats espagnols, grâce à l'argent qu'il recevait de
Philippe II, Mercœur put presser vivement le prince de Dombes; et
la victoire de Craon, à laquelle ils contribuèrent beaucoup, semblait
devoir assurer le triomphe des ligueurs en Bretagne (1592).

Cependant, la présence des Espagnols n'avait pas été bien accueillie
par tous : le prince de Dombes dénonçait aux États de la province
la conduite indigne de Mercœur, qui avait *mis le comble à ses
attentats, en appelant et recevant les Espagnols, dont les excès et
les cruautés avaient désolé tous les pays de l'Europe et des Indes
où ils avaient mis le pied*[2]. Henri IV accusait les ligueurs, corrom-
pus par l'or de Philippe II, de lui avoir vendu l'entrée de la France,
et de lui avoir honteusement livré, comme une proie, la province de
Bretagne. Enfin, nous avons vu que, pour s'opposer aux desseins
ambitieux du roi catholique et de Mercœur, l'on réclamait et l'on
obtenait les secours d'Élisabeth.

Si les royalistes acceptaient avec défiance et regret l'assistance

---

1 *Arch. de Simancas*, dans Capefigue, t. VI. p. 129.
2 De Thou, liv. 99. — *Actes de Bret.*, t. III, col. 1521.

nécessaire des Anglais, beaucoup de ligueurs, gens honnêtes et bons Français, étaient mécontents de la présence des Espagnols, encore moins désintéressés; et plus d'un Breton devait penser, au fond du cœur, ce qu'écrivait aux États de Rennes l'ambassadeur Beauvoir La Nocle : « La province est menacée de la tyrannie d'une race de gens
« plus composée de Maures et de Juifs que de vrais chrétiens, et
« desquels la tyrannie est insupportable aux hommes libres, vous
« assurant que si je me mesle jamais d'adjouster à la Litanie, j'y
« mettrai : *A tyrannide Hispanorum libera nos, Domine*[1]. »

On peut juger du mauvais effet produit dans la province par cette union de Mercœur avec les Espagnols, en lisant le *Journal* de Pichart, recueillant et enregistrant tous les bruits, qui couraient dans le pays; ainsi il écrit, en mai 1591 : « On parle beaucoup que
« le sieur de Mercœur *a vendu* au roi d'Espagne les villes qu'il avait
« en son obéissance en Bretagne pour un million d'or, que l'on dit
« lui avoir été fourni par ledit roi dans Nantes, où est venu le pre-
« mier des princes d'Espagne, le duc de Médina..... D'ailleurs, que
« ledit roi d'Espagne et le duc de Mercœur ont fait un échange, par
« lequel ledit sieur de Mercœur a baillé le duché de Penthièvre et
« patrimoine de sa femme en Bretagne au roi d'Espagne, lequel lui
« baille en retour et en échange le duché de Luxembourg. C'est une
« chose un peu difficile à croire[2]. » Assurément, beaucoup de Bretons, même dans le parti de Mercœur, craignaient l'ambition du roi d'Espagne et n'approuvaient pas la politique imprudente de leur chef; on retrouve ce sentiment dans les écrits des contemporains, Biré, Moreau, etc. : le ligueur Dorléans, qui compose son livre contre les prétentions de Philippe II. ne dit-il pas? « Voyant ce
« royaume misérablement entaché d'erreur et d'heresie, et le peuple
« branslant, et des principaux, les uns tenans le party de l'Estat,
« et les autres pour la Religion, il a trouvé beau de pescher en eau
« trouble, soubz prétexte de quelque prétendu droict, a pacifié tous
« ses différends avecques les autres Princes et Potentats, mesmes
« avecque le Turc, pour jetter ses armées en France, et la rendre
« sienne, pendant que nous autres François nous entremengeons et
« ravissons le fruict et la fleur de nos Lys[3]. »

---

1 *Actes de Bret.*, t. III, col. 1580.
2 Pichart, col. 1722.
3 Dorléans, p. 151.

La bonne intelligence ne devait pas d'ailleurs longtemps durer entre Mercœur et le roi d'Espagne. En 1592, Philippe II se croyait sur le point de triompher : il ne se contentait plus du titre de protecteur de la religion catholique en France ; il revendiquait la couronne. Son avidité le perdit : ses prétentions avouées, et soutenues principalement aux États généraux de Paris, devaient ouvrir les yeux des plus aveugles, froisser bien des intérêts particuliers et réveiller le sentiment national. Philippe II, l'allié de Mercœur, voulait s'en servir comme d'un instrument utile à ses desseins; mais craignait de rencontrer en lui un obstacle : il l'avait aidé à vaincre les royalistes, l'ennemi commun ; mais il se gardait bien de le rendre trop puissant. Il espérait posséder bientôt la France entière; Mercœur ne devait donc pas devenir indépendant dans la grande province de Bretagne.

Assurément, si Philippe avait été moins ambitieux, il aurait beaucoup mieux fait, dans ses intérêts, soit de porter toutes ses forces en Bretagne, avant la conversion de Henri IV; alors il aurait pû rester maître de la province : soit de soutenir franchement la cause de Mercœur, et de tenter pour la Bretagne ce que les Français contribuèrent plus tard à faire pour le Portugal. Heureusement pour nous, Philippe II n'eut ni assez de modération dans ses désirs, ni assez d'habileté dans sa politique ; et, comme il arrive souvent, en voulant tout avoir, il perdit tout. Voyons les faits.

Après la belle victoire de Craon, Mercœur se dispose à frapper un coup décisif. Que fait alors le général commandant les troupes espagnoles? Fidèle aux ordres de son maître, don Juan d'Aquila déclare qu'il ne peut servir de trois mois ; il ne donne aucun motif: il se retire, malgré les prières de Mercœur; il fortifie Blavet, et avoue hautement son intention d'en faire une retraite assurée, et d'y former un vaste port, capable de recevoir tous les secours venant d'Espagne. Philippe II envoie désormais plus de soldats que d'argent, et ses soldats ne sont pas placés sous la direction de Mercœur. Le duc est mécontent ; car il vient d'échouer au moment du triomphe, et par le mauvais vouloir de son allié : il revient tristement à Nantes ; et chacun s'aperçoit facilement que la discorde règne dans le camp des ligueurs. Il est évident pour tout le monde, comme l'écrit Montmartin, que l'Espagnol fait « sa prétention toute opposite « audit sieur de Mercœur ; que ces imaginations seront très-utiles

« au service du roy et au bien de la France ; que Mercœur ne veut
« nullement l'établissement des Espagnols, et les Espagnols aussi
« peu le sien[1]. »

Duplessis-Mornay se hâte d'avertir Henri IV de cette heureuse mésintelligence : « M. de Mercœur, écrit-il, est en grand soupçon
« de l'Espagnol, lequel le presse de reconnoistre l'Infante, lui envoye
« des forces plus qu'il ne veut, et monopole les villes, sans qu'il y ose
« contredire. L'agent qui est à Nantes fait une despense de prince.
« Don Juan se sépara après le siége de Malestroit, protestant de ne
« penser de trois mois qu'à la fortification de Blavet, où ils n'ont
« laissé un seul Breton. Leur insolence lasse tout le monde. Surtout
« M. de Mercœur craint qu'ils ne s'aillent loger à Saint-Nazaire,
« comme ils ont desseing au premier renfort qu'ils auront ; et n'ose
« les prévenir, en le fortifiant, pour ne donner jalousie à ceux de
« Nantes[2]. »

Mercœur ne peut s'empêcher de faire entendre quelques plaintes :
« Sire, écrit-il à Philippe II, sont arrivés depuis quelques jours à
« Blavet deux mille Espagnols, lesquels je ne pouvois penser estre
« destinés au secours de ce pays, vu que Vostre Majesté ne m'en
« avoit mandé aucune chose. Et, pour moi, je vous supplie très-
« humblement trouver bon que lorsqu'il vous plaira envoyer des
« soldats en ce pays, je ne sois tant mesprisé que je n'en sois
« adverti. C'est chose qui est accoustumée à l'égard de ceux qui
« ont les charges et gouvernements en ce royaume. J'ai pensé estre
« de mon devoir de représenter à Votre Majesté comme chose
« importante à son service, que les forces qu'elle a à présent en ce
« pays sont suffisantes avec celles qui sont nées en la province
« pour la desfendre et entreprendre sur les ennemis, et qu'affoiblie
« par une longue guerre, elle n'en peut porter davantage. Je la
« supplie très-humblement qu'en l'autorité et charge que j'ay, il lui
« plaise commander au seigneur don Juan et à ses capitaines de
« m'obéir sur ce que la raison de la guerre présentera, et que je
« sois reconnu. Et priez de même le seigneur don Juan de ne se
« montrer si difficile à l'exécution des choses nécessaires. J'ai eu ce
« malheur depuis six mois de n'avoir aucune despêche de Vostre

---

[1] Montmartin, p. 304.
[2] Duplessis, lettre au roi, du 6 septembre 1592.

« Majesté, qui me fait la supplier très-humblement de me vouloir
« donner response aussi favorable, comme par mes services j'ai
« essayé de le mériter[1]. »

Mercœur songea-t-il alors sérieusement à traiter avec Henri IV ? Cela n'est pas probable ; mais il est certain que, par dépit et sans doute aussi pour donner à réfléchir aux Espagnols, il entama quelques négociations indirectes avec Duplessis-Mornay, par l'entremise de Talhouet. Nous avons à ce sujet les instructions mêmes données par Duplessis à M. Meslier, agent de M. de Malicorne, gouverneur de Poitou, et à M. Charrette, sénéchal de Nantes (1er août et 10 septembre 1592), et de plus un mémoire au roi sur la même négociation (5 septembre).

« Le roi, écrit Duplessis, ne désire rien tant que la paix en son
« royaume, et fera très-volontiers toutes choses raisonnables pour
« y parvenir..... Il est disposé à traiter avec tous les chefs réunis,
« mais il ne laisse pas de témoigner à Mr de Mercœur en par-
« ticulier ses bonnes intentions..... Sa Majesté le maintiendra dans
« son gouvernement, et désire en outre l'honorer dans les occasions
« qui pourront se présenter à l'avenir..... Il est temps et nécessaire
« de faire la paix ; l'ambition de l'Espagnol ne tient pas de mesure,
« lequel eschafaudera d'eux le bastiment de sa grandeur, et puis les
« bruslera. » etc., etc[2].

Ces avances n'étaient pas à dédaigner : mais le rêve de Mercœur n'était pas alors près de finir ; il avait de plus hautes espérances. Aussi, quand le prédicateur Le Bossu, averti de ce commencement de négociations, eut fait murmurer le clergé et protester l'ambassadeur d'Espagne à Nantes, Mercœur rompit toutes les relations : c'était un avertissement donné aux Espagnols ; c'était aussi le début de cette politique sans franchise, dont Mercœur allait user désormais dans ses rapports soit avec Philippe II, soit avec Henri IV.

Lorsque le roi d'Espagne crut pouvoir solennellement réclamer pour sa fille la couronne de France aux États-généraux de 1592, Mercœur, comme les autres princes lorrains, se montra peu disposé à soutenir ses prétentions. Si l'Infante, en effet, devenait reine de France, toutes ses espérances d'indépendance en Bretagne s'éva-

---

[1] *Arch. de Simancas*, dans Capefigue.
[2] Lettres de Duplessis ; voir plus haut, p. 268.

nouissaient. Aussi avait-il envoyé à Paris son fidèle Tornabuon, pour s'opposer indirectement à l'élection de la princesse; et il est probable, sans que rien puisse permettre de l'affirmer, que les députés bretons aux États avaient reçu les mêmes instructions.

Mercœur ne devait-il pas être sérieusement effrayé, quand il apprenait que les Espagnols proposaient de marier l'Infante avec le duc de Guise, et de les placer sur le trône, en donnant pour dot à la princesse la souveraineté de la Bretagne? Pouvait-il être sincèrement dévoué à la cause de Philippe II? surtout lorsque Philippe séparait, dans la province, ses intérêts de ceux de Mercœur, cherchait à s'y établir d'une manière indépendante, et déjà même semblait sur le point d'étendre sa domination sur les provinces voisines d'Anjou et du Maine. De Ledesma, son ambassadeur à Nantes, lui écrivait, en effet, que « lesdictes provinces et leurs « gouverneurs recognoissaient pour cejourd'huy qu'il n'y a roy en « France, ni autre seigneur que Sa Majesté, sous la protection de « laquelle s'était conservé jusqu'à présent ce qui reste de pays « catholiques audit royaume. » On demandait au roi 2,000 soldats espagnols et 200 chevaux, pour réduire ces provinces au service de Dieu et de Sa Majesté[1]. Cependant, Mercœur envoyait à Philippe II un agent spécial, pour lui expliquer sa conduite, et protester de son dévouement : « Aux États-généraux de France, n'avait-il pas em- « brassé de toute affection les propositions faites par les ministres « de Sa Majesté, et essayé par tous moyens à lui possibles qu'elle « reçust le contentement qu'elle en désiroit ? Ayant à cela disposé « de telle façon les desputés de la Bretagne, qu'il n'y a autres, de « toutes les provinces du royaume, qui ayent apporté plus de bonne « volonté, sincérité et ardeur aux affaires qui se sont présentées « auxdits Estats pour le service de Sa Majesté..... Que s'il eust plu « à Dieu permettre que l'eslection d'un roy très-chrétien et de la « sérénissime Infante fust sortie à effet, comme le désiroient les plus « gens de bien d'entre les catholiques, outre que la France se fust « ressentie de ce bonheur, et ne se fust réduite en un abyme de « misère, comme elle se voit à présent, le duc de Mercœur est « celui qui en eust reçu plus d'aise et de contentement; n'y ayant « chose au monde que plus il a souhaitée et désirée. Recognoissant

---

[1] *Arch. de Simancas,* dans Capefigue. t. VI, p. 130.

« que de ladicte eslection dépend (après l'aide de Dieu) l'entière
« défense de la religion, conservation du royaume de France et la
« fin de nos calamités : au moyen de quoi, il désireroit voir repren-
« dre le cours de ladicte eslection, et d'y apporter de sa part tout
« ce qu'on peut espérer d'un prince catholique et vrai serviteur de
« Sa Majesté. » J'ai cru devoir citer cette curieuse déclaration :
elle sert à faire juger Mercœur. Est-ce là l'expression sincère de
ses sentiments ? Mais alors, comment louer, comment admirer la
générosité, la loyauté, l'intelligence patriotique d'un prince qui
voulait livrer la France à ses ennemis ? Est-ce un acte d'adroite
politique, destiné à séduire et gagner Philippe II ? Ou plutôt n'est-ce
pas une flatterie hypocrite et servile, qui n'avait pas même le mérite
de tromper celui auquel elle s'adressait ?[1]

A la même époque, la mésintelligence régnait toujours entre
Mercœur et les Espagnols, qui combattaient en Bretagne, malgré
ses plaintes, ses réclamations ou ses protestations de dévouement.
Ainsi, quand, vers la fin de l'année 1593, Mercœur était forcé de
ratifier pour la Bretagne la trêve conclue entre les deux partis
pour le royaume, les Espagnols, intéressés à repousser tout
rapprochement, refusaient d'y souscrire, ne laissaient échapper
aucune occasion de l'enfreindre, et mettaient tout en œuvre pour
soulever les populations fatiguées de la guerre. Don Juan d'Aquila
s'emparait d'un grand nombre de gentilshommes, qui s'étaient retirés dans leurs maisons : le maréchal d'Aumont les réclamait;
Mercœur insistait pour qu'on les remît en liberté. Mais ses prières
étaient complétement inutiles; et les Espagnols, comme le remarque
M. l'abbé Oresve, pour défendre la religion catholique, n'en étaient
pas meilleurs chrétiens, et commettaient alors des dégâts et des
crimes effroyables aux environs de Rennes[2].

Quelque temps après (1594), le maréchal d'Aumont pressait très-
vivement Morlaix; le château seul tenait encore. Mercœur et don
Juan d'Aquila rassemblent leurs forces, et s'avancent à quelque
distance de la ville, qu'il s'agissait de sauver : les avis se trouvent
partagés sur la bataille; les défiances se réveillent, plus fortes que
jamais. Mercœur, s'adressant aux Espagnols, leur demande s'ils ne

---

1 Capefigue, t. VII, p. 19-21.
2 Montmartin, p. 299. — De Thou, liv. 107. — Mézeray, t. XVII.

sont pas disposés à donner. — Non, Monseigneur, répond don Juan ; comment voudriez-vous donner ? — Comment ? je me mettrai, à pied, à la tête de trois cents gentilshommes, qui, tous, la pique à la main, donneront tête baissée : suivez-nous seulement avec les vôtres. — Et don Juan réplique : Ma troupe ne donne pas tête baissée, mais *piano*, *piano*. — Puis il se retire, malgré toutes les instances du duc. Moreau ajoute même que l'Espagnol craignait que les Français des deux partis ne se réunissent au milieu du combat, pour accabler les étrangers. D'Aumont avait encore, dit-on, augmenté ces défiances en faisant tomber entre les mains de don Juan d'Aquila une lettre, adressée au duc de Mercœur, dans laquelle il l'engageait à accomplir la promesse qu'il lui avait faite de se joindre à lui pour délivrer la France des Espagnols. Toujours est-il que Mercœur était forcé d'abandonner Morlaix aux royalistes. Quelques jours après cet échec, il était à Quimper, et paraissait triste et soucieux : Talhouet lui demande la cause de son chagrin : « Que diriez-vous, s'écrie le « duc, de cet Espagnol, qui n'a pas voulu donner, et qui nous a fait « perdre une si belle occasion ? » Et comme Talhouet l'engageait alors à accepter les propositions de Henri IV, et à abandonner les Espagnols, Mercœur se contentait de garder le silence[1].

Il eut bientôt l'occasion de se venger ; il ne la laissa pas échapper. Blavet, malgré tous les ouvrages que les Espagnols y ajoutaient sans cesse, ne leur semblait pas suffisant : vers cette époque, ils avaient jeté les yeux sur une position encore plus importante, qu'enviaient également les Anglais ; c'était Brest, que défendait contre tous le brave Sourdéac. Les Espagnols, désespérant de surprendre ou d'emporter la place, la menacent en élevant un fort, à l'extrémité de la presqu'île qui s'étend au sud de la grande rade de Brest, près du village de Crozon. Le fort de Crozon, ou de Camaret, dominait complétement l'entrée de la rade ; de là les Espagnols étaient véritablement maîtres du commerce de Brest, du Conquet, et des passages que suivaient alors les navires, allant chercher du vin en Guyenne, du sel en Brouage : les historiens disent même que ce dernier port renfermait parfois plus de quatre cents bâtiments anglais, écossais, flamands, hanséatiques, moscovites, etc. De plus, les Espagnols se procuraient une rade capable de contenir toutes les flottes

[1] De Piré, t. II, p. 47-49. — Moreau, p. 197-203. — De Thou, liv. 111.

qu'ils pourraient réunir, lorsqu'ils voudraient faire contre l'Angleterre une expédition plus heureuse que l'Invincible Armada. Les Espagnols avaient l'intention de bâtir un autre fort de l'autre côté du goulet; mais ils n'en eurent pas le temps [1].

Heureusement pour la France, les fortifications ne purent avancer que très-lentement; et jamais elles ne furent achevées : le terrain était dur et difficile à creuser; les paysans des environs étaient seulement employés aux ouvrages extérieurs, car l'on craignait de découvrir à un Français les dispositions de la place; l'on faisait venir d'Espagne non-seulement tous les autres ouvriers, mais les outils nécessaires, jusqu'aux pierres et jusqu'au ciment. Un brave capitaine, nommé de Praxède, et quatre cents soldats d'élite défendaient Crozon : ils venaient de recevoir des vivres, des canons, des munitions de toute nature, des matériaux, etc.

Le maréchal avait reconnu toute la grandeur du danger; Sourdéac le pressait vivement de délivrer Brest : Élisabeth, justement effrayée, ordonnait à Norris de seconder les Français. Aussi, après la prise de Morlaix et de Quimper, d'Aumont vint mettre le siége devant le fort de Crozon. La lutte fut acharnée; des deux côtés, on combattit avec le plus grand courage, et les historiens ont longuement raconté les curieuses particularités du siége. Les Anglais rivalisaient de valeur et d'opiniâtreté avec les Français ; car ils comprenaient les périls auxquels ils seraient exposés, si les Espagnols restaient maîtres de la place. Enfin, un dernier assaut donna la victoire aux Français; treize Espagnols seulement avaient survécu : les assiégeants avaient fait de grandes pertes; l'illustre marin Forbisher avait été tué à la tête des Anglais qu'il conduisait au combat [2] (18 novembre 1594).

C'était là un succès très-important et *comme le chef-d'œuvre de tous les exploits de guerre du maréchal, non-seulement en Bretagne, mais en toute la France* [3]. D'Aumont se hâtait d'en informer les dé-

---

1 Montmartin, p. 303. — Moreau, p. 159.

La place était située à la pointe N.-O. de la paroisse de Roscanvel, dans la presqu'île de Kelern; un fort tracé sur les plans de Vauban pour défendre la rade et un château de retraite bâti en 1808, ont remplacé la forteresse: on nomme encore ce lieu la pointe Espagnole. (Note de M. Le Bastard de Mesmeur.)

2 Moreau, p. 242, 256. — De Thou, liv. 111. — Mézeray, t. XVII.

3 Moreau, p. 252.

putés des États, les suppliant d'en faire rendre grâces à Dieu ; ceux-ci annonçaient immédiatement cette heureuse nouvelle au roi : « Sire, « nous n'avons voulu faillir à vous advertir de la prise de Croson, qui « importe le plus au bien de vostre Estat en cette province, etc. » La lettre qu'ils adressaient au maréchal d'Aumont, ressemble à un chant de triomphe : « Monseigneur, les grandes obligations que « cette province vous a eues, ne se peuvent représenter. Nous « vous en recongnoissons le vrai père et restaurateur. La joye, que « tout le peuple ressent de la grande défaite des Espaignols et de la « prise de Crozon, est si grande, que le bruit en retentit de tous « costez. Les pauvres gens des champs en viennent en cette ville se « réjouir en admirant vos faits ; ce ne sont que prières pour vostre « santé et prospérité. Aussi quand on y revient à penser, et en la « fatigue que vous avez endurée, ce sont miracles ; car c'estoient « choses du tout hors du pouvoir des hommes. Vous avez conquis « en deux mois de l'hyver et au plus fascheux temps soixante lieues « du pays perdu, et en avez expulsé et chassé les mortels ennemis de « la province, qui sans doute s'en fussent rendus maistres. Le roy, « ni la patrie, Monseigneur, ne peuvent vous récompenser..... » Les ligueurs eux-mêmes n'étaient pas fâchés de ce revers des Espagnols. « L'avantage fut grand pour le pays, dit Moreau, d'être délivré de « ces étrangers, qui, en peu de temps, si Dieu n'y eût pourvu, « eussent rendu leur place imprenable[1]. »

Don Juan d'Aquila, dès le commencement du siège, avait prié Mercœur de s'unir à lui pour essayer de sauver Crozon. Mais le duc désirait se venger de l'abandon des Espagnols, auprès de Morlaix; puis il était loin de redouter la prise de Crozon par les royalistes : tous les historiens s'accordent à reconnaître qu'alors il craignait surtout les progrès menaçants des Espagnols ; car il savait, comme le remarque Davila, qu'ils voulaient « se rendre maîtres de ce « golfe plein d'îles, de ports assurés, de villes bien peuplées, et « qui était merveilleusement propre à recevoir du secours d'Es- « pagne et à nourrir une longue guerre[2]. » Aussi, Mercœur, quoique vivement pressé par don Juan, sans donner même une raison spécieuse, refusa nettement d'unir ses forces à celles du roi

---

[1] *Actes de Bret.*, t. III, col. 1624. — Moreau, p. 253.
[2] Davila, p. 1144.

d'Espagne; et l'Espagnol, qui avait le plus grand besoin de sa cavalerie, ne put s'avancer que très-péniblement, n'osa pas attaquer les ennemis, et n'arriva devant Crozon que pour assister à la prise du fort : Sourdéac et les gens du pays le renversèrent de fond en comble, pour ainsi dire, sous ses yeux [1].

Cependant Mercœur, dans ses lettres à Philippe II, se plaignait toujours de don Juan d'Aquila ; Tornabuon allait même en Espagne, pour demander le remplacement du général : de son côté, l'ambassadeur d'Espagne à Nantes, de Ledesma, surveillait de très-près la conduite de Mercœur, et correspondait journellement avec son maître ; don Juan d'Aquila, et beaucoup d'officiers ou d'agents secondaires adressaient également de fréquents rapports à Philippe II. Désormais, l'on était plein de défiance des deux côtés ; et cette défiance, preuve de l'ambition des deux alliés, était une cause de succès pour le parti royaliste. Les contemporains l'avaient déjà remarqué : « Sans les défiances, dit Moreau, qui étaient parmi les
« Espagnols, qui ne se fiaient plus aux Français, croyant que
« Mercœur fût d'accord avec le roi, moyennant qu'il abandonnât
« au besoin les étrangers à la boucherie, ce qui était très-faux :
« néanmoins, cette crainte s'imprima tellement chez les Espagnols,
« qu'ils ne voulurent depuis combattre parmi les Français,
« et c'est ce qui ruina le parti dudit duc et avança celui du
« maréchal [2]. » Aussi, lorsque Mercœur, après la mort du maréchal d'Aumont, crut pouvoir reprendre l'offensive, ces dissidences avec les Espagnols vinrent encore l'arrêter. Il les engageait à attaquer Redon ; ils refusèrent : il songeait à s'emparer de Clisson, il avait tout préparé pour que la place ne pût être secourue du côté du Poitou ; mais les Espagnols, dont il réclamait le concours nécessaire, s'obstinèrent à ne pas traverser la Loire [3] :
« Car ils tenaient pour maxime, observe encore Davila, de ne se
« mêler que des affaires de la province ; de sorte que s'il se présen-
« tait de belles occasions d'attaquer les provinces voisines, il semblait
« alors qu'on leur eût coupé les ailes, et qu'ils eussent pris à
« tâche de ne pas sortir des limites de la Bretagne. De leur côté,

---

1 Montmartin, p. 304, 305.

2 Moreau, p. 266.

3 Lettre de Duplessis à Villeroi, 10 septembre 1595. — De Piré, t. II, p. 162, 163.

« ils étaient mécontents, à cause que le duc, les ayant comme bornés
« dans le circuit de Blavet, ne leur permettait point de prendre
« pied plus avant dans la province[1]. »

Don Juan d'Aquila cherchait alors à gagner au parti de Philippe II plusieurs des capitaines de Mercœur : ainsi, d'Aradon et de Montigny, l'un des députés de la province aux États-généraux, avaient reçu deux ou trois cents Espagnols dans Vannes, et leur permettaient de s'y fortifier, au grand mécontentement des habitants ; le gouverneur de Josselin penchait pour eux ; les aventuriers pillards ne demandaient pas mieux que de se rapprocher de Philippe II, dans l'espoir de continuer plus longtemps la guerre en toute impunité ; et la Fontenelle lui-même commençait alors à être plus à la dévotion du roi d'Espagne qu'à celle de Mercœur[2]. La désorganisation se mettait dans le parti des ligueurs, en Bretagne comme par toute la France : et au moment où Mercœur déclarait qu'il ne voulait être le sujet ni de Guise ni de Mayenne, et désirait vivement voir échouer toutes les prétentions de l'Infante, plus d'un capitaine de son parti s'associait aux espérances du ligueur d'Aradon, qui écrivait ces mots dans son *Journal :* « L'on disait de certain que M. de
« Guise avoit esté esleu roy de France, et que le mariage estoit
« conclu entre luy et l'Infante d'Espagne. Je prie le bon Dieu de
« tout mon cœur qu'ainsi soit, pour l'augmentation de son honneur
« et de son église[3]. »

Plus tard, nous verrons Mercœur, constant dans sa politique à l'égard des Espagnols, chercher toujours à s'appuyer sur leur secours pour se rendre redoutable au roi de France, tandis qu'il menace sans cesse Philippe II de traiter avec Henri IV, afin de se rendre plus important aux yeux de ses dangereux alliés. L'on a vainement essayé de justifier l'alliance de Mercœur avec les Espagnols : c'était, a-t-on dit, *une erreur des temps, qu'il ne faudrait pas apprécier au point de vue des justes susceptibilités de notre âge :* puis Mercœur, pour sauver la religion catholique, ne devait-il pas rechercher l'appui du roi, qui défendait par toute l'Europe la cause du catholicisme ? Je crois qu'au XVIe siècle le sentiment

---

[1] Davila, p. 1141.
[2] Montmartin, p. 308. — De Thou, liv. 118.
[3] *Journal* d'Aradon, 27 juin 1593.

national était assez fort, assez général pour qu'il y ait eu plus qu'*une erreur* à introduire dans le pays un ennemi déclaré de la France ; et les faits prouvent que le salut de la religion n'était ni le seul, ni le premier motif qui mit les armes à la main de Philippe II et de Mercœur, son allié. Il est dangereux, plus qu'on ne pense, de réhabiliter ou même de justifier, avec des intentions honnêtes, les actes mauvais et injustes : avec le système des circonstances atténuantes, l'on s'expose à détruire la moralité de l'histoire.

CHAPITRE XIII.

Mercœur commence à négocier avec les royalistes; la reine Louise à Ancenis; mission de Duplessis-Mornay. — Les négociations traînent en longueur. — Mercœur veut se faire valoir auprès des ligueurs, des Espagnols et des royalistes : ses espérances, si le roi vient à mourir. — Résultats de ses lenteurs, on ne peut croire à sa sincérité; on s'habitue à la paix; le parti se désorganise. — Correspondance de Mercœur et de l'archiduc Albert; pamphlets royalistes. — Mercœur, abandonné par tout le monde, est forcé de se soumettre.

Après la conversion de Henri IV, Mercœur avait été forcé d'accepter, bien à regret, une trêve d'ailleurs mal observée : alors, vers la fin de l'année 1593, pour mieux montrer sa faiblesse et sa duplicité, il commence à négocier; il parle de ses bonnes dispositions à traiter, et sa sœur, la reine Louise, est choisie pour servir de médiatrice entre Henri IV et le duc. Ces négociations doivent durer plus de quatre ans; elles nous sont connues, surtout par les lettres et les mémoires de Duplessis-Mornay, chargé spécialement par le roi de défendre ses intérêts : cherchons les causes qui engageaient Mercœur à les commencer sans franchise; voyons les résultats de cette politique malheureuse, et nous pourrons plus facilement comprendre comment le roi de Nantes ne réussit qu'à retarder l'époque de sa soumission, sans avantage pour sa cause, sans profit et sans gloire pour lui-même.

Henri IV était, sans aucun doute, animé du plus vif désir de traiter; les difficultés ne devaient pas être soulevées de son côté. Dès le mois de mars 1594, il informe Duplessis[1], que la reine

---

[1] *Lettres missives de Henri IV*, 5 mars.

Louise se dirige vers Ancenis, suivie de son chancelier Châteauneuf :
mais comme elle est sœur, comme celui-ci peut être faible par complaisance, il enjoint à son fidèle conseiller de les accompagner, pour
le bien de son service; Duplessis reçoit même une instruction secrète,
qui lui donne la direction principale de cette affaire, *avec pouvoir
de s'élargir de manière à ce que la paix fût bientôt faite*. La reine
Louise arrive à Ancenis au mois de juillet; mais les négociations
traînent en longueur [1].

Cependant l'année s'écoule sans conférences suivies et sans résultats. Vers le mois de novembre 1594, le roi insiste pour que les
négociations soient plus sérieuses; il écrit aux députés sédentaires
de Rennes, qu'afin de protéger les intérêts de la province, il a choisi
le sieur Harpin de Marigny, président au parlement de Bretagne, et
Jean Avril, sieur de la Grée, président de la cour des Comptes, pour
se réunir à Ancenis à l'archevêque de Reims, Philippe du Bec,
l'ancien évêque de Nantes, à Duplessis et à Châteauneuf [2]. L'évêque
de Saint-Malo, Charles de Bourgneuf ; de Launay, président au parlement de Nantes; du Garrot, vieux gentilhomme du pays de
Vannes ; Guillaume Raoul, sieur de la Ragotière, procureur général
des États de Mercœur ; Fourché de la Courousserie, maître des
Comptes [3]; Lorenzo Tornabuon surtout et Jean Vallet, prieur de
de la Trinité, avec Minette, sont chargés de défendre les intérêts des
ligueurs et du gouverneur de Bretagne [4]. Après les préliminaires

---

[1] Lettre du roi à M. Duplessis, 5 mars. — Réponse de Duplessis, 14 mars.
— Lettre au roi, 20 mai. — *Hist.* de M. Duplessis, p. 221.

[2] *Lettres missives de Henri IV*, 9 novembre 1594. — *Actes de Bret.*, t. III,
col. 1620. — De Thou. — Lettres de Duplessis. — Le comte de Fiesque ; le comte
de Rochepot, gouverneur de l'Anjou ; Saint-Luc; plus tard, Schomberg et de
Thou, doivent prendre part aux négociations.

[3] Il était alors maire de Nantes : dans les éditions, d'ailleurs fort mal faites,
des lettres de Duplessis-Mornay, il est appelé Courourens, Concourens, Courourêne, puis Courrouccrie (29 fév. 1595), et dans un autre endroit il signe Fourché
(15 mars 1595). Mercœur le récompense de son dévouement par une charge de
maître des Comptes.

[4] Dès 1591, Mercœur se sert de Vallet, alors à Paris, pour préparer secrètement un traité avec Henri IV; par les ordres du roi, Schomberg et le prieur de
la Trinité dressent même les principaux articles du traité. Mercœur n'agissait
pas franchement : Vallet était un ami intime de Tornabuon, et l'un des confidents
de Mercœur, comme on le voit par les lettres de Duplessis.

L'on trouve encore parmi les agents de Mercœur qui, à différentes reprises,

d'usage, on s'accorde à donner à Henri IV le nom de *Majesté*, mais sans explication : les députés de Mercœur veulent prendre la qualité de représentants de la Bretagne, *telle qu'elle était avant la réunion et le mariage de la reine Anne*. Mais les royalistes ne peuvent admettre cette prétention ridicule, ni celle de quelques personnes qui voulaient traiter pour le Poitou, la Normandie, l'Anjou, le Maine.

Puis, deux points principaux sont abordés : 1° Les députés de Mercœur demandent qu'il n'y ait en France, au moins en Bretagne, qu'une seule religion : on leur répond qu'une province ne peut faire la loi au royaume ; le roi, d'ailleurs, veut que les calvinistes jouissent des avantages de l'édit de 1577. La Ragotière soutient que les édits n'ont aucune force dans la province, si les États ne les ont pas acceptés : l'édit de 1577 était donc nul pour la Bretagne. 2° Les députés du roi demandent, à leur tour, que le duc fasse sortir les Espagnols de la province ; ils s'engagent à éloigner les Anglais et les Suisses, qui défendent la cause royale. Leur but évident était de gêner et de déconsidérer Mercœur ; car il n'avait pas assez d'autorité pour renvoyer ses alliés, ils restaient malgré lui : aussi déclarait-il qu'il ne pouvait accepter cette condition, avant que la religion ne fût assurée par un traité. Mauvaise défaite, dont personne n'était dupe, même dans son parti. Comme l'écrivait Duplessis au roi, « les députés ont eu ce but, en ceste conférence, de faire voir aux « peuples que Sa Majesté vouloit la paix, et de laisser le blasme des « longueurs à ceux de la Ligue... Ils ont d'ailleurs bien l'opinion « que M. de Mercœur voudroit venir à une paix, mais si avantageuse « qu'elle lui affermisse sa condition [1]. »

Mercœur, en acceptant ces conférences et en faisant ces proposi-

---

se mêlèrent des négociations, deux de ses lieutenants : de Montigny, dont nous avons déjà parlé, et Sévigné d'Olivet. (De Thou, liv. 117. — *Mém.* de Duplessis, 5 mars 1595, etc.)

[1] Long mémoire, qui contient toutes les négociations, envoyé au roi le 19 décembre, par Duplessis. — Lettre à M. de Loménie, 30 janvier 1595 ; au duc de Bouillon, 25 déc. 1594. — *Instruction baillée par le roi à M^r l'évêque de Nantes*, 12 janvier 1595. — Je ne comprends pas les erreurs qui se trouvent dans l'édition des *Mémoires* de Duplessis : ainsi, pour ne citer qu'un exemple, Philippe du Bec est ici appelé *Pucanant* et qualifié du titre d'archevêque de Rennes !

tions, voulait que l'on crût à son désintéressement, à son désir sincère de défendre la cause catholique : il savait que ses propositions ne pouvaient pas être acceptées par Henri IV; il voulait s'en faire honneur auprès des catholiques, et les rallier plus courageux et plus dévoués que jamais sous son étendard. « Mercœur veut avoir cette
« gloire par-dessus tous les chefs de la Ligue, d'avoir fait et obtenu
« une loi particulière pour ceux qui l'ont suivi, afin d'attirer à soi la
« protection de la religion, de tous les côtés du royaume[1] »

Puis, beaucoup d'hommes qui s'étaient déclarés pour la Ligue, soit par conviction, soit dans l'espoir d'une meilleure position, perdaient leurs illusions, et commençaient à murmurer contre l'ambition des chefs, qui rendaient la guerre éternelle. Mercœur cherchait à faire taire ces murmures, soit en les trompant par la fausse espérance d'une paix prochaine, soit en leur faisant croire que la guerre était l'ouvrage des ennemis, qui repoussaient ses propositions. Cette intention de Mercœur n'échappait pas à ceux qui traitaient avec lui : « *C'est un moien*, écrit Duplessis au roi, *de leurrer les peuples et* « *villes, lassées de la guerre, de l'espérance de la paix*....[2] » Lui-même s'exprimait en ce sens dans une lettre qu'il adressait en 1595 au duc de Mayenne, et qui fut interceptée : « *Ce que je fais et ai fait* « *jusqu'ici, n'est que pour contenter la reine, et les esprits de notre* « *parti en ce pays, qui recherchent trop curieusement la paix,* « *résolu au reste de continuer la guerre*[3]. » Mercœur veut gagner du temps, comme on le voit à chaque instant dans les lettres de Duplessis ; ses députés, sa femme, l'habile duchesse, qu'il envoie à Ancenis, ont recours aux plus futiles prétextes pour « *chercher des* « *longueurs sur toutes occasions*[4]. »

Il désirait surtout se rendre important aux yeux des Espagnols comme à ceux des royalistes; les négociations sont « un moien aussi

---

[1] De Thou, liv. 117. — Duplessis, mémoire du 19 décembre 1594.
[2] Lettre au maréchal d'Aumont, 29 février 1595. — Mémoire au roi, 3 mars 1595.
[3] Duplessis, lettre du 29 février 1595. — D. Taillandier, p. 444.
[4] Voir les *Lettres de Duplessis*, février 1595, etc., et surtout la lettre de Henri IV à la reine Louise, pour lui annoncer que les conférences d'Ancenis sont rompues (13 mars 1595). Pour les détails des négociations, les lettres de Duplessis sont très-nombreuses ; le manifeste contre Mercœur, qu'il rédigea par ordre du roi, contient un historique très-clair et très-circonstancié de ces conférences. (*Mém.* de Duplessis, t. VI, p. 385-430.)

« de lui rendre les Espagnols plus traictables, quand il leur fait
« entendre qu'il est recherché de la paix par le roi, et par l'entre-
« mise d'une Roine sa sœur, comme de fait ils lui sont plus souples,
« qu'ils n'ont jamais esté par ci-devant. » « Mercœur, ajoute Duples-
« sis, qui ne vouloit démordre l'espérance de l'usurpation de la duché
« de Bretaigne, pense qu'il lui falloit faire peur à l'Espaignol de sa
« reconciliation avec le roy, afin qu'il le pressast tant moins, n'ayant
« jamais eu aultre desseing que de nager entre ces deux grands
« rois, attendant toujours la mort naturelle de l'ung, la violente de
« l'aultre, pour demeurer enfin duc de Bretaigne, etc.[1] »

Henri IV venait de déclarer la guerre à Philippe II, en 1595 ; Mercœur espérait profiter de cette nouvelle lutte. Ainsi, dans tous ses rapports avec les députés du roi, il faisait sonner bien haut son alliance avec les Espagnols, les secours qu'il pouvait en recevoir, les villes qu'il pouvait leur livrer si on le forçait à rompre les négociations : « M. de Mercœur est de certain lieutenant-général du roy
« d'Espaigne en Bretagne. Il a promis de demeurer ferme à son
« service. Il tient la conférence d'Ancenis, attendant quatre mille
« Espagnols qui doivent arriver au premier vent. Il a promis de leur
« livrer la tour de Cesson et la ville de Saint-Brieuc. Rien ne le fâche
« plus que quand on le veut traiter à la mode des autres, étant tout
« autre chose qu'eux, soit qu'on considère son zèle à la religion, soit
« son établissement, soit le secours proche et certain qui ne lui peut
« manquer[2]. »

Mercœur, en effet, pouvait porter un coup funeste aux affaires de Henri, s'il se jetait complétement dans le parti espagnol et lui donnait la Bretagne. Mais il cherchait, dans le même temps, à se faire valoir auprès des Espagnols ; et craignait de se livrer à Philippe II, dont il ne voulait pas le triomphe : « Il est diversement combattu, écrit
« Duplessis au roi, tantost de l'appréhension de sa ruine, soit qu'il
« traicte, soit qu'il faille à traicter avec votre Majesté : tantost des
« menaces de l'Espagnol, qui proteste de se retirer, s'il traicte ;
« auquel cas, il se voit tout nud, exposé à la merci de votre ma-
« jesté[3]. »

Les Espagnols avaient alors intérêt de s'attacher d'une manière

---

[1] *Mém.* de Duplessis au roi, 3 mars 1595, et t. VI, p. 393.
[2] Lettre du maréchal d'Aumont, 5 mars 1595. — Lettres de Duplessis.
[3] Duplessis au roi, 1ᵉʳ juillet 1595.

plus intime le maître de la Bretagne : aussi ils le flattaient, lui promettaient des troupes, qui devaient s'embarquer à Saint-Sébastien, et même de grosses sommes d'argent. Ils avaient charge de faire pour la guerre ce que Mercœur leur commanderait[1]. Un secrétaire de Philippe II, muni de ses instructions secrètes, arrivait à Nantes, et apportait à Mercœur une magnifique écharpe rouge enrichie de pierreries ; on lui offrait une pension de cent mille écus : Duplessis dit même, par erreur probablement, trois cent mille écus, en ajoutant : *Je ne sais s'il sera assez sage pour connaître que c'est lui mettre une pierre au col*[2]. Mercœur, pour se rendre plus nécessaire, ne se prononçait pas ouvertement ; il se contentait d'envoyer en Espagne son fidèle agent Tornabuon, pour donner des espérances à Philippe II et pour inspirer des craintes à Henri IV. Peu après, Tornabuon lui écrivait qu'il était perdu, s'il s'unissait intimement au roi d'Espagne, ou s'il se réconciliait avec Henri ; il l'engageait à temporiser. Ce conseil devait naturellement plaire à Mercœur ; sa politique n'était qu'une politique de temporisation[3].

Aussi, pendant toute l'année 1595, les négociations traînèrent en longueur : « Longueurs affectées, propositions captieuses ; nul indice « de bonne volonté : c'est tout, sauf que notre conférence est remise « à Chenonceaux avec aussi peu d'espoir que devant. » C'est ainsi que Duplessis résume avec raison tous les travaux diplomatiques de cette année[4].

La Ragotière, l'un des confidents de Mercœur, arrivait assez tard à Chenonceaux (fin de juillet), et se plaignait insolemment des lenteurs de la négociation ; les députés de Henri IV repoussaient facilement ces récriminations, le pressaient à leur tour, et lui faisaient avouer que si Mercœur avait tardé, *c'est qu'il avait dépêché vers Philippe II et attendait sa réponse*. A cet aveu important, ils voulaient briser toute négociation ; la Ragotière cherchait vainement à revenir sur ses paroles, et les députés quittaient Chenonceaux, après avoir montré toute la duplicité du duc de Mercœur[5].

Mercœur attendait d'heureux résultats de la guerre que Henri IV

1 Duplessis au roi, 21 février 1595.
2 De Piré, t. II, p. 133. — D. Taillandier, p. 443. — Duplessis, 10 juin 1595.
3 De Piré, t. II, p. 133. — Duplessis, 10 juin 1595.
4 Duplessis, 27 avril 1595.
5 Lettres de Duplessis, 22, 26 juillet 1595, etc. — De Thou, liv. 117.

venait de déclarer audacieusement à Philippe II ; il avait même refusé, dans l'espérance de quelques grands succès, une trêve que lui proposait le maréchal d'Aumont. Le brillant combat de Fontaine-Française dut le troubler dans sa confiance ; Mercœur néanmoins résolut de tirer profit de cet échec des Espagnols. Tandis qu'à Nantes et dans les villes qui dépendaient de lui, il faisait chanter un Te Deum en actions de grâces pour remercier Dieu de la prétendue victoire que le connétable de Castille aurait remportée sur le roi de France[1], il cherchait à vendre plus cher ses services à Philippe II ; et Tornabuon recevait alors des offres et des promesses plus séduisantes : on ne pressait plus Mercœur de renoncer à ses prétentions en faveur de l'Infante ; Philippe II semblait disposé à s'unir étroitement avec lui, et offrait même de lui transmettre les droits de sa fille sur la Bretagne, si elle mourait sans héritiers, comme le montrèrent des lettres interceptées par les Anglais. Mercœur, sans répondre à ces avances, consentait, sous différents prétextes, à signer une trêve avec les royalistes : allait-il suivre l'exemple de Mayenne, qui l'engageait à se réconcilier ? Il hésitait toujours, se contentant de faire vivre ses troupes, aux dépens du Maine et de l'Anjou, et de faire payer bien cher aux habitants cette trêve, qu'il aurait dû consciencieusement observer. Puis, toujours fidèle à sa politique d'adresse et de temporisation, Mercœur, espérant des occasions plus favorables, refusa d'être compris dans le traité de Henri IV et de Mayenne. En 1595, Mayenne avait invité tous ceux qui tenaient encore le parti de l'Union à se joindre à lui, pour conclure un traité de paix générale avec Henri IV. Mercœur n'eut garde d'accepter ces propositions; il fit même arrêter à Nantes l'envoyé de Mayenne, et le retint prisonnier, sans vouloir ni le voir ni l'entendre[2]. Dans le traité conclu entre le roi et Mayenne, l'on accordait six semaines à Mercœur pour obtenir des conditions avantageuses. Mais, écrit Duplessis au roi, « il semble ne vouloir traiter sous M. de Mayenne,
« affectant la gloire d'être demeuré le dernier au parti contraire, pour
« s'en installer protecteur avant que la guerre finisse, afin qu'on ait
« recours à lui plutôt qu'aux autres de sa maison, si les affaires se
« rebrouillent[3]. » Les Espagnols obtenaient-ils, dans l'année 1596,

---

[1] Duplessis, lettre au roi, 1er juillet 1595.

[2] D. Taillandier, p. 451. — *Mémoires de la Ligue*, t. VI.

[3] *Mém.* de Duplessis, 4 nov. 1595.

des avantages considérables, au nord de la France, Philippe II se montrait à son tour moins facile : il voulait maintenant forcer Mercœur à reconnaître l'Infante, comme héritière de Bretagne, et se préparait à envoyer une grande armée navale, pour le décider enfin à se jeter complétement dans le parti de l'étranger[1]. Alors le duc recommençait ses négociations avec les royalistes ; et comme les Espagnols s'étaient emparés par surprise du poste important de Primel, à l'embouchure de la rivière de Morlaix, il faisait tous ses efforts pour leur enlever cette place, mais inutilement[2].

L'un des motifs qui engageaient Mercœur à ne pas se prononcer, c'est qu'il espérait voir bientôt toute la France dans le trouble et l'anarchie, comme à l'époque de la mort de Henri III. Les succès des Espagnols, l'épuisement du roi de France, lui faisaient croire que le démembrement du royaume était prochain. Ne pourrait-il pas alors, en sachant bien ménager ses intérêts, profiter de ces malheurs, et garder la Bretagne, tandis que le roi d'Espagne s'emparerait de plusieurs autres provinces ? Ou bien Henri pouvait mourir ; les fatigues de la guerre, les hasards des combats, le poignard toujours menaçant des assassins, pouvaient l'enlever aujourd'hui ou demain : alors, plus de chef, plus de roi, plus d'unité ; rien ne saurait plus empêcher le démembrement ; et qui, mieux que lui, serait à même d'en tirer parti ? « Quelle autre espérance peux-tu avoir depuis deux ans ? dit un « pamphlet royaliste de l'époque : Quoy ? penserois-tu bien que ce « grand prince achevant le cours de ses ans et évitant le cousteau « Jésuite, laissast toujours Nantes et partie de la Bretagne entre les « mains d'un tel homme que toi ? Tu n'es point si despourveu de « sens ; il faut nécessairement que tu espères, qu'il se trouvera « encores un Barrière ou un Chastel. Rien autre chose ne te « peut avoir faict opiniastrer depuis deux ans que tu gaignes tous-« jours temps[3]. » Chaque jour, Mercœur s'attendait à quelque catastrophe ; chaque jour il faisait répandre des bruits de toute espèce sur Henri IV : on annonçait tantôt qu'il était très-gravement malade, tantôt même qu'il était mort. « Il est dans l'attente de quelque « insigne malheur, qui le mette à son aise, écrit Duplessis au roi ; en

---

1 De Thou, liv. 117. — *Lettres* de Duplessis.
2 Dom Taillandier, p. 453.
3 *Libre discours sur la délivrance de la Bretagne.*

« laquelle encore aujourd'huy les prescheurs de Nantes entretien-
« nent le peuple par le commandement des plus grands[1]. » « Pendant
« les négociations d'Ancenis, dit encore Duplessis, il est certain
« qu'on a presché à Nantes, qu'on attendait un coup du ciel bientôt;
« et quelques jours après avait lieu l'attentat de J. Châtel[2]. »

Plus tard encore, écrivant à Philippe II, dans un moment où il est plus découragé, Mercœur lui demande s'il ne serait pas avantageux de traiter avec l'ennemi, *pour conserver le libre exercice de la religion catholique, avec nos personnes, moyens, liberté, priviléges du pays, et ainsi se maintenir au mieux que faire se pourra, jusqu'à ce qu'il se présente quelque meilleure occasion de faire un bon coup, si Dieu veut*[3].

En 1597, lorsque la prise d'Amiens jetait le trouble dans tous les esprits, Mercœur faisait courir le bruit que le roi, qui n'avait pas d'héritier, était attaqué d'une maladie incurable, causée surtout par le chagrin. Les huguenots, qui tenaient alors de fréquentes assemblées, malgré les défenses de Henri, auraient repris les armes : la couronne aurait légitimement appartenu au jeune prince de Condé, à peine âgé de sept ans ; une funeste régence aurait ranimé

---

[1] Lettre du 3 mars 1595. — « Ce duc n'a but que de nager entre les deux rois, « desquels l'un, occupé en Picardie, ne le peut forcer par les armes; l'aultre, « affligé de ce nouveau naufrage, ne l'ose encore presser de se déclarer son par- « tisan; et se conforte sur ce mot : *Interea fiet aliquid.* » (Lettre du 31 décembre 1596).

[2] Lettre du 1ᵉʳ janv. 1595 à M. de Loménie. — *Mém.* de Duplessis, t. VI, p. 398.

[3] Capefigue, t. VII, p. 381.

Les historiens ont raconté que l'envoyé de Philippe II auprès de Mercœur, Ledesma, fit connaissance d'un moine appelé Ouyn de Laval, qui avait vécu en Espagne, et se trouvait alors dans le couvent des chartreux, à Nantes. Il lui mit dans la tête qu'il serait nécessaire, pour la religion chrétienne et pour la gloire de Dieu, de se défaire du roi, toujours hérétique dans l'âme. Le moine parla de son projet à beaucoup de personnes ; si bien que la chose en vint plus tard aux oreilles de Henri IV, qui, après la soumission de Mercœur, le fit arrêter : le procès fut dirigé par de Thou et Turcant; il avoua tout, et le roi se contenta de le faire enfermer. Duplessis, dans une lettre à Villeroy du 9 avril 1595, parle également d'un étudiant, nommé Michel Vidal, que l'agent du roi d'Espagne à Nantes a gagné, pour tuer Henri IV : « Il devait s'insinuer au service de quel- « qu'un des valets de chambre du roy, ou bien en la maison de Mᵐᵉ de Mon- « ceaux : et on luy monstra une grenade double mesurée à un feu..... pour icelle « mettre soubs le lit, et puis se retirer, etc. »

toutes les ambitions, toutes les espérances ; et le rusé Tornabuon conseillait encore à Mercœur de patienter et d'attendre. Ces bruits s'étaient tellement accrédités, que les seigneurs royalistes eux-mêmes, songeant à leur sûreté et à leurs intérêts, se réunirent : ils avaient à leur tête le maréchal de Brissac, gouverneur de la province. Le duc de Montpensier, le duc de la Trémouille et le maréchal de Bouillon eurent, dit-on, connaissance de leurs projets ; il fut proposé de former un tiers-parti en Bretagne, sous le nom de *Bons-Français ;* Montbarot et de Cussé voulaient obliger le maréchal à prendre le commandement absolu : les astrologues et les médecins assuraient que le roi ne vivrait pas deux ans ; il fallait donc assembler les États à la manière des Pays-Bas, et travailler à sauver la province : on était d'avis d'envoyer vers Élisabeth, pour lui demander ses secours dans une situation aussi désespérée[1]. Les nouvelles positives envoyées par Montmartin, qui se trouvait alors à la cour, rassurèrent difficilement les esprits.

Tels sont les principaux motifs de la politique subtile de Mercœur. Quels en furent les résultats ? Dans une guerre comme celle de la Ligue, il fallait agir, et toujours agir ; c'était le seul moyen de triompher. Mercœur, au contraire, se repose ; il négocie, il cherche à tromper. Mais lui-même prépare sa perte, et dévoile son égoïsme par ses négociations sans franchise. Malgré ses protestations, il ne parvient pas à cacher ses véritables projets ; on croit peu à la sincérité de son dévouement pour la cause catholique : « Chacun, dit « un contemporain, voudra faire paraître son indignation envers « ces traistres à la France, qui, destituez de tout prétexte, excommu- « niez par le pape, par l'archevesque de Tours, primat de Bretagne et « par la Sorbonne, comme rebelles à leur Roy, condamnez de Dieu « et des hommes, sont encore si effrontez que de nous publier héré- « tiques, si nous allons chasser les escharpes rouges de la Bretagne. « Pauvres misérables, vos artifices sont trop divulguez... telles ruses « sont en mespris aux enfants mesmes[2]. »

On ne croit pas à son désintéressement, à son désir de la paix ; car les députés de Henri IV s'arrangent de manière à lui faire rejeter les propositions avantageuses qui lui sont offertes. A plusieurs

---

[1] De Piré, t. II, p. 245. — Montmartin, p. 311. — De Thou, liv. 118.
[2] *Libre discours sur la délivrance de la Bretagne.*

reprises, les négociations sont rompues, et toujours l'on reconnaît que l'intérêt personnel, que l'ambition de Mercœur a seule amené ces ruptures. « Mesme il se peut dire, écrit Duplessis, que les « députés bretons ne s'en vont pas tous contents des procédures de « M. de Mercœur et de ceux qui le conseillent[1]. »

En paraissant vouloir traiter, Mercœur a montré son peu de confiance dans ses propres forces ; ce n'est pas là le chef de parti, qui encourage, contient ou entraîne par l'ascendant de son énergie ceux qui se sont ralliés à sa cause. En même temps, il a donné un triste exemple, que se disposent à suivre les chefs subalternes : chacun doit désormais songer à ses intérêts; le parti se désorganise. Puis, en parlant sans cesse de paix et de traité, en consentant à des trêves avec les royalistes, il a fait concevoir des espérances aux hommes modérés ou fatigués; il a permis aux passions de se calmer, aux haines et aux préjugés de s'affaiblir; il a laissé entrevoir les avantages précieux de l'ordre et de la tranquillité[2]. Comme le remarque très bien Mézeray, « les peuples reçurent la trêve avec plus de joie « que n'auraient voulu ceux qui désiraient la continuation des trou- « bles, particulièrement les gouverneurs de province et les gens de « guerre, accoutumés au pillage, qui non-seulement y contre- « venaient toutes les fois qu'ils trouvaient occasion de butiner, mais « encore la traversaient ou souffraient qu'on la traversât par des « prédications séditieuses, par des menées, des écrits, des faux « rapports et plusieurs attentats, à quoi ils fermaient les yeux, sous « prétexte de conduire les affaires doucement[3]. »

Mercœur tira-t-il du moins quelque avantage personnel de sa conduite pleine de détours, à l'égard de Philippe II comme à l'égard de Henri IV ? A force de temporiser, il se trouva qu'il était trop tard : il ne put combattre, et il fut heureux de se soumettre, sans dignité, même en s'humiliant. Il s'était bien gardé d'unir ses forces à celles de l'Espagne, quand l'Espagne était victorieuse : il avait alors toutes ses défiances et toutes ses ambitieuses espérances. Cependant, il devait être assez éclairé sur sa position, au moment de la prise d'Amiens par les ennemis; il fallait alors se décider, les chances

---

[1] Lettres des 25 déc. 1594, 15 mars, 27 avril 1595.
[2] Lettre de Duplessis du 20 septembre 1595.
[3] Mézeray, t. XVII, p. 38.

pouvaient encore paraître favorables, ou elles ne devaient jamais l'être : les Espagnols faisaient des courses jusqu'aux environs de Paris ; les grands n'étaient guère soumis ; le duc de Savoie menaçait le Midi ; les huguenots murmuraient tout haut, s'organisaient, conspiraient même. On semait dans les provinces des lettres de Philippes II, qui promettait *immunités aux villes, exemptions de tailles au peuple, et grandes récompenses aux gouverneurs et gentilshommes qui prendraient son parti* [1].

L'archiduc Albert avait appris à Mercœur les succès des Espagnols, et il l'engageait, par les raisons les plus fortes, par les promesses les plus séduisantes, à s'unir intimement au roi Philippe II : le duc lui répondit; mais la correspondance fut interceptée par les soins de Duplessis [2], et les lettres de Mercœur firent connaître ses intentions. « Il continuerait la trêve avec les royalistes, écrivait-il,
« jusqu'à la fin de juillet seulement ; on lui enverrait alors d'Espagne
« une flotte et une armée avec laquelle il soumettrait la Bretagne, et
« envahirait la France, en même temps que l'archiduc marcherait
« sur Paris. Si, à l'époque de la prise d'Amiens, il avait eu des trou-
« pes et de l'argent, il se serait rendu maître de plusieurs villes en Bre-
« tagne et dans tout le royaume... Le roi serait bientôt réduit à la
« dernière extrémité, comme il le méritait si bien, puisqu'il était
« l'ennemi juré de tous les catholiques. Pourvu qu'on n'exige rien qui
« soit contre son honneur, c'est-à-dire, pourvu qu'on le laisse faire
« la guerre en son propre nom, Henri aura bientôt des affaires dont
« il ne pourra pas se démêler ; lui-même fera des choses étonnantes
« mais il faut qu'on lui envoie des troupes et de l'argent d'Espagne,
« de la poudre et des canons de Flandre. Il aurait bien voulu avoir
« des ailes, pour voler dans les Pays-Bas, et servir sous l'archiduc
« en simple capitaine, pour se concerter avec lui sur les moyens de
« faire à la France tout le mal possible : mais, à l'expiration de la
« trêve, il faut qu'ils entrent dans le royaume, pour se joindre

---

[1] Duplessis, lettre du 14 juin 1596. — Dom Taillandier, p. 458.

[2] Un jeune homme, nommé des Loges, et surtout un avocat de Paris, Charpentier, fils du célèbre professeur, connu surtout par sa haine contre Ramus, étaient les intermédiaires de cette curieuse correspondance ; ils furent condamnés à mort, et roués sur la place de Grève, le 10 avril 1597. (De Thou, liv. 118. — *Hist.* de Duplessis, p. 116. — Mézeray, t. XIII, p. 415. — L'Estoile, *Reg. Journal de Henri IV*, p. 283.)

« auprès de Paris ou de Rouen, où ils étaient souhaités et seraient
« secondés par beaucoup de personnes considérables... » Il parlait
encore, dans ses lettres, d'un dessein formé par lui, pour surprendre
le château de Saint-Germain-en-Laye, et pour s'emparer de la
personne du roi, qui allait parfois s'y divertir[1]. Ainsi, Mercœur
avouait qu'il trompait les royalistes par ses propositions de paix :
il exagérait ses ressources, pour mieux se faire valoir auprès des
ennemis ; il traitait d'égal à égal avec le roi d'Espagne, et, pour
mieux s'imposer, il lui faisait savoir par ses agents qu'il était très-
vivement sollicité de prolonger la trêve, et qu'à son grand regret, il
serait forcé d'y consentir, s'il ne recevait ni argent ni munitions.
Au reste, la vanité de Mercœur semblait se complaire à entretenir
ses illusions, à faire durer son beau rêve de souveraineté indépendante : ainsi, il ne voulait pas recevoir l'envoyé du roi, Montmartin ;
et, à Ancenis, le secrétaire du duc, Péchin, ne craignait pas de parler
avec beaucoup de mépris des affaires du roi, et avec emphase *des
espérances de son maistre plus eslevées que de Bretagne*. Si l'on en
croit l'historien Matthieu, Philippe II, pour l'empêcher de traiter, lui
promettait de nouveau de lui laisser la Bretagne en toute souveraineté, en lui abandonnant les droits de l'Infante sur le duché ; et il
ajoute ce renseignement curieux : « Une lettre venant de ce costé,
« et laquelle je déchiffray par commandement, en portoit les per-
« suasions et les assurances, pour luy faire porter la couronne à
« haut fleurons en teste, l'espy d'or au col avec les hermines, et se
« veoir assis au milieu des barons de Bretagne[2]. »

A cette époque, Mercœur s'efforçait, par tous les moyens, même
les plus condamnables, de se procurer de nouvelles ressources, pour
profiter d'une heureuse occasion : il avouait toutes sortes d'actions ;
il recevait à sa solde toute espèce de gens, même des huguenots ; il
donnait toute licence à ses capitaines, et presque tous suivaient
l'exemple des Saint-Offange et des Fontenelle, dont nous avons vu
les exploits[3]. Au moment où l'un de ses agents, la Ragotière, décla-

---

[1] *Mém.* de Duplessis, t. VI, p. 422-425. — De Piré, t. II, p. 250. — Dom Taillandier, p. 459. — De Thou, liv. 118. — Mézeray, t. XVII, p. 460.

[2] Dom Taillandier, p. 459. — Montmartin, p. 312. — Matthieu, t. II, p. 252.

[3] Voici un souvenir curieux et peu connu de cette époque de la Ligue en Bretagne : c'est la *Prise et lamentation du capitaine Guilleri*, in-8°, 1608. Les frères Guilleri étaient trois gentilshommes bretons, qui, après avoir suivi le duc

rait assez insolemment aux députés du roi, que le duc ne pouvait rien conclure avant d'avoir reçu les avis de Philippe II, Mercœur acceptait dans son parti le gouverneur du château de Tiffauges, Champagnac, qui prenait aveu de lui, pour ne pas être puni des brigandages qu'il avait commis, et pour agir avec plus de liberté. Puis, d'audacieux partisans de Mercœur couraient les pays voisins, l'Anjou, le Maine, le Vendômois, la Touraine, pillaient et faisaient des prisonniers jusqu'aux portes de Paris; et le parlement ordonnait même des informations, pour découvrir et punir ceux qui les aidaient ou les recélaient. (30 sept. 1597[1].)

Mais lorsque Mercœur, après avoir bien tergiversé, se décidait enfin à rompre les négociations, Henri IV entrait victorieux dans Amiens, repoussait l'armée espagnole, et mettait fin aux espérances de Philippe II. Le duc, *étonné des quatre pieds,* dit L'Estoile, changea aussitôt de langage ; et, moins fier désormais, il se hâta d'accepter la trêve qu'il avait peu auparavant refusée[2]. Quelques jours après, une grande flotte de cent vingt voiles, partie des ports d'Espagne, était en vue des côtes de Bretagne : d'autres galères espagnoles se trouvaient près du Pellerin, à quelque distance de

---

de Mercœur dans toutes ses guerres, avaient fini par devenir des voleurs de grands chemins; ils avaient pris pour devise : *Paix aux gentilshommes, la mort aux prévôts et archers, et la bourse aux rustiques et aux marchands.* La vie de Philippe Guilleri ou Guillerye est en manuscrit à la Bibliothèque impériale. (Voir L'Estoile, *Reg. Journal de Henri IV*, p. 475, et *Mercure Français*, année 1608.) — M. Fillon a réimprimé en 1848 une brochure extrêmement rare de 1615, intitulée : *Reproches du capitaine Guillery faicts aux carabins, picoreurs et pillards de l'armée de MM. les Princes.* « Au milieu de ses voleries, dit avec « raison M. Fillon, Guillery apparaît comme un reflet lointain de ces chefs de « compagnies franches contre lesquels les prévôts et les gouverneurs de pro- « vince étaient obligés de lever des armées. »

1 Palma-Cayet, p. 776 (collection Michaud). — De Thou, liv. 117, 118. — L'Estoile, *Reg. Journal de Henri IV*, p. 289.

2 Voir : Articles pour la suspension d'armes accordée par MM. les députés du roi avec ceux du duc de Mercœur, 17 oct. 1597 : *Mém. de la Ligue*, t. VI, p. 546. — La suspension d'armes accordée par tout le royaume par MM. les députés du roy avec ceux du duc de Mercœur; à Paris, par Claude de Montr'œil, 1597. — Articles pour la suspension d'armes, etc.; à Paris, par Frederic Morel, 1597 : les conditions sont curieuses à plus d'un titre. — Lettre de Henri IV à Duplessis, annonçant la prise d'Amiens, et son intention d'en finir avec la Bretagne, 22 sept. 1597.

Nantes, sous la direction de l'ambassadeur d'Espagne, qui ne quittait plus la ville, et qui probablement attendait l'occasion d'agir ou avec Mercœur ou contre Mercœur lui-même[1]. Sourdéac, le gouverneur de Brest, averti de l'approche des ennemis, avait réuni toute la noblesse du pays, et le tocsin devait soulever les habitants des campagnes[2]. Mais les éléments ruinèrent encore ces débris de l'Invincible Armada, et une tempête furieuse dissipait, en moins de deux heures, cette flotte formidable, à la vue d'un peuple immense qui bordait le rivage, près du Conquet, et remerciait le ciel de cette éclatante protection[3].

Le vieux roi d'Espagne, accablé de ces derniers revers, ne pouvait plus désormais lutter; et Mercœur restait seul, sans secours étranger, sans appui à l'intérieur, en présence du roi de France victorieux. Henri IV n'était pas mort, comme le duc avait voulu souvent le faire croire, comme il l'avait lui-même désiré. Pour pacifier définitivement son royaume, il allait maintenant se diriger vers son dernier ennemi, mais non le plus redoutable, moins pour le combattre, que pour acheter sa soumission. Comme disait un pamphlet contemporain, qui prêchait la guerre contre l'Espagne : « Don Juan « sera rappelé de la Bretagne, et le duc de Mercœur aura honte « d'être espagnol en France. Il se souviendra qu'il est créature « du roi défunt, qu'il est fils de l'aumône de nos rois : il est déjà « à demi vaincu par son ingratitude; le désespoir le suivra bientôt « avec le juste jugement de Dieu. Sa conscience lui prononce un « arrêt fatal : sa félonie est à son période; toutefois, Dieu ne veut « pas la mort du pécheur, mais qu'il se convertisse et qu'il vive[4]. » Dans un assez long pamphlet, publié contre Mercœur, au commencement de 1598, nous trouvons l'expression vive des sentiments qui animaient alors beaucoup de royalistes[5] : « Quoi? le duc de « Mercœur retiendra-t-il toujours l'embouchure de la Loire et

---

1 Travers, t. III, p. 92.

2 Voir lettre de Henri IV au marquis de Couaisquen (Coetquen), son lieutenant en Bretagne, gouverneur de Saint-Malo depuis 1596. — *Revue rétrospective*, t. II, p. 49.

3 Matthieu, t. II, p. 250, d'après le manuscrit de Sourdéac.

4 *Mém. de la Ligue*, t. VI, p. 311.

5 *Libre discours sur la délivrance de la Bretagne;* 1598; sans nom d'auteur, d'imprimeur, de ville.

« partie de la Bretagne contre un roy de France, un roy victo-
« rieux, recoonu le plus grand capitaine du monde? Verrons-
« nous toujours la sentine, l'esgout et le ramas de tous les volleurs
« et assassins liez estroictement avec ceste insolente, cruelle et infecte
« nation de Castille?..... Allons donc promptement à luy la teste
« baissée; allons chastier ceste présomption, ceste témérité et ceste
« insolence... Allons deraciner l'Espagnol de la Bretagne, qui n'a
« pas esté réunie à la couronne du temps de nos ayeulx, pour la
« laisser démembrer en nos jours. Nantes sera bientôt foudroyée, et
« ce Catilina, ce monstre d'ingratitude, ce déloyal français qui a établi
« les Castillans dans le royaume, servira d'exemple de la justice de sa
« Majesté... O âme espagnole, s'écrie le royaliste, pouvois-tu mieux
« faire cognoistre combien tu es traistre et déloyal au pais qui t'a res-
« chauffé, enrichi, et accreu en honneurs et dignitez, qu'en voulant
« par tous les moyens destourner et empescher ceste grande et si
« nécessaire conqueste?... Tu as voulu enfoncer ceux qui se sau-
« voyent du naufrage, tu as insulté à l'affliction de la France : et
« encore, aveugle que tu es, après ceste grande prospérité que tu
« n'as peu empescher, tu t'opiniastres en ton usurpation, attendant
« quelque coup malheureux pour publier ton investiture en Bre-
« tagne.

« Il y a neuf ans que Nantes ne recongnoist plus les Fleurs de lis :
« empeschons la prescription, et nettoions du tout ceste grande et si
« importante province, que le Roy Charles VIII préféra à tous les
« Pays-Bas, et au comté de Bourgogne, afin que par l'Océan fust
« borné nostre Empire, et par le Ciel la renommée de nostre
« valeur. »

Ce pamphlet, qui se distingue de beaucoup d'autres par la verve
et la vigueur du style, se termine par une éloquente invocation
adressée au roi lui-même :

« Sire, c'est trop endurer l'insolence, la témérité, et les outrages
« de cet orgueilleux Salmonée, qui dans vostre royaume fait du
« souverain, tenant un Parlement et des Estats, et vous menace
« d'armées castillannes . . . Tant qu'il y aura un lieu en France
« où il sera loisible de se dire vostre ennemi, et d'y fomenter des
« rebellions, vostre Estat ne sera point asseuré. Quand il faudra,
« en vous désobéissant, sortir du Royaume, et aller mendier une
« pension misérable des Thrésoriers de Castille, il se trouvera peu

« de gens qui prennent ces résolutions extremes : mais lorsqu'on
« voit un asyle tout proche dans les entrailles de la France, où
« l'argent et les autres commoditez abondent, cela donne grande
« hardiesse à ceux qui croyent, que si leur entreprise fault, ils
« seront tousjours quittes pour se retirer en Bretagne, et qu'ils
« seront enfin compris en un Edict . . . . » Et plus loin : « Quand
« Henri victorieux aura pacifié ses provinces, le cruel Philippe,
« ennemy commun de la chrétienté, vous verra, maître de l'Artois
« et de la Flandre, fiefs de vostre couronne, porter le flambeau de la
« guerre jusques au milieu des Hespagnes ; et, par le gain de trois
« grandes batailles, délivrer le Portugal, l'Arragon et vostre Navarre,
« de l'insolence et barbarie de ceste nation Castillane, à laquelle
« tous les clairs-voyans croient vostre Majesté avoir arraché la
« monarchie de l'Europe, que la conqueste de la France, par vous
« seul empeschée, leur rendoit indubitable. »

C'étaient là assurément les sentiments et les espérances des conseillers de Henri IV et de Henri IV lui-même, de Duplessis et de Sully, aussi bien que de Villeroy et de Jeannin : la politique nationale allait devenir populaire, et déjà tous les véritables Français faisaient des vœux pour la chute de Mercœur, l'opiniâtre allié des Espagnols, nos ennemis.

Mercœur ne songeait plus maintenant qu'à se rendre, aux meilleures conditions : il lui était impossible de penser à une résistance sérieuse ; il n'avait plus pour lui que la populace de quelques villes, les gouverneurs de quelques places fortes, et le secours incertain des Espagnols allait même lui être enlevé ; car Philippe II traitait à Vervins avec Henri IV, et celui-ci avait nettement déclaré, dès les préliminaires, que Mercœur ne serait pas compris dans le traité [1]. Philippe II, comme on le voit dans toutes les négociations qui précèdent le traité, renonçait difficilement à ses prétentions sur la Bretagne, et aux espérances que Mercœur lui avait fait concevoir. En 1597, son envoyé de Ledesma lui écrivait ces paroles significatives : « S'il n'est point entré dans nos intérêts de fournir à la
« Bretagne, et au duc de Mercœur en particulier, des forces suffi-
« santes pour être partout vainqueur ; ne nous faudrait-il pas

---

[1] Lettre du Roi à MM. de Bellièvre et Sillery, 15 février 1598. — Lettre de MM. de Bellièvre et Sillery au roi, 4 mars 1598.

« toujours garder un pied assuré dans cette province importante par
« elle-même et par sa position ? etc. » En conséquence, Philippe II
réclamait encore la Bretagne pour sa fille : « Ces demandes sont
« tellement impertinentes, que je ne les puis croire, ni de la part du
« Roi, ni de ses ministres, » écrivait alors Henri IV : « sommes-nous
« donc vaincus ou écrasés?... » Et, dans ses instructions à Bellièvre
et à Sillery, il recommandait expressément de ne faire nulle mention
de ces prétentions. Alors, les Espagnols demandèrent que Mercœur
fût compris dans le traité, comme allié de Philippe II : ils espéraient,
en le protégeant, « laisser toujours cette épine au pied de la France. »
De son côté, Mercœur les suppliait de ne pas se hâter de conclure la
paix, parce qu'il était assez fort pour arrêter toutes les forces du roi;
et, dans le même temps, il déclarait qu'il n'avait plus aucun rapport
avec les Espagnols et qu'il désirait se soumettre à Henri IV [1].

Le duc employait toutes sortes d'artifices pour détourner le roi
du voyage de Bretagne, demandant avec instance une prolongation
de trêve, sous prétexte de forcer ceux de son parti à rentrer avec lui
dans l'obéissance. Mais la plupart, et le fait est significatif, seigneurs,
gouverneurs de place, bourgeois, s'empressaient de traiter séparément avec Henri IV, sans songer même à réclamer la protection de
Mercœur : *Il est semblable à ces oiseaux désemparés, qui ne
peuvent plus voler, pour la perte de leurs plumes et de leurs ailes*[2].
« Tout s'éboule en Bretagne, écrivait Duplessis à sa femme : Ance-
« nis a composé; Rochefort, Fougères, Vannes, Hennebon, Craon
« et plusieurs autres, parties ont traicté, parties traictent... Je pense
« que la guerre ne s'y fera qu'en housse. Mme de Mercœur vient les
« mains jointes. La résolution est que M. de Mercœur quittera le
« gouvernement de Bretaigne, remettra le château de Nantes, et
« chascung en sa maison[3]. »

La soumission de Mercœur était, en effet, bien tardive et bien peu
méritoire : il avait résisté jusqu'au dernier moment, sans courage et
sans gloire; et maintenant il allait se rendre, parce qu'il n'avait plus
d'espérance, sans tenter même un seul combat pour sauver son
honneur : « Voilà, écrivait un secrétaire d'État, dont l'historien

---

[1] Voir l'instruction donnée à MM. de Bellièvre et de Sillery pour la paix de Vervins, en janvier 1598.

[2] Montmartin, p. 314.

[3] Lettre du 3 mars 1598.

« Matthieu cite les paroles, ce que luy aura rapporté son obstina-
« tion, et de n'avoir pas sceu profiter de l'exemple de M. de Mayenne,
« qu'il a souvent repris de n'avoir sceu faire la guerre ny la paix ;
« c'est maintenant à luy à jouer son personnage[1]. Mercœur n'avait
pas non plus suivi les conseils de Mayenne, qui l'avait plus d'une
fois engagé à *traiter plutôt sous les murs de Paris que sous les
murs de Nantes.* Le long rêve du roi de Bretagne finissait tristement ;
le réveil était dur et humiliant : mais il fallait céder à la nécessité ;
et déjà Henri IV était à Angers avec sa cour et son armée[2].

Jadis Mercœur avait élevé des prétentions exorbitantes, lorsque,
décidé à ne pas traiter sérieusement, il ne songeait qu'à se faire
valoir. De son côté, Henri IV, si longtemps menacé, toujours disposé
à bien accueillir ceux qui se soumettaient à lui, avait fait les plus
belles promesses au maître de la Bretagne, au vainqueur de Craon,
qui pouvait facilement livrer la province à l'Espagnol.

Rappelons-nous les conditions qui lui étaient offertes, dès l'année
1592, par l'entremise de Duplessis et de M. Meslier : n'avait-on pas
raison de lui remontrer alors que « les plus sages font leurs condi-
« tions bonnes, lorsque leurs affaires se portent bien, et ne traitent
« jamais plus volontiers de paix, que quand la guerre les veut amor-
« cer par quelque bon succès[3]. »

Mercœur n'était pas alors capable de comprendre ces sages conseils : plus tard, quand il commença les négociations, c'était avec
l'espoir de ne pas conclure la paix. Si nous avions le courage de
suivre ces longues et misérables négociations, d'après le récit de de
Thou, qui y prit une part active, mais surtout d'après la correspondance si détaillée de Duplessis, les plus incrédules seraient forcés
d'avouer que Henri IV et ses représentants faisaient tous leurs efforts
pour terminer la guerre, tandis que Mercœur avait recours à d'indignes subterfuges, pour ne pas accepter les propositions les plus
avantageuses. Tous les députés du roi étaient indignés, et souvent adressaient les reproches les plus sévères aux agents du gouverneur de Bretagne : la reine Louise, elle-même, se plaignait très-
vivement à plusieurs reprises[4]. Et cependant, malgré la mauvaise

---

[1] Matthieu, t. II, p. 252.
[2] Montmartin, p. 314.
[3] Instruction de Duplessis à M. Meslier, 1ᵉʳ août 1592.
[4] Voir les lettres de Duplessis, 3, 22, 26 juillet 1595, etc.

foi évidente de Mercœur, les députés de Henri IV, se conformant, malgré eux, à la volonté du roi, accordaient la plupart des conditions, au prix desquelles il paraissait vouloir vendre sa soumission [1]. Ainsi, au mois d'octobre 1596, le roi consentait à approuver la guerre que le duc lui avait faite ; il s'engageait à négocier une paix ou au moins une trêve avec les Espagnols ses alliés ; il n'accorderait les bénéfices de Bretagne qu'à des sujets vraiment dignes ; les droits du Saint-Siége en Bretagne seraient confirmés ; les ligueurs conserveraient leurs charges et leurs dignités ; les gouverneurs des villes nommés par Mercœur les garderaient au moins pendant sept années encore. Il aurait le gouvernement de Bretagne, avec les droits d'amiral dans cette province, *et la survivance pour son fils, si Dieu lui en accorde un ; sinon, pour celui qui épousera mademoiselle sa fille.* Le roi lui accorderait 266,666 écus d'or, pour les frais de la guerre, et 24,000 écus de pension ; puis, pour les droits de la maison de Penthièvre, 66,000 écus (le duc en demandait 200,000, et le comté Nantais pour gage [2]).

La Ragotière, le confident de Mercœur, avait solennellement déclaré qu'il était tout disposé à traiter : ces conditions exorbitantes étaient presque tout ce que le duc avait demandé, plus qu'il n'était en droit d'espérer raisonnablement. Cependant, les négociations étaient interrompues sous les plus futiles prétextes, et Mercœur continuait encore, pendant près de deux ans, à tergiverser, à tromper, à ruiner la province, en ayant recours aux moyens les moins avouables pour soutenir la guerre et nuire à ses ennemis [3]. La force seule devait donc décider Mercœur à terminer sa funeste opposition : dès la fin de l'année 1597, Schomberg, l'un des négociateurs, se disposait à la guerre, réunissait à Angers les gouverneurs des provinces voisines, pour aviser aux moyens de former une armée ; puis il par-

[1] Les conférences avaient été reprises à la fin de 1596 ; c'est alors que le roi envoie Schomberg et le président de Thou, pour s'unir aux autres députés (lettre du 11 oct.) ; c'est à Chenonceaux, à Angers, à Ancenis qu'ils discutent successivement avec la Ragotière, Charles de Bourgneuf et les autres agents de Mercœur.

[2] On voit toujours Mercœur réclamer l'héritage des Penthièvre, malgré toutes les renonciations formelles des princes de cette famille. — *Mém.* de Duplessis, t. VII, *passim.* — Articles touchant la négociation de Bretagne, faite à Chenonceaux, près de la reine : *Articles secrets...* etc., t. VII, p. 50-60.

[3] De Thou, liv. 117.

courait, au nom du roi, la Bretagne elle-même, pour rétablir l'ordre, et engager les royalistes à faire un suprême effort et à fournir les sommes dont Henri avait le plus grand besoin pour délivrer la province. De son côté, Duplessis-Mornay, qui, plus que personne, devait être lassé de la duplicité de Mercœur, ne cessait d'engager le roi d'en finir avec lui par la force des armes. Sinon, Mercœur voudrait demeurer gouverneur de Bretagne, avec ses droits et ses prétentions au duché; et c'était un véritable danger de laisser dans la province un homme qui y avait si longtemps dominé en véritable souverain, *germe et levain de Ligue, capable de faire aigrir toute la pâte du royaume*. Opiniâtre, comme il était, dans ses prétentions et dans ses espérances, le duc, avec le secours du roi d'Espagne, épierait toutes les occasions favorables pour troubler de nouveau la France [1]. Henri ferait donc bien de donner un exemple de juste sévérité, en traitant avec rigueur un prince qui s'était montré si ingrat envers Henri III, et qui depuis si longtemps avait méprisé les avances du roi. D'ailleurs, Mercœur ne pouvait se défendre : « Il est « certain, ou je me trompe fort, que M. de Mercœur est aujourd'hui « *paries inclinatus*, aisé à jeter à bas;... car les peuples qui ont « espéré de nos traités se désespèrent, et ses prétextes sont levés, « ses artifices découverts [2]... Dans la seule ville de Nantes, ajoutait « Duplessis, Henri prend toute la faction de Bretagne et l'éteint « pour jamais; les partisans du duc capituleront sans lui, étant tous « gens de peu d'honneur, qui n'auront pour but que d'assurer par « lâcheté ce qu'ils ont gagné par violence. Il ne saurait mettre « en tout (non compris les Espagnols) que 2,000 hommes de « pied et 300 cavaliers, la moitié pour Nantes, le reste à Mirebeau, « Rochefort, Craon, Ancenis, etc. S'il pense introduire les Espagnols « à Nantes, il se comble de haine, et l'accable de servitude, et ouvre « une grande porte à tous ceux qui d'ailleurs en auront envie, pour « sortir de son parti et subir l'obéissance du roi. Ce n'est pas d'ail-« leurs un Amiens, forte en soi et secourable par une prochaine « armée : il n'y a pas de place plus facile à assiéger, pour la voi-« ture des canons, munitions, vivres; de plus difficile secours aussi, « parce que le premier jour on lui ôte le pont par Pirmil, du côté

---

1 Lettre de Duplessis au roi, 1ᵉʳ juillet 1595.
2 Lettre de Duplessis à de Thou, 10 mai 1597.

« du Poitou ; la ville neuve, si le roi est servi dextrement du côté
« de la Bretagne ; la mer même, en assiégeant Belle-Isle et fermant
« l'embouchure de la Loire. S'il s'enferme, pas de secours ; s'il
« sort, nul capable de contenir le peuple, ennuié de sa tyrannie et
« en appréhension de sa propre ruine, etc[1]. » Les raisons des
sages conseillers du roi étaient trop fortes, pour ne pas être comprises ; mais bien des embarras arrêtaient encore Henri IV dans les
autres parties du royaume : les Espagnols étaient toujours menaçants
du côté de la Picardie, et le roi de France manquait surtout d'argent.
Dans toutes ses lettres à ses amis, à ses conseillers, il se plaignait de
sa pénurie ; il réclamait avec instance les subsides de la Bretagne :
mais la province était si malheureuse, si désolée par tous les fléaux,
qu'il était bien difficile de satisfaire aux exigences impatientes de
Henri IV. Cependant, les États faisaient un grand effort et votaient
des sommes considérables. Montmartin, après la prise d'Amiens,
avait été envoyé en Bretagne avec des lettres du roi, qui promettait
de venir bientôt dans la province et qui demandait des subsides tout
à fait indispensables. Le maréchal de Brissac communiquait ses
lettres aux nobles et aux bourgeois ; et ceux de Rennes s'écriaient :
« Nous ferons tout ce que le roi voudra ; puisque nous avons
« employé nos vies pour son service, nous pouvons bien employer
« nos biens pour notre délivrance[2]. » Alors, le roi chargeait le
connétable de surveiller au nord les Espagnols, enfin abattus ; et, au
commencement de l'année 1598, il annonçait hautement sa résolution de *se parer du manteau d'hermine et de se faire duc de nom
et d'effet en Bretagne*[3]. Mercœur était incapable de résister sérieusement ; sa ruine devait être désastreuse et pleine d'humiliation, s'il
était traité comme il le méritait.

1 *Mém.* de Duplessis-Mornay, 26 novembre 1597.
« En la prise de Nantes nous prenons sans doute tout le reste de la Bretagne :
« et par ce moyen nous ostons la gangrene qui négligée pourroit un jour perdre
« le Royaume : dans cette belle ville nous trouverons les clefs de toutes les
« autres qui suivront la capitale, etc. » (*Libre discours sur la délivrance de la
Bretagne,* p. 11.)

2 Montmartin, p. 313. — Lettre de M. de Schomberg à M. Duplessis, 1er janvier 1598.

3 De Thou, liv. 120. — Matthieu, II, p. 251.

CHAPITRE XIV.

Le roi se dirige vers la Bretagne avec une armée; Mercœur se soumet; motifs qui décident Henri IV à le traiter favorablement : Mᵐᵉ de Mercœur à Angers; intervention de Gabrielle d'Estrées; Henri IV et Sully; Mariage de César de Vendôme et de Mˡˡᵉ de Mercœur. — Traité; articles secrets (1598).— Adieux de Mercœur à la Bretagne. — Séjour du roi à Nantes; la bourgeoisie froissée et soumise à l'autorité royale.— Ordonnances du roi pour pacifier la Bretagne. — Mercœur va combattre en Hongrie; il meurt à Nuremberg (1602).— Jugement sur Mercœur et sur la guerre de la Ligue en Bretagne.

Henri IV avait rassemblé des troupes; et, vers la fin de février 1598, il s'acheminait vers Nantes, en suivant les bords de la Loire : il était décidé à vaincre par la force des armes la résistance de Mercœur; tous ses plus sages conseillers, Duplessis, Schomberg, de Thou, Sully, l'y exhortaient, et ne doutaient pas du succès. Le roi lui-même déclarait ses intentions à son fidèle serviteur Montmartin, qu'il envoyait en Bretagne, avec une mission spéciale : « Dites que « je porte la paix et la guerre : je châtierai les opiniâtres, et par« donnerai à ceux qui de bonne heure se reconnoistront; qu'on le « fasse entendre à ceux qui tiennent mes places sous M. de Mer« cœur[1]. »

Celui-ci ne songeait pas à se défendre; tout le monde l'abandonnait : « On n'a jamais rien vu de si contrit, écrivait avec raison « Duplessis; nos orgueils sont rabattus à bon escient[2]. » Montmartin,

---

[1] Montmartin, p. 313.
[2] Lettre de Duplessis, 29 mars.

jadis repoussé par Mercœur, était maintenant recherché, appelé par lui ; et il arrivait à Nantes, avec des passeports pour les députés du duc, s'ils voulaient traiter. Introduit à l'hôtel de Briord, il s'acquitte de sa mission et ajoute que dans huit jours le roi sera devant la ville avec son armée ; Mercœur souriait, disant qu'*il viendrait se morfondre devant Nantes*, et faisant parade de ses forces et de ses ressources. Mais il avait perdu toute confiance, et il était décidé à ne pas combattre. Aussi, le soir même, après une longue conférence avec Mmes de Martigues et de Mercœur, il engageait Montmartin à conduire vers le roi la duchesse elle-même, qui traiterait beaucoup mieux que ses députés. Après quelques difficultés, Montmartin y consentit, et Mme de Mercœur se dirigea vers Angers[1]. Henri IV avait hâte de recevoir la soumission du dernier prince ligueur, et de régner enfin sur toute cette France, qu'il avait, au prix de tant d'efforts, reconquise et surtout rachetée. Il voulait rendre la paix au royaume, en se conciliant tous les intérêts jadis ennemis ; et il pensait, avec assez de raison, qu'un traité avec Mercœur accélérerait la conclusion des longues négociations entamées à Vervins avec les Espagnols. Puis, les ressources du roi n'étaient pas très-considérables ; les sommes promises par la Bretagne, pour l'entretien de son armée, n'étaient point payées : « Je n'ay pas trouvé un escu « prest pour y satisfaire, écrivait-il au connétable. » Ces motifs pouvaient l'engager à ménager le duc de Mercœur. « Cela m'a fait « prendre party, ajoutait-il, d'accorder avec lui peut-estre plus « promptement et à conditions plus advantageuses pour luy que je « n'eusse faict, craignant que l'appréhension qu'il a eue de ma venue « se changeast en une obstination, quand il descouvriroit mes incom- « moditez et sçauroit mes forces demeurées inutiles et languir par « faulte d'argent[2]. »

Mais des motifs plus personnels, et moins honorables, achevèrent de le décider, peut-être même le décidèrent uniquement. Le duc de Mercœur avait une fille, héritière de sa grande fortune, des domaines considérables et des prétentions de la maison de Penthièvre. Déjà l'on avait fait entrevoir à Henri IV les avantages d'une pareille

---

[1] Montmartin, p. 315.
[2] Lettre de Henri IV au connétable, 10 mars 1598. — Voir aussi la lettre qu'il écrit à MM. de Bellièvre et de Sillery, le 4 mars.

union pour l'un de ses enfants : la belle Gabrielle était alors toute puissante sur le cœur du roi ; elle avait conçu de suite cette magnifique espérance pour son jeune fils César ; elle était entrée probablement en relations avec la duchesse de Mercœur, et n'avait pas manqué de suivre le roi dans le voyage de Bretagne. C'est son influence qui doit l'emporter sur celle des conseillers de Henri IV; c'est elle qui conduit véritablement toute la négociation[1].

La cour était arrivée à Angers : Henri IV voyait chaque jour les gouverneurs des places qui restaient encore à Mercœur s'empresser de faire leur soumission[2]; lui-même annonçait au connétable que Mme de Mercœur, après avoir quitté Nantes, craintive et peu rassurée sur l'avenir, s'était avancée, en suivant la rive méridionale de la Loire, jusqu'aux ponts de Cé : *elle ne doit désirer aultre chose que me présenter la carte blanche pour recevoir telles conditions que je voudrais donner à son mari*[3]. L'habile duchesse ne cherchait plus qu'à sauver les intérêts de sa famille : « Il fallait que la néces-
« sité fût bien pressante, dit un contemporain, pour qu'elle pût se
« résoudre à confondre son noble sang avec celui d'un bastard,
« quelque roïal qu'il fût, à lui donner une héritière de deux maisons
« aussi illustres que le sont celles de Lorraine et de Luxembourg, et
« un don de Dieu; car ses parents l'avaient obtenu de Saint-François
« d'Assises. » Cependant, le duc et la duchesse, dans cette suprême nécessité, croyaient encore pouvoir tromper, comme ils avaient fait si longtemps. Ils espéraient disposer la maîtresse du roi à leur rendre de bons offices : plus tard, ils trouveraient des délais pour l'accomplissement de leurs promesses; et le temps ferait naître sans doute quelque heureuse occasion dont ils pourraient profiter. Mais la nouvelle duchesse de Beaufort était pour le moins aussi fine que Mme de Mercœur, et ne devait pas se laisser abuser : « Elle connais-
« sait, dit Mézeray, le courage de Mme de Mercœur et les longueurs
« de son mari : non-seulement elle ne se pressa pas de les servir,

---

1 « Mercœur envoie avec le sieur Roche des Aubiers un conseiller de son
« parlement, chargé de s'adresser à Mme la duchesse de Beaufort, pour avoir des
« passeports pour envoyer ses députés vers le roi; la duchesse désirait et affec-
« tionnait le mariage de la fille de M. de Mercœur avec M. de Vendôme son
« fils, et y avait disposé le roi. » — Montmartin, p. 313.

2 Lettre de Villeroy à MM. de Bellièvre et de Sillery, 17 mars.

3 Lettre au connétable, 1er mars.

« mais encore voulut leur faire sentir que sans son intercession ils
« demeureraient exposés à la sévérité du roi ; tellement que comme
« la duchesse de Mercœur se présenta aux portes d'Angers, elle fut
« repoussée assez incivilement, et contrainte de s'en retourner au
« Pont-de-Cé[1]. »

Sa fierté ainsi humiliée, elle fut forcée de se soumettre à la volonté de Gabrielle. Tout fut bientôt terminé ; deux jours après, les duchesses entraient solennellement à Angers, assises dans la même litière, les mantelets levés, et Henri IV, allant à leur rencontre, faisait l'accueil le plus bienveillant à Mme de Mercœur.

Les députés du duc, d'abord soumis, les yeux baissés, et semblables à des suppliants, avaient accepté en silence les conditions assez dures qu'on lui avait imposées : il sortirait de la Bretagne, et remettrait toutes les places qu'il conservait encore ; Sa Majesté lui accorderait en récompense un oubli de tout le passé, et le recevrait en ses bonnes grâces. Mais, bientôt rassurés par la faveur intéressée de Gabrielle, qui désirait ardemment voir conclure un traité avantageux pour sa famille, ils élevèrent de nouvelles prétentions, qui furent couronnées de succès : Henri IV n'était pas capable de refuser ; et le traité définitif fut bien plus favorable à Mercœur qu'il n'osait l'espérer lui-même, et que ne le méritaient ses lenteurs hypocrites et son ambition irrésolue. C'était une faiblesse, c'était même une faute de la part de Henri IV ; et Richelieu devait être forcé plus tard de la réparer[2]. Tous les conseillers du roi s'y étaient vainement opposés ; Sully, qui chaque jour prenait plus d'autorité sur l'esprit de son maître, arriva trop tard pour l'empêcher : le traité était déjà signé. En apprenant que la cour s'était arrêtée à Angers, il avait tout deviné, et prévu que Henri ne saurait résister *aux cajoleries de ces femelles,* selon sa peu galante expression. Aussi, quelques jours après, quand le roi, serrant, selon son habitude, la tête de son ministre contre son cœur, lui dit : « Mon amy, vous soyez le bienvenu, je suis très-aise de
« vous voir icy, car j'y avais bien affaire de vous. — Et moy,
« Sire, tout au contraire, luy respondites-vous, suis très-marry

---

[1] Mézeray, t. XVIII, p. 493. — *Hist. du duc de Mercœur*, p. 132.

[2] Voir les intrigues et les conspirations du duc de Vendôme, dans les historiens de Louis XIII, et dans une Notice sur la conspiration de Chalais, par L. Grégoire, Nantes, 1855.

« de vous trouver encore en cette ville ; car vous avez et auriez
« bien affaire ailleurs. — Il y a si longtemps que nous nous cognois-
« sons, repartit le roy, que nous nous entendons l'un l'autre à
« demy mot; c'est pourquoi je me doute desja bien de ce que
« vous voulez dire : mais si vous sçaviez ce qui se passe et comme
« j'ay desja bien advancé toutes choses, vous changeriez d'opinion,
« et me tiendriez autre langage que celuy que je voy bien que vous
« avez en l'esprit. — Je ne suis pas si ignorant que vous estimez,
« Sire, luy dites-vous, car je sçay que l'on vous amuse sous des
« propositions de nopces qui ne vous pourroient faillir quand vous
« voudriez; car ayant réduit père et mère à votre discrétion, comme
« cela vous estoit facile, vous y auriez bien aussi la fille, et n'auriez
« nul besoin d'entrer en des traittez qui vous cousteront beaucoup.
« Il falloit aller droit à Nantes, et là traitter à coups de canon, dont
« il n'en eust pas fallu quantité pour faire dire à ce prince, qui a
« tousjours fait le fin, vous ayant amusé deux ans sur des traittez,
« maudit soit le dernier. »

Le roi, cherchant à s'excuser, et parlant de la faiblesse de ses
ressources et de la difficulté de l'entreprise. — « Je vous asseure,
« Sire, respondites-vous, car je le sçay par gens qui en sont sortis,
« qu'à la première chamade faite, vous présent, tous les habitants
« se fussent sous-levez et eussent contraint M. de Mercœur de se
« retirer dans son chasteau, voire peut-estre se fussent-ils saisis
« de l'un et de l'autre, et vous les eussent livrez. Mais je voy bien
« à vos discours que d'autres causes vous ont retenu, contre les-
« quelles je perdrois toujours la mienne :... mais il n'y a remède,
« je n'en dispute plus. »

Puis Henri IV, tout en cherchant encore à se justifier, avoue, avec
un peu de confusion, qu'il a cédé à sa pitié naturelle pour ceux qui
s'humilient, et à la crainte d'irriter celle qu'il aime, l'impérieuse
Gabrielle d'Estrées[1]. Nous n'ajouterons à ce curieux récit que deux
fragments, également significatifs, de la correspondance de Henri IV.
Dans une longue lettre qu'il adresse à MM. de Bellièvre et de Sillery,
il leur annonce le traité qu'il vient de conclure avec le duc de Mercœur; et il ajoute : « Sa femme m'ayant proposé le mariage de sa
« fille avec César, je n'ai pas voulu laisser d'y entendre pour mieulx

---

[1] *Mém. de Sully*, t. III, ch. XIII, collect. Petitot.

« couvrir la démission de son gouvernement, lequel j'ai délibéré
« mettre au nom dudict César, et par ce moyen advancer la délivrance
« de la province et mon desengagement d'icelle.[1] » Voilà le prétexte
honnête et spécieux dont Henri IV cherche à couvrir la faiblesse de
sa conduite. Mais peu de jours après, quand l'affaire est décidément
conclue, quand le premier moment de honte et d'embarras est passé,
Henri laisse échapper sa joie dans cette lettre remarquable au
connétable.

A mon compère le connestable de France. — « Mon compère, je
« vous envoie le Mitaut et les articles du traicté général que j'ay
« faict avec mon cousin le duc de Mercœur. Il vous dira de mes
« nouvelles, et *comme j'ay traicté aussy du mariage de sa fille
« avec César, qui estoit si avantageux pour luy, que le refuser
« c'eust esté luy faire un extresme tort;* et je m'asseure que
« l'aimant, comme vous faictes, si vous eussiés esté près de moy, vous
« me l'eussiés conseillé, *comme ont faict tous ceulx qui y estoient.*
« Vous sçavés que c'est le naturel d'un père de procurer le bien de
« ses enfants : vous l'estes, et je m'asseure que vous avouerés que je
« ne pouvois mieux faire pour luy, comme estant le plus grand
« mariage qui soit en mon royaulme. Toutes fois, les choses n'en
« sont tellement faictes que je n'en puisse bien prendre vostre
« advis[2]..... » Les commentaires sont inutiles. Henri désormais
n'avait pas besoin de conseils; il n'en avait pas demandé précédemment. Gabrielle était toute-puissante; l'austère Sully n'avait
plus, à son arrivée à Angers, qu'à se rendre auprès des duchesses,
et leur offrir ses services, par ordre du roi. Charles d'Avaugour,
comte de Vertus, avait fait décider aux derniers États de Bretagne, que le roi serait supplié d'imposer à Mercœur l'obligation
de vendre ses domaines de Penthièvre, qui seraient achetés par la
province et réunis au duché, afin de rendre la paix inaltérable pour
l'avenir. Mais la duchesse de Beaufort s'opposait victorieusement à
une pareille condition, si nuisible aux intérêts de son fils[3]. Mercœur,
après avoir ratifié le traité de paix signé le 20 mars, se rendait à
Angers, accompagné de sa femme et de sa fille : un cortége nom-

---

1 Lettres de Duplessis-Mornay, 4 mars 1598.
2 *Lettres missives de Henri IV*, t. IV, 21 mars 1598.
3 De Thou, liv. 120.

breux le suivait; mais la vanité du prince ne devait pas être complétement satisfaite, car le roi, à ce qu'il paraît, refusait d'abord de le recevoir, et allait au Briollay, terre qui dépendait du château du Verger, où le duc de Rohan l'avait mené à la chasse. C'est là que Mercœur, presque seul, doit le rejoindre le 28 mars : à la vue du roi, il se jette à ses pieds et jure de lui être fidèle; Henri, touché de ses protestations et de ses regrets, lui tend la main, l'accueille avec bonté et le conduit dans l'appartement de la duchesse de Beaufort[1]. Le jeune César était, peu de jours après, le 3 avril, créé duc de Vendôme et pair de France; le 5, le contrat de mariage était signé[2].

Le traité de paix fut, nous l'avons dit, plus avantageux à Mercœur qu'il ne le méritait : tous les conseillers du roi étaient mécontents; et ce ne fut pas sans quelques difficultés que le parlement et la cour des Comptes l'enregistrèrent. On en peut juger par la lettre suivante que Henri IV adressait peu après à Sully.

« Je vous envoye ce courrier exprès avec mes lettres de jussion
« pour ma chambre des Comptes, affin de lever les modifications
« qu'elle a mise au registrement des articles secrets que j'ay accordez
« à mon cousin le duc de Mercure. Elle s'est tant oubliée pour
« penser que je les envoyois pour en avoir advis et les mettre en
« deliberation. En telles affaires, je ne communique mon pouvoir à
« personne, et à moy seul appartient en mon royaulme d'accorder,
« traicter, faire guerre ou paix, ainsy qu'il me plaira. Ce a esté une
« grande témérité aux officiers de ma dicte chambre de penser
« diminuer un iota de ce que j'ay accordé; nulle compagnie de mon
« royaulme n'a été si présomptueuse. Aussi ne les fais-je pas juges
« ni arbitres de telles choses; cela ne s'achepte point aux parties
« casuelles, etc. » A un tel langage, on peut reconnaître le commencement de la monarchie absolue; le principe de l'autorité, si long-

---

1 Bodin, *Recherches histor. sur l'Anjou*, t. II, p. 150. — Lettres de Duplessis. — Montmartin, p. 316.

2 Le contrat de mariage entre César, duc de Vendôme, et Françoise de Lorraine, copié sur l'acte authentique, se trouve dans l'ouvrage de M. Godard-Faultrier, *l'Anjou et ses monuments*, 1840, à la fin du tome II.

« Mme la duchesse de Beaufort, écrit Duplessis, faict estat de rachetter en
« deux ans tout le domaine qui est engagé de la duché de Vendosme, et le roy
« lui faict fond à ceste fin. » Lettre du 21 mars.

temps et si malheureusement méconnu, reprenait vigueur, et s'essayait à se faire enfin respecter. Nous regrettons seulement que ces paroles sévères et même dures aient été écrites par Henri IV, en faveur d'un ambitieux qui avait si longtemps combattu pour assurer son indépendance égoïste, et contre de fidèles serviteurs qui s'opposaient respectueusement aux volontés du roi, dans l'intérêt de la royauté elle-même et de la province reconquise [1].

Il y avait deux traités ; l'édit de pacification officiel, et les articles secrets accordés à Mercœur. Il nous semble qu'il y a quelque ironie dans le préambule de l'édit : « Nous voulons, disait le roi, approuver
« le zèle qu'ils nous remonstrent avoir eu à la Religion, et excuser
« nostre dit cousin de ce qu'il est demeuré si longtemps en armes,
« après notre réconciliation à notre Saint-Père le pape, et la venue
« de nostre très-cher et bien-amé le Cardinal de Florence, son légat,
« en notre royaulme, sur ce qu'il nous a fait entendre qu'il auroit été
« retenu à faire ladite déclaration pour des considérations qui regar-
« dent le bien du royaulme, dont il a toujours désiré la conserva-
« tion et craint le démembrement, mesme pour garantir nostre pro-
« vince de Bretagne du péril auquel elle fust trouvée réduite, lorsque
« estions occupés sur la frontière de Picardie à y repousser nos
« ennemis, etc. » En conséquence, le roi, voulant le récompenser de sa bonne volonté, le reconnaissait pour fidèle sujet, ainsi que tous ses adhérents, les rétablissait dans leurs biens et leurs honneurs, annulait les jugements rendus contre eux ; tout ce qui avait été fait pendant la guerre, attaques injustes, violations des trêves, levées de deniers, etc., était aboli ; les arrêts rendus par les juges ligueurs étaient maintenus, si les parties s'étaient soumises librement à leur juridiction ; tous les contrats, conventions, etc., étaient également valables pour ceux qui s'y étaient volontairement obligés. Enfin, l'exercice de la religion réformée ne serait pas toléré dans la ville de Nantes, mais à trois lieues de distance seulement. Les trente-quatre articles de l'édit ont presque tous pour objet de régler la situation nouvelle des officiers et magistrats qui ont obéi à Mercœur, et de détruire la mémoire du passé. Ils ont assurément moins d'intérêt historique que les articles secrets, au nombre de vingt-trois. Voici les points les plus essentiels :

[1] *Lettres missives de Henri IV*, à *M. de Rosny*, 30 avril 1598.

1° Sa Majesté veut et entend que le duc remette le gouvernement de Bretagne entre ses mains, en faveur du mariage de César Monsieur et de Mademoiselle de Mercœur. En récompense, le roi lui accorde 235,000 écus, qui seront pris en deux années, par égales portions, sur les deniers des impositions qui se lèveront sur le vin qui passe par la Loire et en tous les ports et havres de la province.

Pour l'indemniser de ses dépenses pendant la guerre, on lui accorde une pension de 16,666 écus, qui se prendra sur la recette générale de Bretagne.

8° Il pourra lever, dans le ressort du duché de Penthièvre, qui lui appartient en propre, une contribution personnelle de 5,000 écus.

10° Il sera indemnisé d'une somme de 500,000 livres, pour laquelle son père, le duc de Vaudemont, avait servi de caution envers le duc Casimir.

13° On lui paiera la valeur des pièces d'artillerie qu'il a fait fondre, des affûts, poudre et boulets qui lui appartiennent.

14° Il disposera à son gré de tout le blé qui était dans les magasins.

15° Il recevra 50,000 écus, pour les distribuer en récompense aux gouverneurs et capitaines des places de son parti ; cette somme sera prise sur l'impôt du sel passant par la Loire.

17° Le roi a agréable que Mercœur soit payé par les habitants de Nantes, de ce qu'ils reconnaîtront, après leur réduction, être redevables au duc.

19° Il recevra 15,000 écus, pour récompenser plusieurs de ses serviteurs, qui avaient fait de grandes pertes pendant la guerre.

7° Il conserve sa compagnie de cent hommes d'armes.

22° Pour garder ses villes et châteaux de Guingamp, Moncontour, Lamballe et l'île de Bréhat, il aura cinquante hommes soudoyés par l'État aussi longtemps qu'il plaira à Sa Majesté.

Par les articles 18 et 21, Henri accorde, à la requête de Mercœur, à quelques magistrats ligueurs des places dans le parlement de Rennes et la cour des Comptes. Ainsi, Fourché de la Courousserie et Raoul, sieur de la Ragotière, étaient nommés, le premier, maître ; le second, président, en la chambre des Comptes de Bretagne [1]. Mais,

---

[1] Le parlement de Rennes fut assez mécontent de la faveur accordée aux magistrats qu'il qualifiait de rebelles ; ils furent tous réprimandés d'avoir suivi

par l'article 4, tout en recevant dans ses bonnes grâces plusieurs des principaux lieutenants de Mercœur, tels que de Goulaine, Quinipily, d'Aradon, Saint-Laurent, de Carné, Montigny, etc., il déclare qu'il ne peut leur accorder à présent les faveurs que le duc réclame pour eux. Les gens de guerre pourront entrer dans son armée (art. 6). Puis, le duc est tenu de remettre immédiatement entre les mains du roi Nantes et les villes qui lui sont soumises, en faisant sortir de ces places les troupes françaises et étrangères qui s'y trouvent. Le roi accorde un passeport aux Espagnols qui sont dans la Loire, pour qu'ils se retirent dans leur pays (art. 2 et 16)[1].

Ces conditions étaient certainement très-avantageuses : ce n'était pas encore tout; et Sully, récapitulant dans ses mémoires les sommes que la soumission de Mercœur coûta à Henri, dit qu'elles s'élevèrent à 4,295,350 livres[2]. Cependant, il est permis de remarquer que sans l'ascendant de Gabrielle d'Estrées sur le roi (et Mercœur ne pouvait compter sur cet appui inespéré), ses lenteurs n'auraient servi qu'à le livrer, presque sans conditions, au vainqueur de la Ligue et des Espagnols. Philippe II, dont les ressources étaient épuisées, était alors contraint de renoncer tristement aux rêves ambitieux de sa longue carrière : son rôle était fini; et, la paix de Vervins signée, il allait mourir, emportant dans la tombe la grandeur de la monarchie espagnole et le triste surnom de Démon du Midi. Quelle résistance sérieuse Mercœur aurait-il pu tenter? Il est certain, d'ailleurs, qu'il aurait eu quelques années auparavant des avantages bien plus considérables, s'il avait voulu franchement conclure la paix aux conférences d'Ancenis, de Chenonceaux et d'Angers : car alors il était tout puissant et très-redouté, et on lui

le parti de la Ligue et durent prêter un nouveau serment. — *Reg. secrets du parlement de Rennes.* — *Hist. de la chambre des Comptes,* par M. de Fourmont, p. 135, 136.

1 *Actes de Bret.*, t. III, col. 1656-1667. — Je vois que ces articles furent enregistrés à la cour des Comptes le 6 avril. Comment expliquer la lettre de Henri IV citée plus haut, et datée du 30 avril : il faut qu'il y ait erreur d'un côté ou de l'autre.

2 C'est la somme la plus forte accordée par Henri IV à l'un des chefs de la Ligue; c'est là le plus grand avantage, la supériorité véritable de Mercœur : le duc de Mayenne n'avait coûté que 3,680,000 livres; Mrs de Guise, de Joinville, etc., 3,880,000; M. de Villars, pour la Normandie, 3,477,800, etc. — Voir Capefigue, t. VII, p. 389.

offrait de lui laisser le gouvernement et presque la souveraineté de la Bretagne. Maintenant il n'obtenait pas même ce qu'on avait accordé aux autres chefs de la Ligue : aussi méritait-il qu'on lui appliquât le reproche qu'il avait lui-même jadis adressé au duc de Mayenne : « Il n'avait su faire ni la guerre, ni la paix[1]. »

Henri IV n'avait plus qu'à prendre possession de la Bretagne ; tous les obstacles étaient levés : Nantes, la capitale de la Ligue, faisait les préparatifs de la réception royale, tandis que les députés de la bourgeoisie allaient jusqu'à Angers, pour signer, au nom de la ville, les conditions de la paix ; Rennes, la capitale du parti royaliste, attendait, dans une heureuse impatience, la présence de Henri, récompense de la fidélité de ses habitants. Tous les gouverneurs des places fortes, jusqu'à Fontenelle, s'empressaient de capituler à beaux deniers comptants, et de faire enregistrer leurs lettres d'abolition ; enfin, après quelques craintes, causées par les lenteurs de la diplomatie espagnole, la reddition de Blavet était désormais assurée. Par le traité de Vervins (2 mai), Philippe II s'engageait à rendre Blavet dans l'espace de trois mois : on permettait aux Espagnols d'emporter leur artillerie, leurs munitions de guerre, leurs meubles, etc. Ce fut bien à regret qu'ils abandonnèrent cette importante position, si l'on en juge par la lettre que l'envoyé extraordinaire de Philippe II, D. Juan de Cardova, écrivait de Blavet même : « J'ai trouvé, « disait-il, le maréchal de camp derrière ses fortifications, si con- « sidérablement accrues, qu'il pouvait y défier une nombreuse « armée : ... il m'a dit que Votre Majesté se privait là d'un boulevard « inestimable, etc. » La retraite cependant se fit sans opposition, après que les Espagnols eurent détruit toutes les fortifications qu'ils avaient péniblement élevées : sous Louis XIII, le gouvernement, instruit par l'expérience, devait faire construire dans le même lieu la forteresse de Port-Louis.

De son côté, Mercœur abandonnait sans dignité cette province dont il s'était cru le maître pendant si longtemps : il était fort embarrassé des soldats qui formaient la garnison de Nantes. Nous savons par quels moyens, peu honorables, il avait, surtout dans les derniers temps de la guerre, attiré sous son drapeau une foule d'aventuriers sans aveu ; il était difficile de faire respecter la discipline : les habitants de

[1] D. Taillandier, p. 478.

la ville et des environs étaient les victimes de vexations et de déprédations de toute nature ; ils avaient recours à toute espèce de moyens pour se soustraire à la brutalité des soldats ; ainsi, nous voyons les magistrats de Nantes envoyer le 1ᵉʳ avril au baron de Salignac, qui commandait à Couëron, trois douzaines de bouteilles de bon vin d'Orléans, six jambons et deux douzaines de langues de bœuf, pour le prier de faire observer quelque discipline parmi ses soldats. Quelques jours auparavant, Mercœur s'était également adressé à la ville, afin d'obtenir des bourgeois l'argent nécessaire pour payer ses troupes, qui menaçaient de se révolter : on lui avait accordé deux mille écus.

Pour se débarrasser de ses terribles défenseurs, il eut recours à un autre moyen : on l'avait, dit-on, averti qu'ils voulaient le prendre, le livrer au roi, et piller la ville. Mercœur, sous prétexte de les passer en revue et de payer leur solde, les conduit dans une prairie voisine des remparts ; puis, s'approchant adroitement de la porte Saint-Pierre, il s'élance dans l'intérieur de la ville à bride abattue, et défend de laisser entrer personne après lui : les soldats se répandirent alors dans les faubourgs, et, après avoir bien pillé, se rompirent et se débandèrent ; mais cinq ou six cents hommes qui étaient dans le château, sans se laisser intimider par les ordres menaçants de Mercœur, exigèrent impérieusement leur solde, et quittèrent Nantes, seulement après avoir été payés. Tel fut le dernier acte du duc, tels furent ses adieux à la Bretagne[1].

L'on a souvent raconté le séjour de Henri IV à Nantes et à Rennes ; nous nous bornerons à quelques détails caractéristiques, qui se rapportent au but de notre travail. A Nantes, la bourgeoisie, si malheureuse depuis longtemps, dut encore faire les frais de la réception royale : l'on avait voté un impôt de 17,000 écus, sous forme d'un emprunt qui serait fait de *gré ou de force* sur les habitants les plus aisés ; et, dans une grande assemblée, à laquelle se joignirent tous les notables de la cité, l'on avait arrêté, avec une sorte de complaisance, les dispositions de l'entrée solennelle du roi. L'on

---

[1] De Piré, t. II, p. 344, 346. — Mellinet, t. IV, p. 45. — Travers, t. III, p. 99.
« Mʳ de Mercœur a mis hors de Nantes les gens de guerre qui y estoient, « lesquels sont arrivés en l'armée du roy, après avoir juré fidélité à Sa Majesté. » (Lettre de Villeroy, 26 mars 1598.)

commençait par faire disparaître la double croix de Lorraine ; l'on enlevait de la cathédrale les drapeaux pris jadis à Craon sur les royalistes et sur les Anglais ; et l'on chantait deux jours de suite un Te Deum, pour la paix avec le roi de France et de Navarre. Les préparatifs avançaient déjà, lorsqu'on apprit que Henri IV refusait l'entrée royale ; était-ce parce qu'il craignait les dispositions hostiles, ou la froideur menaçante de la population ? Était-ce pour priver les Nantais, si longtemps rebelles, de la joie que pourrait leur causer une brillante réception ? Ou bien le roi, en homme positif, et pauvre d'argent, regrettait-il les dépenses inutiles d'une cérémonie officielle ? Toujours est-il qu'il ne refusait pas les sommes votées pour son entrée ; bien au contraire, il se les adjugeait sans façon, et les destinait à la solde de ses troupes. La bourgeoisie n'était pas très-satisfaite ; le roi insista, il fallut obéir. Mais, chose curieuse, la ville voulut composer, et offrit à Henri 8,000 écus, puis 10,000 écus ; le roi ne rabattit rien de la somme qui avait été votée, sauf l'argent dépensé pour les réparations de son logement au château. Plus tard, les gens d'église, de justice et d'autres, refusèrent même de payer leur part de cet impôt, et il fallut les y contraindre par un arrêt du conseil du 3 juin 1599.

Les bourgeois durent se contenter de faire quelques présents aux seigneurs et aux grands personnages qui accompagnaient le roi : l'on acheta d'excellent vin, pour les braves gentilshommes de la cour ; et, après deux délibérations (2 et 9 avril), la ville décida que l'on offrirait à M*me* la duchesse de Beaufort et à la sœur du roi, vingt livres de soie plate de toutes couleurs, cent livres de confitures, six paires de gants d'Espagne d'ambre gris, avec un petit baril de noix muscades confites pour la sœur du roi, et six *oiseaux canariens* avec leurs cages, pour la belle Gabrielle, qui les avait demandés.

Henri IV séjourna à Nantes du 13 avril au 6 mai, sans exciter l'enthousiasme de la population, qui conservait encore ses vieilles rancunes, et que d'ailleurs il ne semblait pas disposé à traiter très-favorablement. C'est pendant ce séjour qu'il signait (30 avril) le fameux édit de tolérance connu sous le nom d'édit de Nantes, dans cette même ville où, près de quarante ans auparavant, avait été organisée la conjuration d'Amboise. Les Nantais n'accueillaient pas avec plaisir ces avantages accordés à leurs ennemis ; le gouvernement était alors plus éclairé, plus sage que le peuple, et les sentiments de la foule furent sur le point de se manifester, malgré la présence de Henri IV, lorsqu'on vit le roi recevoir dans la cathédrale l'ordre de la Jarretière, apporté par un ambassadeur anglais, qui, malgré sa religion, était placé à côté de lui, sous un dais magnifique. Était-ce une malice de Henri IV à l'égard des Nantais? Elle serait peu digne d'un monarque intelligent : c'était au moins une maladresse gratuite. Peu de temps après, si l'on en croit quelques historiens, le mécontentement populaire se déclara assez hautement contre le nouvel évêque, Jean du Bec, nommé par Henri IV, sur la résignation de son oncle, dès 1596 ; le roi, qui voulait sagement éviter tout prétexte de dissension, fit nommer, de concert avec le pape, Jean du Bec à Saint-Malo, dont l'évêque, Charles de Bourgneuf, passa au siége de Nantes.

Henri IV avait promis, par le traité d'Angers, de respecter les priviléges de Nantes ; aussi, lorsque les chefs de la municipalité se présentèrent avec leur écusson aux armoiries de la ville, et lui demandèrent la confirmation solennelle de ses promesses, le roi fit droit à leur requête, dans les termes les plus louangeurs et les plus explicites; il rappelait les services rendus par la ville, *capitale du duché de Bretagne,* à ses prédécesseurs, et déclarait *continuer, confirmer et approuver, de sa grâce spéciale, pleine puissance et autorité royale, tous et chacun desdits priviléges et immunités.*

Mais il s'agissait, avant tout, de reconstituer l'autorité royale, si fortement ébranlée, comme toute espèce d'autorité, pendant le xvie siècle ; et Henri IV allait de Nantes même commencer le règne de la puissance absolue, forte et intelligente, mais assez mal disposée à l'égard de tous les priviléges locaux, de toutes les libertés municipales et provinciales. La conduite du roi à l'égard des Nantais est un exemple curieux de la nouvelle politique qu'inaugurait alors Henri IV. Il était encore à Nantes, lorsque, par ses ordres, une assemblée générale des notables se réunit sous la présidence du nouveau gouverneur de Bretagne, le duc de Vendôme, âgé de quatre ans. Il s'agissait de reconstituer la municipalité et la milice; de nouvelles élections devaient avoir lieu immédiatement : le maire du temps de la Ligue, de la Courrousserie, quittait sa charge, quoique ses fonctions ne fussent pas encore expirées ; le nombre des échevins était réduit de dix à six ; les bourgeois nommeraient pour chaque place trois sujets, parmi lesquels le roi choisirait ; chaque année, au

1ᵉʳ mai, le maire et deux échevins sortiraient de charge et seraient remplacés de la même façon. Charles Harrouÿs, jadis emprisonné au commencement des troubles, était placé par Henri IV à la tête de l'administration municipale : c'était un excellent choix; c'était aussi la juste récompense de son courage, de ses services et de ses souffrances. Les capitaines, lieutenants et enseignes de la milice bourgeoise étaient nommés également par le roi. C'était là une grave atteinte portée aux anciennes franchises municipales : les motifs sont faciles à deviner; et Henri IV ne les dissimulait pas, car il écrivait à ce sujet l'année suivante : « Nous trouvasmes expé-
« dient et nécessaire pour l'establissement asseuré de nos affaires
« de changer l'ordre et forme auparavant observé en la création et
« renouvellement des magistrats de nostre dite ville et y en establir
« un autre peu différent du premier, mais néanmoins jugé plus
« utile pour nous asseurer des personnes de ceulx qui seroient admis
« aux charges de maire et eschevins, etc., etc.[1] » Henri IV était d'ailleurs bien décidé à ne laisser qu'une ombre de liberté aux habitants : si les candidats présentés par eux ne lui convenaient pas, il annulerait les élections de son autorité royale. Tout se passa bien en 1598 : la guerre civile finissait; Henri IV était là victorieux, et d'ailleurs chacun sentait que les circonstances exigeaient des concessions nécessaires. Mais, l'année suivante, la tranquillité était rétablie; et les Nantais commençaient à regretter leurs anciens droits.

On se préparait aux élections du 1ᵉʳ mai 1599, lorsqu'on reçut une lettre du roi, datée du 22 avril, qui ordonnait de mettre au nombre des trois candidats pour la mairie le sieur de la Bouchetière, Gabriel Hus. C'était vraiment enlever aux suffrages, même toute apparence de spontanéité : les bourgeois mécontents ne lui donnèrent pas leurs voix, malgré les ordres du roi; et ils envoyèrent le sieur de Maupas, sous-maire, pour adresser leurs représentations à Henri IV; *sa recommandation formelle ne leur laissait aucune liberté.* Mais le roi, peu disposé à céder, passa outre, et écrivit cette lettre, assez dure, assez hautaine, adressée aux maire, eschevins, manants et habitants de sa ville de Nantes : « Je trouve fort estrange de ce que,
« au préjudice de ce que je vous ay cy devant escript pour eslire

---

[1] Registres de la ville, 11 juin 1599.

« maire de ma ville de Nantes, pour la présente année, le sieur de la
« Bouchetiere, lequel j'ai tousjours recogneu pour mon très fidelle
« serviteur, il y en ait eu quelques-uns d'entre vous si hardis que de
« s'y opposer et d'en nommer d'aultres que je ne veulx qui le soient
« cette année. C'est pourquoy je vous fais ce mot de ma main par
« lequel vous saurez que ma volonté estant telle que le sieur de la
« Bouchetière soit esleu et nommé, qu'il n'y ait aucune faulte, et
« que je sois obey en cela ; aultrement j'aurais occasion de recher-
« cher les moyens de me faire obeyr, à quoi je suis résolu, et de
« vous tesmoigner l'envie que j'ay de faire pour vous lorsque vous
« m'en donnerez sujet. Sur ce Dieu vous aict en sa garde, ce 8ᵉ
« mai 1599. »

Avant même que cette lettre eût été communiquée à la ville, Henri IV nommait le sieur de la Bouchetière (13 mai), comme on le voit par la lettre qu'il adressait à celui-ci, en renouvelant ses menaces contre la ville, si elle n'obéissait pas. Les bourgeois furent contraints de céder, et Gabriel Hus de la Bouchetière fut installé le 14 juin, comme le roi *l'avait ordonné et voulu de sa puissance absolue,* suivant les termes mêmes du Livre doré des Maires de Nantes. Un an plus tard, l'assemblée, chargée de présenter au roi des candidats pour les fonctions municipales, lui demanda le rétablissement de la forme ancienne, pour l'élection du maire, des échevins et des capitaines de la milice : le roi n'eut aucun égard à la supplique des habitants ; et désormais le pouvoir municipal fut, on peut le dire, presque entièrement soumis au pouvoir de la royauté[1].

---

[1] Il y a, aux Archives de Nantes, 19 pièces assez curieuses, concernant une affaire peu importante par elle-même, mais dans laquelle on retrouve les mêmes allures du pouvoir royal. Henri IV, par des lettres patentes d'avril 1598, crée à Nantes un office nouveau d'auneur et visiteur de toiles ; et, le 6 mai, il nomme un de ses valets de chambre, Nicolas Joubert, sieur d'Angoulevant. La ville proteste contre cette création, préjudiciable à ses intérêts, contraire à ses privilèges, et inutile, en raison de la probité et confiance réciproque des marchands (23 mai) : le parlement de Bretagne accueille l'opposition. Mais de nouvelles lettres patentes du 11 juin lui enjoignent de procéder sans délai à la réception de Nicolas Joubert. La ville persiste dans son opposition, envoie de nouveaux mémoires, est soutenue par le parlement : elle gagne sa cause ; mais le trésorier de l'épargne réclame des habitants 1,000 écus d'indemnité (mai 1600), et le conseil d'État, organe de la volonté souveraine, leur enjoint de payer cette

Aussi, le Béarnais n'était-il pas populaire à Nantes; lorsque Henri lui demanda 8,000 écus pour contribuer aux frais de son mariage, la ville, d'ailleurs très-endettée, se montra récalcitrante : après de nombreuses négociations, elle offrit d'assez mauvaise grâce 4,000 écus; puis retarda si bien le paiement de cette somme, que le roi impatienté fit saisir ses revenus, et s'adjugea lui-même ce prétendu don volontaire. A la naissance de son fils aîné, qui fut depuis Louis XIII, il fallut un ordre du roi pour les réjouissances officielles qui eurent lieu à cette occasion. Vers cette époque, Henri IV envoyait à Nantes M. de Maupeou, pour vérifier et régler souverainement les dettes de la ville, reconnaître celles qui lui paraîtraient légitimes, abolir les autres (3 juin 1599). Ses pouvoirs étaient bientôt après étendus à toute la Bretagne, comme le montrent les lettres patentes qui lui sont données le 20 juillet : elles défendent au parlement de prendre connaissance des jugements, sentences, ordonnances, etc., que pourra rendre le sieur de Maupeou, chargé seul et spécialement de réprimer les désordres que les événements de la guerre ont introduits dans les finances du pays de Bretagne, etc. Quelque temps après, Sully adressait aux maire et échevins une lettre plus que sévère, pour les réprimander vertement du mauvais usage qu'ils faisaient de leurs deniers d'octroi, les accusant surtout de les gaspiller en procès, voyages, etc. (février 1601)[1].

Henri IV était d'ailleurs résolu de se faire obéir désormais par tout le royaume, et de faire disparaître tous les souvenirs de la guerre civile, toutes les causes d'indépendance, tous les moyens d'insubordination. Ainsi, avant de quitter la Bretagne, il rendait deux ordonnances, qui devaient être d'une utilité immédiate pour la province. Il prescrivait d'abord la démolition de ces châteaux forts, jadis élevés par la féodalité, désormais inutiles et même très-dangereux pour la tranquillité publique et la puissance royale : en Bretagne, ces nombreux châteaux avaient été, pendant la guerre, de véritables repaires, causes de désolation et de ravages pour le pays; les

---

somme, sous peine de voir l'office immédiatement rétabli (28 sept. 1600); enfin, des lettres patentes de Henri IV les menacent de les contraindre par force, et d'obliger douze des plus riches bourgeois à faire l'avance de la somme (5 juin 1601). — Arch. de Nantes.

[1] Archives de Nantes : 12 pièces pour la mission du sieur de Maupeou; lettre signée de Béthune, duc de Sully.

détruire ou, du moins, les rendre désormais inoffensifs, c'était un grand bienfait pour les populations de la Bretagne; et cette œuvre, commencée par Henri IV, devait être poursuivie et presque achevée par Richelieu. Henri, par une seconde ordonnance, proscrivait, sous les peines les plus sévères, le port d'armes dans toute l'étendue du royaume, déclarant ainsi que le temps des guerres intérieures était fini, et que chacun, placé sous la protection des lois, ne devait avoir recours, pour se défendre, qu'à la justice royale[1]. Il avait d'ailleurs profité de son séjour à Nantes et à Rennes, pour rétablir l'ordre dans la province, depuis si longtemps désolée par la guerre civile : ainsi, il avait retranché beaucoup de garnisons désormais inutiles, supprimé de nombreux impôts que l'avidité des particuliers avait établis pendant la licence des troubles, éloigné les bandes de soldats pillards qui couraient le pays en le ravageant, et rendu l'autorité à la justice ; il s'était assuré de toutes les places, en y mettant des gouverneurs fidèles et sûrs, et même, si l'on en croit quelques historiens, il avait trouvé moyen, grâce à l'habileté, souvent un peu brutale, du surintendant Sully, de recueillir des sommes très-considérables dans une province qui semblait épuisée, et qui l'était véritablement.

Disons maintenant, en quelques mots, ce que devint le duc de Mercœur, dont les destinées avaient été si intimement unies à celles de la Bretagne. Il ne devait pas longtemps rester en France ; dès le mois d'août de l'année 1598, il demandait au roi la permission d'aller combattre, dans les armées de l'empereur d'Allemagne, les Turcs qui ravageaient la Hongrie. Était-ce pour fuir les railleries des courtisans, qui le plaisantaient sans cesse au sujet de sa royauté de Bretagne, si tristement perdue? Était-ce par besoin d'activité, par impatience du repos, après une vie si occupée? Voulait-il expier les fautes qu'il avait commises pendant la guerre civile, en répandant par ambition le sang de ses compatriotes? Agissait-il par orgueil, comme le prétend de Thou, parce qu'il ne pouvait se résigner à ne

[1] Des lettres patentes de Henri IV ordonnent, en 1599, de faire un inventaire exact et minutieux de toutes les pièces d'artillerie, armes, munitions, etc., qui se trouvent dans les villes, châteaux, forteresses, ports, havres, vaisseaux, galères, et même dans les maisons des gentilshommes de Bretagne. — Arch. de Nantes.

plus jouer un grand rôle dans le monde? Ou bien, suivant les paroles de saint François de Sales, notre vaillant prince partait-il de son pays, librement et volontairement, comme un autre Macchabée, pour se rendre en l'armée chrétienne? Tous ces motifs se réunirent probablement, plus ou moins puissants, pour décider Mercœur; peut-être même Henri IV ne fut-il pas étranger à la détermination de l'ancien chef ligueur, encore dans la force de l'âge [1]. Toujours est-il, qu'après un court séjour en Lorraine, il passait en Allemagne, où l'empereur lui faisait le plus honorable accueil [2]. Il pouvait quitter la France, sans inquiétude; Henri IV protégeait les intérêts de sa fille, la riche héritière, fiancée au petit duc de Vendôme, et il lui donnait une preuve non douteuse de sa bonne volonté, aux dépens des pauvres Nantais, qui, pendant si longtemps, avaient reconnu ses lois [3]. Mercœur devait à la ville des sommes très-considérables,

1 Il reste un souvenir assez curieux du séjour de Mercœur à Paris, avant son départ pour l'Allemagne. Dans une cause qui se plaidait entre le duc et la dame de Riberac, l'avocat général Servin lui avait refusé le titre de prince, malgré les réclamations de Mme de Mercœur, présente à l'audience. « M. de
« Mercœur, dit le premier président de la chambre dans sa harangue au Roi,
« alla, vendredi au soir, trouver votre avocat en sa maison et lui dit : — Je ne
« suis pas venu pour vous recommander la justice de ma cause, mais pour me
« plaindre de ce que vous avez dit en l'audience de la chambre de l'édit, que je
« n'estois point recognu pour prince : vous avez menti; vous estes un marault :
« je vous tuerai. » — Et, mettant la main sur son épée, réitéra : « Je vous tuerai,
« je vous couperai le col. » — M. Servin lui faisant des remontrances, il répliqua
« qu'il avoit menti de ce qu'il avoit dit, et lui couperoit le col; et si l'un des
« siens ne l'eût retenu, il est vraisemblable que l'événement de cette piteuse
« tragédie eût été funeste et déplorable. Sortant de la salle, il ajouta ces mots:
« Puisque je ne l'ai point tué, je lui donnerai cent coups d'étrivières, etc. » Le Roi, à qui l'on portait plainte de cette scène scandaleuse, eut le tort ou la faiblesse de blâmer le parlement, et défendit de poursuivre. L'insolence et l'emportement de Mercœur semblent bien étranges, bien en contradiction avec la douceur si vantée de son caractère : le malheur l'avait peut-être aigri; ou l'orgueil, qui l'avait perdu, survivait à la ruine de sa puissance. On conçoit que Henri IV ne vit pas avec déplaisir l'exil volontaire de l'ancien chef ligueur. — *Histoire généalogique de la Maison royale de France,* par le père Anselme, t. III, p. 791 et 792.

2 Il part de Paris, après avoir pris congé du roi, en octobre 1599, suivant L'Estoile, p. 305, et saint François de Sales. Parmi les gentilshommes qui l'accompagnaient, on comptait cent Bretons, avec quelques compagnies de gens de guerre du même pays.

3 Le mariage, à ce qu'il paraît, ne devait pas se faire sans résistance. En

prélevées sur ses habitants, par des emprunts forcés : il craignait qu'elle ne les réclamât à lui-même ou à ses héritiers ; il eut recours au roi, dont l'amour paternel était intéressé à sauver la fortune de Mercœur, et il en obtint des lettres, par lesquelles Sa Majesté voulait et entendait que ledit sieur de Mercœur demeurât quitte de ce qu'il devait du temps des derniers troubles, sans qu'il en pût être recherché[1]. Malgré la résistance du bureau, les lettres étaient enregistrées ; exemple remarquable de la partialité peu désintéressée du monarque ! Mercœur se distingua par sa bravoure et ses talents militaires dans les armées impériales qui luttaient en Hongrie contre les Turcs, d'abord comme simple volontaire, puis comme lieutenant-général. En 1602, au moment où il se disposait à rentrer en France, pour revoir sa chère famille, il fut saisi d'une fièvre pourprée à Nuremberg, et mourut le 19 février 1602, à l'âge de quarante-quatre ans. Son corps fut porté en Lorraine, où on lui fit de magnifiques funérailles ; à Notre-Dame de Paris, son oraison funèbre fut prononcée par saint François de Sales[2] : à ses derniers moments, Mercœur

1608, si l'on en croit le journal de L'Estoile, Mlle de Mercœur refusait de donner son consentement ; le roi, irrité, demandait à Mme de Mercœur les cent mille écus stipulés en cas de dédit, et même deux cent mille écus en plus. La mère offrait les cent mille écus, et pour le reste faisait l'abandon de tous ses biens, si le roi l'exigeait ; Mlle de Mercœur se retirait au couvent des Capucines, que la duchesse avait fait bâtir à Paris. Cependant, l'année précédente, dans une lettre inédite que nous avons sous les yeux, Mme de Mercœur parlait bien différemment du Roi, *qui l'avait parfaitement accueillie dans une visite à Fontainebleau, et avait trouvé sa fille grande et gentille.* Toujours est-il que le mariage fut conclu le 7 juillet 1609, au grand contentement de Henri IV : c'était, ajoute le chroniqueur, la fille de la plus dévote dame de la France, et la plus riche : deux belles qualités, qui agréaient fort au Roi, surtout la dernière ; car il savait bien que la plupart des dévotions de Mme de Mercœur n'étaient que compensations, pour expier les brigandages et voleries qu'elle avait exercés sur ses pauvres sujets, dans son pays et duché de Bretagne. — L'Estoile, p. 461, 522.

1 Lettres du 18 septembre 1600. — Aux Archives de Nantes, lettres de Mme de Mercœur, s'adressant au roi, pour être déchargée des sommes prêtées par la ville de Nantes à son mari.

2 « Il prononça l'oraison funèbre avec grand apparat, et le louangea hautement et magnifiquement, le samedi 27 avril. » — L'Estoile, p. 332.

L'historien de Mercœur donne les plus grands détails sur les dernières années de son héros, liv. III, p. 175-258. L'on trouve aussi quelques renseignements sur ces dernières années de Mercœur dans un petit livre assez rare, intitulé :

s'était rappelé la ville où pendant longtemps il avait en quelque sorte régné, et il avait exprimé le désir que son cœur fût donné aux Capucins de Nantes, dont il avait toujours été le généreux protecteur ; il accordait également 2,000 écus de rentes aux Chartreux de la même ville[1]. Ainsi se terminait loin de la France la vie du dernier des ligueurs. Né avec d'aimables qualités, honnête homme dans la vie privée, brave capitaine sur un champ de bataille, Mercœur eut le tort de se laisser égarer par une ambition plus grande que ses forces. D'ailleurs, cette ambition n'avait rien de noble et d'élevé ; elle n'était qu'égoïste : au moment où ses parents les Guises aspiraient au trône, au moment où les grands seigneurs ses alliés songeaient à rompre l'unité nationale, en démembrant la France à leur profit, Mercœur espéra pouvoir détacher la Bretagne mal unie du royaume qui avait adopté et glorifié jusqu'au dernier point son ingrate famille. La séparation, tel était son vœu le plus ardent, tel fut le but constant de ses efforts : s'il avait réussi, seul il aurait profité de cette désastreuse victoire ; une longue série de misérables guerres entre la France, qui ne pouvait exister sans unité, et la Bretagne, isolée dans son indépendance, tel aurait été le résultat déplorable et certain du triomphe de Mercœur. Heureusement pour la Bretagne et pour la France, il ne réussit pas. Mais les souffrances de la province pendant les neuf années qu'il prolongea inutilement la guerre

Discours du vray de la victoire obtenue par M. le duc de Mercœur contre le grand Arcenal Abariste, chef de l'armée Turquesque, le xx sept. 1600, avec les faicts admirables de la fille dudict chef, pour vanger la mort de son père tué en la bataille, laquelle estant prisonnière s'est rendue chrestienne. A Angers, par Jean Hernault, imp. ord. du Roy, 1600 : *jouxte la coppie imprimée à Grenoble par Jaques Michel.*

1 Mme de Mercœur, depuis la mort de son mari, disparaît de la scène politique : elle ne s'occupe plus que des affaires embrouillées de sa maison, comme nous l'apprenons par quelques lettres inédites qu'elle adresse à ses intendants, et de fondations pieuses : elle meurt au château d'Anet, le 6 sept. 1623, et est inhumée au couvent des Capucines du faubourg Saint-Honoré, à Paris, qu'elle avait fait bâtir, pour accomplir un vœu de la reine Louise, sa belle-sœur. Son médecin, Charles Bouvard, a publié un volume in-4° de soixante-dix-sept pages, en vers alexandrins, intitulé : *Description de la maladie, de la mort et de la vie de madame la duchesse de Mercœur*, à Paris, chez Jean Libert, 1624. Cet ouvrage, dédié à Mme la duchesse de Vendôme, ne fait que célébrer les vertus de Mme de Mercœur. L'on peut également consulter le livre d'Abra de Raconis, dont nous avons déjà parlé à la page 204.

civile ; mais les dangers qu'il fit courir au royaume par son entêtement égoïste, par son alliance coupable avec les étrangers, ne peuvent être oubliés et retombent sur la mémoire de Mercœur. Il a sauvé, dit-on, la Bretagne de l'hérésie : c'est là une singulière exagération ; car jamais le calvinisme, même au moment de ses plus grands progrès, n'avait sérieusement menacé la Bretagne : il rencontrait trop d'obstacles sur cette terre, rebelle surtout aux innovations religieuses, pour y jeter des racines tant soit peu profondes ; et nous sommes convaincu que si la Ligue fut inutile pour défendre et sauver le catholicisme, ce fut surtout en Bretagne. La Bretagne est restée attachée au culte des ancêtres ; mais elle ne doit aucune reconnaissance à Mercœur.

Quels ont donc été les résultats les plus considérables de sa longue résistance ? Au sortir de cette guerre civile, cause de tant de malheurs et de tant de souffrances, l'indépendance bretonne fut pour toujours brisée : les chers souvenirs des vieux temps allaient encore se prolonger de génération en génération dans les manoirs démantelés, dans les pauvres chaumières ; mais l'espérance avait abandonné, pour ne plus revenir, le cœur du patriote breton. A la fin du XVIe siècle, les descendants des Celtes avaient livré leur dernière bataille, et, malgré la désorganisation de la France, malgré les chances magnifiques de cette suprême occasion, ils avaient été vaincus. Désormais, ils pouvaient chanter le triste chant des temps passés, qui ne doivent plus revenir :

« Le vieux temps ne reviendra plus ; on nous a trompés, malheureux !

« Malheureux, on nous a trompés ! Le blé est mauvais dans la terre
« mauvaise.

« De mal en pis va le monde ; il devient de plus en plus dur : celui qui
« ne voit pas cela est fou.

« Il est fou celui qui a cru que les corbeaux deviendraient des colombes ;

« Qui a cru que les lis fleuriront jamais sur la racine de la fougère ;

« Qui a cru que l'or jaune tombe du haut des arbres.

« Du haut des arbres il ne tombe rien que des feuilles sèches....

« Chers pauvres, consolez-vous, vous aurez un jour des lits de plume ;

« Vous aurez, au lieu de lits de branches, des lits d'ivoire dans le ciel[1] . »

1 *Chants populaires de la Bretagne*, t. II, p. 183.

TABLE DES MATIÈRES.

                                                                                                Page

PRÉFACE. V

CHAPITRE Iᵉʳ. — Le duc et la duchesse de Mercœur en Bretagne. — Commencements de la guerre de la Ligue dans la province. . . . 1

CHAPITRE II. — Mercœur se déclare contre Henri III, après l'assassinat des Guises. — La duchesse s'empare de Nantes. — Les ligueurs surprennent Rennes, qui retombe bientôt au pouvoir des royalistes. — Puissance de Mercœur en Bretagne, au moment où Henri IV nomme le prince de Dombes gouverneur de la province. 27

CHAPITRE III. — Mercœur se proclame le défenseur du catholicisme en Bretagne. — Les évêques se déclarent pour la Ligue; Philippe du Bec est forcé de quitter Nantes et déposé. — Rôle actif du clergé ligueur. — Les prédicateurs de la Ligue en Bretagne : Jacques Le Bossu ; ses quatre Devis du Catholique et du Politique; panégyrique du père Bourgoing; sermon contre Henri IV et le président de Harlay. 56

CHAPITRE IV. — La plupart des villes se déclarent pour la Ligue. — Caractère particulier du soulèvement de Saint-Malo, qui s'érige en véritable république. — Morlaix, ses priviléges. — Quimper, son organisation municipale. — Saint-Brieuc. — Activité des conseils bourgeois pendant la Ligue. 97

CHAPITRE V. — Causes diverses qui entraînent les gentilshommes dans le parti de la Ligue. — Jérôme d'Aradon. — Plaintes des contemporains, de Moreau, de P. Biré, etc. — Les Saint-Offange; le comte de la Magnanne; la Fontenelle. — Pillages, excès des lieutenants de Mercœur; caractère de la guerre. 123

Chapitre VI. — Les paysans pendant la Ligue. — Révoltes des paysans, racontées par l'histoire et par la tradition poétique. — Caractère des populations bretonnes : haine des étrangers. — Chant du départ des paysans ligueurs. — Leur rôle : ravages ; fureur brutale, surtout en Basse-Bretagne. — Prise de Kerouzeré ; affaires de Carhaix, de Roscanou. — Souffrances des paysans. 149

Chapitre VII. — Mercœur organise le gouvernement de la Bretagne. — Députés de la province aux États-généraux de Paris. — Conseil d'État à Nantes ; parlement ligueur ; chambre des Comptes. — États de la Ligue à Nantes, à Vannes. — Conseils bourgeois. — Succès de Mercœur dans la première période de la guerre ; victoire de Craon. — La duchesse le presse de se déclarer duc de Bretagne ; activité politique de Mme de Mercœur. — Nantes, capitale de la Bretagne. — Cour littéraire et poétique : Raoul le Maistre, Pierre Biré, Julien Guesdon, Nicolas de Montreux, etc. 171

Chapitre VIII. — Faiblesse des royalistes en Bretagne ; divisions entre les catholiques et les calvinistes du parti. — Les gouverneurs ne sont pas à la hauteur de leur mission : le prince de Dombes est toujours en lutte avec le parlement et les États ; mort de La Noue Bras-de-fer ; le maréchal d'Aumont est peu populaire ; Saint-Luc, Brissac. — Rôle difficile des États royalistes réunis à Rennes ; ils défendent les intérêts et les droits de la province. 220

Chapitre IX. — Les Anglais en Bretagne ; motifs qui décident Élisabeth à envoyer des secours dans la province. — Mission de Drake vers le prince de Dombes ; les États de Rennes traitent avec l'Angleterre. — Norris débarque à Paimpol (1591) ; prétentions d'Élisabeth ; les Anglais convoitent Brest, Morlaix ; habile politique de Henri IV. — Ils quittent la Bretagne (1595). 243

Chapitre X. — Décadence de la Ligue en Bretagne. — Mercœur n'a pas sincèrement défendu la cause catholique : il n'a pas su combattre pour relever la nationalité bretonne. — Depuis la conversion de Henri IV, le clergé doit abandonner le parti de Mercœur. — Les gentilshommes se rallient peu à peu au roi : leurs motifs ; leurs capitulations intéressées 267

Chapitre XI. — Les bourgeois, opprimés, mécontents, perdent leurs illusions et leurs espérances. — Souffrances des populations des campagnes. — Défection des villes, soumission de Saint-Malo, de Morlaix, de Quimper, de Dinan, de l'évêché de Léon. — Dispositions des Nantais ; Mercœur implore lui-même l'appui de la bourgeoisie ; l'on députe vers le roi. 284

TABLE DES MATIÈRES.

Page.

Chapitre XII. — Prétentions de Philippe II sur la Bretagne. — Mercœur introduit les Espagnols dans la province, et les établit à Blavet. — Politique ambitieuse du roi d'Espagne; Mercœur est délaissé après la victoire de Craon; don Juan d'Aquila refuse de combattre les royalistes près de Morlaix. — Les Espagnols élèvent le fort de Crozon, près de Brest; Mercœur, à son tour, ne soutient pas les Espagnols, qui perdent Crozon; défiances réciproques. 311

Chapitre XIII. — Mercœur commence à négocier avec les royalistes; la reine Louise à Ancenis; mission de Duplessis-Mornay. — Les négociations traînent en longueur. — Mercœur veut se faire valoir auprès des ligueurs, des Espagnols et des royalistes: ses espérances, si le roi vient à mourir. — Résultats de ses lenteurs; on ne peut croire à sa sincérité; on s'habitue à la paix; le parti se désorganise. — Correspondance de Mercœur et de l'archiduc Albert; pamphlets royalistes. — Mercœur, abandonné par tout le monde, est forcé de se soumettre. 329

Chapitre XIV. — Le roi se dirige vers la Bretagne avec une armée; Mercœur se soumet; motifs qui décident Henri IV à le traiter favorablement: Mme de Mercœur à Angers; intervention de Gabrielle d'Estrées; Henri IV et Sully; mariage de César de Vendôme et de Mlle de Mercœur. — Traité; articles secrets (1598). — Adieux de Mercœur à la Bretagne. — Séjour du roi à Nantes; la bourgeoisie froissée et soumise à l'autorité royale. — Ordonnances du roi pour pacifier la Bretagne. — Mercœur va combattre en Hongrie; il meurt à Nuremberg (1602). — Jugement sur Mercœur et sur la guerre de la Ligue en Bretagne. 351

VU ET LU,

A Paris, en Sorbonne, le 18 janvier 1856, par le doyen de la Faculté des Lettres de Paris.

J. VICT. LECLERC.

Permis d'imprimer :

Le Vice-Recteur,

CAYX.

www.ingramcontent.com/pod-product-compliance
Lightning Source LLC
Chambersburg PA
CBHW050434170426
43201CB00008B/664